S0-BBI-692

Invitación

Invitación

Spanish for Communication

and Cultural Awareness

Angela Labarca
University of Delaware

with the collaboration of

Elmer A. Rodríguez
University of Delaware

Holt, Rinehart and Winston
New York Chicago San Francisco Philadelphia Montreal Toronto London
Sydney Tokyo Mexico City Rio de Janeiro Madrid

Permissions appear on page 431.

Publisher: Rita Pérez
Acquisitions Editor: Karen Misler
Project Editor: Marina Barrios
Production Manager: Lula Schwartz
Design Supervisor: Louis Scardino
Cover Illustration: Charles Bentz

Library of Congress Cataloging in Publication Data
Labarca, Angela.
  Invitación: Spanish for communication and cultural
awareness.

  English and Spanish.
  Includes index.
  1. Spanish language—Conversation and phrase books.
2. Spanish language—Grammar—1950-   . I. Rodríguez,
Elmer A. II. Title.
PC4121.L35 1982   468.3′421   82-15411
ISBN 0-03-059606-8 Student's Edition
ISBN 0-03-062853-9 Instructor's Edition

Copyright © 1983 CBS COLLEGE PUBLISHING
Address correspondence to:
383 Madison Avenue, New York
New York 10017
All rights reserved
Printed in the United States of America
Published simultaneously in Canada
3 4 5 6 7   039   9 8 7 6 5 4 3 2 1

CBS COLLEGE PUBLISHING
Holt, Rinehart and Winston
The Dryden Press
Saunders College Publishing

Contents

Capítulo 9   **La Moda**   **161**

Capítulo 10   **Los Deportes**   **182**

Capítulo 11   **Salud, Dinero y Amor**   **201**

Capítulo 12   **Hispanoamérica India**   **222**

Capítulo 13   La Política   242

Capítulo 14   El Tiempo y la Naturaleza   258

Capítulo 15   La Mujer   273

Capítulo 16   Sin Fronteras   292

Appendices 379

Spanish-English Vocabulary   401

English-Spanish Vocabulary   415

Index   427

Preface

Invitación: Spanish for Communication and Cultural Awareness is a
basic Spanish textbook that blends opportunity for genuine communication with mature topics and a comprehensive approach to learning. It
has been written with a concern for the student's interests and attitudes,
current instructional goals, and research in the field. It is designed for
Spanish programs in two- and four-year colleges and universities, and it
readily accommodates both semester and quarter systems. It presents the
basic structures of the Spanish language and nearly 3000 of its most
useful and current vocabulary words. Accompanying *Invitación* are an
annotated instructor's edition of the textbook, a complete tape program,
a laboratory manual (*Invitación a escuchar y a practicar*), and a workbook (*Invitación a escribir*).

Philosophy

Invitación is the only introductory Spanish textbook to provide opportunities for meaningful and real use of the language from the very beginning of every chapter. It is also unique in that it provides a sequence
of activities for every grammar concept that leads the student from simple manipulative drills, through transitional practice within authentic
contexts, to meaningful, communicative use of the concept. Thus, instead of promising students that they will be able to communicate *some-
day*, the activities of this book create an opportunity to communicate
immediately. Furthermore, *Invitación* has been designed to allow both
conscious learning and unconscious acquisition to occur. In this book,
grammar rules support language learning, while overviews, semantic
explanations, summaries, and extended exposure to certain features of
the Spanish language facilitate the acquisition of important items such
as the *ser/estar*, preterite/imperfect, and indicative/subjunctive contrasts.

In addition, *Invitación* offers information and insights into Spanish-
speaking cultures and an understanding and appreciation of differences
between individuals and cultures in our interdependent world.

Flexibility

All students enrolled in a Spanish class would like to learn how to communicate, but each student has his or her own purposes, goals, and interests. Each instructor likewise has instructional goals that—in one way or another—mean "learning basic Spanish." *Invitación* has been written to accommodate this diversity. In many ways it is a *book of options* that maximizes the instructor's freedom to make decisions about coverage, objectives, methodology, skills to be emphasized, sequence of topics, and type of curriculum. It is a comprehensive, yet compact, book offering maximum selection of content and activities. It has therefore been designed to permit the omission of content and activities without disruption of the program.

Organization of the book

Invitación is divided into twenty chapters plus a brief preliminary chapter. All twenty chapters have a consistent organization. Each contains the following sections:

1. *Introducción:* Varied topics and formats provide diverse contexts for the development of reading ability and the acquisition of linguistic and cultural insights. New noncognate vocabulary is glossed in the margin to ensure immediate comprehension.

   Comprensión de la lectura: Questions in various formats are provided to evaluate the student's understanding of the *Introducción*.

   ¿Y usted?: Varied activities stimulate the students to interact in Spanish before any grammatical point is presented to develop their confidence in using Spanish.

   Expresiones útiles: This section supports the *¿Y usted?* activities by readily providing topical and idiomatic vocabulary.

2. *Gramática:* Each grammar or vocabulary topic is presented and illustrated and then practiced in three stages:

   Preparación: A series of carefully sequenced drills which provides the opportunity to manipulate each new structure.

   Transición: Grammar concepts that are practiced in structured, lifelike situations.

   Comunicación: Varied formats invite the student to use the language to send and receive messages that are personally meaningful to him or her. Each and every new grammar or lexical point is therefore immediately practiced in communicative situations and contexts similar to those in which native speakers would use the structure.

3. *Aplicación:* This passage recombines and integrates grammar and vocabulary used in the chapter, anticipates subsequent material, and provides additional cultural insights, additional reading practice, and the opportunity to work with new vocabulary in context. The *Aplicación* is followed by *Comprensión de la lectura* questions. In addition, a final sequence of *Comunicación* activities is provided to integrate the chapter's grammar and thematic content into purposeful use of Spanish by the student.

4. *Notas de interés:* The cultural notes elaborate on ideas alluded to in both the *Introducción* and *Aplicación* reading passages. They provide insights into the institutions, daily life, and attitudes of people in Spanish-speaking countries.

   El español en el mundo: These notes help to develop an awareness and acceptance of dialectal differences in the foreign as well as the native language. They provide information and insights into some features of Spanish around the world and are a complement to information appearing in the *Pronunciación* and *Gramatica* sections.

5. *Pronunciación:* The most significant features of spoken Spanish are presented in each chapter. Drills to practice linking, individual sounds, and intonation patterns are included. Drilling gradually develops the ability to understand and produce longer and more complicated statements.

6. *Vocabulario:* Each chapter is followed by a list of vocabulary words intended for active use in the chapter and subsequent chapters. The lists contain the most important noncognate words and cognate terms used in the lesson. Already-introduced synonyms rather than English equivalents are given in some cases, and some vocabulary lists also provide additional useful expressions related to the chapter's theme.

Supplementary materials

Accompanying *Invitación* are the following supplementary materials:

1. The *Instructor's Edition* contains the complete student edition of *Invitación* accompanied by marginal notes suggesting ways in which the sections, exercises, and activities in the text can be used, modified, or elaborated upon. The instructor's edition also contains an introduction with more general suggestions for using the various sections of the book, as well as sample lesson plans and sample tests.

2. The tape program and laboratory manual, *Invitación a escuchar y a*

practicar provide students with the opportunity to practice aural-oral skills outside of class. Each chapter in *Invitación* has an accompanying tape divided into two twenty-minute segments. Each tape includes some material that also appears in the textbook (the tape symbol Ⓐ beside a specific section in *Invitación* indicates that this section appears on tape) and supplementary exercises, a listening comprehension passage, and a thematic dictation. *Invitación a escuchar y a practicar* is the student guide to the tape program.

3. The workbook, *Invitación a escribir,* has been designed to expand students' ability to communicate in writing. Each chapter of *Invitación* has corresponding exercises and activities in the workbook.

Acknowledgments

This book would not have been possible without the help of the series editors, Gilbert A. Jarvis, Diane Birckbichler, and Thérèse Bonin, all of The Ohio State University, and of James P. Lantolf, of The University of Delaware.

The following people also contributed their help or suggestions during the development of *Invitación* and I thank them for it: Marina Barrios and Karen Misler of Holt, Rinehart and Winston; Rosemarie Benya, Eastern Oklahoma State University; Carl Borgia, The University of Delaware; Robert J. DiPietro, The University of Delaware; Ivo Domínguez, The University of Delaware; James M. Hendrickson, Lansing Community College; Otilia Hoidal, The University of Delaware; Carmen Silva Corvalán, Southern California State University; David L. Stixrude, The University of Delaware. In addition, special thanks are due to the many Spanish-speakers and students who learned from this book and/or generously shared their ideas, materials, and life-experience with me. Some of them are: Antonio Merello, from Argentina; Antonio Antezana, from Bolivia; Angela and Isabel Bravo Murphy, Bárbara Duk, Miguel Labarca, and Fernando Manzano, from Chile; Jorge Quiñones Gutiérrez and Juan F. Saá, from Colombia; Vera Gómez de Piper, from Costa Rica; Kathleen M. Carlisle, Gina DeSantis, Jennifer L. Gregory, Victor Martuza, Richard S. Mroz, Alane Shaner, Janet Schneiderman, and Dennis Smoot from The University of Delaware; Fernando Ferro, from Ecuador; Dorotea Noyes and Laura Martín, from México; Soledad Duk and Martín Poblete, from New York City; Bart Resta and Jeff Swearingen, from The Ohio State University; Otilia Arce, from Perú; Roberto Berríos and Frances M. Hernández, from Puerto Rico; María Luisa García Bermejo, from Spain.

I would also like to thank the following reviewers whose comments also helped to shape *Invitación:* Jack Bailey, University of Texas at El Paso; Graciela Gilman, University of California, Berkeley; Theodore Kalivoda, University of Georgia; John Lipski, University of Houston; Kathleen Newman, Stanford University; Marie Rentz, University of Maryland; Katherine Richards, Texas A & M University; Lorraine Roses, Wellesley College; Harry Rosser, Boston University; Lynn Sandstedt, University of Northern Colorado; Nancy Sebastiani, University of Houston; Emily Spinelli, University of Michigan-Dearborn; Alain Swietlicki, University of Missouri.

Introduction to the Instructor's Annotated Edition

This annotated Instructor's Edition of *Invitación: Spanish for Communication and Cultural Awareness* contains the complete student's edition accompanied by marginal notes. The marginal notes are not intended to be prescriptive or all-inclusive; they are simply suggestions for ways in which various sections, exercises, and activities in the text can be used, modified, elaborated upon, or omitted. Implementation of these suggestions will depend to a large degree upon individual instructional preferences and teaching style, students' interests, course objectives or emphasis, and the amount of class time available. In many cases, however, they may serve as a time-saver for the instructor.

The student text of *Invitación* and its ancillaries, *Invitación a escuchar y a practicar,* the laboratory manual and tape program, and *Invitación a escribir,* the workbook, are a complete beginning college Spanish program. As the title indicates, the book invites students from the first moments to communicate meaningfully in Spanish, and at the same time to better understand the daily life and attitudes of Spanish-speaking people. *Invitación* is designed to accommodate diverse instructional needs rather than to impose a single methodology: its flexible format can be easily adapted to different teaching styles, student preferences, and course objectives, and to varying amounts of teaching time. Although equal emphasis is given to the four language skills, this flexibility allows instructors to emphasize a particular skill or group of skills.

The goal of communication

The primary goal of *Invitación* is to help students to acquire communication skills within culturally significant contexts. Communication refers both to the ability to express ideas orally or in writing, and to the capacity to comprehend linguistic and cultural meaning while reading or listening to Spanish. *Invitación* is structured so as to allow you to achieve these communication aims with the greatest possible flexibility.

At the beginning of each chapter, the activities following the *Introducción* stimulate students to interact in Spanish by reacting to or expanding upon the ideas or information they have just read. This format helps to develop students' confidence in their ability to use Spanish purposefully. Topical vocabulary to support communication is readily available in *Expresiones útiles.*

Diverse activities following each grammar presentation provide for immediate meaningful practice of every new grammar structure. Communication therefore takes place immediately, in every section, rather than at some unspecified time in the future.

In addition, the book capitalizes, especially in early chapters, on high-frequency, high-interest words and on the large number of Spanish words that resemble English words. Drills are included to accommodate the pronunciation problems of cognate vocabulary. This focus on high-frequency vocabulary provides maximum communication potential with minimal learning loads.

The grammar sequence in *Invitación* was chosen for greatest efficiency. Each grammar structure is presented comprehensively with ample examples, practiced in carefully structured drills and transitional activities, and then applied meaningfully in communication activities. Specialized terminology is minimized to avoid confusing students.

Because topics and structures are sequenced in terms of learning difficulty and usefulness in communication, students are given ample opportunity to develop a genuine feeling of being able to speak Spanish from the earliest chapters on. Recent research indicates that confidence could well be a key to fluency.

All frequently used structures and patterns of Spanish are included in the book, though all need not be covered in a beginning class. Great flexibility in the coverage of topics is therefore possible. In addition, each grammar topic is treated according to the nature of the linguistic problem it poses. For example, while agreement of adjectives can be explained by a grammar rule, the subjunctive/indicative contrast cannot, because it is not regulated by grammar rules. In such cases, explanations in terms of meaning or semantics are provided, and special care is taken to extend students' exposure to the point in question to facilitate comprehension and acquisition of the notions involved.

All readings, notes, and grammar in each chapter are related to broad chapter themes to maximize communicative potential and facilitate acquisition. Attitudes, values, and behavior patterns of people from all parts of the Hispanic world are reflected not only in the reading passages and cultural notes, but also in examples, drills, and activities.

Principal noncognate vocabulary is idiomatic and up-to-date and is introduced in reading passages where it appears in natural contexts. Important vocabulary words are listed at the end of each chapter.

Rather than contrived readings that fit grammatical structures, virtually all readings in *Invitación* have been adapted from magazines in Spanish, radio and television programs, letters, conversations and interviews and have been simplified so that they retain the gist of the original and yet can be read by beginning language students.

Throughout the text, abundant drills and activities are provided so that instructors and students can select those that are best suited to their purposes. Others can be omitted with no resulting confusion. In addition, the organization of the book itself is flexible and each section can be used in a variety of ways.

Organization of the book

Invitación is divided into twenty chapters plus a brief preliminary chapter and appendices. All twenty chapters include the following sections:
1. *Introducción:* These introductory readings of varying content matter

and format provide diverse contexts for the development of reading ability and the acquisition of linguistic and cultural insights. New noncognate vocabulary is glossed in the margin to ensure immediate comprehension of unfamiliar words.

Comprensión de la lectura: This section evaluates the student's understanding of the *Introducción* and can also be used as the basis for discussion.

¿Y usted?: Diverse activities stimulate the students to interact in Spanish by expressing their personal reactions to ideas in the *Introducción,* giving information about themselves, or finding out something about their peers. This section helps students develop confidence in their ability to use Spanish meaningfully by allowing them to explore the language with some vocabulary support and little emphasis on grammar.

Expresiones útiles: This section supports the *¿Y usted?* exchanges by readily providing topical, idiomatic vocabulary.

2. *Gramática:* Each grammar or vocabulary topic is presented and illustrated and then practiced in three phases:

Preparación: A series of carefully sequenced drills provides the opportunity to manipulate the new structure.

Transición: Grammar concepts are practiced in structured, lifelike situations.

Comunicación: Varied formats invite the student to use Spanish to share information that is personally meaningful. These activities give students the opportunity to use the language in situations where communication is not subordinate to grammatical accuracy.

Instructions to complete the *Preparación* sections are in both languages in Chapters 1 to 3 and in Spanish thereafter. Instructions for the *Transición* and *Comunicación* sections are in English in Chapters 1 to 4 and in Spanish thereafter. Chapter 5 therefore is the first all-Spanish chapter.

3. *Aplicación:* This passage recombines and integrates grammar and vocabulary used in the chapter, provides further reading practice, introduces new vocabulary in context, anticipates subsequent material, and provides additional cultural insights. The *Aplicación* is followed by *Comprensión de la lectura* questions. In addition, a final sequence of *Comunicación* activities is provided to further integrate the chapter's grammar and/or thematic content while giving students additional opportunities to use Spanish purposefully.

4. *Notas de interés:* The cultural notes elaborate on ideas alluded to in both the *Introducción* and *Aplicación* reading passages. They provide information and insights into the institutions, daily life, attitudes of people, and the amazing variety found in Spanish-speaking countries.

El español en el mundo: These notes provide information and insights into features of Spanish around the world and help to develop a sensitivity to dialectal differences in the foreign as well as in the native language. These notes complement the *Gramática* and *Pronunciación* sections.

5. *Pronunciación:* The most significant features of spoken Spanish are presented in each chapter. Drills to practice linking, individual sounds,

and intonation patterns are included. This material is also contained in the tape program and in the laboratory manual.

6. *Vocabulario:* Each chapter is followed by a list of vocabulary words intended for active use. The lists contain the most important non-cognate and cognate words used in the lesson. Synonyms instead of English equivalents are given where possible and vocabulary lists also provide additional useful expressions related to the chapter's theme. The *cognates* section includes recent word "loans."

An examination of the chapter and appendix vocabularies reveals the practical nature of the vocabulary that has been introduced and recycled throughout the book. Some examples are functional vocabularies related to describing people and places, finding out information, expressing doubt, asking for a favor; and those associated with topics such as sports, entertainment, and interests; jobs and working; school, subjects, and careers; modern life and changing roles; electronic equipment, etc.

7. *Apéndice:* The appendix contains the Spanish alphabet; metric equivalents; a glossary of grammar terminology; verb charts for regular, irregular, stem- and spelling-changing verbs; vocabularies (Spanish-English and English-Spanish); and a grammar and topic index. Each entry in the bilingual vocabularies is tagged with a number or numbers indicating the chapter(s) where the word is used to facilitate quiz and test preparation. Because students are not always aware of appendix material, it may be necessary to point out the different components to them. Although only elementary terminology is used in this book, the glossary of grammar terms may be helpful to those students who lack knowledge of such terminology and have difficulty understanding grammatical explanations.

The supplementary materials

Tape program and laboratory manual

The tape program and laboratory manual have been designed to provide students with the opportunity to practice listening and oral skills outside of class. Each chapter in *Invitación* has an accompanying tape divided into two twenty-minute segments. Each tape includes: 1) a reading of the *Introducción,* which may be *in toto* or a shorter, dramatic version of it; 2) a reading of some sample sentences from the *¿Y usted?* section; 3) two or three exercises for each grammar topic; 4) a listening comprehension passage related to the chapter theme and integrating its cultural content, vocabulary, and grammar; 5) a thematic dictation; and 6) a pronunciation and intonation section. A tape symbol beside a specific section in *Invitación* indicates where text material is recorded.

The laboratory manual, *Invitación a escuchar y a practicar,* is the student guide to the tape program. It includes directions and model sentences for all grammar exercises. Space is provided for students to write out dictation sentences and to answer the comprehension questions on the listening passage. Selected parts of the *Introducción* and *Pronunciación* sections have been reproduced in the laboratory manual so that students will not need to refer to their textbooks.

The student workbook

Invitación a escribir, the student workbook, has been designed to help students develop the ability to communicate in writing. Each chapter in *Invitación* has corresponding exercises in the student's workbook. Several exercises and communication activities ranging from the simple to the more complex are coordinated with each grammar topic. This sequencing allows the instructor to assign all or part of the exercises, depending upon the needs of the class or individual students. Workbook assignments can be made on a daily basis, used for end-of-chapter review, or given to students experiencing difficulty with a specific topic.

Except for its emphasis on encouraging the meaningful use of Spanish, *Invitación* imposes few constraints and can be used in many ways. It is not intended that every section be used *throughout* or that all exercises and activities always be completed; rather, it is assumed that each instructor will choose sections or activities that best suit his or her purposes. For example, if the class has expressed interest in learning how to communicate in Spanish at an elementary level—which is often the case at present—all *¿Y usted?* and communication activities should be utilized while many of the grammar explanations and manipulative drills should be dealt with briefly, omitted, or assigned as home preparation activities. Specific suggestions and options for using individual activities are given in the marginal notes of the *Instructor's Edition* and varied ways to use the different sections of the book are delineated below:

Introducción

Because the *Introducción* is intended as a vehicle for the presentation of the chapter's theme, new vocabulary, and cultural information rather than the systematic presentation of new grammar structures, it can be used as the first assignment in a lesson or it can be assigned at a later point. As the first assignment, the *Introducción* as well as the *Comprensión de la lectura* and *¿Y usted?* sections can be used as a basis for class discussion, group work, or composition writing. The *Introducción* can also be assigned for a before-class reading assignment with the *Comprensión de la lectura* and *¿Y usted?* sections prepared in writing for class discussion.

¿Y usted?

The *¿Y usted?* section can be used concurrently with the *Introducción* to put new vocabulary and structures to use at once and to develop confidence in using Spanish. It can also serve as a starter for dialogue and scenario writing activities leading to their actual performance in front of the class. The informal situations generated by the students can be reviewed later for additions or improvement.

The *¿Y usted?* section lends itself very well to small-group work with or without reporting the results to the rest of the class. In the latter case a great deal of individual-specific information is generated that will help to initiate and support other conversational exchanges in future in-class activities. In other words, both the instructor and the students learn about everybody else's ideas. This forms a wealth of information that facilitates students' participation, involvement, and self-investment as the course proceeds. This continuing exchange of information and ideas will gradually help to establish *real* (instead of realistic or make-believe) contexts for using Spanish naturally and creatively. In general, the more emphasis this section is given, the more fluent the students become with a comparatively minimal sacrifice of grammatical accuracy.

Notas de interés *and* El idioma español en el mundo

The *Notas de interés* and *El idioma español en el mundo* can be assigned as an out-of-class supplementary reading or used for discussion in class with the instructor amplifying them. The notes can also be illustrated or enhanced by drawing attention to the photographs and realia in the book or by using slides, songs, and other available materials, including the instructor's own realia or the visit of native speakers of Spanish. In addition, each cultural topic can be elaborated upon by assigning supplementary readings, interviews with natives, *proyectos de investigación* or *informes*.

Gramática

The grammar sections can be treated in a variety of ways. Grammar explanations are given in English and are basically deductive grammar presentations; that is, they are based on information the student already knows in English or in French and proceed to new material. This type of presentation does not preclude, however, discussing the grammar topic in Spanish, should the instructor or the class so desire. In addition, many grammar topics can be introduced inductively, with the instructor leading the students to discover the pattern and rules through judicious comparisons of examples and appropriate questions. If an inductive presentation is used, students can use the explanation in the book to check their understanding. Because the grammar patterns are thoroughly illustrated with abundant examples and reference to the corresponding pattern in English, many instructors have found it useful to assign the grammar explanation and *Preparación* sections as homework, thus preserving valuable class time for oral and, especially, communication practice. Many explanations are divided into subsections, thus allowing all or part of topic to be assigned, depending on the amount of coverage desired.

As pointed out in the opening paragraphs and in the marginal notes, contrasts such as **ser/estar**, preterite/imperfect, and subjunctive/indicative—which are not regulated by grammar rules—require a different approach. Their treatment is characterized by the provision of overviews and summaries, longer exposure to the structures, and a concomitant, gradual build-up of the underlying notions involved. Extended contact and abundant exemplification facilitate the formation of insights into when one or the other element in the pair tends to occur. This results in more efficient instructional activity, since we know from experience that these contrasts cannot be learned (there are no grammar rules involved), but acquired.

The *Preparación* section is intended to give the student initial practice in manipulating grammar structures, in learning the pronunciation of the new elements involved, and in making rapid responses to controlled language stimuli. The number of drills an instructor uses will depend upon instructional preferences, course objectives, and class and laboratory time available. Each exercise need not be used at all or used in its entirety. If students pick up a particular structure easily, few exercises will be necessary and the class can move to transitional and communication activities more quickly. In some cases, it may be possible to skip the *Preparación* and *Transición* sections and move directly to *Comunicación* activities, reserving the omitted exercises for individual work as necessary.

The *Transición* exercises are intended as a bridge between simple manipulative practice, where grammatical accuracy is the goal, and free communication, where the understanding and transmission of ideas and fluency are emphasized. They provide a realistic context for the structure but do not yet engage the student personally in that context. It is possible to use these realistic transitional exercises instead of manipulative exercises, moving back to drills if the students seem to be experiencing difficulty with a structure.

Transitional exercises are generally designed to better prepare students for oral communication tasks. This does not, however, preclude their being assigned as written homework, depending on the nature of the material being covered (which might lend itself well to written work) and on the time available. Some of these exercises can be completed orally in class without prior preparation; others require advance written work. In addition, *Transiciones* using a dehydrated sentence format can be modified and read aloud for listening practice. The instructor can create complete statements from the sentence fragments given and then read all or several of the elements and ask comprehension questions.

The *Comunicación* section follows the sequenced series of exercises and transitions designed to prepare students for communication tasks. It is not intended that each activity be used or that each question or item be fully discussed but rather that instructors and students choose *Comunicación* activities that best suit their communicative needs and interests.

Because students, especially in early stages of language learning, can be frustrated by unstructured communication tasks, many activities are designed to provide both a framework of language structures and a set of ideas from which the student can draw. Thus, to successfully communicate their ideas, some students may choose from or modify the suggestions provided, while others may be stimulated by the discussion and venture beyond the question mark that invites them to create their own original responses. Should an instructor wish, many of these structured tasks can be made more open-ended by having students complete some of them with their books closed. In addition to the guided communication activities, many are less structured and require the student to produce the necessary language and ideas.

Many communication activities are particularly suitable for small-group work. A growing number of instructors see many benefits in small-group activities and use them for part of the class hour on a regular basis. In contrast to teacher-directed activities, small groups increase the amount of speaking or writing done by each student and also provide more opportunities for more interaction and mutual help—both of which are known to support acquisition and the development of confidence in one's ability to use Spanish. It is easy to observe that students are more at ease when talking to another person or group of persons than when speaking before the entire class. Although not the central figure, the instructor has nonetheless an important role in small-group activities. Going from group to group, the instructor can comment on or react to students' statements or provide help in asking questions, giving answers, or in modifying something said before. Small groups are generally more successful if: 1) the small-group task is clearly defined; 2) the amount of time to be spent on the task is indicated; and 3) students are held responsible for their group work (for example, by writing brief resumés of their conversations or by reporting orally all or part of what they learned about another person).

Aplicación

The *Aplicación* is intended to reinforce and integrate the cultural and linguistic content of a given chapter, to develop students' reading skills further, and to anticipate some of the subsequent material. Some new cognate and noncognate vocabulary is also introduced. The *Aplicación* can be given as a regularly scheduled class assignment to be used as a basis for oral or written discussion, or it can be assigned as homework to be discussed in class. The *Comunicación* section following the reading passage can be used after reading the *Aplicación,* although many activities can be used to supplement communication practice of previous grammar topics if necessary. Although the entire final *Comunicación* section or some of its activities could be omitted, this section is particularly helpful to develop communication skills because it allows students to apply their cumulative knowledge of their fellow students' ideas, grammar, and vocabulary while testing their ability and exploring their reactions to a wide variety of topics, cross-cultural issues, and everyday situations.

Pronunciación

The end-of-chapter pronunciation and intonation sections can also be used in several ways. They can be 1) completed after finishing a chapter, 2) spread throughout a lesson, or 3) done in their entirety in the language laboratory. The drills contained in these sections can be used for brief but intensive pronunciation practice in class and/or outside of class.

Encouraging communication

Both students and instructors contribute to the creation of an atmosphere in which communication is likely to occur. In a communicative classroom, the student becomes an active participant or an initiator of the communicative process rather than a passive recipient of information about language or a rote manipulator of grammatical forms. If the student's role is defined so that he or she feels comfortable in expressing an idea or in finding out something about a fellow student, then communication is likely to occur. This implies not only that students should be encouraged to express their thoughts but also that what they communicate should be valued and respected. When students feel comfortable, they are more likely to take the necessary risks to express their ideas or elicit information from the instructor or their fellow students.

The amount of error correction an instructor undertakes during communication activities will vary. Because no definitive research exists to guide in the correction of student errors, instructors must rely instead on their experience, common sense, intuition, and knowledge of the individuals in the class. Some believe that students generally need not be corrected during communication and prefer to make corrections only during manipulative practice. Still others point out only errors that impede communication or that might be offensive to a native speaker. This does not imply, however, that structure and guidance are not necessary. It implies, rather, that a delicate balance be maintained, allowing students to speak freely and take risks using Spanish while at the same time having standards that will develop students' language abilities to the fullest.

Errors can often be pointed out to students in discreet and unobtrusive ways for the benefit of those who have the ability to learn from corrections. The student's statement **Estoy estudiante a Delaware** can be rephrased **Ah, eres estudiante de Delaware,** or the instructor can react to the students's statement using a variation of the correct structure—**¿De veras? Yo no estudio; soy profesor.** Whatever strategies are used, the learning environment should encourage students to take risks, be willing to make errors, and test their limits of self-expression in Spanish.

Planning a course syllabus

In some semester programs, the content of *Invitación* can be divided equally so that ten chapters are covered each semester. In a quarter system, five chapters can be assigned for each quarter. Because of the way that the chapters are designed, however, coverage can be organized and altered in many ways. In a quarter system, for example, one may elect to teach seven chapters the first quarter, seven the second, and six the third. In order to achieve more in-depth mastery, the content can also be spread over a greater number of terms in both semester and quarter programs. It is also possible to delete one or two of the last chapters from the book or to skip sections in different chapters, as indicated in marginal notes.

Sample lesson plans

The sample lesson plans in this section suggest ways in which the material in specific chapters of *Invitación* can be organized and presented. Ultimately, of course, lesson planning, like other aspects of classroom organization, will depend upon the individual needs of the class and the interest or preferences of the instructor.

Whether lesson plans are prepared in great detail or consist simply of a list of activities and exercises to be covered, it will be important to keep in mind certain guidelines:

1. Plan specific objectives for each class period.
2. Plan activities that relate to course objectives. If the course emphasizes conversation and communication skills, class activities should focus on the development of those skills.
3. Plan a variety of activities to sustain the student's interest.
4. Involve students as much as possible. Teaching a skill course implies that students should use that skill rather than *talk*—or *be told*—*about* it.

The sample lesson plans that follow are prepared for a four-skill course that meets **three** times a week for fourteen weeks with a total of 42 hours of instruction per semester. Each chapter is covered in four class-hours—which means that ten chapters can be covered each semester or quarter with only minor modifications. These plans do not include specific suggestions for use of the supplementary course materials. The first set of plans includes the preliminary chapter and Chapter 1 and covers seven periods of instruction. The second set of plans deals with Chapter 9, which is approximately halfway through the book. The third set of plans is for Chapter 19, chosen because students are more sophisticated linguistically at this point, and capable of more open-ended and creative classroom activities. The textbook assignments have been kept relatively short in the third set of plans to allow for supplementary readings, literary or journalistic. Besides these detailed sample lesson plans, suggestions for organizing each chapter's material in five-period sequences appear at the end of this introduction to the instructor's edition. These suggestions include only broad chapter divisions (leaving the integration of such sections as the *Notas de interés* and *El idioma español en el mundo* to the discretion of the instructor) and require a total of 100 hours of instruction divided into two semesters, if no modifications are introduced and if all chapters are covered.

Suggestions for emphasizing or deemphasizing given sections according to class needs are discussed in the preceding section. General guidelines for those who have to condense the course material and for those who, contrarywise, have more time follow the sample lesson plans.

Capítulo preliminar

First day

1. Explain course goals, evaluation procedures, language laboratory schedule and policy, organization of the book, (including appendix material), course syllabus, and other administrative matters.
2. Call roll, having students respond **presente.**
3. Greet a student by saying **Buenos días, señor** or **señorita** and shaking hands. Have the student greet you in turn. Greet several students in this manner and then have them greet each other.
4. Help students get to know each other by giving your name and asking a student his or her name (**Yo me llamo. . . . ¿Y usted?**) After students are familiar with this pattern, go around the class until each student has given his or her name. Include a "remembering responses" phase. Give your name and point to another student (**Yo me**

llamo. . . . ¿Y la señorita?), having other members of the class provide the name.

5. Assign the preliminary chapter for the next class meeting.

Second day

1. As a warm-up activity, greet students and have them greet each other using the informal **¿Cómo estás? . . . Bien, bien, gracias, ¿y tú?** pattern.
2. Have students ask each other in turn what their names are and how they are. Go around the class until each student has volunteered this information. Then ask students if they can remember how each person is (**Yo estoy bien. . . . ¿Y Linda?**) Students will respond **Bien, bien** or **No muy bien.**
3. Have students greet any newcomers to the class appropriately.
4. Have students repeat the useful classroom expressions and then ask if there are any other expressions that they might like to know. Have them elicit these expressions by using the phrase **¿Cómo se dice . . . en español?**
5. Have students refer to the map of the Hispanic world and note the different countries where Spanish is spoken, perhaps asking if anybody has lived, has friends or relatives in, or traveled in these countries.
6. Briefly model the pronunciation of the cognates appearing in the preliminary chapter. Explain what cognates are and emphasize their value in reading and comprehending.
7. Tell students that you are going to read them the passage they have for tomorrow's assignment (**Yo trabajo y estudio**). Ask them to listen carefully to see how much they can understand. After students have volunteered the information they have understood, have them look at the passage in the book. Ask them how much more they can understand and why. Point out the similarities between Spanish and English sentence structure and emphasize the importance of cognates once more.
8. Assign the *Introducción, Comprensión de la lectura,* and *¿Y usted?* sections of Chapter 1 for the next class meeting.

Capítulo uno   Estudiantes

First day

1. As a warm-up activity, greet several students and then have them greet each other and ask how they are.
2. To begin discussing the *Introducción,* ask the *Comprensión de la lectura* questions orally, having students respond **Carmen** or **Roberto** as appropriate. Then have students find statements in the reading that apply to them personally and help them with the modifications they might like to make so that the statements become more true to them.
3. On the basis of the above activity, have students work on the *¿Y usted?* section and prepare descriptions of what they do. Have students work in pairs so that they can help each other. Have several of them say what they do and make a few comments (**¡Oh!, Jim**

también trabaja en . . . . ; **¿Qué desea estudiar en Canadá, seño-rita . . . ?**)

4. Briefly ask a few true or false questions on the basis of what the class learned about different students through the above activity. (This information about people will become very valuable as the basis of subsequent communication activities.)

5. Have students compare their names to Hispanic names and discuss the differences. If time permits, give examples of real people in the university or the community who have Hispanic names. Mention English names of Spanish origin such as Linda, Dolores, Anita, etc.

6. Present definite articles and nouns inductively or deductively using *Preparación A* to introduce the forms. Do *Preparación B* and/or *Transición A* with the students responding orally.

7. Begin the *Pronunciación* section by having students repeat the examples and exercise A of this section.

8. Assign all of the definite article drills and activities for the next class meeting.

Second day

1. During the warm-up time, greet several students and have them greet each other. Ask for a few volunteers who would like to write their full name the Spanish way. Have students discuss what version of their names would be less likely to generate confusion if they were to travel in a Spanish-speaking country. Quickly check if they remember where different students work or what their major is. (**¿Qué estudia Mark?, ¿Melissa trabaja en la universidad o en el café?**)

2. Begin the definite article section by asking students what the definite articles are and how they are used in Spanish. Complete *Preparación B* as a class activity with books closed. Go over *Transición B* having different students give the answers. Stop for a moment and ask if there are any questions. Then proceed to *Comunicación A* and have students tell what they need with books closed. Complete *Comunicación B* by having students say their slogans orally. Encourage them to use the ? by adding ideas of their own. Help by suggesting names of famous people or groups of people for whom they could create slogans.

3. Complete the *Pronunciación* section by reviewing exercise A and having students repeat exercise B. Insist on correct linking. Model loud and clear at normal speed.

4. Include personalized writing practice by giving a word (for example, **dinero** or **contaminación**) and have students write a phrase or sentence about it (**¡Abajo la contaminación!**) Verify their sentences by having students read them aloud and give another group of words. Students can work at the board or in their seats.

5. Briefly present first conjugation verbs, subject pronouns, and negation. Assign the complete section for the next class meeting. Have students write out *Transición B (Actividades).*

Third day

1. Greet students and have them greet each other and you. Give statements about your own activities (**Trabajo en la universidad y estudio**

italiano. . . . Deseo viajar a España o a Italia, etc.). Engage students in talking about their activities and studies. Then ask students what different people in the class do.

2. Ask students if they have any questions on how to conjugate -**ar** verbs. If not, complete *Preparación* very quickly. Do *Transición A* (**¿Qué haces?**) and then go over *Transición B,* which students have prepared in writing. Give the answers orally or, if desired, on the board or using an overhead projector.

3. Give a dictation describing what two students in the class do and wish to do. Prepare this dictation beforehand by following the *Introducción* format and style and the information generated during the different activities as content. Use the third persons in your description.

4. Complete the *Comunicación* by having students create sentences expressing what they do on the basis of the suggestions given or using their own ideas and some help from you. Encourage students to use the information they remember about other people in the class to produce even more statements.

5. Briefly introduce the *forma interrogativa* and, if time permits, do *Preparación.*

6. Assign all of the *La forma interrogativa* section and the *Aplicación.* Ask students to answer the *Comprensión de la lectura* questions and *Comunicación A* in writing. Also ask students to self-correct their dictations for you.

7. If time permits, complete *La forma interrogativa* during this class. Model the questions loud and clear, paying special attention to linking and intonation.

Fourth day

1. Follow the greeting routine. During the warm-up period discuss the *Nota de interés* with students and invite any questions that they may have in this respect. Also, present the names of some important figures (President of Mexico, well-known actors, sports figures, politicians from Spain, etc.) and discuss what problems they could have with their names when travelling in this country; for example, former Mexican President López Portillo being called President Portillo instead of President López.

2. Complete the *Comunicación* section of *La forma interrogativa* by having students ask each other questions in small groups. Have a few of them report to the class what they found out about their fellow students. Circulate among the groups and encourage students to ask you questions too.

3. Read the *Aplicación* aloud for the class and go over the comprehension questions by having students say **verdadero** or **falso** as appropriate. Ask if they have any questions about the ad.

4. Quickly go over *Comunicación A,* which the students have prepared in writing. Move students around so that they can complete *Comunicación B* in new small groups. Verify their work by having them report orally what their findings were. Let them go back to their original groups and allow some time for preparation of activity C, which will again be reported orally for the rest of the class.

5. Include some personalized writing by giving students a few key words and having them write as complete a description of what they do and study as possible. Let them consult their notes, if necessary.

6. Collect the self-corrected dictations from the preceding class and the self-descriptions. Assign them as homework if there isn't enough time available during the class period.

7. Assign the *Introducción* and *Comprensión de la lectura* questions of Chapter 2 for the next class meeting. Also, ask students to prepare five questions they would like you or any of the students in the class to answer.

8. Allow time for chapter review if it seems necessary or appropriate.

Capítulo nueve   La moda

First day

1. Greet everybody as always and ask personal questions based on what you know about students' problems or activities (**Janet, ¿fuiste a pedir el préstamo? . . . ¿por qué? . . .** ; **Chris, ¿qué nota te sacaste en Cálculo? . . . ¿(no) estudiaste mucho?; Dawn, ¿le llevaste las cintas al coordinador?; ¿Fueron al partido el domingo o no? . . . ¿qué pasó?,** etc.).

2. Begin work on Chapter 9 by having students talk in small groups using the *¿Y usted?* ideas as conversation starters. Circulate and encourage the use of **me fascina/me encanta/me gusta**.

3. To discuss the *Introducción,* which students have prepared as homework, briefly describe some of the personality types and have students tell you what "color" person you have described. Encourage discussion if students find that some of the personality types overlap.

4. Briefly introduce the *Pretérito de la 2a y 3era conjugaciones.* Complete *Preparación B* as a class activity. (Both the Introducción and *Preparación A* should have been assigned as homework.) For *Transición A* assign the roles of Olguita, Chabela and Nené and have students complete the activity orally. Then have students work in small groups to complete *Transición B* and both communication activities. Have some of them report their findings to the whole class.

5. For writing practice, have students divide themselves into "color" groups and write fuller descriptions of what they like to do and why. Then have the groups read their descriptions and encourage comparison with other "color" groups. Encourage the use of **me fascina/ me encanta**.

6. Assign the irregular preterite verbs in *i/j* section and ask students to do *Preparación B* and *Transición A* in writing.

Second day

1. Follow the greeting routine and ask several students what "color" they think they are and why. Dictate two of the descriptions in the *Introducción* and have students correct each other's dictations.

2. Ask if there are any questions on the *Pretéritos irregulares: el grupo i/j* section. Briefly complete *Preparación* as a class activity and do exercise B, which was assigned as homework, with books closed. Have students work in small groups and answer the questions in

Transición A, which they prepared beforehand. Have them play the roles of Jorge and his mother. Do activity B if necessary and proceed to *Comunicación,* which should be completed in small groups. Have some of the groups report back the results of their conversations to the class.

3. Introduce the *Algunos verbos útiles* section and complete the *Preparación* section with the class; have them translate each of the sentences.
4. Have students prepare a description of **¿Qué hice ayer?** in writing. Have them report back to the class.
5. Assign all of the *Algunos verbos útiles* section.

Third day

1. Greet students and have some of them describe what they did the day before. Allow for mutual help in correction.
2. Briefly introduce and complete the *Pronunciación* section.
3. Go over *Transición A* and *B* of *Algunos verbos útiles* by having students read a few sentences aloud in turns. Encourage mutual correction. Have them do the *Comunicación* part in pairs. Circulate and help them complete the activity.
4. Introduce the *interesar/gustar* section by using examples from the *Introducción.* Ask if there are any questions. Divide into groups and have students prepare *Preparación B* in writing. Complete B and C orally as a class activity. Have different students do *Transición B* orally by taking the roles of Rolando and their friends.
5. Divide students in groups and have them do two or three communication activities. Assign C as homework if there is not enough time.
6. Assign the *Aplicación* and comprehension questions for the next class meeting.

Last day

1. Begin by asking a few personal questions using the *gustar* verbs and by encouraging students to ask each other questions.
2. Ask if there are any questions about the passage and explain the saying **La moda no incomoda** if necessary. Ask general comprehension questions and explain cultural differences in *dressing up* habits.
3. Allow enough time for students to do all or some of the *Comunicación* activities from A to D in their small groups. Have the groups report back to the class. Circulate and help the different groups.
4. Give the students a listening comprehension exercise by talking to them about your own likes and dislikes. Have them ask you questions about details that they would like clarified. Encourage free conversation.
5. Complete *Comunicación E* with the class as a whole and again encourage discussion because they will probably disagree in their answers. The more they talk, the more comfortable they will be with the *gustar* pattern—which does not mean, however, that errors will be reduced significantly immediately.
6. Allow time for chapter review if deemed necessary.
7. Assign the *Introducción, Comprensión de la lectura* and *¿Y usted?* sections of Chapter 10.

Capítulo diecinueve   Máquinas y maquinitas

First day

1. Begin by allowing a few minutes for students to report on their research on Mexico (Chapter 18), if any topic was assigned or freely chosen by the students.
2. Discuss the *Introducción* by asking the comprehension questions and by describing a "walkman." (The *Introducción, Comprensión,* and the *¿Y usted?* should have been assigned and students asked to bring their *"maquinitas"* to class.) Have students compare the situation in Spanish-speaking countries with that in the United States, bringing in information from the *Nota de interés.*
3. Have students work in their small groups and talk about their *"maquinitas"* by using the *¿Y usted?* section as a conversation starter. If you have any students taking computer science courses, have them describe the equipment on campus to the class. Have the groups report to the class too.
4. Distribute magazines in Spanish to the different groups and have them study the ads for electronic equipment and find out about the range of items offered, the prices, the countries where they are made, and the English words used in the ad. Encourage discussion and comparison. Circulate and help with vocabulary problems that may arise.
5. Complete the *Pronunciación* section as a class activity if time permits.
6. Assign the *Por o para* section. Ask students to do both the *Transición* and *Comunicación* sections in writing. Also ask them to study the introduction to the passive voice section.

Second day

1. Begin by asking some questions on the previous day's discussion. Plan the questions so that students are required to use the chapter vocabulary. Introduce new vocabulary if necessary (e.g., **prender (encender)/apagar el "walkmán;" subir/bajar el volumen; pónlo más fuerte/despacio,** etc.).
2. Ask students if they have any questions about the uses of **por/para** and clarify, if necessary. The contrast is difficult to acquire, although some students may be successful in learning some of the rules and may be able to apply them when they write. Complete the *Preparación* as an oral activity. Have different students read their translations and encourage the class as a whole to correct any errors and explain why they are incorrect.
3. Divide students in pairs and have them interview each other by using the questions in the *Comunicación* section.
4. Complete the *Preparación* of the passive voice section quickly and have students complete the *Transición* and *Comunicación* in their groups. Encourage originality and humor.
5. Give students a dictation based on a shortened version of the second paragraph in the *Introducción.* Have them check each other's dictations and then verify them by comparing with the original paragraph.
6. Assign the *Las frases condicionales* section and ask students to do *Preparación B* and the *Transición* in writing.

Third day

1. Begin by asking a few personal questions of the **por/para** type (**¿Para dónde piensas ir para las Navidades?**; **¿Por dónde vives?**, etc.).
2. Ask if there are any questions about the *frases condicionales* construction and quickly complete *Preparación A* as a class activity. Then go over the activities that the students prepared in writing. Finally, have students complete the *Comunicación* section orally in their small groups. Encourage discussion and the provision of original answers.
3. Briefly introduce the *Se me olvidó* section, which you may treat for recognition purposes only. Model the examples with the proper intonation and corresponding non-verbals. Then complete the *Preparación* section as a class activity and the *Transición* by calling on individual students. If students seem interested or if you desire to do so, have them complete the *Comunicación* in class. Otherwise, assign it as homework.
4. Distribute newspapers or magazines in Spanish to the groups and have them look for headlines in the passive voice. Encourage intelligent guessing of unknown vocabulary, but circulate and help with comprehension problems. Encourage group or class discussion of any issues or topics detected while reading the magazines.
5. Assign the *Aplicación* passage and ask students to answer the comprehension questions in writing.

Last day

1. Begin by reviewing the exercises in the *Pronunciación* section.
2. Discuss the information in the *Nota de interés* with the class.
3. Discuss the *Aplicación* passage by asking the *Comprensión* questions and other similar ones. Help with any comprehension problems.
4. Have students complete *Comunicación A* in their groups. Activities B and C can be done in pairs or B can be assigned as the topic for a composition.
5. Do #5 in the previous lesson plan, if time was not available before.
6. Allow time for chapter review if appropriate or necessary.
7. Assign the *Introducción, Comprensión,* and *¿Y usted?* sections of Chapter 20.

Review or intensive courses

Because *Invitación* is a book of options, its organization allows instructors to delete or deemphasize sections, exercises, and activities without affecting acquisition or learning of the language. In review or intensive courses meeting three hours a week, one may cover a chapter a week by assigning most of the grammar explanations for review or study out of class. Similarly, instructors will need to assign more *Preparación* and *Transición* exercises as homework so that they can use class meetings for *Comunicación* activities and discussion of the passages.

If laboratory facilities are available, much of the manipulative practice of each grammar topic can be completed outside of class, allowing more class time to develop the student's ability to communicate. In addition, it is possible to delete many sections or to treat them for recognition only, particularly in the later chapters. This allows students to progress through the remaining material at a more leisurely pace.

Classes meeting five times a week

Under such a system, a more in-depth coverage of the different sections of the book will be possible. Many of the optional activities and follow-up suggestions given in the marginal notes of this *Instructor's Edition* can be implemented. In addition, the instructor can provide more opportunities to develop listening, reading, writing, and speaking skills as well as to discuss in greater detail the *Notas de interés,* the realia, and newspapers and magazines in Spanish.

Sample tests

The sample tests that follow are not intended to prescribe test formats, but rather to show a variety of ways in which assimilation of course content can be measured. The first test covers the preliminary chapter and the first two chapters of the book, giving equal weight to listening, reading, and writing. The second test (Chapters 10 and 11) is still relatively structured, whereas the third test (Chapters 17 and 18) contains more open-ended formats that require more language production and creativity on the part of the student. In addition, each test contains a cultural component. The tests are designed to be completed in approximately forty to fifty minutes. If speaking is given equal emphasis as a course goal, ideally it should be evaluated in each testing situation, depending on the time available. A separate section on evaluating speaking skills follows the sample tests.

Sample test: Preliminary chapter, Chapters 1 and 2

Listening

A. Imagine that you are in a store and have asked the prices of various items. As you hear the prices read aloud, write down in numerals the cost of each item. Each will be read twice.   (10 points)

   *1. (18) pesos
   2. (24) pesos
   3. (13) pesos
   4. (7) pesos
   5. (2) pesos

B. You will hear a statement or a question followed by an answer. Circle **sí** if the answer is an appropriate response to the question or **no** if it is not.   (10 points)

   1. (¡Hola!, ¿qué tal?
      Me llamo María, ¿y tú?)

---

* Information within parentheses is to be read aloud by the instructor and does not appear on the student copy.

2. (¿Comprende usted?
  No, repítame, por favor.)
3. (¿Qué quiere decir **ciencias**?
  Quiere decir *sciences*.)
4. (Carmen Parada desea estudiar en Estados Unidos, ¿no?
  Sí, desea estudiar conservación.)
5. (¿Cómo se llama usted, señor?
  Me llamo Carlos Cortés, ¿y usted?)

C. You will hear a passage that describes the life of two friends. Based on the information given, answer the questions below in English. The passage will be read twice, followed by pauses during which you may write.   (10 points)

(Passage to be read: Carmen Pérez y Gladys Silva estudian en la Universidad Central de Ecuador. Carmen estudia computación y desea trabajar en un banco internacional. Gladys desea viajar y necesita estudiar inglés y francés. Gladys trabaja en un hotel, pero a veces no está muy entusiasmada con el trabajo. Carmen no trabaja. En general, las chicas están muy contentas en la universidad porque hay muchos chicos guapos y carreras interesantes para los estudiantes.)

1. What school do Carmen and Gladys go to?
2. What do they study?
3. What does Gladys do to make some money?
4. Is Gladys happy with her job?
5. Why are they happy on campus?

Writing

A. Listed below are a series of statements that Raúl made in an interview. The statements refer to himself, his sister Anita, and his brother Eduardo. For each statement he made, write in Spanish a question that the interviewer might have asked him.   (10 points)

1. Señor Palacios: _____
  Raúl: No, él estudia en San José.

2. Señor Palacios: _____
  Raúl: No, no hablo inglés. Hablo español y francés.

3. Señor Palacios: _____
  Raúl: No, a veces ella practica tenis.

4. Señor Palacios: _____
  Raúl: Sí, todos escuchamos el fútbol los sábados.

5. Señor Palacios: _____
  Raúl: No, yo no. Eduardo trabaja en un proyecto municipal.

B. Write a complete sentence in Spanish that expresses your ideas about each of the following topics. Supply the appropriate definite article and be sure to use a different verb in each sentence. For example, given the word **compañía,** you might write **La compañía de tabacos está en la calle Catorce.**   (10 points)

1. cintas _____

2. centro comercial _____

3. proyecto _____

4. calle _____

5. estudiantes _____

C. Complete the following sentences so that they express your opinions or convey some information. Provide the correct form of the verb **estar** and at least two adjectives or an adverb.   (10 points)

1. El profesor extranjero _____

2. El correo _____

3. La secretaria del departamento _____

4. Las lecciones _____

5. Yo _____

When you have finished this part of the test, turn it in and ask your instructor for the reading section.

Reading

A. After each of the following statements, you will find two sentences. Choose the sentence with the closest definition or that would most logically follow the original statement. Indicate your answer by circling the corresponding letter.   (10 points)

1. Ernesto no trabaja en el hospital.
   a. Él participa en un proyecto de la universidad.
   b. Él está en el trabajo.
2. María Lourdes está contenta con su carrera.
   a. Viaja a Florida al mundo de Disney.
   b. Está entusiasmada y estudia mucho.
3. Los centros comerciales están en los sectores suburbanos.
   a. Están muy lejos del centro.
   b. Hay muchas tiendas en el centro.
4. En el verano, los estudiantes siempre trabajan.
   a. Ganan dinero para viajes, ropa y libros.
   b. Los trabajos siempre dan créditos para la universidad.
5. Hay un aviso para un trabajo en la biblioteca pública.
   a. ¿Desean estudiar en la biblioteca?
   b. ¿Dan el salario también?

B. Alberto Manríquez is trying to get a scholarship to visit and study in the United States and in his letter he gives some information about himself. In the space provided give the English equivalents of the underlined words.   (10 points)

Deseo (1) visitar los Estados Unidos porque (2) deseo estudiar relaciones internacionales. Ahora (3) estudio en la Universidad Nacional, pero (4) deseo ganar experiencia en una institución grande.
También (5) estoy interesado en trabajar (6) en un banco (7) y en
practicar inglés. Practico (8) patinaje y trabajo en un proyecto de
desarrollo (9) comunal en el verano (10).

1. _____   6. _____

2. _____   7. _____

3. _____   8. _____

4. _____   9. _____

5. _____   10. _____

C. Read the following paragraph taken from a student's letter to his
   family. Then, based on the information given, answer the questions
   below in English.   (10 points)
       La universidad está en el lado oeste de la ciudad y hay un correo
   muy cerca. Frente al correo, hay una tienda grande y la librería está
   al lado de la tienda. A veces, practicamos en la pista de patinaje,
   pero está muy lejos. Todo el mundo está muy entusiasmado con los
   programas y las carreras de la universidad, pero hay problemas con
   los créditos ahora.

   1. Where is the campus located?
   2. What places can students go to easily?
   3. What sport(s) do they practice?
   4. What is the general mood among students?
   5. What problems do they have?

Culture

Briefly answer the following questions about culture in Spanish-speaking
countries.   (10 points)

   1. Name at least three Spanish-speaking countries other than Mex-
      ico and Spain.
   2. In what situations is it appropriate to use the **tú** form of the verb?
   3. Under what letter would you file an application coming from a
      Hispanic person called **Rosa Esther Monasterio Rodríguez**? Why
      would you proceed like this?
   4. In Spanish, what two expressions could you use to say *hello* on
      the phone?
   5. What place would you go to in Madrid to hear the most inter-
      esting conversations? Why would you do so?

Sample test: Chapters 10 and 11

A. Imagínese que usted trabaja para un periódico de Nueva York y que
   debe escribir las noticias que le dan por teléfono. Escuche a cada
   persona que llama y escriba notas en español o en inglés para darle

la información al director del periódico. Cada persona va a darle la noticia dos veces.   (9 puntos)

*1. (Buenas tardes, usted habla con María Fernández de Colombia y tengo las noticias del boxeo. William Bolaños perdió hoy contra Manuel Parra. La parte más sensacional fue cuando Parra le gritó algunas palabras a Bolaños. Al público no le gustó esta violencia y apoyó a Bolaños con su aplauso.)

2. (¿Qué tal?, buenas noches, hablas con Juan Enrique Álvarez de la Argentina. Tengo las últimas noticias del tenis. Guillermo Vilas estuvo sensacional hoy y ganó dos partidos, uno de dobles y otro de «singles». Guillermo se clasificó para la Copa de Francia y viajó esta noche a París.)

3. (¡Aló!, ¡aló!, habla José Mesa de San Francisco, California. Tengo una noticia de Fernando Valenzuela de los Dodgers. El jugador mexicano no pudo conseguir el dinero que pidió la semana pasada. Hoy viajó a su país. Su novia no estuvo aquí; esa noticia no es verdadera. Bueno, nada más, gracias.)

B. Rosa y Laura conversan de deportes. Escriban lo que ellas dicen. Primero, escuchen toda la conversación; segundo, escriban durante las pausas; y tercero, completen la conversación cuando la escuchen por tercera vez.   (36 palabras, 18 puntos)

ROSA: (A mí me encantan los Yankees. ¿Supiste que este año obtuvieron el primer lugar?)

LAURA: (Pero no, no fue así. Uno de los jugadores de los Yankees fue el mejor lanzador, pero los Filis ganaron el campeonato.)

C. Chris Whang está en Venezuela por primera vez y le escribe a su familia. Lean parte de su carta y después indiquen qué palabra completa mejor el significado de las frases.   (7 puntos)

Perdonen, pero no pude mandar (nada/nadie/alguna) porque no (hay/está/tuve) tiempo. La semana (última/pasada/próxima) no vi a (ningunos/ninguno/ningún) profesor de la universidad porque me pasé el tiempo en los museos y tiendas. (Le digan/Le digo/Díganle) a la mamá de Roberto que él (además/tampoco/también) vio a (nadie/algunos/todos).

D. Completen las traducciones de las siguientes frases.   (10 puntos)

1. Let's go to the library at eight o'clock.

   _____ a la biblioteca a las ocho.

2. Don't order sandwiches here!

   ¡ _____ sándwiches aquí!

3. Here we eat at six-thirty.

   Aquí _____ a las seis y media.

---

* Information within parentheses is to be read aloud by the instructor and does not appear on the student copy.

4. In California, they make very good wines.

En California, _____ vinos muy buenos.

5. Laurie comes at eight to do the homework.

Laurie _____ para hacer la tarea.

E. Los Aguilera van a tener una fiesta y la criada, Isaura, y Luz, su hija, ayudan a Doña Isabel a preparar la comida. Completen las siguientes frases con el imperativo correspondiente al verbo en paréntesis. Doña Isabel usa frases formales para hablar con la criada y frases informales para hablarle a su hija. (14 puntos)

1. —Luz, por favor, _____ (poner) las copas para el vino

blanco en la mesa y _____ (traer) la fruta que tengo allá.

2. —Isaura, _____ (colocar) el pescado aquí y _____ (preparar) la ensalada inmediatamente.

3. —Lucita, _____ (mirar), no _____ (poner) las copas de vino tinto, porque sólo tengo vino blanco.

4. —Isaura, por favor, no _____ (volver) a poner las legumbres en ese plato que es muy pequeño.

F. Usen los verbos dados y palabras de la lista para crear frases completas que expresen sus preferencias. Usen cada palabra sólo una vez. (10 puntos)

hielo/amigos/postre/papas fritas/patines/equipo/traje de baño

1. servir _____

2. gustarme _____

3. hacer deportes _____

4. (no) pedir _____

5. correr _____

G. No use los sustantivos para contestar las siguientes preguntas; use los pronombres de complemento directo e indirecto en forma combinada. (6 puntos)

1. ¿Quién te regaló tu primera bicicleta?

_____

2. ¿A quién le diste tus cosas cuando te viniste a la universidad?

_____

3. ¿Quién te hizo tu horario cuando llegaste a la universidad?

_____

H. Conteste las siguientes frases personales con frases completas en español. Use al menos tres frases en cada respuesta. Una buena respuesta tiene bastante vocabulario y estructuras y es gramaticalmente correcta. (4 puntos cada respuesta)

1. Cuando usted tiene bastante dinero, ¿qué le gusta comer?
2. ¿Cuál es su receta favorita para una comida o un trago?
3. ¿Quiénes son sus deportistas favoritos y por qué?
4. ¿Qué hizo usted el fin de semana pasado?

I. Indique si las siguientes afirmaciones son verdaderas o falsas. Marque V o F según corresponda.   (10 puntos)

1. Pelé, el más grande jugador de fútbol, es hispano. V   F
2. Muchos beisbolistas de la liga mayor son hispanos. V   F
3. La comida más importante para hispanos y norteamericanos es la cena. V   F
4. Se toma vino tinto con la carne y blanco con el pescado. V   F
5. La gente prefiere comprar pan fresco en la panadería y no en el supermercado. V   F

Sample test: Chapters 17 and 18

A. Conteste las siguientes preguntas personales en español. Dé detalles.   (15 puntos)

*1. (¿Qué vas a hacer cuando tengas algún dinero extra?)
 2. (¿Qué harías si fueras «rey mago»?)
 3. (¿Quisiera usted conocer la Ciudad de México? ¿Qué le gustaría ver allí?)
 4. (¿Cómo es su ciudad?)
 5. (¿Conoce usted a una persona de España o de México? ¿Cómo es esta persona?)

B. Usted va a escuchar una selección sobre los problemas de un jefe de oficina. Según la información escuchada, indique si las afirmaciones que siguen son verdaderas o falsas. La selección se va a leer dos veces.   (15 puntos)

(El señor Suárez gana diez veces más que otros jefes, pero tiene un gran problema. Su supervisor le ha dicho que no cree que su sección haya producido lo necesario este mes. Lo malo es que están en época de fiestas de fin de año y Suárez no cree que los empleados quieran hacer ningún trabajo extraordinario durante estos días. Sin embargo, los empleados aceptan venir a la oficina el sábado para recuperar el tiempo perdido. Suárez se va feliz de compras. El sábado cuando llega a supervisor el trabajo, sin embargo, se lleva una gran sorpresa: Los empleados han organizado una gran fiesta en la oficina y no han hecho nada en toda la mañana. ¡Paciencia!)

1. El señor Suárez es bastante acomodado. V   F
2. Todo esto ocurrió en el mes de diciembre. V   F
3. Los empleados deciden organizar una fiesta para el señor Suárez. V   F
4. Los empleados no quieren trabajar el sábado. V   F
5. Suárez llegó a la oficina después de los empleados. V   F

---

* Information within parentheses is to be read aloud by the instructor and does not appear on the student copy.

C. Escriba cuatro comentarios personales que expresen sus opiniones sobre su vida personal o la vida en el campus. Use expresiones como *es una lástima que/siento mucho que/qué bueno que/me alegro que,* etc.   (12 puntos)

1. _____

2. _____

3. _____

4. _____

5. _____

D. Complete las siguientes frases con sus opiniones personales sobre los problemas urbanos.   (15 puntos)

1. Es necesario elegir otro alcalde para que _____ .

2. Quisiera que _____ .

3. En esta ciudad no hay buses, como si _____ .

4. Nunca encuentro un(a) _____ cuando _____ .

5. La situación de la gente no va a cambiar a menos que _____ .

E. Las que siguen son preguntas personales. Contéstelas con frases completas en español y dé detalles. Sus contestaciones serán evaluadas por su originalidad, el vocabulario usado y la corrección gramatical.   (20 puntos)

1. ¿Quisiera usted vivir en una ciudad pequeña o grande? ¿Por qué?
2. Imagínese que usted decide irse a vivir a México. Escriba unas frases para convencer a sus amigos para que se vayan también.
3. Diga qué planes tenían sus padres o parientes para cuando usted fuera grande. Dé detalles.
4. Según su opinión, ¿qué haría felices a los mexicanos pobres?

F. Traduzca estas frases al inglés.   (15 puntos)

1. Ojalá que mi jefe no estuviera aquí.
2. Siento tanto que no hayas venido a la reunión.
3. El rey quería que el ministro llegara temprano.
4. No creo que él venga hasta que lo inviten.
5. ¿Quisiera usted participar en nuestro debate?

G. Conteste las siguientes preguntas sobre las culturas hispanas en español. Sus respuestas serán evaluadas tomando en cuenta el contenido solamente.   (8 puntos)

1. ¿Qué caracteriza al español común?
2. ¿En qué consiste la fiesta de Reyes?
3. ¿Cuál es el mayor problema que tiene México como país? Dé detalles.
4. ¿Qué le parece a usted el sistema monárquico? ¿Cómo le impresiona el rey?

Evaluating Speaking

The ability to understand and express oneself orally in Spanish is frequently recognized not only as the most important outcome of studying Spanish, but also as a very practical skill to have in the world of business and the professions; yet often this skill is not evaluated. If being able to communicate at the elementary level in Spanish is a course goal, it should be tested either formally or informally, or both, in order to reduce the discrepancy between what we *say* is important and what is actually tested. It is possible, for example, to give students an oral communication grade for their oral work on a daily or a weekly basis. The oral grade can be based on criteria such as the amount of communication the student engages in, the communicative quality (appropriateness and breadth of vocabulary used) of his or her utterances, and, particularly, the progress the student shows throughout the grading period—usually marked by his or her overcoming old kinds of errors and the appearance of new "exploratory" mistakes. Although this type of evaluation tends to be subjective and qualitative, it is also true that the more instructors practice it, the more refined their judgments become. Furthermore, this kind of evaluation does provide a means of assessing students' oral performance on a regular basis.

Because formal oral testing may be time consuming, many instructors choose to give only a mid-term and a final speaking examination. There are many ways to evaluate the ability to communicate orally. Students can, for instance, describe visuals or photographs related to chapter topics, engage in impromptu role playing, or speak extemporaneously on a topic or topics covered during class discussions. The sample speaking test (covering Chapters 13 and 14) is somewhat more structured and is easy to evaluate. It is easy to administer and can take as little as ten to fifteen minutes. Students are examined on their ability to both answer and ask questions at the elementary level.

Sample speaking test: Chapters 13 and 14

Part A—Answering questions

In this section of the test, students will be asked to answer five questions. Try to put the student at ease and create a relaxed atmosphere. Tell the student that you will ask him or her a series of questions that are to be answered as completely as possible in Spanish. Each question can be repeated, if necessary.

Choose five questions from the following list:

1. ¿Qué decía el periódico (de la universidad) ayer?
2. ¿Ha escuchado usted alguna noticia catastrófica esta semana? Cuéntemela.
3. ¿Dónde vivía usted cuando tenía ocho años?
4. ¿Qué cosas le dan miedo a usted?
5. ¿Qué cursos estás tomando (cogiendo) ahora?
6. ¿Sabes cómo va a estar el tiempo mañana?
7. ¿Qué deporte(s) practicabas cuando tenías doce años?

8. ¿Has visto las gangas de la tienda? ¿Has comprado ropa nueva?
9. ¿Has estado en una gran tormenta, tornado a terremoto? ¿Qué pasó?
10. ?   ?

Part B—Asking questions

In this section of the test, students will ask questions to elicit information and will be evaluated on their ability to both ask the question and understand the answer. Have students ask you or a fellow student questions in Spanish that will elicit the information on their test copy. Give an appropriate answer to the five questions the student will ask. Add additional information where appropriate, keeping in mind the limits of the student's linguistic ability. You might want to keep track of your answers so that you don't forget them. Remind students to jot down answers in English or in Spanish on their copy of the test.

Student copy of speaking test: Chapters 13 and 14

Part A—Answering questions

Your instructor will ask you five questions. Answer as completely as possible in Spanish. You will be asked each question twice if necessary and will be evaluated on the appropriateness, coherence, and correctness of your responses.   (20 points)

Part B—Asking questions

Ask your instructor or your friend questions in Spanish that will elicit the information indicated below. Take short but complete notes in English or in Spanish about the answers you receive. You will be evaluated on how well you ask the questions, how well you understand the answers and how complete your notes are.   (30 points)

   Ask your instructor:

1. if he or she lived in this country when he or she was five years old.
2. if he or she admires a politician and why.
3. if he or she has been to any Spanish-speaking countries and when.
4. what season he or she likes best and why.
5. if he or she would like to visit *"el mundo blanco"* and why.

Scoring information for sample speaking test: Chapters 13 and 14

Part A—Answering questions

Use the scale below to evaluate each response (or question). Do not hesitate to assign scores such as 2½ or 1½ if this seems appropriate.

4 POINTS: **Excellent**—the student's response or question is appropriate, complete, grammatically correct, and delivered with acceptable fluency and pronunciation at the elementary level.

3 POINTS: **Good**—the student's response or question is appropriate and comprehensible but contains errors that could be improved at the elementary level.

2 POINTS: **Fair**—the student's response or question contains faulty grammar and is halting but still comprehensible.

1 POINT: **Poor**—the student attempts a response or question but it is incomprehensible or inappropriate.

0 POINT: **Failing**—No response is given.

Part B—Asking questions

Use the scale given for Part A to evaluate the questions asked by the student. Use the scale below to evaluate the written notes recorded by the student.

2 POINTS: The notes contain complete information.

1 POINT: The notes contain only partial information.

0 POINT: The notes are incorrect or no response is given.

Grade sheet

Nombre: _____

Sección: _____

Parte A—Respuestas a las preguntas   (20 puntos)

Preguntas: Observaciones:

1. _____

2. _____

3. _____

4. _____

5. _____

Total—Parte A: _____

Parte B—Formulación de preguntas y comprensión de las respuestas (30 puntos)

Preguntas	Respuestas	Observaciones
1. _____	1. _____	
2. _____	2. _____	
3. _____	3. _____	
4. _____	4. _____	
5. _____	5. _____	

Total—Parte B: _____

Nota final: _____

Lesson plans for all chapters

Possible five-day-per-chapter plans for all chapters follow. These plans can be used as a basis on which to prepare a syllabus that best meets your course's goals and makes most efficient use of the instructional time available. If not modified, the general plan that follows requires a total of 100 hours of instruction for *all* twenty chapters, divided into two semesters or two/three quarters.

Five-day Plans

Capítulo 1: **Estudiantes**

Day 1:   *Introducción.*   ¿Y usted?
Day 2:   El artículo definido y el nombre.
Day 3:   Los pronombres personales y los verbos de la primera conjugación.
Day 4:   La forma interrogativa.   *Pronunciación.*
Day 5:   *Aplicación.*

Capítulo 2: **En la ciudad**

Day 1:   *Introducción.*   ¿Y usted?
Day 2:   Los adjetivos.
Day 3:   Las preposiciones.   *Pronunciación.*
Day 4:   El verbo *estar.*
Day 5:   Los números de 1 a 30.   *Aplicación.*

Capítulo 3: **Estudiantes de intercambio**

Day 1:   *Introducción.*   ¿Y usted?
Day 2:   Los verbos de la segunda y tercera conjugaciones.
Day 3:   Las preguntas de información.
Day 4:   Los días, los meses y las estaciones.
Day 5:   *Aplicación.   Pronunciación.*

Capítulo 4: **Gente joven**

Day 1:   *Introducción.*   ¿Y usted?
Day 2:   El verbo *ser.*   Los números de 30 a 199.
Day 3:   Los números de 30 a 199.   ¿Qué hora es?
Day 4:   ¿Qué hora es?   Los adjetivos posesivos.
Day 5:   *Ser* y *estar.   Aplicación.*

Capítulo 5: **Nuevos papeles**

Day 1:   *Introducción.*   ¿Y usted?
Day 2:   Verbos que cambian: *e* $\longrightarrow$ *ie.   Pronunciación.*

Day 3:   Los verbos reflexivos.
Day 4:   La *a* personal.   El cuerpo humano.
Day 5:   El cuerpo humano.   *Aplicación.*

Capítulo 6:   **Las vacaciones**

Day 1:   *Introducción.*   ¿Y usted?
Day 2:   El verbo *ir.*
Day 3:   Los adjetivos demostrativos.
Day 4:   Verbos que cambian: *o* ⟶ *ue.*   El futuro: probabilidades.
Day 5:   *Aplicación.*   *Pronunciación.*

Capítulo 7:   **El dinero**

Day 1:   *Introducción.*   ¿Y usted?
Day 2:   Los pronombres de complemento directo.
Day 3:   Verbos que cambian: *e* ⟶ *i.*   *Pronunciación.*
Day 4:   Los números de 200 a 999.999.   El condicional: La cortesía.
Day 5:   *Aplicación.*

Capítulo 8:   **El mundo hispano en los Estados Unidos**

Day 1:   *Introducción.*   ¿Y usted?
Day 2:   El pretérito: 1^{era} conjugación   *Entonación.*
Day 3:   Los pronombres de complemento indirecto.   El pretérito de *ir* y *ser.*
Day 4:   El pretérito de *ir* y *ser.* La comparación de adjetivos, adverbios y sustantivos.
Day 5:   La comparación de adjetivos, adverbios y sustantivos.   *Aplicación.*

Capítulo 9:   **La moda**

Day 1:   *Introducción.*   Y a usted, ¿qué le gusta?
Day 2:   Pretéritos de la 2^a y 3^{era} conjugaciones.
Day 3:   Pretéritos irregulares: el grupo *i/j.*   Algunos verbos útiles.
Day 4:   Los verbos como *interesar/gustar.*
Day 5:   *Aplicación.*   *Pronunciación.*

Capítulo 10:   **Los deportes**

Day 1:   *Introducción.*   ¿Y usted?
Day 2:   Los pronombres de complemento directo e indirecto: uso combinado.
Day 3:   Pretéritos irregulares: el grupo *u.*
Day 4:   Las expresiones negativas.   Los números ordinales.
Day 5:   *Aplicación.*   *Pronunciación.*

Capítulo 11: **Salud, dinero y amor**

Day 1: *Introducción.* ¿Y usted?
Day 2: *La comida.* El imperativo formal.
Day 3: El imperativo formal: Para pedir o prohibir. El *se* impersonal.
Day 4: El *se* impersonal. El imperativo informal: Para pedir o prohibir. *Entonación.*
Day 5: El imperativo informal: Para pedir o prohibir. *Aplicación.*

Capítulo 12: **Hispanoamérica India**

Day 1: *Introducción.* Y usted, ¿qué piensa?
Day 2: El imperfecto.
Day 3: La nominalización. Imperfectos irregulares: *ser, ir, ver.*
Day 4: Posición de los adjetivos.
Day 5: *Aplicación.* *Pronunciación.*

Capítulo 13: **La política**

Day 1: *Introducción.* Y ustedes, ¿qué dicen?
Day 2: Contraste: Hablando del pasado.
Day 3: Las expresiones idiomáticas con *tener.*
Day 4: El presente perfecto.
Day 5: *Aplicación.* *Pronunciación.*

Capítulo 14: **El tiempo y la naturaleza**

Day 1: *Introducción.* Y a usted, ¿cómo le afecta el tiempo?
Day 2: El tiempo.
Day 3: Los tiempos progresivos.
Day 4: *Hace* + expresión de tiempo.
Day 5: *Aplicación.* *Pronunciación.*

Capítulo 15: **La mujer**

Day 1: *Introducción.* Y usted, ¿qué dice?
Day 2: El subjuntivo.
Day 3: El subjuntivo presente: Para conseguir cosas.
Day 4: El subjuntivo presente: Para expresar duda. El presente perfecto de subjuntivo.
Day 5: *Aplicación.* *Pronunciación.*

Capítulo 16: **Sin fronteras**

Day 1: *Introducción.* Y usted, ¿adónde quiere ir?
Day 2: El subjuntivo: Para expresar buenos deseos. *Pronunciación.*
Day 3: El subjuntivo: Para expresar informacion no específica.

Capítulo Preliminar

Invitación is, quite literally, an invitation to communicate meaningfully in Spanish from the earliest moments of your exposure to the language. *Invitación* enhances your potential for such communication by capitalizing on some distinct advantages you have as you begin studying Spanish. You have, for example, the advantage of dealing not only with a familiar alphabet but also with many words that have identical or similar spellings and meanings in the two languages. You will immediately recognize such words as **problema, posible, opinión, inteligente,** and **conservación** and should have little difficulty recognizing such words as **estudiante, universidad, música,** and **necesitar.** There are also certain aspects of Spanish sentence structure and grammar that are similar to English. Most of the time you will not even notice these similarities because they are so readily understood. There is no need, for example, to emphasize the basic Spanish sentence order of subject, verb, and object, because it is the same as in English.

The Spanish language differs, of course, from English in other fundamental ways. Before beginning Chapter 1, you will want to become familiar with certain preliminary concepts relating to the spoken and written language.

The Spoken and Written Language

Learning to speak Spanish requires a great deal of active attention on your part so that you profit from your professor's constant use of the language.

A. Before you begin, it may help to be aware of the following facts regarding Spanish and English pronunciation:

1. Spanish may seem to be spoken at a more rapid rate than English. This is because the rhythm and intonation are different, not because people talk any faster than English speakers do. In Spanish each syllable of a word has essentially the same length regardless of whether it is stressed or not. In English, on the other hand, syllables that are not stressed are usually shortened by weakening the vowel. Compare:

responsabilidad   *responsibility*
inteligencia   *intelligence*
importante   *important*

You will notice that unstressed syllables such as *re-spon-si* or *im-* and *-ant* are considerably weakened when pronounced in English, whereas in Spanish each syllable—stressed or unstressed—is of more or less the same length.

2. Another important characteristic of Spanish is that boundaries between words often disappear because there is a tendency to link them. Compare:

un error   *an error*
la iguana   *the iguana*

If you imitate your instructor and avoid separating words when you speak Spanish, both your ability to understand another speaker and your ability to communicate with him/her will be enhanced.

Emphasize that in English we do mark word boundaries and expect to hear them.

3. Certain sounds of Spanish have no counterpart in English: the trilled *r*, the sound /x/ and the pure vowels *a, e, i, o,* and *u.* Compare:

Puerto Rico   *Puerto Rico*
Linda   *Linda*
general   *general*

4. Words or groups of letters familiar in English have a different pronunciation in Spanish. A native speaker of Spanish would have some difficulty understanding an English speaker's pronunciation of such words as:

   auto   motor   hotel   americano   especial

B. Writing Spanish words that you hear is fairly easy because there is a close relationship between sounds and letters in Spanish. The main exceptions are:

the letter **h** is silent in Spanish	ḥotel aḥora	These general rules correspond to the standard Hispano-American dialects. These rules are provided for reference and not for memorization.
the sound /k/ can be spelled **qu**, **k**, or **c** (**ca, co, cu**)	¿Qué casa?	
the sound /s/ can be spelled **s**, **z**, or **c** (**ce, ci**)	rosa reciente zorro	
the sound /rr/ can be spelled **r** or **rr**	Rosa arriba	
the sound /b/ can be spelled **b** or **v**	¿verdad, Benito?	
the sound /x/ can be spelled **j** or **g** (**ge, gi**)	trabajo general	
the sound /g/ can be spelled **g** (**ga, go, gu**) or **gu** (**gue, gui**)	gato gusto guitarra guerra	
the sound /y/ can be spelled **y** or **ll**	ayer allí	

Written Spanish includes the following punctuation marks:
Exclamation point: ¡Hola! ¡Arriba!
Question Mark: ¿Sí o no?
Accent mark: emoción, división, María, Los Ángeles
Diéresis: To indicate that the /u/ sound is pronounced in combination with **gue** and **gui**: bilingüe

Indicate that, at the beginning of a word/sentence, exclamation points and question marks are inverted.

C. The many *cognates* or related words in Spanish and English should also help you in reading Spanish.

-or	-ción/-sión	-dad	-ar
profesor	profesión	universidad	necesitar
decorador	educación	personalidad	preparar
motor	televisión	posibilidad	invitar
operador	computación		practicar
inventor	conservación		

Have students find out what the equivalents for *es-*, *-ar*, and *-dad* are.

-al	es-	
especial	estudiante	medicina
comercial	especial	hotel
crucial	estación	hospital
final	escuela	cafetería

Actividades Preliminares (Preliminary Activities)

A. *Presentaciones* (Introductions).

1. *Greet and introduce yourself to the person next to you in class. Then ask his or her name.*

¡Hola! Me llamo. . . .	Hi, my name is. . . .
¿Cómo te llamas tú?	What is your name?

2. *Greet your professor and introduce yourself.*

Buenos días (buenas tardes), señor (señora, señorita).	Good day (good afternoon), sir (madam, Miss)
Me llamo. . . .	My name is. . . .
¿Cómo se llama usted?	What is your name, (sir, madam or Miss)?

B. *¿Cómo estás?* (How are you?)

1. *Ask another student how he or she is. The student may, in turn, ask how you are.*

¿Cómo estás?	How are you?
Bien, bien, gracias. ¿Y tú?	Fine, thank you. And you?
No muy bien, (bien, gracias)	Not very well, (fine, thank you).

2. *Ask your professor how he or she is.*

¿Cómo está usted, señor(a) (señorita)?	How are you?
Bien, muchas gracias. ¿Y usted?	Fine, thank you. And you?
Bien, bien, gracias.	Fine, thank you.

¿Cómo estás? is only used in greeting someone you already know (like a friend or a classmate).

C. *Expresiones útiles* (Useful expressions).

¿Qué quiere decir eso?	What does that mean?
Quiere decir _____ .	It means _____ .
¿Cómo se dice _____ en español?	How do you say _____ in Spanish?
Se dice _____ .	You say _____ .
¿Comprende usted?	Do you understand?
Repíta, por favor.	Repeat, please.
Sí, comprendo.	Yes, I understand.
No, no comprendo.	No, I don't understand.
No sé.	I don't know.

D. *Conozcámonos* (Let's get acquainted).

You may want to recombine the expressions you have learned in A and B to get acquainted with other students. For example, you might want to ask another person what his or her name is, and how he or she is. Or, you could greet someone you already know and ask how he/she is.

The Spanish-Speaking World

Spanish is spoken in many parts of the world. It is the main language of 250 million people, and is widely spoken in all of the American continent, the Caribbean, Spain, and in some places in Africa and Asia. In the United States alone there are about 25 million Spanish speakers living primarily in the southwest, Florida, and the northeast. In the past, Spanish was spoken in many more places that were part of the Spanish Empire. Today, Spanish is an official language of the United Nations, of the Organization of the American States, and of many other international organizations. Mexico, the biggest Hispanic country, is becoming more and more important in our interdependent world and is now taking the lead in bridging the gap between the developed and the Third World countries.

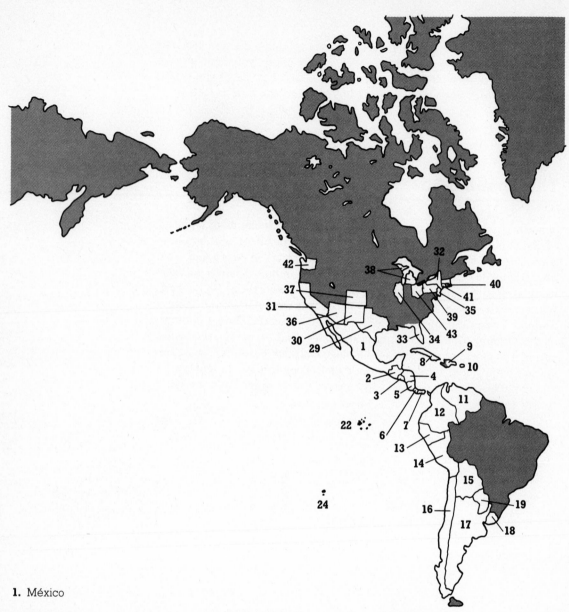

1. México

2. Guatemala

3. El Salvador

4. Honduras

5. Nicaragua

6. Costa Rica

7. Panamá

8. Cuba

9. República Dominicana

10. Puerto Rico

11. Venezuela

12. Colombia

13. Ecuador

14. Perú

15. Bolivia

16. Chile

17. Argentina

18. Uruguay

19. Paraguay

20. España	**26.** Ceuta	**32.** New York	**38.** Michigan
21. Canarias	**27.** Melilla	**33.** Florida	**39.** Pennsylvania
22. Galápagos	**28.** Guinea Ecuatorial	**34.** Illinois	**40.** Massachusetts
23. Baleares	**29.** Texas	**35.** New Jersey	**41.** Connecticut
24. Isla de Pascua	**30.** New Mexico	**36.** Arizona	**42.** Washington
25. Casablanca	**31.** California	**37.** Colorado	**43.** Ohio

Estudiantes

Introducción

 **Yo trabajo y estudio**

Roberto Cortés Pardo and Carmen Parada Flores, two young Mexicans, are being interviewed for participation in a study program abroad. Here are their answers to the question ¿Qué haces?°

CARMEN PARADA FLORES: Yo estudio° conservación en° la universidad y° trabajo° en la sección de° agricultura. También° estudio inglés°; deseo° estudiar° en Estados Unidos.
ROBERTO CORTÉS PARDO: Yo estudio computación. Hablo° inglés y estudio alemán°, porque° deseo viajar°. Trabajo en la compañía° de tabacos; no trabajo° en la universidad.

Clues for cognates in Preliminary chapter.

What do you do?

I study/in, at
and/I work/of/also/English
I want/to study
I speak
German/because/to travel/ company
I don't work

Comprensión de la lectura

¿Quién dice lo siguiente, Carmen o Roberto? (Who made the following statements, Carmen or Roberto?)

1. Trabajo en la sección de agricultura.
2. Hablo inglés y deseo viajar.
3. Deseo estudiar.
4. Estudio inglés y conservación.
5. Estudio alemán y deseo viajar.
6. Yo no trabajo en la universidad.

¿Y usted?

Usando las **expresiones útiles,** *complete las oraciones que siguen y hable con otro estudiante acerca de sus actividades y planes.* (Using the expressions below, complete the sentences and tell another student about your own activities and plans.)

Yo estudio _____ en la universidad.

(No) trabajo en _____ .

Yo deseo _____ .

Margarita y sus amigas trabajan cerca de (*near*) la Universidad de Madrid.

Expresiones útiles

Here are some useful expressions you may need when talking about yourself.

Estudio educación/comunicación/administración/medicina/ciencias°　sciences
Trabajo en la cafetería/en la universidad/en la biblioteca°　library
Trabajo en el hotel/en el restaurante/en el hospital
Deseo estudiar en México/en España/en Europa　Provide pronunciation and
Deseo hablar español/portugués/francés　more expressions if
Deseo viajar a México/a Sudamérica/a España/a Canadá　necessary.

Notas de interés

Los nombres°　names

People of Hispanic origin generally have three names. A first name, chosen by the parents (**Carmen**), the father's last name (**Parada**), and the mother's last name (**Flores**), as in the case of Carmen. The father's last name is the family name and is used in alphabetical listings, such as phone books and class rosters.

> **Examples:**　Roberto E. Cortés Pardo ⟶ *Cortés Pardo, Roberto E.*
> María Isabel Sáez T. ⟶ *Sáez T., María Isabel*

If you travel in the Hispanic world, therefore, be sure to highlight your family name. If you sign *William Morris Brenner,* you could be called *Mr. Morris. William M. Brenner,* however, would not lead to confusion.

El artículo definido y el nombre

The concept of gender, a characteristic of many languages including Spanish, may seem somewhat confusing at first to a speaker of English. Although we use words that express gender (e.g. **he, her; boy, girl**) when referring to animals and humans, we do not think of most other nouns as having gender. In Spanish, however, all nouns are either masculine or feminine.

A. You can usually tell the gender of a noun by its ending:

Masculine	Feminine
Ending in **o** and certain consonants	Ending in **a, sión/ción, dad**
el tabac**o**	la agricultur**a**
el hospit**al**	la televi**sión**/la conserva**ción**
el lápi**z** (*the pencil*)	la universi**dad**

Of course, there are many exceptions to these general rules, and they will be introduced gradually.

B. It is important to learn both the meaning *and* the gender of all Spanish nouns, because the forms of related words, such as articles and adjectives, depend upon the gender of the noun they describe.
The forms of the definite article are:

Artículos definidos

	Singular	Plural
Masculino	**el** teléfono	**los** teléfonos
Femenino	**la** compañía	**las** compañías

Study both the gender and meaning of the following nouns:

el chico   (*the boy*)
el profesor
el libro   (*the book*)
el cuaderno   (*the workbook*)
el lápiz   (*the pencil*)
el dinero   (*money*)
el fútbol   (*soccer*)

la chica   (*the girl*)
la profesora
la cinta   (*the tape*)
la grabadora (*the tape recorder*)
la calculadora

Ballpoint pens can be *el bolígrafo* or *el avirome*, after the name of its Argentinian inventor.

C. The definite article has two uses:

1. It corresponds to *the* in English, as in **la sección** (*the section*), **la biblioteca** (*the library*), **los teléfonos** (*the telephones*), **las compañías** (*the companies*).

   Estudio en la biblioteca.   *I study in the library.*

2. The definite article also precedes nouns used in a general sense and abstract nouns. Often, no article is used in parallel English situations.

   Los estudiantes viajan mucho.   *Students travel a lot.*

   Deseo la paz.   *I want peace.*

D. The plural of nouns is formed by adding s to words ending in a vowel or **es** to words ending in a consonant.

la compañía ⟶ las compañías
el estudiante ⟶ los estudiantes
el profesor ⟶ los profesores
la sección ⟶ las secciones

Point out that some nouns are always used in the plural: *vacaciones, matemáticas, Estados Unidos.*

Preparación

A. *Repitan los siguientes nombres, dando el artículo correspondiente.* (Repeat the following nouns, supplying the appropriate form of the definite article.)

EJEMPLO: fútbol ⟶ **el** fútbol

1. compañía
2. profesor
3. televisión
4. cuadernos
5. hospital
6. chicas
7. conservación
8. tabaco
9. grabadora

B. *Cambien al plural.* (Change to the plural.)

EJEMPLO: el teléfono ⟶ **los** teléfonos

1. la clase
2. el estudiante
3. la universidad
4. el libro
5. la cinta
6. la calculadora
7. la ciencia
8. el español
9. el hotel

Transición

A. Emergencia. *Carmen has to miss classes for several days. When she needs something, she calls Roberto to tell him what she needs. Tell what she needs, using the cues provided and supplying the appropriate form of the article.*

EJEMPLO: grabadora ⟶ **la** grabadora

1. cintas
2. calculadora
3. libro
4. lápiz
5. cuadernos

B. Trabajo en . . . *Several students are talking about their part-time jobs. Using the cues provided, indicate where each one says he works.*

EJEMPLO: compañía ⟶ **Trabajo en la compañía.**

1. cafetería
2. biblioteca
3. universidad

4. hospital
5. hotel
6. restaurante

Comunicación

A. Necesito . . . (*I need*) *Tell the class what items you need to study Spanish or Math, supplying the corresponding article for each item.*

. . . libros/calculadora/grabadora/cuadernos/lápiz/cintas

B. Slogans. *Create slogans that tell whether you are for (***¡Arriba!***) or against (***¡Abajo!***) the following. The question mark at the end of the list is an invitation to add or subsitute any items you wish.*

EJEMPLO: **¡Arriba la conservación!**

¡Arriba!   matemáticas/clases/español/contaminación/
           universidad/Estados Unidos/computación/
¡Abajo!   vacaciones/música/feminismo/chicos/cafetería/
           chicas/machismo/profesores/estudiantes/?/

Los pronombres personales y los verbos de la primera conjugación

Personal pronouns can replace a noun that is the subject of a sentence. The personal pronouns in Spanish (**pronombres personales**) are shown on the verb chart: **yo, tú, usted, él, ella, nosotros, nosotras, vosotros, vosotras, ustedes, ellos, ellas.**

There are two forms of *you* in Spanish: familiar and formal. The familiar **tú** form is used to address a close friend, a member of the family, or a child. **Vosotros** and **vosotras** are the plural forms of **tú** in Spain.
The **usted** form is formal and should always be used when Mr., Mrs., sir, madam would be used in English. The plural is **ustedes.** The plural forms used in Spain and in Latin America are different:

	Singular	**Plural**
Familiar	tú	vosotros (*in Spain*)
		ustedes (*in Latin America*)
Formal	usted	ustedes

In this book, the **vosotros** forms will be presented for passive recognition only.

In English, verb forms sometimes change according to the subject of the verb: we say, for example, *I speak* but *he speaks, we study* but Tom *studies.* In Spanish, a specific verb ending corresponds to each subject person. One large group of Spanish verbs called the first conjugation (**la primera conjugación**) has infinitives that end in *-ar.* The present tense is formed by dropping the *-ar* from the infinitive (e.g., from **estudiar, trabajar, viajar, hablar, necesitar**) and by adding a specific ending for each person of the verb.

Trabajar

yo trabaj**o**	*I work*	nosotros(as) trabaj**amos**	*we work*
tú trabaj**as**	*you work (familiar)*		
usted trabaj**a**	*you work (formal)*	vosotros(as) trabaj**áis**	*you work (familiar)*
él/ella trabaj**a**	*he/she works*	ustedes trabaj**an**	*you work (formal)*
		ellos/ellas trabaj**an**	*they work*

Ellas trabajan en la biblioteca; nosotros estudiamos en la universidad.

1. The Spanish present tense is equivalent to three different verb phrases in English:

$$\text{Trabajamos} \begin{cases} \textit{We work} \\ \textit{We are working} \\ \textit{We do work} \end{cases}$$

2. Negative statements are formed by simply placing **no** in front of the verb:

   No estudio inglés; estudio alemán.

Study the meaning of these -ar verbs:

practicar = *to practice*
mirar = *to look at, to watch*
escuchar = *to listen to*
participar = *to participate*

necesitar = *to need*
comprar = *to buy*
ganar = *to earn, to gain*
dar = *to give*[1]

Preparación

✦ *Transformen las formas verbales según el pronombre dado.* (Change the form of the verb according to the subject pronouns given.)

EJEMPLO: Estudio español.   /ustedes/**Estudian español.**

1. Miro la televisión.
2. Practico fútbol.
3. Roberto y Carmen hablan español.
4. Escuchamos cintas.

él/tú/nosotros/usted
ellos/ustedes/tú
yo/tú y yo/ella/él
usted/yo/nosotras

Point out that personal pronouns are not normally used.

---

[1] **dar** has one irregular form: yo **doy**

Transición

A. ¿Qué haces? *Luisa, a psychology student, is quite good at figuring people out and likes to test her skill frequently. Rubén, her current "victim," has to agree that everything she says about him is true. Give Rubén's amazed responses.*

EJEMPLO: Luisa:—Usted estudia inglés.
Rubén:—Sí, estudio inglés.

1. Usted necesita dinero.
2. Usted trabaja en el hotel.
3. Usted estudia alemán.
4. Usted habla español.
5. Usted practica fútbol.
6. Usted desea viajar.

B. Actividades. *Ernesto and José are talking about what their friends do. Using the expressions given below, make sentences describing what they say.*

EJEMPLO: Carmen/trabajar/en la sección de agricultura.
Carmen trabaja en la sección de agricultura.

1. Roberto/desear/viajar a los Estados Unidos.
2. Anita y Manuel/necesitar/libros y dinero.
3. Roberto y María/escuchar/cintas en la sección de inglés.
4. Linda/viajar/a Nueva York.
5. Claudia/estudiar/computación.
6. Ernesto/necesitar/estudiar también.

¿Qué hacen los estudiantes en la biblioteca?

Comunicación

¿Qué haces? *Sometimes (**a veces**), you like to do certain things. Using the table below, make original sentences describing things that you and your friends do.*

EJEMPLO: A veces, **los estudiantes trabajan en la universidad.**

A veces,	yo los chicos ustedes las chicas los estudiantes nosotros	participar en clase practicar español mirar la televisión escuchar las cintas/música desear viajar a México/España estudiar matemáticas/? trabajar en el restaurante ganar dinero en ? practicar fútbol/tenis/béisbol

La forma interrogativa

Las preguntas

A. In Spanish as in English there are several ways of asking questions. You may ask a yes-or-no question simply by raising the pitch of your voice at the end of a sentence.

¿Trabajas en la cafetería?

Notice the difference in intonation when you hear a question versus a statement.

¿Trabajas en la cafetería?   Trabajas en la cafetería.

B. A different type of question is the confirmation question. In English one asks, *He speaks Spanish, doesn't he?;* in Spanish the set expressions **¿verdad?** (*true?*) or **¿no?** are added to the end of the statement, and the voice goes up.

Estudia computación, ¿no? ↗

No trabaja en el hotel, ¿verdad? ↗

Participas en la clase, ¿no? ↗

C. A third kind of question can be formed by simply inverting the subject pronoun and the verb and raising the voice at the end. This is the preferred, polite way of asking questions when the pronoun **usted** is used.

¿Trabaja usted en la universidad?

¿Habla usted inglés?

¿Escuchan ellas las cintas?

Notice the upside down question mark ¿ at the beginning of the question or set expression, and the regular question mark ? at the end.

There are other ways of forming questions but for an introduction these seem to be the most basic.

Preparación

Cambien las siguientes oraciones a la forma interrogativa. (Change the following statements to questions.)

1. By intonation:
   Miras la televisión./Estudian español./Necesitan libros.
2. By using **¿no?** or **¿verdad?**:
   Carmen necesita dinero./Desea hablar español./Escuchan las cintas.
3. By inverting the subject pronoun and the verb form:
   Usted practica tenis./Usted trabaja en la cafetería./Él participa en clase.

Transición

Conversación. *You have just met a new Venezuelan student and would like to know something about him. What questions would you ask to find out the following information?*

1. if he works and studies
2. if he studies Communications
3. if he speaks English
4. if he listens to tapes
5. if he practices soccer
6. if he wants to travel

Comunicación

¿Qué haces? *Form questions using the following phrases and interview another student. Confirmation questions will require* **¿verdad?** *or* **¿no?**

EJEMPLO: Estudiar ciencias ⟶ **Estudias ciencias, ¿no?**

1. Trabajar en la universidad.
2. Estudiar matemáticas o ciencias.

3. Desear viajar a México o a España.
4. Mirar la televisión en la cafetería.
5. Escuchar las cintas y música.
6. Practicar tenis o béisbol.

Aplicación

Un sacerdote trabaja con unos chicos en un proyecto comunal.

Trabajos de verano°

En las vacaciones de verano, muchos° estudiantes trabajan en proyectos° de desarrollo° comunal. Aquí° damos el aviso° de un periódico° católico de la universidad[1]:

Summer jobs

many
projects / development
   here / ad / newspaper

Trabajos para° estudiantes

Trabajar en el proyecto de desarrollo Santa Bárbara da experiencia para la vida° profesional y contacto con los problemas de la comunidad. Damos orientación, entrenamiento° y acomodación con° familias de Santa Bárbara. Necesitamos estudiantes de educación, enfermería°, medicina, construcción y trabajo social°. No pagamos° salario, pero° usted gana créditos en la universidad.

¿Desea ayudar°?

---

for

life
training with
nursing
social work / we don't pay
but

to help

[1] Idea tomada de varias publicaciones para estudiantes.

Indicate that *problema* is masculine.

Comprensión de la lectura

Según la lectura, ¿son verdaderas o falsas las siguientes afirmaciones?
Corrija la frase cuando sea necesario. [According to the information given,
are the following statements true (**verdadero**) or false (**falso**)? Correct
the statement if it is false.]

1. Los profesionales trabajan en el proyecto.
2. Participar en el proyecto da experiencia con los problemas de la
   comunidad.
3. El proyecto da entrenamiento y acomodación (vivienda).
4. Necesitan estudiantes de las profesiones médicas.
5. Los estudiantes ganan dinero en el proyecto.

Nota de interés

Los estudiantes hispanos

Education is highly regarded in Hispanic countries, because it gives
social status. Thus, getting a formal education is a very important
goal for many of the 95 million young Hispanic people living in the
22 countries of **Hispanoamérica,** Spain and the United States. In general, only a low percentage of the students reaches the college level;
the vast majority takes vocational programs or receives on-the-job
training. Because the society is structured in a different way in Hispanic countries, jobs for undergraduates are practically non-existent
and parents usually pay for all expenses involved. In some countries,
however, national universities charge nominal fees only (Spain, Mexico, Venezuela, Costa Rica).

People say *Latinoamérica* but
Latinoamérica includes
Portuguese and French
speaking countries as well.
Work with map on page 6–7.

Éstos estudiantes reciben
entrenamiento especial
para ser trabajadores
sociales.

Comunicación

A. Proyectos. *Using the words you have learned in this chapter, complete the following ad.*

<AVISO>

Necesitamos estudiantes de agricultura y trabajo _____ para

ayudar en un _____ de desarrollo de la agricultura _____

Santa Rosa. Damos entrenamiento y _____ en la comunidad. El

_____ con los problemas _____ la comunidad da experiencia

_____ la vida profesional y usted _____ créditos en la uni-

versidad.

¿Desea _____ ?

B. Conversación. *Using some of the suggestions that follow, create questions of your own to find out what Summer/permanent jobs other students have.*

EJEMPLO: ¿Trabajar en el proyecto? **¿Trabajas en el proyecto?**

¿Estudiar o trabajar en el verano?
¿Trabajar en el restaurante o en la biblioteca?
¿Trabajar en proyectos comunales?
¿Necesitar trabajar en la comunidad?

C. Contrastes. *Using what you have found out about other students in the preceding activities, contrast what you and other students do.*

EJEMPLOS: Roberto y yo trabajamos en el hospital, **pero** Anita trabaja en la biblioteca.
Los chicos practican fútbol, **pero** las chicas practican tenis.
Lili siempre participa en clase, **pero** yo no hablo a veces.

D. Las carreras. *Working in groups, make a list of the careers or majors that you have chosen.*

Begin: Nosotros estudiamos . . . . (computación, conservación, trabajo social, tecnología, etc.)

Entonación

El enlace (linking)

In spoken Spanish, boundaries between words tend to disappear and words are often linked together. Thus, the final consonant of a word is linked together with the initial vowel of the following word to form a new syllable. Sometimes, vowels blend together too—both within and across words.

EJEMPLOS: los Estados Unidos   [lo-ses-*tá*-do-su-*ní*-dos]

estudiar en México   [es-tu-*diá*-ren-*mé*-xi-co]

trabaja en el Ḧotel[1]   [tra-*bá*-jae-ne-lo-*tél*]

Model the examples at normal speed.
Linking is crucial for good intonation, and it will be reintroduced often. Do not attempt an exhaustive presentation now: this is meant to be a very general introduction.
Give pronunciation of *México*.

A. *Repitan las siguientes expresiones conectando las palabras según se indica.* (Repeat the following expressions making sure you link the words as indicated.)

1. el estudiante
2. en el Ḧotel
3. el profesor de español
4. practicamos español
5. computación y conservación
6. trabajas en la cafetería

B. *Repitan las siguientes expresiones, prestando especial atención a los grupos de vocales indicados.* (Repeat the following expressions paying special attention to the pronunciation of vowel groups.)

1. las vacaciones
2. trabaja aquí
3. la universidad
4. la estudiante
5. Ḧablo inglés
6. no Ḧabla mucho

---

[1] The letter **h** is silent in Spanish. (See key on page 3.)

Vocabulario

NOMBRES

el alemán   *German language*
la biblioteca   *library*
las ciencias   *sciences*
el dinero   *money*
el francés   *French language*
el fútbol   *soccer*
el inglés   *English language*
el libro   *book*
los nombres   *names/nouns*
el periódico   *newspaper*
el trabajo   *job/work*
la vida   *life*

VERBOS

ayudar   *to help*
dar   *to give*
desear   *to want/wish*
estudiar   *to study*
ganar   *to earn/win*
hablar   *to talk/speak*
necesitar   *to need*
trabajar   *to work*
viajar   *to travel*

COGNADOS

la administración
la cafetería
la calculadora
la clase
la compañía
la comunicación
la educación
los Estados Unidos
el (la) estudiante
la experiencia
la familia

el hospital
el hotel
las matemáticas
la medicina
el portugués

el problema
el proyecto
el restaurante
el salario
el tenis
la televisión
la universidad
las vacaciones

OTRAS EXPRESIONES

a veces   *sometimes*
aquí   *here*
con   *with*
de   *of/from*
en   *in/at*
para   *for*
pero   *but*
porque   *because*
¿qué?   *what?*
¿qué haces?   *What do you do?*
también   *also*
y   *and*

En la ciudad° city

Introducción

En el centro° downtown

James Lancia, estudiante americano, está° en Madrid en un° programa — is/a
de estudios. James está muy° cansado° y ahora° habla por° teléfono — very/tired/now/over
con Anita Duarte, secretaria de la Oficina Internacional de la
universidad[1].

ANITA: ¡Diga!°Anita Duarte, Oficina Internacional. — Hello!
JAMES: Habla James Lancia, Anita.
ANITA: ¡Hola! ¿Cómo estás°, James? — How are you?
JAMES: Regular°. Necesito cambiar° un cheque de viajeros°. ¿Dónde° — so, so/to cash/traveller's
      está el Banco Central, por favor?° — where/please
ANITA: Está en la calle° Alcalá, cerca de° la Puerta del Sol[2]. — street/near
JAMES: ¡Ah!, sí. Muy cerca. Gracias, gracias. Adiós.

[1] Idea tomada del relato de un estudiante americano.

[2] See map on page 30.

Comprensión de la lectura

Según la lectura, ¿son verdaderas o falsas las siguientes afirmaciones?
Corrija la frase cuando sea necesario. (According to the information given,
are the following statements true (**verdadero**) or false (**falso**)? Correct
the statements whenever necessary.)

1. James necesita dinero.
2. Anita no ayuda a James.
3. El Banco Central está en la Puerta del Sol.
4. James necesita ayuda porque está muy cansado en el centro.
5. Anita Duarte está en una oficina de la universidad.

El idioma español en el mundo

¡Aló, aló!

Because Spanish is spoken in so many different countries around the
world, people use different expressions to say hello on the phone. In
Spain they say **¡dígame!** (*tell me*!) but in Mexico they say **¡bueno!** Some
speakers say **¡sí!** (*yes*!) and others say **¡oigo!** (*I'm listening*!). In many
places, however, people simply say **¡aló!**

¿Y usted?

Working in pairs, one student forms a question according to the clue   Have students play roles.
given, and the other provides the required information using the **expre-**
siones útiles *wherever necessary.*

EJEMPLO: (Ud. necesita comprar libros) ⟶   **—¿Dónde está la librería?**   Explain that *«Ud.»* is the
—Está en la calle High.   abbreviation for *usted.*

(Ud. desea saludar) ⟶
(Ud. necesita cambiar un cheque) ⟶
(Ud. necesita libros de la biblioteca) ⟶
(Ud. necesita consultar en la oficina de admisiones) ⟶
(Ud. necesita visitar el departamento de administración/?) ⟶
(Ud. desea visitar el centro de estudiantes) ⟶
(Ud. necesita un aerograma) ⟶

Expresiones útiles

Here are some useful expressions for greeting someone you know al-
ready and for finding your way or helping someone else find his way in
an unknown place.

Estoy° . . . bien/no muy bien/cansado/contento°   I am/glad
Está . . . aquí/allá°/cerca/lejos°   over there/far
Está en . . . la calle . . ./la avenida . . ./el bulevar . . . /la plaza°   square
En el . . . centro/parque/centro comercial°   shopping center
El correo°/la tienda°/el (super) mercado°está en. . . .   post office/store/
                                                            (super) market

Nota de interés

El centro de Madrid

Expressways and modern suburban areas have failed to change downtown Madrid's traditional character enjoyed by the city people and
the tourist alike. The **Puerta del Sol, Museo del Prado,** the **Palacio
Real,** the **Teatro Real,** and the **Parque del Retiro** are famous land-
marks in the downtown area. Nothing compares to the busy cafés
and **mesones** (*restaurants*) however, centers of important social activities, such as good eating and witty conversation. Boulevards such as
Alcalá, La Castellana, Mayor and **Gran Vía** attract crowds all year
round, regardless of the temperature extremes in winter and summer.

Los comentarios del día y
un refresco completan la
jornada de trabajo.

Los adjetivos

Like the definite article, Spanish adjectives usually agree in number and gender with the nouns and pronouns they describe. Descriptive adjectives are normally placed after the noun.

A. The most common pattern of adjectives has the following endings:

	Singular	Plural
Masculine	cansado	cansad**os**
Feminine	cansada	cansad**as**

James está contento con el cheque.
Nancy y Lucy, estudiantes american**as**, están en Madrid también.
Anita está ocupada con los estudiantes enferm**os**.
Están cansad**os** y nervios**os** porque trabajan mucho.

Useful adjectives in this category are:

ocupado (*busy*)
preocupado (*worried*)
enfermo (*sick*)
contento (*glad*)

nervioso (*upset*)
entusiasmado (*enthusiastic*)
guapo (*handsome/pretty*)
muchos (*many*)

Adjectives of nationality do change. These are introduced in Chapter 4.

B. Some adjectives change form only to reflect number—not gender. When an adjective ends in **-e, -r, -l,** or **-s,** its masculine and feminine forms are identical. In the plural, **-e** adjectives add **-s,** and adjectives ending in consonants add **-es.**

	Singular	Plural
Masculine	interesante	interesante**s**
	internacional	internacional**es**
Feminine	interesante	interesante**s**
	internacional	internacional**es**

Anita trabaja en proyectos comunal**es** muy interesantes.
Las estudiantes extranjeras están en la Casa Internacional.

Useful adjectives in this category are:

importante
elegante

principal (*main*)
difícil (*difficult*)

mejor (*better*)
peor (*worse*)

Preparación

A. *Repitan los siguientes adjetivos y cámbienlos a la forma masculina.* (Repeat the following adjectives and give their masculine forms).

EJEMPLO: cansada ⟶ **cansado**

1. contenta
2. nerviosa
3. elegante
4. ocupada
5. enferma
6. mejor
7. internacional
8. entusiasmada

B. *Cambien las palabras en itálica por las indicadas y hagan los cambios necesarios en el adjetivo.* (Substitute the words indicated for the ones in italics and make the necessary changes in the adjective.)

1. Estoy en *el servicio* nacional.

   las bibliotecas /la oficina/la universidad

2. *Los estudiantes* están ocupados.

   las profesoras/los chicos/ustedes (fem.)/ellos

3. Trabajo con *el profesor* americano.

   la estudiante/chicos/las secretarias

C. *Cambien los nombres por los indicados en paréntesis y hagan los cambios necesarios.* (Substitute the subject in parenthesis and make the necessary changes.)

1. James está muy cansado. (Anita)
2. La secretaria está muy ocupada ahora. (el profesor)
3. Marcela está entusiasmada pero enferma. (Carlos)
4. Corina está muy elegante ahora. (Roberto)
5. Los estudiantes americanos están aquí. (las chicas)
6. Mamá está preocupada y nerviosa ahora. (papá)

Transición

A. Sí, pero. . . . *Loreto and Román are talking about their friends. Use the words below to create sentences that express their opinions. Make the necessary agreements in the adjective endings.*

EJEMPLO: Carmen/enfermo/mejor ⟶ **Carmen está enferma, pero mejor.**

1. Elena/ocupado/entusiasmado. ⟶
2. Carlos/enfermo/contento. ⟶
3. María/ocupado/contento. ⟶
4. Víctor/preocupado/mejor. ⟶
5. Inés/nervioso/entusiasmado. ⟶
6. Fernando y Arturo/entusiasmado/cansado. ⟶

Written preparation may be helpful.

B. En casa. *Imagine that you are home for a vacation and that people ask you about campus life. Use the appropriate ending of the words suggested in your answers.*

EJEMPLOS:　¿Y el fútbol? (fantástico) ⟶ **¡fantástico!**

¿Y las ciencias? (difícil) ⟶ **¡difíciles!**

1. ¿Y las clases? (interesante)
2. ¿Y los chicos? (guapo)
3. ¿Y los profesores? (ocupado)
4. ¿Y el español? (difícil)
5. ¿Y las matemáticas? (peor)
6. ¿Y los proyectos? (interesante)

Comunicación

¿Cómo están las cosas? *Use the elements in the following table to describe people and things.*

Las chicas		muy ocupados(as)
Los estudiantes		interesados(as) en los tópicos
Los chicos		nerviosas(os) porque trabajan mucho
Las lecciones	están	difíciles/interesantes
Los trabajos		guapos(as), porque están elegantes
Los profesores		enfermos(as) de influenza
Los proyectos		interesantes y guapos(as)
?		?

Option: group work.

Nota de interés

La educación en España

The Spanish education system differs significantly from that of the United States. Between the ages of 2 and 5 children may attend a nursery school (**jardín de infancia**). At the age of six, students begin elementary school (**educación general básica** or **EGB**) which lasts for 7 years and completes what is called the first educational cycle. Students may then leave school at the age of 14 or enter the second cycle by attending a technical or a secondary school. Those who elect the academic program, enter a secondary school for 2 years and then a **curso de orientación universitaria** (**COU**) for another year. Studies at the COU culminate at the extremely difficult **examen de selectividad,** which permits a student to enter the university. Five years of studies are usually necessary to obtain a college degree (**licenciatura**) or a professional degree.

Estos niños están en el primer año de la EGB.

Las preposiciones

The most frequently used prepositions in Spanish are **de** (of, from), **en** (in, on, at) and **a** (to, towards).

> El estudiante **de** España está **en** la universidad.
> La biblioteca central está **en** la Avenida Jefferson.
> Los Parada viajan a Sauzalito.

A. When the prepositions **de** and **a** precede the masculine definite article **el,** a contraction occurs. These are the only contractions in Spanish.

> de + el ⟶ **del**
> a + el ⟶ **al**

> Los estudiantes **del** departamento están en el laboratorio.
> Dan las cintas **al** estudiante.

B. There are several longer prepositions that end in **de** and **a** which contract in the same manner.

cerca de (*near*)	Está *cerca del* centro.
lejos de (*far from*)	El mesón está *lejos del* hotel.
al lado de (*next to*)	El cine está *al lado del* café.
frente a (*across from*)	La policía está *frente al* hospital.

Help with linking.

C. Other useful prepositions are:

sin (*without*)	Nina estudia *sin* ayuda.
entre (*between/ among*)	Hablan *entre* ellos.
	El banco está *entre* la avenida y el bulevar Sucre.

Para, con, por: were already presented.

Preparación

A. *Cambien la palabra en itálica por las dadas y hagan los cambios necesarios.* (Substitute the words indicated for the words in italics and make the necessary changes.)

1. Conversan frente al *hospital.*   oficina/banco/hotel
2. Está muy lejos del *hotel.*   centro/correo/casa/biblioteca

B. *Cambien la preposición en itálica por las dadas y hagan los cambios necesarios.* (Substitute the prepositions suggested for the ones in italics and make the necessary changes.)

1. El café está *entre* el cine y el restaurante.   cerca de/al lado de/frente a
2. María Romero practica *en* la clase.   con/sin/para

Option: use cues in English in exercises A and B.

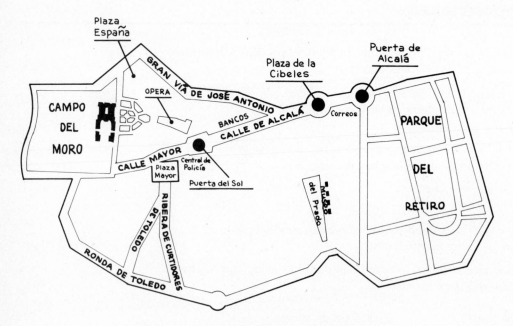

Centro de la Ciudad de Madrid

Transición

En Madrid. *You are in Madrid and a tourist from South America asks you for directions. Form your answers with the elements given.*

EJEMPLO: ¿Dónde está la calle Alcalá? (cerca de la Puerta
de Sol) ⟶ **Está cerca de la Puerta del Sol.**

1. ¿Dónde está el Palacio Real? (al lado de la Catedral) ⟶
2. ¿Dónde está la Biblioteca Nacional? (cerca del correo) ⟶
3. ¿Dónde está la Puerta de Alcalá? (cerca de la Cibeles) ⟶
4. ¿Dónde está el Museo del Prado? (frente al hotel Palace) ⟶
5. ¿Dónde está el mercado del Rastro (muy lejos del correo) ⟶

Options: written/oral role
  play.
Use Madrid's map on page
  30.

Comunicación

A. ¿Sí o no? *Indicate whether the following statements based on the map of Madrid are true or false. If a statement is false, reword it to make it true.*

1. La plaza de la Cibeles está en la calle Alcalá.
2. Los bancos están en la calle Mayor.
3. El Museo del Prado está en la Puerta del Sol.
4. El parque del Retiro está lejos del centro.
5. Las tiendas están en la Gran Vía.

B. ¿Dónde está. . . . *Imagine that someone asks you for directions in Madrid. Based on the map, what would your answers be?*

1. ¿Dónde está la Ópera?   /la Plaza Mayor?/el parque del Retiro?

2. ¿Dónde está el Correo?   /la dirección general de seguridad?/la Plaza de España?

Option: Exercises A and B
  can be modified/expanded
  using city or campus maps.

REAL CASA
PATRIMONIO NACIONAL

PALACIO REAL DE MADRID

SALONES OFICIALES * COMEDOR DE GALA * GALERIA DE TAPICES
REAL CAPILLA * HABITACIONES PRIVADAS DE LOS REYES
SALONES DE PLATA Y ABANICOS

150 PTS.   № 232078

El verbo *estar*

The verb **estar** (*to be*) is irregular. It does not follow the pattern of other -**ar** verbs because the stress is different.

Estar

(yo) **estoy**	*I am*	(nosotros) **estamos**	*we are*
(tú) **estás**	*you are (fam.)*	(vosotros) **estáis**	*you are (fam.)*
(él/ella) **está**	*he/she is*	(ellos/as) **están**	*they are*
(usted) **está**	*you are (formal)*	(ustedes) **están**	*you are (formal)*

Insist that personal pronouns are not normally used.

A. Estar is used to express *location* or *position*.

—¿Dónde está el parque?   *"Where is the park?"*
—Está en el lado oeste   *"It's on the West side of the*
de la ciudad.   *city."*

Remind students that adjectives agree with nouns.

B. 1) **Estar** is used to describe *appearance* (physical/mental) at a given point in time.

Elena está enferma hoy y   *Ellen is sick today and Dad*
papá está preocupado.   *looks worried.*
Estoy muy cansado ahora,   *I am very tired (masc.) now,*
porque trabajamos mucho.   *because we work a lot.*

2) Estar is therefore used to talk about a person's general *wellbeing*.

—¿Cómo está usted?   *"How are you?"*
—Bien, gracias, pero las   *"Fine, thank you, but the*
chicas no están muy bien.   *girls are not very well."*
—Estamos regular.   *"We are all right."*

Note that because **bien, mal,** and **regular** are adverbs, not adjectives, there is no agreement with the noun.

C. Estar is also used to describe *weather* (**el tiempo**) conditions.

Está frío y nublado.   *It is cold and cloudy.*
Está muy caluroso y estoy   *It is very hot and I am very*
muy cansado.   *tired (masc).*

Weather expressions with «hace» and «hay» are introduced in Chapter 14.

Preparación

A. *Cambien los pronombres y hagan los cambios necesarios.* (Substitute the pronouns and make the necessary changes in the verb.)

EJEMPLO: *Ella* está aquí./ellas/ ⟶ **Ellas están aquí.**

1. *Estoy* bien. nosotras/ellos/él/tú/ella
2. Él no *está* en casa. ustedes/yo/nosotros/ella/tú

B. *Cambien el pronombre y hagan los cambios necesarios en el verbo y el adjetivo.* (Substitute the pronouns and make the necessary changes in the verb and the adjective.)

1. *Yo* estoy nerviosa. él/nosotros/ustedes/tú
2. *Ellas* están ocupadas. yo/ellos/él/nosotros/usted/tú
3. *Él* no está enfermo. ellos/ellas/tú/yo/ella

C. *Contesten las siguientes preguntas usando las palabras en paréntesis.* (Answer the following questions using the words in parentheses in your response.)

EJEMPLO: ¿Estás contenta? (Sí, . . . muy) ⟶ **Sí, estoy muy contenta.**

1. ¿Están ocupados ahora? (Sí, . . . muy)
2. ¿Está cansado James? (Sí, . . . muy)
3. ¿Están cerca del museo? (Sí, . . . muy)
4. ¿Está caluroso? (Sí, . . . muy)
5. ¿Está nerviosa? (No, . . . muy)
6. ¿Está contento el doctor? (No, . . . muy)

Transición

A. Una descripción. *Help James to write the following sentences describing his home town.*

EJEMPLO: La plaza/en el centro. ⟶ **La plaza está en el centro.**

1. las tiendas/calle Mayor ⟶
2. el correo/calle Twin Rivers ⟶
3. el Capitolio/calle Mayor ⟶
4. el hospital/campus universitario ⟶
5. la universidad y la biblioteca/ciudad universitaria ⟶
6. el supermercado/centro comercial «Plaza Washington» ⟶

B. ¡Qué día! *What would someone tell his/her friend after a rough, busy day at the office? Using the* **yo** *ending, form four sentences that express her/his feelings.*

Estar cansado/nervioso/mal/enfermo/contento/entusiasmado

C. ¿Cómo están? *¿Cómo están los estudiantes ahora?* (Tell how the students are now.)

EJEMPLO: Picture 3: **Carlos está contento.**

Comunicación

A. ¡Qué examen! *What do you say after just finishing a challenging exam? Using the* **nosotros** *endings, form four sentences that express your feelings.*

Estar contento/preocupado/nervioso/entusiasmado/enfermo/bien

B. De paseo. *Imagine that you are showing your city to a Spanish-speaking student. What would you tell her? Form sentences that tell where the following places are located in the city.*

el parque		en el centro
el correo		en la calle. . .
la universidad		en el lado este/oeste de la ciudad
las oficinas de. . .	está	en la avenida. . .
la plaza		en los sectores suburbanos
la calle principal/Mayor		cerca/lejos de. . .
los centros comerciales		cerca de la casa
las tiendas elegantes		al lado de. . .
el hotel	están	en la ciudad universitaria
el supermercado		en. . .
el mercado		en el norte/sur
el hospital		?
el aeropuerto		
?		

¿Cómo está el día en el Parque del Retiro hoy? Este es el Palacio de Cristal.

C. ¡Qué lindo día! (What a pretty day!) *Tell what the weather is like today and how you feel.*

Estar lindo/nublado/caluroso/frío/húmedo y estoy. . .

D. ¿Quién? *Tell who in the class or among your friends matches the descriptions suggested. Complete the models provided and write five more.*

Group work will generate many original statements.

EJEMPLO: _____X_____ está cansada ahora, porque trabaja mucho.
Laura está cansada ahora, porque trabaja mucho.

_____X_____ está contento(a), porque _____X_____ está aquí.

_____X_____ está muy entusiasmado(a), porque desea hablar español.

_____X_____ está nervioso(a) en clase, porque no estudia mucho.

_____X_____ está muy contento(a), porque los estudiantes estudian mucho.

_____X_____ están contentos, porque la discusión está interesante.

E. ¿Y yo? *Tell how you or someone else feels now, forming sentences from the table provided.*

EJEMPLO: **Estoy muy contenta, porque no está nublado.**

(No) estoy	contento/a porque. . .
	entusiasmados con el programa de. . .
(No) estamos	muy bien porque estoy enfermo.
	nervioso porque. . .
(No) estás	guapos porque. . .
	ocupado porque no trabajas ahora.
	preocupados porque no cambiamos el cheque.
	cansadas porque trabajamos mucho.

Los números de 1 a 30

A. Numbers may be used alone (as in counting and mathematics) or in combination with nouns.

0	cero				
1	uno	11	once	21	veintiuno
2	dos	12	doce	22	veintidós
3	tres	13	trece	23	veintitrés
4	cuatro	14	catorce	24	veinticuatro
5	cinco	15	quince	25	veinticinco
6	seis	16	dieciséis	26	veintiséis
7	siete	17	diecisiete	27	veintisiete
8	ocho	18	dieciocho	28	veintiocho
9	nueve	19	diecinueve	29	veintinueve
10	diez	20	veinte	30	treinta

Point out to students how rows are related, e.g.: 1/11/21.

B. When a number precedes a noun, only number *one* and other numbers ending in one (21/31/etc.) change to agree in *gender* with the noun they modify.

Point out that they don't agree in number.

Before masculine noun	Before feminine noun
un	**una**
un cheque y *un* libro	*una* casa y *una* oficina
veintiún americanos	veintiuna chicas
treinta y *un* chicos	treinta y *una* profesoras

Agreement for hundreds is presented later.

C. **Unos/unas** are the plural forms of **un/una**. Unos/unas are used when one means *some* in the sense of *a few* in English.

EJEMPLOS: **Compramos unos libros allí en la librería.**

Unas chicas necesitan a la profesora en el laboratorio.

Preparación

A. *Repitan los números y expresiones siguientes.*

1. uno/dos/tres/cuatro/cinco/seis/siete/ocho/nueve/diez
2. once/doce/trece/catorce/quince
3. dieciséis/diecisiete/dieciocho/diecinueve
4. veinte/veintiuno/veintidós/veintitrés/veinticuatro/veinticinco/
   veintiséis/veintisiete/veintiocho/veintinueve
5. un libro, una chica, veintiún teléfonos, veintiuna americanas, treinta
   y un americanos, treinta y una casas
6. unas tiendas, unos cheques,unos trabajos, unas cintas

Help with diphthong pronunciation, e.g.: *siete*, *nueve*, and *veinte*.

Transición

A. Campeonato mundial de hockey, 1980. *The results of the Hockey World Championship that took place in Chile are being announced on television. How would the sportscaster report each team's place and points? Read them aloud.*

Número 1, España con 10 puntos.
Número 2, Argentina con 9 puntos.
Número 3, Portugal con 8 puntos.
Número 4, Chile con 7 puntos.
Número 5, Italia y Brasil con 5 puntos.
Número 6, Holanda con 4 puntos.
Número 7, Estados Unidos con 0 puntos.

This is roller-skate hockey.

B. Bueno, aquí México. *You want to make a phone call in Mexico City and want the operator to get you the following numbers. Be sure to pronounce each number distinctly.*

GUÍA TELEFÓNICA	
1. Consulado de Estados Unidos:	553-3333
2. Informaciones para turistas:	250-0123
3. Telegramas:	519-5920
4. Gran Hotel:	510-4040
5. YMCA:	545-7225
6. Hospital Inglés:	277-5000
7. Agencia de viajes:	250-3855
8. Consulado de Canadá:	533-0610

These are real phone numbers.

Ways of saying numbers vary a great deal from country to country. Have students read them one by one.

Comunicación

A. Saquemos la cuenta. *With another student or group of students, figure your bookstore/supplies expenses or make up your own addition and subtraction problems to solve.*

EJEMPLOS: 2 + 7 (dos más siete) $\longrightarrow$ 2 + 7 = 9 (dos más siete son nueve)

　　　　　30 − 10 (treinta menos diez) $\longrightarrow$ 30 − 10 = 20

　　　　　　　　　　　　　　　　　　(treinta menos diez son veinte)

libro	$14	calculadora	$17,20
cintas	$ 6	cuadernos	$11,10
aspirinas	$ 2	Total	$28,30 dólares
cine	$ 4		
chocolates	$ 5		
Total	$31 dólares		

Translate exercise title if necessary.
Point out that the comma is used to indicate decimals.

B. Direcciones y teléfonos. *Give each other your addresses and phone numbers in Spanish.*

EJEMPLO: Avenida Neil 2640, oficina 23, teléfono 421-3535

Have them say numbers one by one.

Aplicación

De compras° en los centros comerciales

shopping

En las ciudades hispanas modernas, los centros comerciales están lejos del centro, porque la gente° de los sectores residenciales suburbanos necesita tiendas cerca de la casa°. Por eso°, los centros comerciales están en las grandes° avenidas que dividen° las ciudades en sectores diferentes. Por ejemplo, en el centro comercial *Lo Castillo* en Santiago, Chile, hay° dos edificios° con doscientas (200) tiendas cada° uno. Los edificios están conectados por° un corredor de cristal.
Los sábados°, todo el mundo° está en los centros comerciales, de compras y de paseo°. Hay gente en las tiendas, los restaurantes y los sótanos°, donde están las discotecas y las pistas de patinaje°. Los centros comerciales de las ciudades hispanas concentran ahora muchas actividades hispánicas tradicionales: conversar, mirar y . . . conversar.[1]

people
home/that's why
big/divide

there are/buildings/each
by
on Saturdays/everybody
walking around
basements/roller rinks

In this text, Hispanic is always used in its basic meaning: "of Spanish origin anywhere in the world."

---

[1] Adaptado de un aviso comercial y de conversación con un chileno.

Hay mucha gente de compras en esta galería comercial de la calle Florida de Buenos Aires.

Comprensión de la lectura

Según la lectura, ¿son verdaderas o falsas las siguientes afirmaciones? Corrija la frase cuando sea necesario. (According to the information given, are the following statements true (**verdadero**) or false (**falso**)? Correct the statement if it is false.)

1. La gente necesita los centros comerciales cerca de la casa.
2. Los centros comerciales están al lado de las tiendas.
3. Las grandes avenidas dividen las ciudades en sectores.
4. Hay doscientos (200) edificios en cada centro.
5. Toda la gente está en los centros los sábados.
6. Hay pistas de patinaje en los sótanos.
7. Los sábados cuando está de paseo, la gente conversa mucho.

Centro comercial can be a mall or a shopping center.

Nota de interés

Las ciudades hispanas

In general, Hispanic cities are quite old (200 to 450 years or older in **Hispanoamérica**; much older in Spain) and therefore different from American cities. For example, they are not clearly divided into downtown business districts and residential areas. In fact, in many of them the downtown area (**el centro**) remains a highly desirable and fashionable place to live because of its proximity to businesses, government offices, big department stores, prestigious colleges and schools, theaters, and cafés.

In smaller cities the main streets are lined with buildings two to four stories high, where small shops occupy the street level, and apartments of various sizes occupy the upper levels. Capital cities tend to be different, however, and very tall glass and concrete structures are the rule there. One can still find a third kind of city in areas where seismic activity is not very destructive; the lovely **ciudades viejas,** old sections that have preserved the Spanish colonial churches, palaces, and houses, (e.g. **el Viejo San Juan** in Puerto Rico; **Quito Colonial** in Quito, Ecuador; old sections of Lima, Perú).

In Spain, in addition to the typical Spanish-style city, the tourist can see old sections and architecture from Roman, medieval, and Moorish times, as well as Baroque and modern contemporary styles.

El palacio Torre-Tagle es un típico ejemplo de arquitectura colonial de Lima.

Comunicación

A. En el centro comercial. *Working in small groups, use some of the suggestions that follow to form sentences expressing what you do in a shopping mall.*

	miramos y compramos mucho.
En el centro comercial	conversamos.
	trabajamos en una tienda.
	practicamos patinaje.
Los sábados	hablamos con los amigos.
	miramos las tiendas elegantes.
	estamos entusiasmados con las fiestas.
	?

B. De compras. *Tell what kind of shops you can find in your city's shopping malls.*

	librerías.
	restaurantes.
En el centro comercial hay	pistas de patinaje.
	tiendas elegantes.
	dos tiendas de departamentos.
	un correo.
	una discoteca.
	muchos restaurantes.
	un café.

If necessary, explain that hay can only take numbers, plural nouns or mass or modified singular nouns.

C. ¿Dónde está? *Using the map on pages 6–7 ask each other where the Hispanic countries and their major cities are located. Try to add a comment of your own.*

EJEMPLO: A:—¿Dónde está Santiago de Chile?

           B:—**Está en Chile en la América del Sur. Está lejos.**

Madrid/Barcelona/las Filipinas/Lima/Quito/Montevideo/San
   Salvador/Nicaragua/Panamá/Caracas

D. ¿Qué tal? *A veces estamos bien; a veces estamos mal. Completen las siguientes oraciones, de acuerdo con sus sentimientos personales.* (Complete the following sentences, according to your personal feelings.)

EJEMPLO: Cuando (*when*) estoy en una fiesta . . . **estoy muy entusiasmado.**

1. Cuando estudio mucho estoy . . .
2. No miro televisión cuando . . .
3. Cuando trabajo en la biblioteca estoy muy . . .
4. Cuando ganamos mucho dinero estamos . . .
5. Necesito un doctor cuando . . .
6. Para los exámenes estamos muy . . .

7. No participo en clase cuando estoy . . .
8. Estamos muy activos cuando practicamos . . .
9. Hablamos mucho cuando . . .
10. Cuando damos una fiesta estamos muy . . .

Pronunciación

Las vocales

Speakers of English tend to obscure or weaken certain vowel sounds when they are not stressed. Notice that in English we say Cánada and obscure the second and third vowels, and when we say Canádian we obscure the first and last vowels. In Spanish this does not occur. Both stressed and unstressed vowels have the same quality.

There are only five vowel *sounds* in Spanish: **a, e, i, o, u.** These sounds are very distinct and are not glided over or diphthongized as in English.

a $\longrightarrow$	Canadá	**a** as in father
e $\longrightarrow$	bebé (*baby*)	**e** as in bed
i $\longrightarrow$	Mimí	**i** as in ink
o $\longrightarrow$	voto (*vote*)	**o** as in the first part of the *o* in vote
u $\longrightarrow$	mula (*mule*)	**u** as in boot

Of course, English vowels do not correspond with Spanish ones exactly. These are rough approximations.

Ejercicio 1

Repitan las siguientes palabras manteniendo el sonido constante, sin hacer un diptongo. (Repeat the following words, keeping vocalic sounds constant and avoiding the glide sound.)

Provide the model.

/**a**/ allá	/**e**/ Pepe	/**i**/ cine
mamá	bebé	chicos
está	«tele» (T.V.)	medicina
casa	lejos	discoteca
habla	Teresa	¡diga!

/**o**/ ¡hola!	/**u**/ futuro
sol	fútbol
doctor	suburbano
¿cómo?	escucho
¿dónde?	estudio

Ejercicio 2

Repitan las siguientes oraciones poniendo especial atención en los sonidos vocálicos. (Repeat the following sentences paying special attention to vocalic sounds.)

1. «Supermán» está en el cine Central.

2. Los centros comerciales están allí.

3. Cada discoteca compra la mejor música moderna.

4. Toda la gente está en los centros.

5. ¿Dónde está la casa del bebé?

6. El chico del fútbol está aquí.

Provide models. Watch for linking.

Vocabulario

NOMBRES

la calle   *street*
la casa   *house*
la ciudad   *city*
el correo   *post office*
la gente   *people*
la librería   *bookstore*
la plaza   *square*
el (super)mercado   *(super)market*
las tiendas   *stores*

ADJETIVOS

cansado(a)   *tired*
contento(a)   *glad*
enfermo(a)   *sick*
entusiasmado(a)   *enthusiastic*
guapo(a)   *handsome, pretty*
mejor   *better*
mucho   *much*
ocupado   *busy*
peor   *worse*
caluroso   *hot*
frío   *cold*
nublado   *cloudy*

OTRAS EXPRESIONES

ahora   *now*
allá   *over there*
aquí   *here*
cada   *each*
cerca (de)   *near/close to*
¿cómo?   *how?*
¿dónde?   *where?*
hoy   *today*
lejos (de)   *far (from)*
muy   *very*
por   *over/by*
por eso   *that's why*

VERBOS

cambiar   *to cash (a check)*
estar   *to be*
hay (haber)   *there is/are*

COGNADOS

las actividades
el cheque (de viajeros)
el hispano
el programa
la secretaria

el banco
el centro (comercial)
la discoteca
la oficina

elegante
importante
interesante
internacional
principal
suburbano

Estudiantes de intercambio

Introducción

Un domingo° en Durango, México · Sunday

La mañana° está fría, pero hay mucha gente en la plaza. Un grupo de · morning
chicos conversa con mucho interés; ellos discuten° los planes para la · they discuss
tarde°. Las chicas desean ver° la película° del cine Principal, porque · evening/to see/film
está en el número uno de los «rankings». Pero los chicos están intere-
sados en el partido° de fútbol. Hablan y hablan y finalmente° deciden: · game/finally
   «¡La película! Y después° comemos° en «La Bohemia» y bebemos° · later/we eat/we drink
unas cervezas°».[1] · beers

---

[1] Adaptado del diario de una estudiante.

Comprensión de la lectura

Según la lectura, ¿son verdaderas o falsas las siguientes afirmaciones? Corrija la frase cuando sea necesario. (According to the text, are the following statements true (**verdadero**) or false (**falso**)? Correct the statement if it is false.)

1. No hay mucha gente el domingo en la plaza de Durango.
2. El grupo habla de sus planes para la tarde.
3. La película está entre las mejores.
4. Los chicos desean ver la película.
5. Hay un restaurante de estudiantes en Durango.
6. Las chicas están contentas con la decisión.

El idioma español en el mundo

La influencia del inglés

Spanish speakers use many English words in their everyday conversations. In some cases, it is even prestigious to do so, since this gives a higher status to the person. **Bistec, biftec** or **bife** (*beef steak*), **sandwich, hot dog, queque** (*cake*), **filme, suéter** (*sweater*), **estándar** (*standard*), **jeans** (*pronounced yiins*), **béisbol,** are a few of the most commonly used English words.

Hot dog is commonly translated in Hispanoamerica as *salchichas.*
The more standard word for cake is *pastel.*

¿Y usted?

Discutan ustedes los planes para el domingo. (Tell what your plans are for Sunday. Use the **expresiones útiles.**)

¿Qué haces el domingo?

El domingo yo deseo _____ .

El domingo debemos _____ .

Have students work in pairs.

Expresiones útiles

Indicate that *programa* is masculine like *problema, telegrama,* and *tema.*

Deseo ver una película/un programa de televisión/ el partido
Debemos leer° unas publicaciones/unos artículos
Debo escribir° un trabajo°/una composición/una carta°
Deseo salir°/comer en un restaurante chino

we should read
I should write/paper/letter
to go out

¿Damos una vuelta por las Ramblas de Barcelona? Todo el mundo está de paseo hoy.

Nota de interés

¿Damos una vuelta?

Dar una vuelta (*to go out for a walk/drive*) is one of the most deep-rooted ways of socializing among young Hispanic people. In every city section in Spanish-speaking countries, there is is a square, a number of blocks on a fashionable street, or a shopping center where young people go to meet with friends, to see and to be seen, to have ice cream or coffee, and to look around. Being asked to go out for a **vuelta** is a sure sign of acceptance of a newcomer into a group or of the beginning of a romance. The **vuelta** may precede or follow Sunday mass, movies, or Saturday lunch hour.

Los verbos de la segunda y tercera conjugaciones

In Chapter 1, you learned **-ar** verbs of the first conjugation. The other two large groups of Spanish verbs have infinitives that end in **-er** and **-ir**. The present tense is formed by dropping the **-er** and **-ir** from the infinitive (e.g. from **comer, decidir, deber**) and by adding a specific ending for each person of the verb. You will notice that -**er** and -**ir** verbs share the same endings, except in the nosotros and vosotros forms.

Comer (*to eat*)	**Vivir** (*to live*)
(yo) com**o** *I eat*	(yo) viv**o** *I live*
(tú) com**es** *you eat* (*fam.*)	(tú) viv**es** *you live* (*fam.*)
(usted) come *you eat* (*for.*)	(usted) vive *you live* (*for.*)
(él/ella) come *he/she eats*	(él/ella) vive *he/she lives*
(nosotros) com**emos** *we eat*	(nosotros) viv**imos** *we live*
(vosotros) com**éis** *you eat* (*fam.*)	(vosotros) viv**ís** *you live* (*fam.*)
(ustedes) com**en** *you eat* (*for./* *fam.*)	(ustedes) viv**en** *you live* (*for./* *fam.*)
(ellos/as) com**en** *they eat*	(ellos/as) viv**en** *they live*

¿Qué hacen después de clase?   *What do you do after class?*

Comemos un sandwich y bebemos una cerveza.   *We have a sandwich and drink a beer.*

Study the meaning of these -**er** and -**ir** verbs:

ver[1] = *to see*   decidir = *to decide*
leer = *to read*   discutir = *to discuss*
deber = *should/ought to*   escribir = *to write*
hacer[2] = *to do/make*   salir[2] = *to go out*

Preparación

Cambien el pronombre y hagan los cambios necesarios en el verbo.
(Substitute the pronouns and make the necessary changes in the verb.)

1. (*Ellas*) deciden comer.   yo/él/nosotros/ustedes
2. *Yo* no escribo mañana.   ella/usted/tú/ellas
3. (*Él*) discute con Roberto.   nosotros/yo/ustedes/ellas
4. *Usted* debe salir.   tú/yo/él/nosotras/ustedes
5. ¿(*Ellas*) leen el periódico?   tú/él/ellos/usted
6. Yo veo películas americanas.   usted/ella/tú/nosotros
7. *Ella* no sale con Manuel.   yo/ellos/nosotros/usted
8. ¿Escriben *ustedes* en español?   ella/usted/tú/ellos

---

[1] The **yo** form of **ver** is: **veo**

[2] The **yo** forms of **hacer** and **salir** are: **hago** and **salgo**

Transición

A. Claro que sí. *Imagine that a foreign student asks you some questions about your activities on campus. Answer his/her questions using the no-sotros(as) form.*

1. ¿Leen en español?   Sí, ...
2. ¿Escriben muchos trabajos?   Sí, ...
3. ¿Viven aquí?   Sí, ...
4. ¿Discuten mucho en clase?   Sí, ...
5. ¿Beben cerveza el domingo?   Sí, ...
6. ¿Comen en la cafetería?   Sí, ...
7. ¿Salen por la tarde?   Sí, ...
8. ¿Ven muchas películas?   Sí, ...

B. Siempre lo mismo. *Ana is very bored. From her window, she always sees the same things happen on the street corner. Tell what she says when she complains about it.*

EJEMPLO: People always take a walk. ⟶ **La gente siempre da una vuelta.**

1. Some girls always read the paper. ⟶
2. Some students always have (drink) a beer. ⟶
3. Some groups always discuss plans for the evening. ⟶
4. Some boys always go for a walk. ⟶
5. A boy always has a coca-cola. ⟶
6. Some girls always eat "hot dogs". ⟶
7. Some boys always read the ads for the movies. ⟶

Use picture on page 46 to expand this activity.

Comunicación

A. Los sábados. *Young Hispanic people tend to be very active on Sundays, while American students tend to socialize on Fridays and Saturdays. Use the table below to talk about your favorite activities.*

	salimos al centro.
	salgo con. . . .
	comemos en. . . .
	vemos televisión.
	escuchamos música y. . . .
	trabajamos en. . . .
El sábado por la tarde	leemos un. . . .
	vemos una película en el cine. . . .
	escribimos los trabajos.
	hacemos una fiesta en casa de. . . .
	hacemos. . . .
	bebemos y comemos. . . .
	discutimos. . . .

B. Entrevista. *Using the phrases below, ask another student about his/her different activities.*

EJEMPLO: comer en el restaurante ⟶ **¿Comes en el restaurante?**

1. leer muchos capítulos ahora
2. escribir composiciones en inglés
3. deber estudiar mucho en la tarde
4. vivir en el campus
5. comer en la cafetería
6. hacer «hot dogs» (salchichas) en casa
7. ver películas españolas
8. salir con un(a) chico(a) ahora

Las preguntas de información

A. In Chapter 1, you learned to ask questions by inverting the verb and the subject of a sentence. *Information questions* are formed by placing a question word before the inverted subject and verb.

> —¿Trabaja usted? (*Question by inversion*)
> —¿Dónde trabaja usted? (*Information question*)

B. Interrogative words in Spanish are:

1. | ¿qué? | *what?* | ¿Qué haces? ¿Qué estudias? |
¿cómo?	*how?*	¿Cómo estás? ¿Cómo cambias el cheque?
¿cuándo?	*when?*	¿Cuándo trabajas en la biblioteca?
¿dónde?	*where?*	¿Dónde vive Leonardo Cáceres?

2. | ¿cuál(es)? | which? | ¿Cuáles chicas están aquí? |
¿quién(es)?	who?	¿Quiénes necesitan el libro?
¿cuánto(a)?	how much?	¿Cuánto dinero ganas?
¿cuántos(as)?	how many?	¿Cuántos estudiantes hay aquí?

Note that interrogative words in Group 2 agree in number—**¿cuál(es)?, ¿quién(es)?**—or in gender and number—**¿cuánto(a)?**—with the subject.

C. The intonation of information questions in Spanish goes down at the end. All interrogative words are stressed with the voice in speech and with a written accent in written language.

¿Qué desea usted?

¿Quiénes dan una vuelta?

¿Cuándo desean ver la película?

Clue for correct use of *cuál(es):* whenever in English you can start your question by an introductory "can you tell me," use *cuál(es)* instead of *que* in Spanish. Can you tell me the capital of Mexico? *¿Cuál es la capital de México?*

Rising intonation may be used when the person asking the question is being very nice or helpful.

Preparación

A. *Cambien la palabra interrogativa y repitan las preguntas.* (Substitute the interrogative words indicated for the ones in italics and repeat the questions.)

1. ¿*Dónde* están las chicas?   cómo/cuándo
2. ¿*Cuándo* trabajan?   cómo/cuánto/dónde/quiénes
3. ¿*Quiénes* están allá?   cuáles/cuándo/cómo
4. ¿*Qué* necesitas?   cuántos/cuáles/cuánta

Option: translate the questions.

B. *Cambien el nombre y la palabra interrogativa.* (Substitute the nouns indicated for the words in italics and supply the appropriate form of the interrogative word.)

1. ¿Cuántos *libros* necesita?   cintas/profesores/dinero
2. ¿Cuál *cerveza* compras?   libros/casas/cinta/lápiz
3. ¿Cuánto *dinero* hay?   partidos/chicas/películas

Transición

A. En Durango. *Alane Shaner is in Durango and needs to get some information. Help her to formulate questions.*

EJEMPLO: (where the market is) ⟶ **—¿Dónde está el mercado?**

1. (how you are [plural]) ⟶
2. (where Marisa lives) ⟶
3. (when the teachers are here) ⟶
4. (what books I should buy) ⟶
5. (which students live here) ⟶
6. (where students eat and drink) ⟶
7. (who helps with Spanish) ⟶

B. Ayuda para estudiantes. *Imagine that you are working with students who need assistance. Using the elements provided, form the questions you would ask them. Remember to make question words agree with nouns when necessary.*

EJEMPLO: ¿qué/hacer/ustedes/por la tarde? ⟶ **¿Qué hacen ustedes por la tarde?**

1. cómo/estar/ustedes/aquí ⟶
2. dónde/comer/ustedes ⟶
3. dónde/trabajar/ustedes ⟶
4. cuántos/estudiantes/vivir/aquí ⟶
5. cuál/chica/trabajar/en la biblioteca ⟶
6. quién/vivir/en la casa grande ⟶
7. cuánto/ayuda/en dinero/necesitar/ustedes ⟶

Written preparation may be helpful.

Comunicación

A. Entrevista. *You are waiting to be received and interviewed by the student exchange committee. While you wait, you overhear the following replies from another student. You wonder what the questions are to get ready for your own interview. What are the questions they ask of candidates?*

1. Bien gracias; nervioso.
2. Hablo español y alemán.
3. Vivo en Marion, Ohio.
4. Viajo en septiembre.
5. Necesito doscientos (200) dólares cada mes.
6. Practico tenis y béisbol.
7. Linda y Cheryl están aquí también.
8. El grupo de Michigan viaja con nosotros.
9. Dos amigos están interesados en viajar a Francia.

Written preparation may be helpful.

B. *Formulate five to ten questions that you would like to ask another student in your class.*

EJEMPLOS: **¿Dónde vives?**

¿Cuál es tu número de teléfono?

¿Qué haces el domingo?

Los días, los meses y las estaciones

Days of the week, months of the year, and seasons are given below. All are masculine (except for spring) and are not capitalized.

Point out that *día* is masculine.
Point out that the week begins on Monday.

Los días de la semana		Los meses del año		Las estaciones	
lunes	*Monday*	enero	julio	la primavera	*spring*
martes	*Tuesday*	febrero	agosto	el verano	*summer*
miércoles	*Wednesday*	marzo	septiembre	el otoño	*autumn*
jueves	*Thursday*	abril	octubre	el invierno	*winter*
viernes	*Friday*	mayo	noviembre		
sábado	*Saturday*	junio	diciembre		
domingo	*Sunday*				

A. To indicate that an event occurs on a particular day, one uses the article and the day *without* any preposition.

Hay un partido el sábado.
Discuten los planes el domingo.

There is a game on Saturday.
They discuss the plans on Sunday.

B. To indicate that an event occurs repeatedly or habitually on a certain day, one uses the plural forms of the definite article and of the noun, *without* any preposition.

Hay clases de computación **los** martes y **los** sábados. — *There are computer science classes on Tuesdays and Saturdays.*

Los viernes por la tarde no estudiamos. — *We don't study on Friday evenings.*

C. To indicate that an event occurs in a given month, one uses the preposition **en** *without* any article.

Pagan **en** diciembre. — *They pay in December.*
En julio y agosto ganamos mucho dinero. — *We earn a lot of money in July and August.*

D. To indicate that an event occurs in a given season, one uses the preposition **en** and the corresponding article when referring to a specific time.

Viajan **en** (la) primavera y trabajan **en** (el) invierno. — *They travel in the spring and work in the winter.*

Preparación

A. *Digan el día, mes o estación que complete la serie.* (Complete the series with the missing day, month, or season.)

1. lunes, miércoles y . . . .
2. martes y . . . .
3. sábado y . . . .
4. enero, ... y marzo
5. junio, julio y . . . .
6. . . . ., verano, otoño, ...

B. *Cambien el día en itálica por los dados y repitan la oración.* (Substitute the words suggested and repeat the sentences.)

1. Hay un examen el *lunes.* — martes/miércoles/jueves/viernes
2. Hay clases los *sábados.* — lunes/miércoles/viernes
3. Hay un partido el *martes.* — sábado/domingo/miércoles
4. Dan vacaciones en *otoño.* — invierno/primavera/verano
5. Hay exámenes en *julio.* — enero/mayo/agosto/diciembre
6. Hay vacaciones en *marzo.* — abril/junio/julio/noviembre

Transición

¿Cuándo? *Marisa García, a student from Durango, is talking about her plans. Create sentences that express what she is saying.*

EJEMPLO: Viernes/estar/de compras ⟶ **Los viernes estamos de compras.**

1. (Nosotros) comer/con Irma/lunes ⟶
2. (Nosotros) practicar tenis/lunes y miércoles ⟶
3. (Nosotros) ver/el programa musical/martes y jueves ⟶
4. Papá y mamá/no estar en casa/miércoles por la tarde ⟶
5. Yo deber estudiar/el vocabulario/para/martes por la mañana ⟶
6. Domingo/desear ver/la película/del Principal ⟶
7. Sábado y domingo/yo no estudiar/¡Qué bien! ⟶
8. Junio y julio/(nosotros) estar/de vacaciones/en Mazatlán ⟶
9. Julieta desear estudiar inglés/septiembre y octubre ⟶
10. Alejandro siempre comer/en el restaurante ¡Plaff!/domingo ⟶

Remind students that *los* is used when the action is considered habitual.

Comunicación

A. Días felices. *Tell what days/months/seasons you prefer.*

EJEMPLO: Mi día favorito para practicar tenis: ⟶ **Los martes**

1. Mi día favorito para practicar: ?
2. Mi estación favorita: ?
3. Los días de clases interesantes: ?
4. Mi día favorito para dar una fiesta: ?
5. El peor día para estar en clase: ?
6. El mejor día para estudiar: ?
7. El mejor mes para vacaciones: ?
8. La estación en que hay mejores películas: ?
9. Los meses en que hay muchos trabajos aquí: ?
10. Mi mes favorito: ?

Translate *«mi»* if necessary. This is an early introduction to possessive adjectives.

B. Preguntas/entrevista. *Contesten las preguntas o entrevisten a otro estudiante.* (Answer these questions or use them to interview another student.)

1. ¿Cuándo practicas tenis/béisbol/fútbol (americano)/básquetbol?
2. ¿Cuándo ves las mejores películas?
3. ¿Cuándo hay clases de español/matemáticas/computación/música?
4. ¿Cuándo escuchas música popular?
5. ¿Cuándo hay fiestas de estudiantes en el dormitorio?
6. ¿En qué meses estás de vacaciones?
7. ¿En qué meses estudias/trabajas?
8. ¿Cuándo hay examen de español?
9. ¿Cuándo hay bistec en la cafetería?
10. ¿En qué estación estás muy contento?

Aplicación

Una carta de Alane

Alane está en Durango y le escribe a la mamá que está en Filadelfia.[1]

If students ask, explain that *le* is necessary in this case and will be discussed later.

Durango, 20 de agosto de 1981

Querida° mamá: dear

Por fin° estoy en Durango y estoy muy   finally

contenta. Mi familia es° muy afectuosa°   is/affectionate/me

y me° ayuda con los diferentes problemas

de la adaptación. Especialmente con la

comida.° Vivimos cerca de la plaza.   food

Ahora no hay clases; porque estamos

de vacaciones hasta° el 6 de septiembre.   until

Salimos mucho: a la plaza, al centro,

a los restaurantes, al cine. También

comemos mucho: cuatro o cinco veces°   times

al día°....   a day

Hay tres chicas en la casa: Lupe,

Ana Laura y Amelia. Conversamos en

inglés y en español. La señora

Jáuregui cree° que debo leer y escribir   thinks

mucho para practicar el idioma.°   language

Por eso, yo escribo en español.

También vemos la "telé" en español....

¡las películas americanas en

español!

        Besos° para papá y Kitty.   kisses

        muchos cariños° de   love

        Alane

---

[1] Tomado de una carta original.

Comprensión de la lectura

Contesten las siguientes preguntas en español. (Answer the following questions in Spanish.)

1. ¿Cómo está Alane?
2. ¿Dónde vive Alane ahora?; ¿y la mamá?
3. ¿Con qué familia está Alane en Durango?
4. ¿Cuántas veces al día comen en Durango?
5. ¿Qué idiomas habla Alane?
6. ¿Cuántas chicas hay en casa de los Jáuregui?
7. ¿Qué ven por la tarde en casa?
8. ¿Adónde salen Alane y las chicas?
9. ¿Qué debe hacer Alane para practicar español?

Nota de interés

Estudiantes de intercambio

Muchos estudiantes americanos viajan a países hispanos todos los años. Hay instituciones como el Rotary Internacional, el American Field Service y el Experiment in International Living que ayudan a los estudiantes con dinero o contactos. Alane Shaner es, en realidad, una estudiante de la Universidad de Delaware que estudió (*studied*) en Durango en 1979–1980. Ella habla y escribe español muy bien ahora y desea trabajar en turismo en México en el futuro. La mamá de Alane también habla español.

Comunicación

A. ¿Qué planes hay? *Use the phrases below to tell what your plans are.*

	viajo a . . . . .
	debemos estudiar mucho para los exámenes.
	no comemos en la cafetería; ¡qué bien!
	veo un programa de televisión.
Después de clases	estamos de vacaciones.
El sábado	practico patinaje/tenis/béisbol.
	salimos todos al centro comercial.
	salgo a comer con . . . . .
	salgo al cine con . . . . .
	?

B. ¿Salimos? *Invite students in your class to do something together. What would you like to do?*

¿Damos una vuelta?
¿Salimos y damos una vuelta?
¿Vemos la película del cine . . . . . ?
¿Vemos el partido en el canal . . . . . ?
¿Comemos salchichas con cerveza?
¿Estudiamos todos en . . . . . ?

C. ¿Cuándo? *Complete the following statements according to your personal preferences.*

1. Hacemos una fiesta cuando estamos _____ .

2. Discutimos los planes _____ .

3. Comemos mucho los _____ .

4. Discutimos mucho cuando _____ .

5. Vemos la «tele» en español _____ .

6. Vemos los partidos los _____ .

7. Estudiamos después de _____ .

8. Estudiamos vocabulario cuando _____ .

9. Los chicos beben mucho los _____ .

10. Hacemos mucha comida cuando _____ .

Nota de interés

Después de la película

After **una vuelta** or during a party, young Hispanic people love to talk for a while and then dance and sing. Newly-arrived Americans at first think that Hispanics talk all at the same time and that the noise in the room is too loud for them. They soon discover that there is no taking turns in their conversations—at least not in the traditional sense. Instead, exchanges seem to overlap in what sounds as though everybody was interrupting everybody else. Each speaker, however, knows exactly what is being said while conversing with different people. After this «group conversation», music (most often popular American music and Latin records) and dancing follow. Later, someone will play the guitar and sing; the party will usually end at around two in the morning.

En una fiesta familiar, todos bailan y conversan.

Entonación

Las preguntas

Asking questions with the proper intonation is an important skill for communicating in any language.

In Chapter 1 you learned different intonations for different kinds of questions. You also learned about the importance of linking words for acquiring a good Spanish rhythm. In Chapter 2 you learned Spanish vowels, and in this chapter you learned information questions.

Now it is time to practice all of these.

Ejercicio

Practice the intonation of the following groups of questions. Keep in mind the importance of linking and of producing clear, nonglided vowels.

A. *Yes/no questions have rising intonation.*

1. ¿Estudian alemán?

2. ¿Viven aquí?

3. ¿Practican fútbol?

4. ¿Hablan español?

5. ¿Desea usted comer?

6. ¿Lees ahora?

7. ¿Escribes tú los verbos?

8. ¿Bebemos unas cervezas?

B. *Confirmation questions. Set expressions have rising intonation.*

1. Trabajan al lado, ¿no?

2. Leen mucho, ¿verdad?

3. Ven los programas, ¿no?

4. Pagan salario, ¿verdad?

5. Escriben bien, ¿no?

6. Hay un trabajo, ¿verdad?

C. *Information questions. These questions have falling intonation.*

1. ¿Dónde está la casa?

2. ¿Cómo estás?

3. ¿Qué hacen en clase?

4. ¿Cuántas películas ven?

5. ¿Quién está aquí?

6. ¿Cuánto hay?

Vocabulario

NOMBRES

la carta *letter*
la cerveza *beer*
la comida *food*
el día *day*
la mañana *morning*
el mes *month*
el partido *game*
la película *film*
la semana *week*
la tarde *evening*

ADJETIVOS

afectuoso *affectionate*
querido *dear*
unos *some*

VERBOS

beber *to drink*
comer *to eat*
deber *should*
escribir *to write*
discutir *to discuss*
hacer *to do/make*
leer *to read*
salir *to go out*
ver *to see*
vivir *to live*

OTRAS EXPRESIONES

dar una vuelta *to go for a walk/ride*
después (de) *after(wards)*
finalmente *finally*
hasta *until*
por fin *finally*

COGNADOS

el idioma (*language*)
el interés
interesado

el grupo
el número
los planes

conversar
decidir

Gente joven

Introducción

El correo de los estudiantes

Las revistas° para la gente joven° a menudo° publican una sección con avisos de estudiantes que desean correspondencia con otros° chicos.[1]

magazines / young / often

other

> Soy° dominicana y vivo en Nueva York. Deseo correspondencia con estudiantes de ciencias políticas. Soy responsable, dinámica y sincera. El cine es mi pasión.
> Escribir a Carmen Tornero, 186 Brumbaugh, Queens, Nueva York.

I am

Quickly check if students would know which one is the family name (*apellido paterno*).

> Soy empleado° de banco y estudiante de administración. Soy intelectual y revolucionario, bajo° y rubio°, muy trabajador° y simpático°. Deseo correspondencia con hispanos estadounidenses° para intercambiar ideas.
> Marcos Antonio Merello Díaz. Avenida San Martín 99, San Juan, Argentina.

employee

short / blonde / hard-working

nice / North American

---

[1] Idea tomada de varias revistas.

Comprensión de la lectura

Según la lectura, ¿son verdaderas o falsas las siguientes afirmaciones?
Corrija la frase cuando sea necesario.

1. Carmen habla inglés y español probablemente.
2. Ella está muy interesada en las películas.
3. Ella no desea escribir cartas.
4. Marcos trabaja mucho en el banco y estudia.
5. Marcos Antonio está interesado en los norteamericanos.
6. Marcos es simpático, dinámico, bajo y rubio.

In this chapter only
Transición and
Comunicación instructions
will be in English.

Nota de interés

Amigos por carta

Teenagers and university students in the Hispanic world enjoy having
pen-pals with whom they exchange postcards, stamps, pictures, and
ideas. As indicated in the **Introducción,** many young people advertise
in youth-oriented magazines for pen-pals or seek them through lists
read on short-wave radio stations, which are listened to constantly.

¿Y usted?

*Escriba usted un aviso para iniciar correspondencia con otros estudiantes
en español.*

EJEMPLOS: Soy _____ y vivo en _____ .

Estudio _____ en la universidad de _____ .

Soy _____ y _____ .

El/la _____ es mi pasión.

Deseo correspondencia con _____

de _____ .

Expresiones útiles

Soy alto°/bajo/moreno°/rubio

Soy trabajador/deportivo°/impulsivo/intelectual

Soy extranjero°/norteamericano (estadounidense)/puertorriqueño°/
    mexicano/chicano/cubano/italiano/hispanoamericano

Soy estudiante de ingeniería°/química°/criminología/?

Remind students that
    adjectives agree with subject
    in this case.
tall/dark, *negro*
atlético
foreigner/Puerto Rican

engineering/chemistry

El verbo *ser*

The verb **ser** (*to be*) is irregular.

Ser (*to be*)			
(yo) **soy**	*I am*	(nosotros/as) **somos**	*we are*
(tú) **eres**	*you are*	(vosotros/as) **sóis**	*you are*
(él/ella) **es**	*he/she is*	(ellos/ellas) **son**	*they are*
(usted) **es**	*you are*	(ustedes) **son**	*you are*

Contrast with *estar* is
    presented in another section
    of this chapter so that
    students can get a feeling
    for *ser* first.

A. The verb **ser** is used to refer to or identify nationality, occupations,
and *inherent* qualities of persons, things, or events.

For example:

1. **Inherent qualities.**

    Es muy inteligente, moreno y alto.
    Es dinámica, responsable y trabajadora.
    Es una ciudad muy interesante.

2. **Nationality** or **origin.**

    La profesora es mexicana (de México).
    Los estudiantes son neoyorquinos (de Nueva York).

Uses of *ser* for telling time/
    possession appear in
    subsequent sections.

3. **Occupation.**

La señorita Rodríguez es dentista.
Daniel desea ser arquitecto.
Nosotras somos estudiantes de economía.

Point out that no article precedes the name of occupations in Spanish.

4. **Material** (inherent quality of objects).

La grabadora es de metal.
El lápiz es de plástico.

B. Study the following adjectives.

entretenido (*amusi*ng/interesante)	norteamericano (de Estados Unidos)
delicioso	colombiano (de Colombia)
violento	venezolano (de Venezuela)
prudente	peruano (del Perú)
impaciente	estadounidense (de Estados Unidos)
impulsivo	canadiense (de Canadá)
joven (*young*)	puertorriqueño (de Puerto Rico)
	panameño (de Panamá)

Estad(o)unidense is used in written language.

Preparación

A. *Cambien las palabras en itálica por las indicadas y hagan los cambios necesarios.*

Subject pronouns are provided for the mechanics of the exercise, but their use should be discouraged.

1. *Usted* es de Chicago.   él/nosotras/yo/tú
2. *Ellos* no son españoles.   ustedes/nosotros/yo/usted
3. ¿*Él* es estudiante?   tú/usted/ellas/nosotros
4. *Nina* es norteamericana.   ella/ellas/nosotras
5. *Todos* somos amigos.   ustedes/ellos/nosotros
6. *El libro* es entretenido.   los proyectos/el trabajo/ los programas

B. *Contesten las siguientes preguntas según las indicaciones dadas.*

EJEMPLO: ¿Eres alto? (no, . . . no muy) ⟶ **No, no soy muy alto.**

1. ¿Eres de la universidad? (sí, yo) ⟶
2. ¿Son impacientes las chicas del curso? (no, . . . no muy) ⟶
3. ¿Es alta la señorita Gómez? (sí, muy) ⟶
4. ¿Son ustedes de Nuevo México? (no) ⟶
5. ¿Es usted colombiana? (no, yo no) ⟶
6. ¿Es impulsiva Verónica? (sí) ⟶
7. ¿Es profesor el doctor Mora? (sí) ⟶
8. ¿Es usted bajo? (no, yo no) ⟶
9. ¿Son trabajadores los estudiantes? (sí, muy . . .) ⟶
10. ¿Soy curioso? (sí, usted . . . muy) ⟶

Transición

A. Opiniones. *Miguel is talking about people and things. Use the words listed below to create sentences expressing his ideas.*

EJEMPLO: las matemáticas/interesante ⟶ **Las matemáticas son interesantes.**

1. el tenis/entretenido ⟶
2. los americanos/dinámicos ⟶
3. nosotros/trabajador ⟶
4. ustedes/simpático ⟶
5. yo/impulsivo ⟶
6. la comida mexicana/delicioso ⟶
7. Clara/entretenida ⟶
8. Luis/impaciente ⟶
9. mi amiga/guapa ⟶
10. muchos estudiantes/joven ⟶

B. En el café. *Unos estudiantes conversan en el café y hablan de nacionalidades. ¿Qué dicen?*

EJEMPLOS: (yo)/mexicano ⟶ **Soy mexicano.**

Nena/colombiano ⟶ **Nena es colombiana.**

1. Nosotros/canadiense ⟶
2. Marcos/argentino ⟶
3. Susana/norteamericano ⟶

En el bar, unos jóvenes hispanos conversan de sus países.

4. La profesora/peruano ⟶
5. René/francés ⟶
6. Hilda y Rosa/venezolano ⟶
7. Manuel y Jesús/mexicano ⟶

C. Ocupaciones. *Elena is asking Pedro what he and other people do for a living. Tell what they say.*

EJEMPLO: **El señor es dentista, ¿no? (sí)** ⟶ **Sí, es dentista.**

1. El señor Martínez es empleado, ¿no? (sí) ⟶
2. María es estudiante, ¿no? (sí) ⟶
3. Ellos son arquitectos, ¿no? (sí) ⟶
4. La señorita Parra es doctora, ¿no? (sí) ⟶
5. Marcos es empleado de banco, ¿no? (sí) ⟶
6. Carmen es supervisora, ¿no? (sí) ⟶
7. Eres empleado del restaurante, ¿no? (sí) ⟶

Comunicación

A. Su retrato. *Prepare a self-portrait using the adjectives introduced in this chapter. You may also want to use words like* **en general, a veces, a menudo,** *to add shades of meaning.*

EJEMPLOS: **En general, soy impaciente, pero sincera.**

A veces soy impulsivo, pero soy trabajador.

Provide *bastante, rara vez* if necessary.

B. ¿Qué te parece? *Ask another student for her/his opinions about the following statements.*

EJEMPLO: **La vida del estudiante es difícil** ⟶ **—¿Es difícil la vida del estudiante?** ⟶ **—A veces es muy difícil.**

1. Los profesores son muy trabajadores.
2. Los chicos americanos son deportivos.
3. Las películas son violentas.
4. La gente extranjera es interesante y diferente.
5. El vocabulario no es difícil.
6. Las clases son muy entretenidas.
7. Los estudiantes son sinceros y simpáticos.
8. El fútbol americano es muy violento.
9. La comida oriental es deliciosa.
10. Estudiar en invierno es difícil.

Have students work in pairs or small groups and take turns in asking/answering questions.

Los números de 30 a 199

Some numbers from 30 to 199 are given below.

30 treinta	50 cincuenta	101 ciento uno
31 treinta y uno	51 cincuenta y uno	102 ciento dos
32 treinta y dos	60 sesenta	103 ciento tres
39 treinta y nueve	69 sesenta y nueve	110 ciento diez
40 cuarenta	70 setenta	120 ciento veinte
41 cuarenta y uno	80 ochenta	122 ciento veintidós
42 cuarenta y dos	90 noventa	150 ciento cincuenta
49 cuarenta y nueve	100 cien(to)	190 ciento noventa

Preparación

A. *Lea los siguientes números en español:*

30, 36, 47, 54, 68, 71, 83, 89, 91, 94, 97, 100

B. *Cuente de diez en diez y de cinco en cinco hasta 100.*

C. *Diga el número que sigue después de los siguientes.* (Tell the number following each one of these numbers.)

104, 112, 117, 125, 127, 154, 169, 178, 180, 195, 198

Transición

A. ¡Aquí informaciones! *A telephone operator at the information switchboard gives customers the phone number they request. What does he say? (Give the numbers in three pairs).*

EJEMPLO: Señor Correa (26 22 14) ⟶ **veintiséis veintidós catorce**

1. Familia Manzano (48 33 55) ⟶
2. Señor Palacios (23 66 94) ⟶
3. Hotel Crillón (72 15 81) ⟶
4. Pan Am Internacional (42 95 83) ⟶
5. Señorita Echaurren (16 18 50) ⟶
6. Señora Larraín (36 93 10) ⟶
7. Laboratorios Berenguer (21 25 47) ⟶

Option: have students take operator (*telefonista*)/ customer roles.

B. Direcciones. *Teresa is asking Jorge where some people live. What does Jorge say?*

EJEMPLO: Pedro Cifuentes/Miramar 125 ⟶ **Miramar ciento veinticinco**

1. Tito Moreno/Palo Alto 182 ⟶
2. María Silva/Alameda 81 ⟶
3. Paula Rojo/Bolívar 167 ⟶
4. Ernesto García/Rosas 105 ⟶
5. Esther Ojeda/Sucre 68 ⟶
6. Inés Fuentes/Carmelitas 56 ⟶
7. Mario Pulido/Industrias 148 ⟶

Comunicación

¿Cuánto es? (How much is it?) *Play the roles of a salesperson and a customer who is comparison-shopping. The customer asks for an item, the salesperson gives the price, and the customer writes it down. Use the prices provided.*

EJEMPLO:

Customer asks	Salesperson says	Customer writes
¿Un álbum de fotos?	Ciento noventa pesos	$190,00
¿Un diccionario?	Ciento noventa y tres, (con) cincuenta	$199,00
¿Un cuaderno grande?	Ciento cincuenta y cinco pesos	$155,00

Option: have students "sell" their own things.

¿Qué hora es?

The verb **ser** is used to tell time and to talk about events.

The question **¿Qué hora es?** (*What time is it?*) can be answered using the following sentence patterns:

People also say: *¿Qué horas son?*

To express the time between the hour and the half hour, add the number of minutes to the hour by using *y*.

To express the time between the half hour and the next hour, subtract the number of minutes from the next hour by using *menos* (less).

A. On the hour:

Es la una.

Son las cuatro.

Son las doce./Es mediodía (*noon*)./Es medianoche (*midnight*).

B. On the quarter hour or half hour:

Es la una y media.

Son las cinco y cuarto. (5:15)

Son las siete **menos** cuarto. (6:45)

C. Indicating exact minutes:

Es la una y doce.

Son las cinco y veintiuno.

Son las doce y treinta y ocho.

D. To ask or indicate at what time or where an event takes place, the verb **ser** is used in the following manner:

    A: ¿A qué hora es la ceremonia?
    B: (Es) a las diez (de la mañana/de la noche).
    A: ¿Y dónde es?
    B: (Es) en el auditorio central.

E. In official time schedules (for planes, trains, buses, radio, or television programs) a twenty-four-hour system is used.

Hora oficial	Hora convencional
Son las veintitrés y treinta (23:30)	11 y media de la noche
El próximo programa es a las dieciséis (16:00)	4 de la tarde
El bus sale a las once cincuenta (11:50)	11:50 de la mañana
El programa deportivo es a las diecinueve y quince (19:15)	siete y cuarto de la tarde
La película termina a las cero treinta (0:30)	doce y media de la noche

Preparación

¿Qué hora es?

Transición

A. ¿A qué hora . . . ? *Debbie is asking her friend Amelia Armas, a Cuban-American from Miami, at what time she usually does certain things. Using the cues given, play Amelia's role and answer Debbie's questions.*

EJEMPLO: ¿A qué hora comen ustedes al mediodía? (12:30) ⟶ **Comemos a las doce y media.**

1. ¿A qué hora sales de casa por la mañana? (7:40) ⟶
2. ¿A qué hora hacen el trabajo del laboratorio? (9:20) ⟶
3. ¿A qué hora hacen las composiciones de inglés? (10:00) ⟶
4. ¿A qué hora salen de clases por la tarde? (5:15) ⟶
5. ¿A qué hora es el programa musical en la radio? (4:30) ⟶
6. ¿A qué hora están en casa por la noche? (7:45) ⟶
7. ¿A qué hora ven la película de la noche? (12:00) ⟶
8. ¿A qué hora comen ustedes por la noche? (9:00) ⟶
9. ¿A qué hora salen al cine los viernes? (9:45) ⟶

Esta linda chica cubana es de la Florida.

Help with linking of *«a que hora»* (a ke óra).

**MADRID-CORDOBA-SEVILLA-JEREZ-
ALGECIRAS-MADRID**

Desde 1 de julio al 30 de septiembre
Salidas de Madrid: Viernes, sábados, domingos y lunes, 8,00 h.

Salidas de Algeciras: Viernes, sábad., doming. y lunes, 17,30 h.
Salidas de Cádiz: 19,30 horas.
Salidas de Jerez: 20,30 horas.
Salidas de Sevilla: 20,30 horas.

Paradas técnicas en ruta: MANZANARES, Restaurante
SAGA; UTRERA, Restaurante LA GRAN RUTA.

**MADRID-CORDOBA-SEVILLA-HUELVA-
PUNTA UMBRIA-MADRID**

Desle 1 de julio al 30 de septiembre
Salidas de Madrid: Diario, 9,00 horas.

Salidas de Punta Umbría: Diario, 8,15 horas.
Salidas de Huelva: Diario, 9,00 horas.
Salidas de Sevilla: Diario, 10,15 horas.

B. En el aeropuerto. *Change each of the following times heard at Barajas
Airport in Madrid, into the more common twelve-hour system.*

EJEMPLO: 22:45 ⟶ **Las once menos cuarto.**

1. 12:05
2. 21:36
3. 8:15
4. 13:50

5. 23:30
6. 3:15
7. 16:20
8. 0:15

Comunicación

A. ¡Nunca hay tiempo para nada! *There's never enough time for anything! Tell your busiest day's schedule, giving times and activities.*

EJEMPLO: A las 7:30 salgo de casa.

A las 8:00 es la clase de . . .

A las 9:00 es la clase de . . .

A las 10:30 practico tenis/?

A las 11:10 estudio en la biblioteca/?

A las 12:00 hago los problemas de álgebra/?

B. ¿A qué hora? *Entrevisten a otro estudiante con estas preguntas.*

1. ¿A qué hora es la clase de español?
2. ¿Eres puntual?
3. ¿A qué hora almuerzan° Vds.?   eat lunch
4. ¿A qué hora es tu (*your*) programa de televisión favorito?
5. ¿A qué hora escuchas la radio?
6. ¿A qué hora sales de clases por la tarde?
7. ¿A qué hora estás en casa por la noche?

8. ¿A qué hora ves la película de la noche?
9. ¿A qué hora salen a comer los viernes?
10. ¿A qué hora hay un autobús al centro por la tarde?

Nota de interés

El concepto del tiempo

In general, Hispanic people have a different conception of time and of its use, particularly in relation to socializing. For example, people will as a rule come from half an hour to an hour late to a party or dinner, because showing up at the predetermined time is considered inappropriate. In addition, there is the intention of giving the hosts some extra time for last minute details. As a result of all this, the cocktail hour is longer, as are the actual meal and after-dinner conversations (**sobremesa**). The overall tempo is slower, because people think that time spent in socializing is very important. In fact, many business deals with foreign companies don't go through because the Hispanic client feels that he cannot trust someone whom he doesn't know very well socially.

Los adjetivos posesivos

Possessive adjectives, like all other Spanish adjectives, agree with the noun they modify. **Mi, tu, su** agree in number; **nuestro, vuestro** agree in number and gender.

Los adjetivos posesivos

| Singular | | Plural | | Meanings |
Masculine	Feminine	Masculine	Feminine	
mi		mis		*my*
tu		tus		*your*
su		sus		*his, her, its, yours*
nuestro	nuestra	nuestros	nuestras	*our*
vuestro	vuestra	vuestros	vuestras	*your*
su		sus		*their, your*

Mis cartas están aquí con sus libros.
Nuestros avisos están en vuestra revista.

My letters are here with his books.
Our ads are in your magazine.

A. Because possessive adjectives agree with the noun modified (thing possessed), the **su/sus** forms can mean *his, her, its, your,* or *their,* depending on the context.

Carola lee **su** libro.	*Carola reads* **her** *book.*
Pablo escribe **su** artículo.	*Pablo writes* **his** *article.*
Usted escribe **su** trabajo.	*You write* **your** *paper.*
Ernesto hace **sus** planes.	*Ernesto makes* **his** *plans.*
Marita y Pablo compran **su** casa mañana.	*Marita and Pablo are buying* **their** *house tomorrow.*
(Ustedes) practican **sus** ejercicios.	*You practice* **your** *exercises.*

B. Note that only **nuestro** and **vuestro** agree in gender with the nouns they modify.

Nuestra amiga está aquí.	*Our friend* (fem.) *is here.*
Vuestros trabajos son interesantes.	*Your papers* (masc.) *are interesting.*

C. An alternate way of expressing possession is by using the expression **ser + de.**

EJEMPLOS: **¿De** quién **es** el trabajo?   **Whose paper is this?**

Es (el trabajo) **de** Marta.   **It is Marta's (paper).**

Preparación

A. *Cambien los adjetivos posesivos en itálica por los indicados.*

1. Es *mi* libro.   tu/su/nuestro
2. Es *mi* casa.   tu/su/nuestra
3. Aquí están *sus* amigos.   mis/tus/nuestros
4. Son *sus* profesoras.   nuestras/mis/tus

B. *Transformen las siguientes frases según el modelo.*

EJEMPLO: Es la chica de Rafael ⟶ **Es su chica.**

1. Es el chico de Ana Luisa ⟶
2. Es la carta de Alane ⟶
3. Es el banco de la ciudad ⟶
4. Son los centros comerciales de Erie ⟶
5. Son las revistas de las chicas ⟶
6. Es la calculadora de nosotras ⟶
7. Es la casa de ustedes ⟶

8. Aquí está la comida de Clara $\longrightarrow$
9. Aquí están los restaurantes de los mexicanos $\longrightarrow$
10. Aquí está el trabajo de los extranjeros $\longrightarrow$

C. *Contesten las siguientes preguntas según el modelo.*

EJEMPLOS: ¿Está aquí tu comida? (no) $\longrightarrow$ **No, mi comida no está aquí.**

¿Es tu libro? (sí) $\longrightarrow$ **Sí, es mi libro.**

1. ¿Es tu lápiz? (sí) $\longrightarrow$
2. ¿Es nuestro proyecto? (no) $\longrightarrow$
3. ¿Está aquí su papá? (sí) $\longrightarrow$
4. ¿Lee ella su diálogo? (sí) $\longrightarrow$
5. ¿Es mañana tu partido? (no) $\longrightarrow$
6. ¿Es mi carta? (no) $\longrightarrow$
7. ¿Discuten ustedes mis planes? (sí) $\longrightarrow$
8. ¿Está aquí mi dinero? (sí) $\longrightarrow$
9. ¿Están aquí nuestras cintas? (no) $\longrightarrow$
10. ¿Son sus calculadoras? (sí) $\longrightarrow$

Transición

A. ¡Por fin, las vacaciones! *Elena, Pepe and you have come home for a vacation in the same car. You are trying to sort out your things. What questions do you ask yourself as you go through your things?*

EJEMPLO: Los cheques de viajeros de Pepe $\longrightarrow$ **¿Son sus cheques?**

1. La calculadora de Elena y Pepe $\longrightarrow$
2. Las cintas de Elena $\longrightarrow$
3. Los libros de Pepe $\longrightarrow$
4. Las revistas de Elena $\longrightarrow$
5. La cerveza de Pepe $\longrightarrow$
6. La grabadora de usted $\longrightarrow$
7. Los trabajos de Pepe $\longrightarrow$

B. Invitados. *Tell who is coming to Jim's party.*

EJEMPLO: Jerry, el mejor amigo de Jim $\longrightarrow$ **Su mejor amigo.**

1. Sharon, la amiga de Jim $\longrightarrow$
2. Phil, el amigo de Jim $\longrightarrow$
3. Diana y Lisa, las amigas de Sharon $\longrightarrow$
4. Chris, la supervisora de Sharon $\longrightarrow$
5. Mónica, la profesora de Jim $\longrightarrow$
6. María Olga, una amiga de Perú $\longrightarrow$

Comunicación

A. Un buen amigo. *Indicate the qualities you appreciate in a friend. Discuss them in groups.*

EJEMPLO: /el idealismo/ ⟶ **Su idealismo es importante.**

la comprensión/las ideas/la inteligencia/la compañía/el realismo/las cualidades morales/el idealismo/las acciones/la sinceridad de nosotros/la confianza de nosotros/el dinamismo/la apariencia física/la responsabilidad/la paciencia

B. Un joven ideal. *Indicate the qualities you consider important in yourselves.*

EJEMPLO: /la sinceridad/ ⟶ **Mi sinceridad.**

C. Preguntas/entrevista. *Contesten estas preguntas o entrevisten a un compañero de curso.*

1. ¿Cómo te llamas?
2. ¿Cuáles son tus clases favoritas?
3. ¿Cuál es tu día favorito?
4. ¿Dónde está tu casa?
5. ¿Cuál es tu programa de televisión favorito?
6. ¿Es interesante y grande tu ciudad?
7. ¿Está en la clase de español tu amigo(a)?

Ser y *estar*

Contraste

Even though both **ser** and **estar** translate as *to be* in English, you may have noticed that they are used to express different meanings, as shown in the summary chart.

Ser (+ de) (*identifies*)	**Estar** (+ en) (*describes*)

inherent qualities:
   physical (mental) traits/
   nationality/origin/
   occupation/material
 time and events to take place
 possession
	location/position/appearance:
	   physical (mental) states/
	   wellbeing
	 weather conditions

The contrast is presented here to allow for some exposure to the uses of *ser* first.

Es doctora, muy inteligente
y guapa.
La entrevista con ella es a
las tres.
El auto grande es de ella.

Marcos está aquí ahora,
pero está muy ocupado.
Está muy caluroso ahora,
¿no?

Thus, while **ser** identifies inherent qualities (**Los estudiantes son muy dinámicos**), **estar** describes the appearance or apparent condition of an object or person by referring to observable features (**Está contento**).

In general, to describe something with **estar** + *adjective,* one must have direct, immediate experience with the object or person. For example, after tasting soup a person can say: «**La sopa está fría**». **Fría** is not an inherent quality of soup, i.e. whether the soup is cold or hot at the moment, it can still be recognized as soup. Hence, **estar** is used. «**Es una sopa fría**» would refer to **gazpacho,** a typical Spanish soup that is served *cold.*

Transición

A. Un amigo por carta. *Nora wants to get a pen-pal and Silvia has two possible ones for her, Luisa and Roberto. Tell what questions she asks to make up her mind.*

EJEMPLOS: ¿Roberto/estudiante? ⟶ **¿Es estudiante Roberto?**

¿Luisa/en la universidad? ⟶ **¿Está Luisa en la universidad?**

1. ¿Roberto/empleado? ⟶
2. ¿Roberto/contento con su ocupación? ⟶
3. ¿Roberto/en Colombia o México? ⟶
4. ¿Roberto/deportivo y simpático? ⟶
5. ¿Luisa/mexicana o peruana? ⟶
6. ¿Luisa/estudiante? ⟶
7. ¿Luisa/trabajadora y simpática? ⟶
8. ¿Luisa/en una clase de inglés? ⟶

B. Compañera de cuarto. *Audrey gets a new Spanish-speaking roommate who asks many questions. Tell Audrey's answers.*

1. ¿Dónde está la biblioteca aquí? (calle Lincoln) ⟶
2. ¿Dónde está el centro internacional? (calle Ocho) ⟶
3. ¿Dónde está el correo? (el centro comercial) ⟶
4. ¿De dónde eres tú? ¿De qué estado? (Oregón) ⟶
5. ¿Cómo eres en general? (seria y prudente) ⟶
6. ¿Estás bien en esta universidad? (sí, contenta) ⟶
7. ¿Cómo es tu mejor amigo? (impulsivo y simpático) ⟶

Comunicación

Entrevista. *The following questions are typical of those used when people meet for the first time. Interview another student.*

1. ¿Cómo estás?
2. ¿Estás contento en esta universidad?
3. ¿Qué estudias?
4. ¿De dónde eres?
5. ¿Dónde está tu dormitorio/casa?
6. ¿Eres deportivo o no mucho?
7. ¿Está siempre frío/caluroso aquí?
8. ¿Cómo son tus amigos?

Aplicación

Miguel Bosé, astro de la canción°

singing star

Después de Raphael y Julio Iglesias, hay un nuevo° ídolo en el mundo hispano: Miguel Bosé, el cantante° español. Guapo y dinámico, simpático y distinguido, el joven cantante es una sensación en muchos países°. Los chicos están fascinados; las chicas están locas° por° él. Es suave, pero intenso como° muchos jóvenes. Y canta en cuatro idiomas: español, inglés, italiano y francés. Miguel es, en realidad, una gran sorpresa°. Es hijo° del famoso torero° Dominguín y de Lucía Bosé, artista de cine. Su carrera lógica parecía° ser la arena, pero es cantante. Por eso el apellido° materno es más apropiado para el mundo del espectáculo°.[1]

new
singer

countries/crazy/about
like

surprise/son/bullfighter
seemed
last name
show biz

Miguel es guapo, simpático y distinguido: un ídolo popular.

---
[1] Idea tomada de un programa de televisión.

Comprensión de la lectura

Según la lectura, ¿son verdaderas o falsas las siguientes afirmaciones?
Corrija la frase cuando sea necesario.

1. Miguel es extranjero; es de España.
2. Su papá es un torero de la arena española.
3. El público está fascinado con el nuevo cantante.
4. La sorpresa es que su mamá es artista de cine.
5. Miguel Bosé desea ser torero también.
6. Su nombre real es Miguel Dominguín Bosé.
7. Miguel habla cuatro idiomas.

Comunicación

A. Entrevista. *Imagine that you are a reporter who is interviewing Miguel Bosé. Prepare questions that you want to ask him. Another student might play the role of Miguel and answer the interviewer.*

EJEMPLOS: ¿Es usted de Madrid?

¿Es usted impulsivo o tranquilo?

B. ¡Festival de la Canción! *Imagine that you are introducing your favorite singer or group. Follow the model provided and use* **ser/estar** *as necessary.*

¡Señoras y señores! Ahora _____ con nosotros el famoso cantante/

conjunto _____ . ¡ _____ una gran sorpresa! ¡ _____
los excelentes cantantes, famosos en el mundo del espectáculo! Ahora

cantan para ustedes _____ .

¡Los Beatles!

Option: have students describe their favorite singer or group using *ser/estar*.

C. Gente. *Answer the following questions or use them to interview another student.*

1. ¿En general, ¿es usted optimista o pesimista?
2. ¿Es usted trabajador y dinámico?
3. ¿Es usted deportivo o intelectual?
4. ¿Qué desea ser usted?
5. ¿Está usted interesado en los problemas de los estudiantes?
6. ¿Participa usted en un comité de estudiantes?
7. ¿Cuál es su cantante o conjunto favorito?
8. ¿Quién es su mejor amigo(a)?
9. ¿Cuál es su dirección y número de teléfono?
10. ¿De dónde es usted?

D. ¿Qué es usted? *¿Cuál es su ocupación y la de sus amigos?* (Tell what you, your friends and parents are.)

Ocupaciones: estudiante, técnico, tecnólogo, especialista en . . ? . , mecánico, actor, químico, bioquímico, policía, ingeniero, médico (*doctor*), arquitecto, constructor, nutricionista, dentista, artista, periodista (*journalist*), empleado de . . ? . .

E. Los domingos. *Diga qué hace usted los domingos por la tarde. Mencione la hora y la actividad.*

Sugerencias: A las doce y media como en . . .
A las dos veo el partido de fútbol americano.
A las cinco bebemos unas cervezas.
A las cinco/seis salimos al centro/a la calle . . .
A las siete comemos en . . .
A las ocho estudiamos para el lunes.
A las once y media vemos una película en la «tele».

Entonación

Palabras no acentuadas

In Spanish as in English certain words are stressed and others are not. For example, articles, possessive adjectives, and prepositions **are not** stressed in Spanish.

> Mañana compramos la calculadora para papá.
> Mis amigos salen de casa a las once.

Stressing the correct words facilitates the acquisition of good intonation in Spanish.

Ejercicio 1

Read the following sentences aloud according to the stress and linking marks provided. Avoid stressing unaccented words.

1. La **gen**te **jo**ven a me**nu**do es**cri**be **car**tas.

2. Los **li**bros de mi a**mi**go es**tán** a**quí.**

3. **Son** las **o**cho y **me**dia.

4. **E**llas es**tán** fasci**na**das con **él.**

5. **Soy** respon**sa**ble, di**ná**mico y sin**ce**ro.

6. Mi a**mi**go es **gua**po, inteli**gen**te y trabaja**dor.**

Ejercicio 2

Phrases that form a unit of meaning are to be pronounced as a block.
Read the following phrases aloud; avoid separating their elements.

1. **as**tro de la can**ción.**

2. estu**dian**te norteameri**ca**no.

3. di**ná**mica y sin**ce**ra.

4. mis a**mi**gos y a**mi**gas.

5. soy norteameri**ca**no.

6. depor**ti**vo y **se**rio.

7. a las **cua**tro y **me**dia.

8. a la **u**na en **pun**to.

Ejercicio 3

Mark stresses and linking in the following sentences and then read them
aloud.

1. Mi libro está aquí.
2. Su trabajo es interesante.
3. La película es entretenida.

4. Marcos es impulsivo.
5. La casa es de Rosa.
6. Leen sus cartas.

Vocabulario

NOMBRES

el amigo   *friend*
el apellido   *last name*
el cantante   *singer*
el empleado   *employee*
el extranjero   *foreigner*
la hora   *time (on the clock)*
la ingeniería   *engineering*
el joven   *young (one)*
el mundo   *world*
el nombre   *first name*
el país   *country*
la revista   *magazine*
la química   *chemistry*

VERBOS

ser   *to be*
cantar   *to sing*

ADJETIVOS

alto   *tall*
bajo   *short*
deportivo   *athletic*
estadounidense   *American (used in written
language)*
joven   *young*
loco   *crazy/fool*
nuevo   *new*
otro   *(an)other*
puertorriqueño   *Puerto Rican*
rubio   *blonde*
simpático   *nice*
trabajador   *hard-working*

OTRAS EXPRESIONES

¿qué hora es?   *what time is it?*
a menudo   *often*
bastante   *enough*
como   *as*
rara vez   *seldom*
estar loco por   *to be crazy about*

COGNADOS

la correspondencia	curioso	el actor
la idea	dinámico	el arquitecto
el intelectual	(im)paciente	el (la) artista
la paciencia	impulsivo	el constructor
el revolucionario	prudente	el (la) dentista
	responsable	el doctor (médico)
	serio	el empleado (de banco)
	sincero	el mecánico
	violento	el (la) nutricionista
		el profesor
		el técnico

Nuevos papeles[1]

Introducción

Gente moderna

En un estudio sobre la percepción de los papeles de hombres° y mujeres°   men/women
en la sociedad moderna, tres jóvenes de diecisiete a veintiún años des-
criben a sus padres° de esta° manera[2]:   parents/this

ANA GLORIA (17 años): Mi papá es muy trabajador y me entiendo°   I get along
   muy bien con él. Ahora, parece que° él no tiene tiempo° para sus   it seems that/doesn't have
   cosas°. Mamá trabaja todo el día en el periódico y él ayuda en casa   time/things
   con los niños°, Robertito y Carmencita. A veces yo ayudo, pero estoy   children
   en la universidad y debo estudiar también.

---

[1] Roles
[2] Basado en conversaciones con muchos jóvenes.

CLAUDIA (21 años): Me entiendo muy bien con mi mamá y creo° que una madre° debe preocuparse de° sus hijos°. Los hombres necesitan tiempo para preocuparse de sus trabajos. Mi novio°, José Luis, y yo queremos° uno o dos hijos. No me intereso° en una carrera° ahora.

I believe
mamá / concern herself with /
niños / fiancé
want / I am not interested /
career

OSVALDO (19 años): No me entiendo con papá y mamá. Mi mamá necesita ayuda con la casa y también debe preocuparse de su negocio°. Pero papá cree que la casa es cosa de mujeres. En realidad, creo que necesitamos una criada°. Yo prefiero° salir con los amigos y no preocuparme de los problemas de la familia.

business

maid / I prefer

Comprensión de la lectura

Digan quién afirma lo siguiente:

1. La solución es contratar una criada.
2. Papá hace mucho trabajo en casa, porque mamá trabaja.
3. Las mujeres no deben trabajar; deben cuidar° a los niños.
4. La casa no es mi problema; prefiero salir.
5. Hay dos niños en casa que necesitan atención.
6. Creo que debo preocuparme de mi familia y no de una carrera.
7. No deseo ayudar en casa, porque es cosa de mujeres.
8. No tengo tiempo para mis cosas ahora.

take care of
Briefly discuss Osvaldo's
machista and Claudia's
traditional viewpoints. Ana
G.'s family is more typical
of urban households
nowadays.

Nota de interés

Familias modernas

Urban families in the Hispanic world have problems similar to those experienced by Ana Gloria's family: different schedules and interests, transportation problems, working mothers, changing roles, etc. The Hispanic way of approaching these problems is different from the American. In Hispanic families, parents closely control young people's movements, even when away from home. Also, male members will seldom help with housework or shopping and maids are still very common. Thus, the mother is absolute queen or a slave at home, depending on her point of view.

Los domingos, algunas familias tienen más tiempo para conversar en el patio.

¿Y usted?

¿Cuál es su opinión? ¿Cuáles son los papeles que corresponden a hombres y mujeres en la sociedad moderna? Expresen sus opiniones.

Creo que las mujeres/los hombres deben _____ .

Creo que mi papel es _____ .

Parece que ahora los hombres/las mujeres _____ .

Ahora los hombres/mujeres se preocupan de _____ .

Indicate that the word mujer *is too strong to refer to a specific female.* Señora, señorita *should be used instead.*

Expresiones útiles

Las mujeres se preocupan de su familia/sus carreras/sus hijos
Los hombres se preocupan de su trabajo/los deportes°/su familia   sports
Mamá no tiene tiempo para los niños/comprar/la «tele»
Papá no tiene tiempo para la familia/divertirse°   enjoy himself

El idioma español en el mundo

Los diminutivos

Endings such as **-ito(a)**, **-cito(a)**, **-illo(a)** are used in Spanish to reduce the distance between the speakers, to show affection, to involve the listener in the conversation, and, sometimes, as a means of describing

Diminutives are briefly explained for passive recognition only. Give other examples: Anita, Lolita, *etc.*

something or someone smaller in size or importance. Thus, **mujercitas** translates as young, nice ladies, and **Robertito** as Bobby. In general, frequency of use of diminutives depends on intimacy, temperament and dialect.

Verbos que cambian: *e* ⟶ *ie*

There are certain groups of verbs in Spanish that are called stem-changing verbs. Unlike the verbs you already know (such as **trabajar, comer, vivir**), the stem of these verbs changes.

In a very common group of verbs, the e of the stem changes to ie in all forms, except in the *nosotros* and *vosotros* forms. Study the chart below.

*The term **stem** is defined in the glossary.*

Querer *(ie) (to want)*		**Tener** *(ie) (to have)*	
quiero	*I want*	tengo	*I have*
quieres	*you want*	tienes	*you have*
quiere	*he/she wants*	tiene	*he/she has*
quiere	*you want*	tiene	*you have*
queremos	*we want*	tenemos	*we have*
queréis	*you want*	tenéis	*you have*
quieren	*they want*	tienen	*they have*
quieren	*you want*	tienen	*you have*

From now on stem-changing verbs will be indicated like this: venir(ie).

Su papá tiene un papel importante.	*His dad has an important role.*
A veces los hijos no quieren ayudar.	*Sometimes sons/children don't want to help.*
Queremos tener un negocio.	*We want to have a business.*
Mamá tiene una criada que viene los martes.	*Mom has a maid who comes on Tuesdays.*

It may be helpful to know that these verbs change in the syllable preceding the ending of the verb because of stress shift: the e changes to **ie** when the stress falls on this syllable.

Note that the verbs **tener** and **venir** (*to come*) follow the e ⟶ ie pattern, except in the yo forms: **tengo, vengo**.

Study the meaning of these e ⟶ ie verbs:

empezar (ie) *to begin*
entender (ie) *to understand*
preferir (ie) *to like better*

tener (ie) *to have/yo tengo*
venir (ie) *to come/yo vengo*

Cuando tengo mucho trabajo, vengo a la biblioteca.
Las mujeres prefieren empezar a las ocho.

Remind students of other -go verbs: hago, salgo.

Preparación

✥ **A.** *Cambien el pronombre y hagan el cambio necesario en el verbo.*

From now on all instructions
will be in Spanish.

1. *Yo* no entiendo el negocio.   nosotros/ustedes/él/tú
2. *Nosotras* queremos empezar.   tú/yo/ella/ustedes
3. *Ella* tiene un niño.   nosotras/yo/tú/ellos
4. *Él* viene con su hijo.   ella/yo/usted/nosotros

B. *Contesten las siguientes preguntas usando la forma de nosotros.*

EJEMPLO: ¿Quieren ustedes comer ahora? (sí) ⟶ **Sí, queremos comer.**

1. ¿Quieren tener criada? (sí) ⟶
2. ¿Prefieren divertirse ahora? (sí) ⟶
3. ¿Quieren describir el papel? (sí) ⟶
4. ¿Tienen ustedes novia? (sí) ⟶
5. ¿Vienen ustedes al negocio? (sí) ⟶
6. ¿Empiezan su carrera ahora? (sí) ⟶
7. ¿Tienen tiempo ahora? (no) ⟶

Transición

Una fiesta. *Mamá prepara una fiesta para los chicos y les pregunta qué quieren ellos para la fiesta. Indiquen sus respuestas y comentarios.*

EJEMPLO: Nenita/querer/hot dogs ⟶ **Nenita quiere hot dogs.**

1. Nosotros/querer/preparar café expreso ⟶
2. Marcela/preferir/sándwiches de bistec ⟶
3. Tú/no querer/chocolate/¿no? ⟶
4. Yo/preferir beber/cerveza ⟶
5. Nosotras/preferir/té frío ⟶
6. Manuel/querer hacer/bastante comida ⟶
7. Oscar/querer/un pastel (queque) ⟶
8. ¿A qué hora/empezar/la fiesta? ⟶
9. ¿Venir/los amigos de Marcela/a la fiesta? ⟶
10. Yo/querer invitar/a muchos amigos ⟶

Comunicación

A. ¿Qué quieren? *Usen la forma apropiada del verbo* **querer** *para expresar qué quieren ustedes y otra gente.*

1. Mi familia _____ .

2. Yo _____ .

3. Nosotros, los estudiantes _____ .

4. Mis amigos _____ .

5. Mi chico(a) _____ .

6. El profesor de _____ .

7. Mi novio(a) _____ .

Sugerencias: tener bastante dinero para las vacaciones
entender mejor los problemas de matemáticas
venir al partido el domingo
hacer una fiesta el sábado
comprar más *jeans* y camisas
estudiar para los exámenes ahora
trabajar en el verano
ganar (*to earn*) más dinero en el futuro
entender mejor a nuestros padres
empezar a estudiar ahora
practicar deportes en primavera

B. Entrevista. *Preparen preguntas para descubrir* (to find out) *las respuestas dadas por los estudiantes en la actividad A.*

EJEMPLOS: ¿Qué **quieres?**

¿Qué **quieren** los estudiantes aquí?

¿Qué **quiere** tu familia?

Help with instructions if
necessary.

C. Preguntas. *Entrevisten a otros estudiantes con estas preguntas.*

1. ¿Qué quieres hacer esta tarde?
2. ¿Cuándo vienen tus padres/tu novio(a) al campus?
3. ¿Cuándo empiezan los partidos de fútbol americano?
4. ¿Cuándo empieza el semestre de otoño/primavera?
5. ¿Dónde prefieres comer?
6. ¿Dónde prefieres estudiar? ¿En la biblioteca?
7. ¿Vienes al laboratorio los domingos?

Los verbos reflexivos

In both Spanish and English an action can be performed on an object
or on another person.

(Yo) lavo mi ropa.   *I wash my clothes.*

When the action is performed on oneself—that is, when the object of
the verb is the same as the subject—Spanish uses a construction that is
usually called reflexive.

(Yo) me lavo con jabón   *I wash myself with mild*
suave.   *soap.*
(Ella) se levanta rápido.   *She gets up fast.*

This construction requires the insertion of a pronoun form before the verb, as shown in the chart.

Lavarse (*to wash oneself*)	
(yo) **me** lavo	I wash myself
(tú) **te** lavas	you wash yourself (*familiar*)
(él/ella) **se** lava	he/she washes himself/herself
(usted) **se** lava	you wash yourself (*formal*)
(nosotros) **nos** lavamos	we wash ourselves
(vosotros) **os** laváis	you wash yourselves
(ellos/ellas) **se** lavan	they wash themselves
(ustedes) **se** lavan	you wash yourselves

Point out that personal pronouns are rarely used in this construction.

When verbs taking this construction are used in their infinitive forms, the pronoun remains in the same person as the subject and is attached to the infinitive.

(Yo) quiero lavar**me** el pelo   *I want to wash my hair*
ahora.   *now.*
(Nosotras) no queremos   *We don't want to get up*
levantar**nos** ahora.   *now.*

The pronoun forms have three main uses:

1. To indicate that the subject performs the action on himself or herself. This is a true reflexive construction.

afeitarse   *to shave oneself*
bañarse   *to take a bath/shower*
levantarse   *to get up*
llamarse   *to be called*
ponerse   *to put on* (*clothes/cosmetics*); **yo** form:
               me pongo

2. To indicate a reciprocal action. i. e. an action performed or experienced by two or more people.

entenderse (con) (*ie*)   *to get along* (*with*)
escribirse   *to correspond*
juntarse (con)   *to get together* (*with*)

3. Many verbs have an idiomatic meaning, which cannot be translated directly. For example:

divertirse (*ie*)   *to have a good time*
interesarse en   *to be interested in*

irse   *to go away*
preocuparse (de)   *to be concerned with/take care of*
sacarse una A/B. . . .   *to get an A/B . . . grade*

⊛ **Preparación**

A. *Cambien las palabras en itálica por las dadas y cambien el verbo.*

1. *Me* levanto a las seis.   te/se/nos
2. No *me* baño rápido.   te/se/nos
3. ¿*Te* escribes con ella?   se/me/nos
4. No *se* entienden con Osvaldo.   nos/te/me

B. *Cambien las palabras en itálica por las indicadas y hagan los cambios necesarios.*

EJEMPLO: ¿(Ella) se llama Carmen? /tú/ ⟶ **¿Te llamas Carmen?**

1. (*Ella*) se interesa en Andrés.   yo/tú/nosotros/ellas
2. (*Él*) no se llama Hugo.   ellos/usted/yo/tú
3. (*Yo*) quiero levantarme ahora.   nosotras/ella/tú/usted
4. (*Él*) prefiere afeitarse des-   tú/ellos/usted
   pués.
5. (*Yo*) no necesito preocuparme   ella/nosotros/tú
   del dinero.
6. ¿Se interesa *usted*?   tú/ellos/yo/nosotros

Help students omit the
personal pronoun.

Transición

A. Por la mañana. *Ron practica la construcción reflexiva por la mañana. ¿Qué dice él?*

EJEMPLO: ponerse/colonia ⟶ **Me pongo colonia.**

1. levantarse/a las siete ⟶
2. bañarse/con jabón Luxor ⟶
3. afeitarse/con crema Lima ⟶
4. ponerse/los *jeans* y una camisa ⟶
5. estoy listo/para irse/a las 7:45 ⟶
6. ponerse/la chaqueta ⟶
7. prepararse/para salir ⟶

B. Un mal estudiante. *Fernando no es un estudiante ideal. En una entrevista con su tutor, él revela una mala actitud. Den sus respuestas a las preguntas del tutor.*

EJEMPLO: ¿A qué hora se levanta? (a mediodía) ⟶ **Me levanto a mediodía.**

1. ¿Cómo se llama usted? (Fernando Casas) ⟶
2. ¿A qué hora se levanta? (a las once) ⟶
3. ¿Cuándo se afeita? (los sábados) ⟶
4. ¿Se preocupa usted de sus trabajos? (no) ⟶
5. ¿Qué nota se saca usted en matemáticas? (una D) ⟶
6. ¿Se escribe usted con sus padres? (no) ⟶
7. ¿Cuándo se junta usted con su novia? (todos los días) ⟶
8. ¿Se interesan sus amigos en las actividades de los estudiantes? (no) ⟶
9. ¿Quieren ustedes juntarse con mejores estudiantes? (no) ⟶
10. ¿Cuándo se divierten ustedes? (todos los días) ⟶

C. Encuesta. *En una encuesta* (survey) *de mercados, unos especialistas entrevistan a los estudiantes de la universidad para ver qué productos cosméticos usan. Den ustedes sus respuestas.*

EJEMPLO: —Señorita, ¿qué máscara se pone usted? (Fémina) ⟶ **—Me pongo máscara Fémina.**

1. —Señor, ¿con qué crema de afeitarse se afeita usted? (Limón) ⟶
2. —Señorita, ¿con qué jabón se baña usted? (Colombina) ⟶
3. —Señor, ¿qué colonia se pone usted? (Barón) ⟶
4. —Señorita, ¿qué crema se pone usted? (Rosas) ⟶
5. —Señorita, ¿con qué champú se lava usted el pelo? (Champú con Proteínas) ⟶
6. —Señor, ¿qué desodorante se pone usted? (Lima) ⟶

Comunicación

A. ¿Están de acuerdo? *Si no están de acuerdo, modifiquen la frase.*

1. Los médicos no se preocupan de sus pacientes.
2. Los americanos nos interesamos mucho en el dinero.
3. Nos divertimos mucho en la clase de español.
4. Los jóvenes no se entienden bien con sus padres.
5. Muchos hombres se preocupan de la casa ahora.
6. Los americanos no se interesan en la política.
7. Es una exageración lavarse el pelo todos los días.
8. Los padres y los jóvenes se escriben a menudo.
9. Nos juntamos a estudiar los viernes en la tarde.
10. Los estudiantes no se preocupan de sus estudios.

B. Conversación. *Contesten estas preguntas o entrevisten a otro estudiante.*

1. ¿Cómo te llamas?
2. ¿Qué haces el viernes para divertirte?
3. ¿Te interesas en la televisión? ¿En qué programas te interesas?

4. ¿Te entiendes bien con tus amigos?
5. ¿Te entiendes bien con tus padres?
6. ¿Te entiendes bien con los profesores?
7. ¿Te pones nervioso cuando hay un examen?
8. ¿Qué ropa te pones para las clases?
9. ¿Cuándo se juntan ustedes para estudiar?
10. ¿Cuándo se juntan ustedes para conversar? ¿Dónde?

If students ask, translate #7 as "get nervous". They rarely will, however, because context facilitates comprehension.

C. Una mañana típica. *Describan ustedes una mañana típica, usando los verbos estudiados en esta sección.*

La a personal

You have already used many direct objects in Spanish. (**Necesitamos dinero para el cine. Queremos visitar los Estados Unidos. Discuten los planes.**) In each of these cases, the direct object of the verb was a thing, place, or idea.

In Spanish, when the direct object of a verb is a person, the preposition **a** is inserted after the verb and before the person(s) mentioned. Compare these sentences:

Remind students of obligatory contraction
a + el ⟶ *al.*

Quiero ver *una película.*   Quiero ver **al** novio.
Miro *«la tele».*   Miro **a** las chicas.
¿Qué necesitas?   *¿A quién* necesitas?
Necesito *los libros.*   Necesito **a** los niños.

The personal **a** is not required when the verb **tener** (*to have*) is used to express interpersonal relationships.

¿Tienen amigos en los Estados Unidos?
¿Tienen niños en la familia?

Preparación

A. *Cambien las palabras en itálica por las indicadas.*

1. Prefiero a *los actores.*   las novias/los extranjeros/los amigos
2. Necesitamos a *la hija.*   la profesora/los médicos/los estudiantes
3. Llaman al *niño* español.   profesor/director/mecánico/dentista

B. *Cambien las palabras en itálica por las indicadas. Omitan la **a** personal cuando no sea necesaria.*

1. Quiero visitar a *Carola.*   mamá/José/el edificio/la universidad
2. No entiendo a *papá.*   Laura/los problemas/las palabras/la niña
3. Prefiero a *su amigo.*   el café/la cerveza/las chicas/la comida
4. Estudian al *chico.*   idiomas/el negocio/padre/sus planes/niño

Transición

A. Entrevista. *Un psicólogo de la universidad entrevista a muchos estudiantes para estudiar sus relaciones. Digan qué preguntas les hace en la entrevista. Usen la **a** personal.*

EJEMPLO: ¿Quién/llamar/cuando tienes tiempo? ⟶ **¿A quién llamas cuando tienes tiempo?**

1. ¿Quién/llamar/cuando estar enfermo? ⟶
2. ¿Quién/llamar/cuando tener problemas? ⟶
3. ¿Quién/llamar/cuando necesitar dinero? ⟶
4. ¿Quién/preferir/de mejor amigo? ⟶
5. ¿Quién/entender/bien? ⟶
6. ¿Quién/invitar/al cine? ⟶

Option: have students play roles and answer the questions now or during communication exercises.

B. Una carta. *Orlando Peña escribe una cartita a una amiga pero necesita completarla bien. Digan si debe poner la **a** personal o no.*

Querida Carmencita:

Por fin estoy en la universidad y después de visitar . ? . la directora del proyecto, ya empiezo a trabajar. (En realidad, prefiero . ? . la señorita Hill de directora). Parece que necesitan . ? . los mejores estudiantes aquí, ¿no quieres venir tú? El trabajo no es difícil; debes entrevistar . ? . los jóvenes y después escribir . ? . los resultados para la directora. El miércoles empiezo a entrevistar . ? . los estudiantes.

Por favor, necesito . ? . la dirección de Mónica y Chuck. ¿Cuándo vienes a ver . ? . tus amigos? Lety quiere llamar . ? . Mónica, pero no tiene . ? . el teléfono de ellos.

Cariños para todos.

Orlando

C. En la calle. *Unos estudiantes están conversando* (are talking) *en la calle y uno de ellos parece decir «no» todo el tiempo. Digan qué dice él.*

Help with instruction if necessary.

EJEMPLO: ¿Necesitas más explicaciones? (no/el profesor) ⟶ **No, necesito ver al profesor.**

1. ¿Visitas la ciudad? (no/mis amigos) ⟶
2. ¿Estudias las ciencias? (no/los idiomas) ⟶
3. ¿Quieres las cintas? (no/el cuaderno) ⟶
4. ¿Quieres ver a Marcela? (no/las tiendas) ⟶
5. ¿Deseas mirar el programa? (no/la gente) ⟶
6. ¿Prefieres la música de las películas? (no/los actores) ⟶

Comunicación

A. Preferencias. *Usen esta tabla para conversar de sus preferencias. Usen la a personal cuando sea necesaria.*

	los partidos de fútbol, no de béisbol
	las mujeres responsables
Prefiero	los profesores jóvenes
	las clases activas
	los tutores estrictos
	las películas de misterio
	el laboratorio de física, no de química
	los chicos inteligentes y activos
	las dentistas, porque son más suaves
	los actores americanos, no extranjeros
	las clases de comunicación
	? ?

B. Una lista para la semana. *Hagan una lista de las cosas que deben hacer esta semana. Usen los verbos dados y la a personal, cuando sea necesaria.*

EJEMPLOS: /llamar/ ⟶ **Debo llamar a mi papá.**

/estudiar/ ⟶ **Debo estudiar geometría.**

llamar/estudiar/ver/consultar/querer/visitar/
mirar/empezar/contratar/hablar/?

C. Mis amigos. *Contesten las preguntas de Transición A y hablen de sus amigos.*

El cuerpo humano

Whereas in English possessive adjectives are used to refer to parts of the body (I wash *my* hair), the definite article is generally used in Spanish (**me lavo** *el* **pelo**). The identity of the possessor is clearly indicated through the reflexive pronoun, the subject, or the verb.

(Ella) tiene *el* pelo castaño.	*Her hair is brown.*
Tengo *la* garganta inflamada.	*My throat is sore.*
Se lava *los* dientes.	*He brushes his teeth.*
Tengo *las* manos secas.	*My hands are dry.*
Tiene *la* piel linda.	*Her skin is pretty.*

Indicate that *mano* is feminine.

Study the meaning of these words:

el pelo

los ojos

la oreja

la nariz

la boca

los dedos

la garganta

la mano

La cabeza y la cara

Add more words if you can give students more time to study them. Suggestions: *frente, pestañas, cejas, mejillas, barbilla.*

pelo negro	piel morena (*dark*)	ojos azules (*blue*)
castaño (*brown*)	blanca (*light*)	marrones (*brown*)
rubio	negra	verdes (*green*)
canoso (*grey*)		
cuello (*neck*)	tengo dolor de cabeza (*headache*)	
brazos (*arms*)	dolor de estómago (*stomachache*)	
piernas (*legs*)	dolor de garganta (*a sore throat*)	
pies (*feet*)	dolor de muelas (*toothache*)	

Preparación

A. *Miren el dibujo y nombren las diferentes partes del cuerpo humano.*

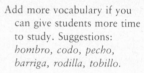

Add more vocabulary if you can give students more time to study. Suggestions: *hombro, codo, pecho, barriga, rodilla, tobillo.*

B. *Cambien las palabras en itálica por las indicadas y modifiquen el adjetivo, si es necesario.*

EJEMPLO: **Tengo** *la piel* **seca.** /el pelo/ ⟶ **Tengo el pelo seco.**

1. Tengo *la garganta* inflamada.   los ojos/la boca/un diente
2. Tiene linda *cara.*   pelo/manos/ojos/dientes
3. Me lavo los *pies.*   el pelo/la cara/las orejas/los ojos
4. Ella es *rubia.*   negra/morena/blanca
5. Tiene *el pelo* seco.   las manos/la piel/la cara
6. Tienen *la nariz* grande.   la boca/los ojos/las manos
7. Tiene el pelo *canoso.*   castaño/rubio/negro
8. Tenemos dolor de *cabeza.*   estómago/muelas/garganta

Transición

A. Guía turística. *Mariela Órdenes es responsable de un grupo de turistas que está en Guadalajara, México. El señor Wayne y la señorita Miller no regresan al hotel y Mariela debe hablar con la policía. Digan qué le dice ella a la policía.*

EJEMPLOS: My name is Mariela Órdenes. (llamarse) ⟶ **Me llamo Mariela Órdenes.**

His eyes are blue (tener) ⟶ **Tiene los ojos azules.**

1. Her name is Janet Miller. (llamarse) ⟶
2. Her eyes are blue. (tener) ⟶
3. Her hair is brown. (tener) ⟶
4. Her skin is white. (ser) ⟶
5. His name is Ted Wayne. (llamarse) ⟶
6. His eyes are brown. (tener) ⟶
7. His hair is black. (tener) ⟶
8. His skin is black. (ser) ⟶

B. Intérprete para el doctor. *Mariela tiene otro problema. Debe decirle al doctor qué les pasa a los turistas que están enfermos. Digan qué le dice ella al doctor.*

EJEMPLO: Mrs. Stein has a headache. ⟶ **La señora Stein tiene dolor de cabeza.**

1. Mr. White has a stomachache. ⟶
2. My girls have a headache. ⟶
3. Mr. Jones has a toothache. ⟶
4. Mrs. Lauren has a sore throat. ⟶
5. The boys also have a stomachache. ⟶

HORAS DE OFICINA:
LUNES, MARTES, MIERCOLES Y VIERNES
DE 12:00 A 4:00 P. M.
JUEVES DE 8:30 A 11:30 A. M.

DR. IVAN RIERA MARRERO

ESPECIALISTA EN OIDO, NARIZ Y GARGANTA

TORRE DE SAN PABLO
OFICINA 403
CALLE SANTA CRUZ No. 68
BAYAMON, P. R. 00619

TELS. 785-7331
780-6006

Comunicación

A. **Cosméticos.** *Digan qué cosméticos prefieren ustedes.*

Para afeitarnos		champú de bebé
Para la piel		una crema de limón
Para las manos		colonia importada
Para lavarnos el pelo	preferimos	perfume francés
Para los ojos		máscara azul/verde/marrón
Para el cuerpo		una crema suave/ácida
Para los dientes		champú de hierbas/proteínas
Para ?		una pasta con flúor
		jabón suave/desodorante
		?

Flúor is fluorine.

B. **¿Cómo eres tú?** *Descríbanse a sí mismos en detalle.* (Describe your-selves in detail).

EJEMPLOS: **Soy bajita y tengo el pelo castaño y los ojos marrones. Tengo lindos ojos y la boca grande.**

C. **Retratos.** *Describan a sus amigos o padres, o a personas famosas como artistas de cine, líderes políticos, estrellas de fútbol americano o del béisbol, etc.*

EJEMPLO: **Fernando Valenzuela, de los Dodgers de Los Angeles, es moreno y tiene los ojos marrones.**

Explain that Hispanic culture does not have as strong a taboo in talking about the human body as American culture does, as common nick-names indicate: *Gordo, Negro, Flaco,* etc. Diminutives are used extensively to soften descriptions: *bajito, viejita, feita, morenita. Mi negra, mi china, mi gordita,* used for "honey" by a husband are common terms.

El idioma español en el mundo

Las expresiones figuradas

En español, como en inglés, hay muchas expresiones que se usan en un sentido figurado en el lenguaje familiar. Aquí tenemos expresiones en que se mencionan partes del cuerpo humano.

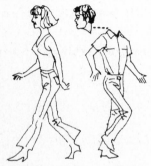

Pierde la cabeza por ella.
Está loco por ella.

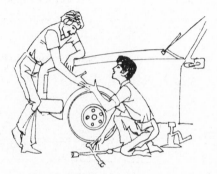

¡Dáme una mano, por favor!
Please, help me!

No da pie con bola.
He/she can't do it.

¡Metí la pata!
I put my foot in my mouth!

Pata is substandard for *pie*.
The expression is very
frequently used, however.

¡Se me parte la cabeza!
I have a splitting headache!

¡Manos a la obra!
Let's get on with it!

No tiene dedos para el piano.
He/she is not good at the piano.

El auto vale un ojo de la cara.
The car is so very expensive.

¿Cuál expresión es más apropiada? *Diga qué expresión puede usted usar en cada situación.*

Encourage students to suggest other situations.

1. You call your girlfriend by a different name.
2. You need to get a lot done.
3. You have such a bad headache.
4. Your friend has done a lot of crazy things to get a certain girl.
5. You are simply not good at chemistry.
6. A friend has tried to solve a problem but he can't deal with it.
7. The stereo you like is too expensive for your budget.
8. You need help from a friend.

Aplicación

Nuevos papeles

Su cara, alegre° y franca, cautiva° a los hispanos, gente religiosa y afectuosa. Habla español y se comunica fácilmente con ellos.

El Papa Juan Pablo es un líder° moderno con nuevos papeles. El desarrollo° de la sociedad afecta también al Papa y ahora él no sólo° es la cabeza de la Iglesia° sino que también° se preocupa de los problemas del mundo y ayuda en su solución.

Por ejemplo, el Papa se preocupa de problemas sociales, como° el hambre° en el mundo y los problemas de los obreros°, y también de problemas políticos como la persecución de los disidentes políticos. Además°, ayuda a solucionar crisis de política internacional (conflicto de fronteras entre Argentina y Chile) y problemas morales (el aborto° y el matrimonio de los sacerdotes°).

Hispanos de Manila, Ciudad de México, Chicago y Nueva York— ciudades visitadas por el Papa—y de muchas otras ciudades del mundo hispano, quieren° al Papa, porque parece que él entiende mejor los conflictos de nuestra sociedad y se preocupa más de la gente.[1]

cheerful/attracts

leader
development/not only
Church/but also

such as
hunger/workers

besides
abortion
priests

love

En México todo el mundo recibe al Papa con gran entusiasmo.

---
[1] Idea tomada de un programa de radio

Comprensión de la lectura

Contesten las siguientes preguntas.

1. ¿Cómo es el Papa?
2. ¿Cuál es el principal papel del Papa?
3. ¿De qué se preocupa también ahora?
4. ¿Qué tipo de conflictos ayuda a solucionar el Papa?
5. ¿Qué problemas sociales hay en el mundo?
6. ¿A quién cautiva el Papa?
7. ¿Qué ciudades ha (*has*) visitado el Papa?

Comment that most Hispanics are Catholics holding same values and following certain traditional patterns. Many of them, however, are not regular church-goers.

Nota de interés

La religión y las costumbres

In the Hispanic tradition, as in other cultures, important stages in a person's life are marked by particular ceremonies. Because Hispanics are usually Catholic, most of the ceremonies have a religious origin. Babies, for instance, are generally baptized when they are a few months old and the old tradition of giving them saints' names is still observed. Thus, not only birthdays but saints' days are celebrated. The most common names are **Juana, Carmen, Rosa, Isabel, Ana, Pedro, José, Jesús, Francisco, Miguel, Manuel,** and **María** in numerous name combinations (**María Elena, Ana María, María Soledad, María del Pilar, María José** for girls, and **José María, Carlos María** for boys).

When children are between 8 and 10 years old, they receive their first communion. Baptisms, first communions, weddings are followed by big dinners attended by the whole extended family and friends. A civil ceremony is also required in order to be legally married, and it is held a few days before the religious ceremony. In some countries (e.g. Mexico, and in the southwestern U.S.) a **quinceañera** mass and party is also offered on a girl's fifteenth birthday.

Recuerdo
de mi
Primera Comunión
hecha en el Templo
del Sagrado Corazón
el 10 de abril de 1961.
Juan Fernando Saa V.

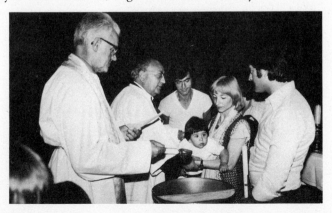

El bautismo de un nuevo hijo es muy importante para toda la familia.

Comunicación

A. Dáme una mano, por favor. *Para resolver nuestros problemas, todos necesitamos a una persona que se entienda bien con nosotros. Digan quién es esa persona en el caso de ustedes.*

	el sacerdote de mi iglesia
	mi novio(a)
Me entiendo bien con	mi amigo(a)
	mi mamá/papá
	mi tutor
	mi pastor
	?

B. Nuevos papeles *¿Cuáles son los papeles de esta gente en el mundo? Expresen sus opiniones.*

Written preparation may be necessary.

		profesor		
	del	hombre		ayudar a ?
		Papa		trabajar por ?
Creo que el papel		presidente	debe ser	estudiar ?
		los padres		escuchar a ?
	de	los hijos		preocuparse de ?
		los estudiantes		interesarse en ?
		los sacerdotes		divertirse ?
		las madres		solucionar problemas
		?		?

C. Licencia de chofer. *Imagínese que usted necesita obtener una licencia de chofer y el empleado le hace estas preguntas. ¿Cómo contesta usted? Un estudiante hace el papel de empleado y otro alumno es el chofer.*

In some countries *carnet de chofer* is used.

1. ¿Cómo se llama usted?
2. ¿Su apellido paterno, por favor?
3. ¿Su nacionalidad?
4. ¿Cuántos años tiene usted? (*age*)
5. ¿Color del pelo?
6. ¿Color de ojos?
7. ¿Marcas especiales?
8. ¿Su estatura? (*height*) ¿Su peso? (*weight*)

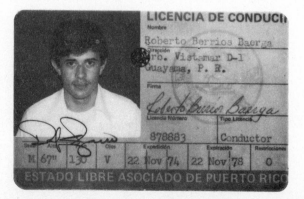

D. Los problemas del mundo. *La Iglesia Católica es un agente impor-*
tante en la solución de los problemas de los hispanos. ¿Qué otras insti-
tuciones ayudan también? Entrevisten y conversen con otros estudiantes.

1. No todos los hispanos son católicos. También hay protestantes, lute-
   ranos, metodistas, bautistas, presbiterianos, episcopales, anglicanos
   y judíos. ¿Hay iglesias de estos grupos en la ciudad/en la universidad? ¿Hay una sinagoga?
2. ¿Qué instituciones hay en la ciudad/campus que se preocupan de
   problemas como el hambre, la violencia, la delincuencia, la igno-
   rancia, la pobreza en el mundo?
3. ¿Hay estudiantes/grupos que trabajan para solucionar estos problemas?
4. ¿Se preocupan ustedes de estas cosas?
5. ¿Se discuten estas cosas en los servicios/misas/reuniones de las iglesias o grupos?
6. ¿Hay otros cultos/sectas/grupos en la universidad?

E. Opiniones. *¿Son verdaderas o falsas las siguientes afirmaciones? Ex-*
pliquen su opinión.

1. Los americanos nos preocupamos mucho de nuestros hijos.
2. Una mujer de la ciudad se preocupa menos de sus hijos.
3. Los hombres deben preocuparse más de sus familias.
4. Las mujeres deben interesarse en cosas como la política y la religión.
5. El Papa debe preocuparse de las cosas de la iglesia.
6. Las chicas deben ponerse mejor ropa para venir a clases.
7. La casa es cosa de mujeres.

Pronunciación

Los diptongos

In Chapter 1 you learned that in Spanish vowels often blend together to
form two-vowel clusters or diphthongs.

> T*ie*ne lindos d*ie*ntes.
> Pref*ie*ro las d*ie*cis*ie*te chicas.

In the diphthong **ie** the vowel *i* is never stressed. Also, no *y* sound is
inserted in between the vowels—as is the tendency among English speakers, who tend to say **fiyesta** instead of **fiesta**.

Model examples at normal
speed.

Ejercicios

A. *Repitan estas frases, sin insertar una **y** en el diptongo **ie**.*

1. ¿Quieres un cafecito?
2. ¿No tienen tiempo?
3. ¿Prefieres los ojos verdes?
4. No vienen a clases.

5. Empiezan a las siete, ¿no?
6. ¿Quieren hacer una fiesta?
7. ¿Cuándo vienen a Filadelfia?
8. ¿Quién está allá?

B. *Lean estas frases en voz alta. Presten atención a las marcas de enlace y acento.*

Las siete niñas que vienen de Corrientes son chicas muy alegres y entretenidas. Mamá quiere organizar una fiestecita para ellas el lunes en la tarde.

Provide models and watch for gliding of high vowel.

Vocabulario

NOMBRES

la boca   *mouth*
la cabeza   *head*
la cara   *face*
la cosa   *thing*
la criada   *maid*
los deportes   *sports*
el desarrollo   *development*
el hijo   *son*
la hija   *daughter*
los hijos   *children/*niños
el hombre   *man*
la iglesia   *church*
la madre/mamá   *mother*
la mano   *hand*
la mujer   *woman*
el negocio   *business*
el niño   *boy*
la niña   *girl*
el novio   *fiancé*
los ojos   *eyes*
los padres   *parents*
el papel   *role*
el pelo   *hair*
el tiempo   *time*

ADJETIVOS

azul   *blue*
blanco   *white*
lindo   *pretty*
marrón   *brown*
moreno   *of dark complexion/black*
negro   *black*

Point out that "time" may mean tiempo/hora. *"Weather" is presented later.*

VERBOS

divertirse (ie)   *to have a good time*
entenderse (ie) (con)   *to get along (with)*
juntarse (con)   *to get together (with)*
lavarse   *to wash oneself*
levantarse   *to get up*
llamarse   *to be called*
ponerse   *to put on (clothes/cosmetics)*
preferir (ie)   *to like better*
preocuparse (de)   *to concern oneself with*
querer (ie)   *to want/love*
sacarse una . . .   *to get a . . . (grade)*
tener (ie)   *to have*
venir (ie)   *to come*

OTRAS EXPRESIONES

parece que   *it seems that*
creo que   *I believe that*
no sólo . . . , sino también   *not only . . . , but also*
además   *besides*

COGNADOS

el aborto
la carrera
el conflicto
la(s) crisis
el estudio
las fronteras

el líder
la percepción
la persecución
los roles
la sociedad

el Papa
el papá
la mamá

comunicar(se)
describir
interesarse en

Las vacaciones

Introducción

✦ ¡Felices vacaciones!

Buenos Aires, 31 de enero.

Hay una gran congestión de tráfico. Una reportera entrevista a la gente que deja° la ciudad para irse de° vacaciones.
leaves/on

En un coche°, una niñita grita°: «Yo no quiero ir a casa de la abuela°; quiero ir a la playa°». Su mamá está muy nerviosa y no puede° conversar con la reportera.
auto/yells/Grandma
beach/she can't

En un auto pequeño°, una pareja° muy joven lleva° el equipo para acampar°. La reportera grita. «¿Adónde van°?» La joven contesta: «A Bariloche, a hacer *camping*».
small/couple/carries
camping gear/where are you going?

En un auto grande, una familia con tres jóvenes y un perro° va muy contenta. Se van a Mar del Plata, el balneario° favorito de todos. Juan José, el hijo, mira a su papá y declara alegremente: «Voy a° ir a las discotecas todas las noches . . .» El padre mira a la reportera y se sonríe°.
dog
resort
I'm going to
smiles

El día está muy caluroso y húmedo y todos quieren irse de vacaciones[1].
Bariloche is a ski/lake resort in the south (cooler weather).

---

[1] Idea tomada de un programa de radio.

Comprensión de la lectura

¿Son verdaderas o falsas las siguientes afirmaciones? Corrija las afirmaciones falsas.

1. Todos se van de vacaciones en febrero.
2. Tres autos dejan la ciudad hoy.
3. La casa de la abuela está en la playa.
4. La pareja joven no va de vacaciones a un hotel.
5. En el coche grande van cinco personas y un perro.
6. El padre está contento con los planes de su hijo.

Encourage original answers.

Nota de interés

Vacaciones de verano

En muchos países de la América del Sur—que está en el hemisferio sur—el verano es de diciembre a febrero y muchas familias se van de vacaciones en estos meses. **Punta del Este** en **Uruguay, Viña del Mar** en Chile, **Ancón, Miraflores** y **San Bartolo** en Perú y **Mar del Plata** y **Miramar** en Argentina son los balnearios favoritos, porque son muy elegantes. Los estudiantes también tienen vacaciones de invierno en junio o julio—exactamente cuando nosotros tenemos vacaciones de verano aquí. Irse de vacaciones de verano es prácticamente una obligación social y todas las familias salen a **veranear** (*summer vacationing*) por una o dos semanas a la playa o al campo, en enero o febrero.

February over there is like August here.

En Perú todo el mundo se va a veranear en enero o febrero.

¿Y usted?

¿Qué hace usted este verano? Hablen de sus planes para las vacaciones con otro estudiante o el profesor.

EJEMPLO: —¿Adónde van a ir este verano?

—Este verano, me voy a ir a _____ .

—Voy a trabajar en _____ .

—Este verano queremos ir a _____ .

—Siempre llevo mi _____ a las vacaciones.

Help with linking: (bóy a íra)
(bóya trabajár).

Expresiones útiles

Me voy a ir a la playa/al campo°/a la montaña/al lago°

En el balneario prefiero . . . las *discos*/el parque de atracciones°/la piscina°

Llevamos el perro/el gato°/la cámara/el acuaplano°

Voy a alojarme° . . . en un motel, hotel/con unos amigos/con unos parientes°

country/lake
amusement park
swimming pool
cat/surf board
to stay
relatives

El verbo *ir*

The verb **ir** is irregular and has two versions:
ir a = *to go to;* **irse a** = *to go away.*

Irse implies movement away from.

Ir(se) a

(me) **voy**	*I go (away)*	(nos) **vamos**	*we go (away)*
(te) **vas**	*you go (away)*	(os) **vais**	*you go (away)*
(se) **va**	*he/she goes (away)*	(se) **van**	*they go (away)*
(se) **va**	*you go (away)*	(se) **van**	*you go (away)*

A. Just like *to go* in English, the verb **ir** is used:

1. To indicate movement: **Ir(se) a**

Nos vamos de «camping» en su carro.	*We are going camping in his car.*
Siempre van al balneario los domingos.	*They always go to the resort on Sundays.*
¿A qué universidad vas? Voy a la Santa María.	*What college do you go to? I go to St. Mary's.*

2. To talk about a future action: **Ir a** + *infinitive*

Van a comprar el auto mañana.	*They are going to buy the car tomorrow.*

Vamos a divertirnos mucho en la fiesta.	*We're going to have a good time at the party.*
Voy a estudiar química orgánica con Eliana.	*I'm going to study Organic Chemistry with Eliana.*

B. Ir is also used in very common expressions such as:

¿Cómo te va?	*How are you doing?*
Me va regio, gracias.	*I'm doing very well, thanks.*
¡Vamos al cine!	*Let's go to the movies!*

Preparación

A. *Cambien las palabras en itálica por las dadas.*

1. *Van* a clases ahora.　　　　　vamos/voy/vas
2. ¿*Vamos* al fútbol?　　　　　van/vas/va
3. *Me voy* a la piscina.　　　　te vas/se van/se va/nos vamos
4. No *se van* en auto, ¿no?　　me voy/te vas/nos vamos/se van
5. ¿*Nos vamos* a la una?　　　te vas/se van/se va

Model linking: (bán‿a kláses; bámos‿al fútbol; me bóy‿a la pisína; se bán‿en‿áuto).

B. *Cambien las palabras en itálica por las indicadas y hagan los cambios necesarios.*

1. ¿*Tú* vas a venir después?　　él/usted/nosotras/ustedes
2. *Ellos* van a salir a las 9.　　usted/yo/tú/ella
3. *Yo voy* a levantarme a las 10.　tú/ella/nosotros/ustedes
4. *Ellos* van a divertirse mucho.　yo/usted/tú/él/ella

Transición

A. De vacaciones. *Elsa, una estudiante ecuatoriana, describe sus vacaciones a unas amigas. ¿Qué pone en su carta?*

EJEMPLO:　(Yo) ir a la piscina del hotel en la mañana. ⟶ **Voy a la piscina del hotel en la mañana.**

1. (Yo) ir a clases de tenis a las 9. ⟶
2. (Yo) ir a la playa con mis parientes después. ⟶
3. Todos los chicos ir al restaurante de la playa a mediodía. ⟶
4. Pero yo ir al restaurante del hotel con mis padres. ⟶
5. En la tarde (yo) ir a mirar las tiendas. ⟶
6. Después (nosotros) ir al parque de atracciones. ⟶
7. A las 10 (nosotros) irse a la discoteca. ⟶

Linking: *van a* ⟶ (bán‿a).

B. Planes para el fin de semana (week end). *Clara, Estela, Iván y Armando, puertorriqueños que viven en Filadelfia, se preparan para ir a las montañas de Pensilvania. Discuten sus planes y tienen varios problemas que resolver. ¿Qué soluciones tienen para sus preguntas? Usen los elementos dados.*

EJEMPLO: ¿Adónde vamos a ir? (Póconos) ⟶ **Vamos a ir a las Póconos.**

1. ¿Cuándo nos vamos a ir? (el jueves en la tarde) ⟶
2. ¿En qué nos vamos a ir? (en el auto de Armando) ⟶
3. Clara, ¿vas a llevar tu cámara? (sí, claro) ⟶
4. ¿Vamos a alojarnos en un motel o no? (no) ⟶
5. ¿Vamos a hacer «camping»? (sí) ⟶
6. Armando, ¿qué comida vas a preparar tú? (tacos) ⟶

Linking: *vamos a ir*
⟶ (bámoṣ a ír).

Comunicación

A. Decisiones. *Cuando empieza el verano (y también para el Año Nuevo) la gente decide materializar sus planes. ¿Cuáles son los planes que usted quiere realizar (materializar)? Creen frases que expresen sus planes usando las sugerencias o frases originales.*

EJEMPLO: **Voy a trabajar mucho para tener dinero en diciembre.**

comprarme un coche (carro) moderno/(no) trabajar/
comer muy poco/estar en la playa todo el día/
visitar los sitios históricos/visitar a mi abuela/
estudiar por las mañanas/divertirme mucho/
comprarme un acuaplano/?/

B. Preguntas/entrevista. *Contesten estas preguntas o úsenlas para entrevistar a otros estudiantes.*

1. ¿Cómo te va?
2. ¿Vas a ir al partido/la piscina/el lago el domingo?
3. ¿Vas a ir al cine el viernes o no?
4. ¿Te vas a ir a la casa de tus padres este fin de semana?
5. ¿Vas a la playa en verano o en primavera?
6. ¿Vas a la montaña en invierno o vas a la Florida?
7. ¿Qué vas a hacer este fin de semana?
8. ¿Cuándo vas a ir a ver a tus amigos?

Help with linking: ké ḅaṣ aser;
baṣ(a)íra ḅér.

Los adjetivos demostrativos

Demonstrative adjectives are used to point out objects or people and involve reference to *distance* from speaker. Demonstrative adjectives correspond to *this* and *these, that* and *those*. The forms used in Spanish are determined by the number and gender of the noun modified.

Los adjetivos demostrativos

	This Singular	These Plural	That Singular	Those Plural
Masculino	este	estos	ese	esos
Femenino	esta	estas	esa	esas

Spanish has another set of demonstratives which also translates as *that/ those*. These demonstratives are used to refer to someone or something *beyond* the speakers. The series is presented here for passive recognition purposes only because it is infrequently used.

Singular ⟶ **aquel** (masc.)/**aquella** (fem.) ⟶ THAT
Plural ⟶ **aquellos** (masc.)/**aquellas** (fem.) ⟶ THOSE

Van a comprar **esa** cámara que está allí.	*They are going to buy that camera over there.*
Esta universidad es excelente.	*This college is excellent.*
Ese estudiante no es de Africa.	*That student is not from Africa.*
No deben hablar de **esas** cosas.	*You shouldn't talk about those things.*

When these forms are used as pronouns—i.e., when the noun is omitted because it was already mentioned—they are marked with a written accent.

¿Quieres **ésta** o **ésa**?	*Do you want this one or that one?*
Prefiero **ésa**.	*I prefer that one.*

Estos estudiantes van a vivir en las residencias de la universidad, pero **ésos** van a vivir con familias de la comunidad.

Preparación

A. *Den la forma del adjetivo demostrativo.*

EJEMPLOS: *Aquí* está la profesora. ⟶ **esta** profesora.

       Allí están los mecánicos. ⟶ **esos** mecánicos.

1. Aquí está el motel. ⟶
2. Aquí están los parientes. ⟶
3. Aquí están las parejas. ⟶
4. Aquí está el gato. ⟶
5. Allí está la piscina. ⟶
6. Allí está el coche. ⟶
7. Allí están los perros. ⟶
8. Allí están los balnearios. ⟶

B. *Den la forma singular de estas expresiones.*

EJEMPLOS: estas palabras ⟶ **esta** palabra

esos problemas ⟶ **ese** problema

1. esas ideas
2. estos autos
3. estos equipos
4. estas reporteras
5. esos días

6. estas noches
7. estas mañanas
8. esas perlas
9. esos papeles

C. *Respondan negativamente según el ejemplo dado.*

EJEMPLO: ¿Vas a invitar a *esta* chica? ⟶ No, voy a invitar a **ésa.**

1. ¿Vas a alojarte en este apartamento? ⟶
2, ¿Van a comprar este auto? ⟶
3. ¿Vamos a comer en esta cafetería? ⟶
4. ¿Vas a salir con ese pariente? ⟶
5. ¿Vamos a visitar a estas parejas? ⟶
6. ¿Vas a acampar en ese lago? ⟶

Transición

A. Desde el balcón. *Charo y Eduardo miran a la gente desde el balcón del hotel y comentan. ¿Qué dicen?*

EJEMPLO: señora/elegante ⟶ **Esa señora es elegante.**

1. carro/sensacional
2. chica/simpática
3. niños/imprudentes

4. chicas/lindas
5. padres/serios
6. chicos/violentos

B. En el restaurante de la playa. *Varios estudiantes hablan de la comida y comentan. ¿Qué dicen?*

EJEMPLO: sándwiches/deliciosos ⟶ **Estos sándwiches están deliciosos.**

1. tacos/grandes
2. tortillas/deliciosas
3. pizza/buena

4. cervezas/muy frías
5. café/muy caliente
6. bistec/muy bueno

Comunicación

Los estudiantes del curso. *Ahora ustedes están bien familiarizados con los estudiantes de la clase. Trabajen en grupos y digan qué cualidades definen a cada persona.*

This activity is also a review of *ser.*

Esta chica es muy seria/trabajadora/afectuosa/?
Ese chico es muy entretenido/responsable/guapo/?
Este chico es muy simpático/inteligente/sincero/?

Verbos que cambian: *o* ⟶ *ue*

Another set of stem-changing verbs is the **o** ⟶ **ue** group. The **o** changes to **ue** when the stress falls on the stem vowel.

As in the case of **e** ⟶ **ie** verbs, you will notice that only the **nosotros** and **vosotros** forms keep the original vowel.

Poder (*to be able/may*)

puedo	I can/may	po**demos**	we can/may
puedes	you can/may	po**déis**	you can/may
puede	he/she can/may	**pue**den	they can/may
puede	you can/may	**pue**den	you can/may

Study the meaning of these **o** ⟶ **ue** verbs:

acordarse de = *to remember*   costar = *to cost*
almorzar = *to have lunch*   volver = *to come back*

¿**Pue**des tú ir de compras ahora?, porque nosotras no *podemos*.
No me a**cue**rdo cuándo se van las chicas de vacaciones.
Siempre v**ue**lven a las doce, pero no almuerzan hasta la una.

Preparación

Ⓜ *Cambien las palabras en itálica por las dadas y hagan los cambios necesarios en el verbo.*

1. ¿Puedo llevar éste *yo?*   tú/ella/nosotros/ustedes
2. ¿Cuánto cuesta *ese radio?*   esas casas/ese hotel/esos cursos
3. ¿Vuelves *tú* antes de las 6?   usted/él/yo/ustedes
4. *Uds.* almuerzan allí, ¿no?   ella/nosotras/usted/tú
5. *Yo* no me acuerdo.   él/ustedes/tú/nosotros

Transición

Ⓜ **¿Vamos de camping?** *Carlos quiere ir con sus amigos a las montañas (la cordillera) de Colombia. Aquí están las preguntas que él hace para preparar la excursión. Den las respuestas de sus amigos según las claves dadas.*

EJEMPLO: ¿Quién puede llevar su equipo? (yo) ⟶ **Yo puedo llevar el equipo.**

1. ¿Quién puede llevar su auto? (yo) ⟶
2. ¿Se acuerdan del teléfono del garaje? (no) ⟶
3. ¿Puedes llevar comida, Andrés? (sí) ⟶
4. Claudia, ¿te acuerdas de la dirección de Alberto? (sí) ⟶
5. Hugo, ¿puedes preparar el equipo? (sí) ⟶
6. Pepe, ¿puedes llevar tu cámara? (no) ⟶
7. Podemos llevar un barrilito de cerveza, ¿cuánto cuesta? ($15) ⟶

Comunicación

A. Planes para una fiesta en la playa. *Imagínense que ustedes y sus amigos van a tener una fiesta. Usen las preguntas dadas y otras originales para hacer los planes para la fiesta.*

EJEMPLO: ¿Poder tú llevar el radio? ⟶ **¿Puedes llevar el radio?**

1. ¿Poder tú comprar los refrescos?
2. ¿Poder ustedes preparar los sándwiches?
3. ¿A qué hora poder nosotros empezar la fiesta?
4. ¿Quién poder llevar la música?
5. ¿Quién poder ir de compras al supermercado?
6. ¿Acordarse Uds. dónde hacen las pizzas deliciosas?

Option: divide the class in small groups, and have students answer/create more questions.

B. Planes para un picnic. *¿Prefieren un picnic a una fiesta? Digan qué pueden hacer para el picnic.*

	yo puedo	llevar la cerveza
		comprar las cosas
		preparar los sándwiches
Para el picnic,		llevar mi cámara
	nosotros podemos	bañarnos en el lago/piscina
		llevar el radio
		hacer tacos
		? ?

El futuro

Probabilidades

Apart from the **ir a** + *infinitive* construction to express anticipation or futurity, Spanish has another form of the future, which uses the same set of endings for the three verb conjugations. The endings are attached to the infinitive form as shown in the chart.

The inflected future is presented for passive recognition only.

El futuro

Comprar		Comer		Escribir	
compra**ré**	*I will buy*	come**ré**	*I will eat*	escribi**ré**	*I will write*
compra**rás**		come**rás**		escribi**rás**	
compra**rá**		come**rá**		escribi**rá**	
compra**remos**		come**remos**		escribi**remos**	
compra**réis**		come**réis**		escribi**réis**	
compra**rán**		come**rán**		escribi**rán**	

Compraremos esos artículos y escribiré mañana.
Volverá por la tarde; no estará aquí a mediodía.

In general, the future is used to express anticipation. In Spanish, however, this form of the future is also used to express *doubt, probability* or *speculation* in the present. Some of these phrases are introduced by *I wonder if* in English.

¿Estarán en casa ahora?   *I wonder if they are at home now.*

¿Qué hora será?   *I wonder what time it is.*

Some of the verbs that present irregularities in the future are:

venir: vendré, vendrás . . .   *querer:* querré, querrás . . .
tener: tendré, tendrás . . .   *saber* (to know)[1]: sabré,
poner: pondré, pondrás . . .   sabrás . . .
salir: saldré, saldrás . . .   *hacer:* haré, harás . . .
poder: podré, podrás . . .   *decir* (to say): diré, dirás . . .

Study the following related expressions:

mañana   *tomorrow* (also *morning,* depending on context)

la próxima semana   *next week*
el próximo mes   *next month*

Preparación

Cambien las palabras en itálica por las indicadas y hagan los cambios necesarios en el verbo.

1. ¿Cómo será *la chica?*   ella/ustedes/el profesor/ellos
2. ¿Dónde vivirá *René?*   ella/los chicos/las extranjeras
3. *Nosotras* vendremos a las 2.   yo/Ana/ustedes/ellas
4. ¿Qué harás *(tú)* de comida?   nosotras/ella/yo/Rosa
5. ¿*Me* pondré los jeans o no?   te/se/nos
6. ¿Llevará *Ud.* el equipo?   tú/ustedes/ella/yo

---

[1] In the present tense of **saber,** the **yo** form is **yo sé.**

Transición

Una invitación. *Una estudiante de Panamá está muy confundida, porque tiene muchos norteamericanos invitados a su casa de la playa. ¿Qué preguntas se hace?*

EJEMPLO: ¿Venir mis padres? ⟶   **¿Vendrán mis padres?**

1. ¿Invitar a las parejas jóvenes también? ⟶
2. ¿Hacer comida panameña o norteamericana? ⟶
3. ¿Comprar comida preparada o no? ⟶
4. ¿Hacer sándwiches o barbacoa? ⟶
5. ¿Servir cerveza o no? ⟶
6. ¿Llevar a los chicos a la playa también? ⟶

Comunicación

El mañana. *Siempre nos preguntamos qué tiene el futuro para nosotros. Escriban frases que expresen sus dudas y especulaciones.*

EJEMPLO: ¿Tendré trabajo el próximo año?

¿Poder trabajar el próximo año?
¿Ir de vacaciones este verano?
¿Sacarme una A en matemáticas/. . . .?
¿Terminar mis estudios en cuatro años?
¿Hacer más amigos en las vacaciones?

Esta manifestación mexicana es diferente: estudiantes y obreros apoyan a un grupo de profesores.

Aplicación

Vacaciones inesperadas°

En la Universidad Nacional Autónoma de México, los alumnos° no están contentos. Se quejan° de las clases de cien o más alumnos y de los profesores irresponsables que no van a dar las clases. Por eso, todos los años los estudiantes tienen una o dos semanas de vacaciones inesperadas porque organizan huelgas° y manifestaciones°.

¿Qué opinan los jóvenes de sus problemas?:

PEDRO MORALES (veinte años, estudiante de Economía): La universidad está muy politizada; es decir°, muchos estudiantes tienen actividades políticas. Por ejemplo, los jóvenes a menudo apoyamos° a los obreros cuando tienen problemas. A veces, parece que perdemos° mucho tiempo.

SEÑORITA JULIETA BARRIOS (profesora de Sociología): Es verdad, hay mucha política pero . . . En realidad, la sociedad también cree que uno de los papeles de los jóvenes es ayudar a producir los cambios sociales.

MARÍA ROBLEDO (veintiún años, estudiante de Educación): Los estudiantes siempre vamos a apoyar a los obreros, porque tenemos importantes responsabilidades con el pueblo° y sus conflictos.

JESÚS OLIVARES (diecinueve años, estudiante de provincia): Yo entiendo los problemas, sin embargo°, no apoyo la huelga. ¿Qué voy a hacer? Ya° no tengo dinero y vivir en Ciudad de México es muy caro°. No puedo pasarme° en huelgas y manifestaciones todo el tiempo. ¿Cuándo terminarán los conflictos?

En general, los profesores se sonríen porque saben° que los muchachos° van a olvidarse° de estas cosas muy rápido. Para madurar°—ellos creen—es necesario ser rebelde° cuando joven.[1]

Margin glosses:
- unexpected
- *estudiantes*
- they complain
- strikes/demonstrations
- that is to say
- we support
- we waste
- the people
- however
- already
- expensive/spend my time
- they know
- *chicos*/to forget
- to mature/rebel

Comprensión de la lectura

Contesten estas preguntas sobre la lectura.

1. ¿Cuántos alumnos hay en las clases en general?
2. ¿Qué hacen los profesores irresponsables?
3. ¿Cuántas semanas pasan en vacaciones inesperadas los alumnos?
4. ¿Qué huelgas políticas hay en la universidad?
5. ¿Qué espera la sociedad de los alumnos universitarios?
6. ¿Qué problema tienen los estudiantes de provincia?
7. ¿Cuál es la opinión de los profesores?
8. Según los profesores, ¿qué es necesario para madurar?

---

[1] Texto basado en conversaciones con jóvenes mexicanos.

Las clases mexicanas son numerosas, pero los alumnos son simpáticos y trabajadores.

Nota de interés

La educación en México

El sistema educacional de México es un poco diferente del sistema norteamericano. Entre los dos y los cuatro años los niños van a guarderías infantiles (*day care*) y a los cinco años entran en un programa pre-primario o básico. Después, entre los seis y los once años asisten (van) a la escuela primaria, que es obligatoria para todos los niños. La educación secundaria empieza a los doce y termina a los quince años. Entonces (*then*) los alumnos (estudiantes) deciden si quieren continuar en el sistema común o en la Preparatoria para la universidad por otros tres años. Los alumnos que terminan la preparatoria dan (*take*) un examen final o bachillerato para poder entrar a la universidad. Aunque hay muchas universidades privadas, la gran mayoría de los estudiantes van a la UNAM, que tiene casi 400 mil alumnos.

Comunicación

A. ¿Qué voy a hacer? *¿Qué puede usted hacer en las siguientes situaciones? Elija una o más de las soluciones dadas o dé su solución original.*

Encourage students to come up with their own answers.

EJEMPLO: a participar en la discusión ⟶ **Voy a participar en la discusión.**   Option: oral, written.

1. La administración no escucha a los estudiantes que se quejan de los servicios deficientes en las cafeterías y en la biblioteca. Los estudiantes deciden hacer una huelga. ¿Qué hará usted?
   a. irse a casa de sus padres
   b. ayudar a distribuir panfletos
   c. ir a clases normalmente
   d. organizar una manifestación
   e.   ?

2. Usted es estudiante de intercambio y está en México cuando los estudiantes empiezan una huelga. ¿Qué puede hacer usted?
   a. no participar porque es extranjero
   b. participar en los grupos de discusión
   c. ir a clases normalmente
   d. observar la huelga, pero a la distancia
   e.   ?

3. Es invierno y usted tiene dos o tres días de vacaciones inesperadas porque hay una gran ventisca (*blizzard*). ¿Que hará usted?
   a. organizar una fiesta en su dormitorio
   b. estudiar para los exámenes semestrales
   c. irse a casa de sus padres
   d. ayudar a solucionar problemas de emergencia
   e.   ?

4. Hay un grupo de estudiantes extranjeros que tienen problemas de adaptación. ¿Qué puede hacer usted?
   a. ayudar a los extranjeros y conversar con ellos
   b. llevar a los extranjeros a la casa de sus padres
   c. no preocuparse porque otra gente puede ayudar
   d. no preocuparse porque no es su problema
   e.   ?

5. Usted recibe a un estudiante de Sudamérica en su casa. ¿Qué va a hacer para llevar al muchacho a ver este país?
   a. llevar al estudiante a Nueva York por 5 días
   b. viajar con él al Mundo de Disney y Florida por una semana
   c. ir a Washington a ver la capital
   d. irse a Colorado o California con él
   e.   ?

B. ¿Está usted de acuerdo? *Si no está de acuerdo, modifique la frase para expresar su opinión.*

1. Los estudiantes norteamericanos no se interesan en la política.
2. Todos debemos participar en la selección de profesores.
3. La huelgas son necesarias para producir cambios sociales.
4. Los alumnos universitarios tienen responsabilidades con el pueblo.

5. Las vacaciones son necesarias para olvidarse de los cursos, los exámenes y los profesores.
6. En general, la administración de mi universidad se entiende bien con los líderes estudiantiles.
7. No tenemos la posibilidad de cambiar de programa aquí.
8. Los estudiantes norteamericanos son muy responsables y serios.
9. Creo que es muy importante participar en los diferentes grupos de la universidad.
10. La política es una actividad fascinante.

C. ¡Arriba las vacaciones! *Contesten estas preguntas o úsenlas para conversar con otro estudiante de la clase.*

1. ¿Adónde quieres irte de vacaciones?
2. En general, ¿prefieres viajar con tus padres, con tus amigos o con parientes?
3. ¿Prefieres ir a una ciudad, al campo o a un balneario?
4. ¿Cuál es tu balneario favorito? ¿Prefieres la playa o la piscina?
5. ¿Qué prefieres? ¿Hacer «camping» o irte a un hotel o apartamento?
6. ¿Cuándo prefieres salir de vacaciones: en invierno o en verano?
7. ¿Qué país visitarás en el futuro?
8. ¿Qué ciudades deseas visitar aquí en Estados Unidos?
9. ¿Cuáles son las vacaciones ideales para un estudiante?
10.   ?

Pronunciación

Los cognados

Cognates are easy to recognize in writing, but it is often difficult to recognize them in oral form. Study the following patterns:

A. Spanish nouns ending in **-ción** or **-sión** correspond to English nouns ending in **-tion** or **-sion**.

Lean las siguientes palabras:

profesión	inflación	vacaciones
impresión	situación	informaciones
división	revolución	comunicaciones
discusión	educación	situaciones

Indicate that no accent is necessary in plural nouns.

B. Many nouns ending in **-dad** in Spanish correspond to nouns ending in **-ity** in English.

Lean las siguientes palabras:

posibilidad	responsabilidad	universidades
personalidad	universidad	probabilidades
electricidad	nacionalidad	actividades

C. Spanish nouns ending in **-ista** and **-ismo** often correspond to English nouns ending in **-ist** and **-ism**.

Lean las siguientes palabras:

especialista	extremismo	Some don't correspond:
terrorista	capitalismo	pharmacist, scientist,
feminista	catolicismo	therapist ⟶ *farmacéutico,*
socialista	izquierdismo	*científico, terapeuta*

D. Many words ending in **-or** and **-al** are the same in both languages, but in Spanish the accent falls on the last syllable.

Lean las siguientes palabras:

profe**sor**	ac**tor**	comer**cial**	regio**nal**
direc**tor**	mo**tor**	fi**nal**	so**cial**
doc**tor**	inven**tor**	nacio**nal**	cultu**ral**

Vocabulario

NOMBRES

la abuela *grandmother*
el alumno   estudiante / *student*
el balneario *resort*
el campo *countryside*
el coche   el auto / el carro / *car*
el gato *cat*
la huelga *strike*
la manifestación   *demonstration*
el muchacho   el chico / *boy* / *fellow*
la pareja *couple*
el perro *dog*
la piscina *swimming pool*
la playa *beach*

ADJETIVOS

caro *expensive*
este(a) *this*
ese(a) *that*
inesperado *unexpected*
pequeño *small*

VERBOS

acampar   hacer *«camping»*
apoyar   *to support*
dejar   *to leave*
ir(se)   *to go (away)*
llevar   *to carry*
poder   *to be able/may*
quejar(se)   *to complain*/protestar
saber   *to know*
sonreír(se)   *to smile*

OTRAS EXPRESIONES

el próximo. . . .   *next. . . .*
es decir   *that is to say*
fin de semana   *week end*
hacer una huelga   *to go on strike*

mañana   *tomorrow/morning*
sin embargo   *however*
ya   *already*

COGNADOS

el conflicto	la disco(teca)	los parientes (*relatives*)	acampar	húmedo
la congestión	la montaña	el reportero	madurar	irresponsable
		el tráfico		rápido
		las vacaciones		rebelde

El dinero

Introducción

Problemas de estudiantes

Dos chicas conversan y hablan de sus problemas en la oficina de préstamos° para estudiantes de la Universidad Central de Quito.[1]   loans

GLADYS: ¡Ay, qué espanto°, Viviana! Tanto° tiempo en esta cola° y   terrible/so much/line
necesito tanto este préstamo: todo está tan caro ahora. . . . Y toda-
vía° debo ir a conseguir° mi horario° en la otra oficina. ¿Tienes tu   still/get/schedule
horario ya?

VIVIANA: No, no lo° tengo todavía, ¿qué podemos hacer? Si° quieres,   it/if
yo hago° esta cola y tú vas a la otra oficina . . .   stand in

GLADYS: ¡Fantástica idea! ¡Mil° gracias! Vuelvo en un minutito. ¿Te°   a thousand/for you
consigo° tu horario también?   shall I get

VIVIANA: ¡Ay, sí!, si me° haces el favor . . . Si nos ayudamos, saldre-   me
mos más rápido de aquí.

---

[1] Basado en conversaciones con jóvenes estudiantes.

Comprensión de la lectura

Según la lectura, ¿son verdaderas o falsas estas afirmaciones? Corrijan la frase si es falsa.

1. Las chicas están en la cola de la oficina de horarios.
2. Necesitan un préstamo porque la vida está muy cara.
3. Viviana ya tiene su horario.
4. Esperan mucho tiempo para conseguir el dinero.
5. Viviana quiere conseguir el horario de Gladys.
6. Las chicas deciden ayudarse para conseguir todo.

Nota de interés

Los estudiantes se ayudan

Es muy común entre los estudiantes hispanos ayudarse en todo. Si un alumno no viene a clases, otros chicos le prestan las notas de clase; si hay un examen importante, todos estudian en grupos y se explican los conceptos difíciles. Cuando los sistemas educacionales tratan de imponer (*try to impose*) modelos de competencia entre los alumnos, éstos a menudo responden con mayor unión, solidaridad y cooperación.

Este grupo de alumnos españoles estudia y discute sus notas de clase.

¿Y usted?

¿Qué problemas tienen ustedes en la universidad? ¿Hay manifestaciones o huelgas ahora? ¿Está todo muy caro? Hablen ustedes con otro estudiante o su profesor. Usen las expresiones útiles si es necesario

¡Qué espanto! No tengo mi _____ .

Necesito conseguir _____ .

¿Te consigo tu _____ ?

Siempre hacemos cola en la oficina de _____ .

Expresiones útiles

Para conseguir un préstamo/libros baratos°/las notas° voy a . . .   cheap / grades
Lo consigo en la oficina del tesorero°/admisiones/inscripciones°   bursar / registration
Quiero cambiar mi horario/mis créditos/mi sección/mi programa

Los pronombres de objeto directo

Direct object pronouns replace the direct object noun of a verb when it has already been mentioned in the conversation.

> Maureen brought *the brochure* yesterday, but I don't
> know where she put (it.)↗

In the above sentence, **it** (direct object pronoun) replaces **the brochure** (direct object of the verb *brought*), because it had been mentioned in the previous sentence already.

Los pronombres de objeto directo

Singular		Plural	
me	*me*	nos	*·us*
te	*you*	os	*you*
lo/la	*him/her/it*	los/las	*them*
lo/la	*you*	los/las	*them*

A. Direct object pronouns are placed before the verb of which they are the object.

> ¿Dónde cambias *los cheques de viajeros?*
> (Los) cambio en el Banco Nacional.

Te necesitan en la oficina.	*They need **you** in the office.*
¿El libro? *Lo* tengo aquí.	*The book? I have **it** here.*
Doctor, *lo* llaman de su casa.	*Doctor, they are calling **you** from your house.*

Nos ven todos los lunes.   *They see **us** every Monday.*

¿Anita? No *la* veo los   *Anita? I don't see **her** on*

martes.   *Tuesdays.*

B. When an infinitive has a direct object, the direct object pronoun is generally attached to the infinitive.

> Preverbal position in this case will be presented later.

Luis:—¿Necesitas *a Carlos?*

Pepe:—Sí, (lo) necesito.

Luis:—Voy a llamar (lo) a las cinco.

Pepe:—¿Puedes llamar (lo) inmediatamente, por favor?

Preparación

A. *Cambien el pronombre y repitan la frase.*

1. *Me* ayudan siempre.   lo/la/los/nos/las/te
2. *La* llaman a la cola.   me/te/los/las/nos
3. *Las* consiguen aquí.   los/lo/la
4. *Nos* esperan en el hotel.   las/los/me/te/lo/la
5. *Los* lleva en auto.   las/nos/me/te/la/lo

B. *Contesten según los ejemplos, usando los pronombres adecuados.*

EJEMPLOS: ¿Dónde está el coche? (tengo aquí) ⟶ **Lo tengo aquí.**

¿Dónde están las cintas? (tengo aquí) ⟶ **Las tengo aquí.**

1. ¿Dónde está el dinero? (tenemos aquí) ⟶
2. ¿Dónde están tus notas? (tengo aquí) ⟶
3. ¿Dónde están los diccionarios? (tenemos allí) ⟶
4. ¿Dónde está la cerveza? (tenemos aquí) ⟶
5. ¿Dónde están los libros baratos? (tengo aquí) ⟶
6. ¿Dónde está su periódico? (tiene allí) ⟶

C. *Cambien el nombre en itálica por el pronombre correspondiente.*

EJEMPLO: Pagan *el préstamo* allí. ⟶ **Lo pagan allí.**

1. Compran *la ropa* en «Novedades». ⟶
2. Quieren mucho *a Leonardo.* ⟶
3. Visitan *a las niñas* a menudo. ⟶
4. Ven *las telenovelas* en la tarde. ⟶
5. Van a comprar *los periódicos.* ⟶
6. Puedes conseguir *el horario* aquí. ⟶
7. Van a llamar *a los arquitectos.* ⟶

Transición

A. En casa. *Oscar ayuda a Graciela en casa y pregunta dónde pone ella las cosas. ¿Qué contesta Graciela?*

EJEMPLO: Oscar:—¿Dónde va el libro de español?

Graciela:—**Lo** pongo allá con el cuaderno.

Encourage students to supply different prepositional phrases e.g.: *con la grabadora/el radio/mis cosas/etc.*

1. ¿Dónde van los diccionarios? ⟶
2. ¿Dónde va el libro de matemáticas? ⟶
3. ¿Dónde van las cintas? ⟶
4. ¿Dónde van los discos nuevos? ⟶
5. ¿Dónde va el periódico? ⟶
6. ¿Dónde va la cámara? ⟶

B. Dicen que . . . *Usted escucha que los chicos van a tener una fiesta y está muy curioso por saber los detalles. ¿Qué preguntas hace usted?*

EJEMPLO: **Dicen que van a organizar una fiesta. (¿Quién?)** ⟶ **¿Quién va a organizarla?**

1. Dicen que van a hacer una fiesta. (¿Dónde?) ⟶
2. Dicen que van a invitar a mucha gente. (¿Cuándo?) ⟶
3. Dicen que van a comprar unas pizzas deliciosas. (¿Dónde?) ⟶
4. Dicen que van a necesitar mucha ayuda. (¿Cuándo?) ⟶
5. Dicen que van a hacer piña colada. (¿Quién?) ⟶
6. Dicen que van a conseguir muchos discos nuevos. (¿Dónde?) ⟶
7. Dicen que van a llevar las guitarras. (¿Quiénes?) ⟶

Comunicación

A. Amigos. *Digan cómo saben ustedes que su amigo(a) los quiere.*

EJEMPLO: **Sé que me quiere porque . . . .** me tolera y me respeta.

escuchar/mirar/respetar/tolerar/ayudar
invitar a su casa/preparar cosas deliciosas
dar cosas lindas/esperar después de clases
comprar cosas lindas/?

B. Conversación. *Usen estas preguntas para conversar con sus compañeros de clase.*

1. ¿Te visitan tus amigos/padres a menudo?
2. ¿Dónde los llevas a comer?
3. ¿A qué cine los llevas?
4. ¿Te dan ayuda económica en la universidad?
5. ¿Te ayudan tus padres a pagar los derechos de matrícula?
6.   ?   ?

Verbos que cambian: *e* —→ *i*

Another group of stem-changing verbs is the e —→ i group. The e changes to i when the stress falls on the stem syllable.

As in the case of the other stem-changing verbs, you will notice that only the **nosotros** and **vosotros** forms maintain the e of the infinitive.

Pedir (to order/to ask for)			
pido	*I order*	pedimos	*we order*
pides	*you order*	pedís	*you order*
pide	*he/she orders*	piden	*they order*
pide	*you order* (formal)	piden	*you order*

Study the meaning of these e —→ i verbs:

seguir = *to follow, go straight ahead, continue*
conseguir = *to get*
decir = *to say/tell;* (yo form: **digo**)
vestir(se) = *to dress/get dressed*

   —¿Dónde consigues esa ropa tan linda?
   —Me visto en «La Elegante».

Remind students they already know; ¡*Dígame!* ¿*Cómo se dice. . .?*

Preparación

A. *Cambien la forma verbal en itálica por las dadas.*

1. *¿Pides* té frío o caliente?   piden/pido/pedimos/pide
2. *Los visten* rápido.   me visto/la visten/nos vestimos
3. *Siguen* por la avenida.   seguimos/sigues/sigo/sigue
4. ¿Qué *dicen* ahora?   digo/dicen/decimos/dices
5. *Digo* que sí.   dices/dicen/decimos/dice

Option: 1. skip A if assigned as homework.
2. translate some of the sentences.

B. *Cambien el pronombre y hagan el cambio necesario en el verbo.*

1. *Ella* pide permiso.   yo/tú/nosotras/ellos
2. *Ud.* dice que viene.   ella/ustedes/nosotros/tú
3. *Yo* sigo a Marcela.   él/nosotros/ustedes/ellos
4. ¿Qué dice *él?*   ella/ustedes/usted/nosotras
5. *Nos* vestimos en el gimnasio.   se/me/te

Transición

¡Ay, el dinero! *Roberto conversa con Andrés acerca de sus constantes problemas de dinero, pero Andrés no lo entiende bien. ¿Qué preguntas hace Andrés?*

EJEMPLO: **A veces, consigo dinero con mi novia. (¿Con quién?)** ⟶ **¿Con quién consigues dinero?**

1. A menudo consigo dinero en el centro de estudiantes. (¿Dónde?) ⟶
2. Pero a veces pido préstamos en el banco. (¿Dónde?) ⟶
3. El banco pide intereses muy altos. (¿Cuánto interés?) ⟶
4. Siempre consigo buena atención con Linda en el banco. (¿Con quién?) ⟶
5. Si el banco no me presta dinero, lo consigo con papá. (¿Con quién?) ⟶
6. Pero, a veces, mi papá también dice que no. (¿Qué?) ⟶

Comunicación

A. Rumores en el campus. *Digan ustedes qué rumores hay ahora en la universidad.*

Mi amiga dice que . . .

El profesor dice que . . .

Todos dicen que . . .

?

los chicos no estudian
los estudiantes beben mucho
las chicas salen mucho
los cursos son. . . .
la comida . . .
los exámenes . . .
las películas . . .

?

B. Entrevista: ¡Qué problemas! *Entrevisten a sus compañeros usando estas preguntas para iniciar la conversación.*

1. ¿Qué dicen tus padres cuando pides más dinero?
2. ¿Cuándo pides dinero a tus amigos?
3. ¿Cuánto interés pide el banco ahora?
4. ¿Qué dicen en la oficina de préstamos cuando pides más tiempo para pagar el préstamo?
5. ¿Qué dice el profesor cuando pides más tiempo para completar un trabajo?
6. ¿Qué dicen los chicos cuando están sin dinero?
7. ?   ?

Guide students to use exclamations in their answers: *qué horror/ espanto/terrible/desastre.*

Los números de 200 a 999.999

200 doscientos	1.000 mil
201 doscientos uno	2.000 dos mil
212 doscientos doce	3.500 tres mil quinientos
238 doscientos treinta y ocho	10.000 diez mil
260 doscientos sesenta	77.000 setenta y siete mil
300 trescientos	99.000 noventa y nueve mil
350 trescientos cincuenta	100.000 cien mil
370 trescientos setenta	400.000 cuatrocientos mil
400 cuatrocientos	810.500 ochocientos diez mil
500 quinientos	quinientos
600 seiscientos	845.000 ochocientos cuarenta y
700 setecientos	cinco mil
800 ochocientos	850.000 ochocientos cincuenta
900 novecientos	mil
	900.000 novecientos mil
	920.000 novecientos veinte mil
	999.000 novecientos noventa y
	nueve mil

The multiple numbers of *ciento,* from 200 to 900, agree in gender with the noun they modify.

220 casas ⟶ doscien**tas** veinte casas
$500 (pesos) ⟶ quinien**tos** pesos
U$1.200 (dólares) ⟶ mil doscien**tos** dólares
₡13.400 (colones) ⟶ trece mil cuatrocien**tos** colones
55.800 personas ⟶ cincuenta y cinco mil ochocien**tas** personas

Preparación

A. *Cambien el número en itálica por los dados.*

1. *Trescientos* alumnos.   quinientos/setecientos/mil doscientos
2. *Doscientos* puntos.   seiscientos/novecientos/trescientos
3. Quinientos *veintidós* kilómetros.   treinta/setenta y tres/ochenta y cinco/noventa
4. *Novecientas* millas.   doscientas/setecientas/ochocientas
5. *Cuatrocientos* diez dólares.   mil setecientos/novecientos/quinientos

B. *Cambien el nombre y hagan el cambio necesario en el número.*

1. Tengo trescientos *dólares*.	pesos/pesetas/marcos
2. Hay cuatrocientas *alumnas*.	chicos/empleados/niñas
3. Tienen doscientos *doctores*.	doctoras/alumnos/operadoras
4. Hay quinientos *tractores*.	coches/equipos/computadoras

C. *Lean los siguientes números:*

1. 200/400/600/800/1.000/1.400/2.600/4.800/6.000/8.000/10.000
2. 300/500/700/900/1.100/1.500/3.900/5.735/7.000/9.900/11.000
3. 1900/1980/1982/1983/1984/1985
4. 1992/1776/1789/1914/1945
5. $200/U$500/$600/$900/U$10.000/₡50.000/U$300.000

Transición

A. En autobús a México. *Un grupo de estudiantes y su profesor se preparan para un viaje en autobús de Texas a México y hablan de las distancias entre las ciudades. ¿Qué dicen ellos?*

In Mexico people say *camión;* in Puerto Rico *guagua.* Option: have students do the conversions.

EJEMPLO: San Antonio/frontera/225 millas ⟶ **De San Antonio a la frontera hay doscientas veinticinco millas.**

1. San Antonio/Laredo/150 millas ⟶
2. Laredo/Monterrey/149 millas ⟶
3. Monterrey/San Luis Potosí/335 millas ⟶
4. San Luis Potosí/Ciudad de México/263 millas ⟶
5. Ciudad de México/Guadalajara/595 kilómetros ⟶

Equivalences: 1. 240 km. 2. 238 km. 3. 536 km. 4. 421 km. 5. 370 mi.

6. Ciudad de México/Acapulco/429 kilómetros ⟶
7. Ciudad de México/Chihuahua/1603 kilómetros ⟶
8. Chihuahua/El Paso/389 kilómetros ⟶

B. Importaciones. *Imagínese que usted trabaja para la Compañía Nacional de Frutas y que usted tiene que hacer varios cheques para pagar mangos, plátanos (bananas) y piñas (pineapples). ¿Cómo escribiría usted las cantidades (los números) en los cheques?*

EJEMPLO: Can $400 ⟶ **cuatrocientos dólares canadienses**

1. U$ 590,00 (dólares) ⟶
2. $735,00 (pesos) ⟶
3. Col. $1.200 (pesos colombianos) ⟶
4. S/.846 (sucres) ⟶
5. Ptas. 3.560,00 (pesetas) ⟶
6. Q 68.000 (quetzales) ⟶
7. B/760.000 (balboas) ⟶
8. S/.920.000 (soles) ⟶
9. Gs. 600.300 (guaraníes) ⟶
10. Bs. 15.000 (bolívares) ⟶

Only in checks are numbers fully written out.
Remind student that the comma is used to indicate decimals.

Nota de interés

El dinero en los países hispanos

Cada país hispano tiene diferentes monedas, que tienen diferente valor (*value*) en relación al dólar norteamericano. Estos son los países y sus monedas:

País	Moneda	Símbolo
Costa Rica	colón	₡
El Salvador	colón	C
Ecuador	sucre	S/.
España	peseta	Ptas.
Guatemala	quetzal	Q
Honduras	lempira	L.
México, Argentina, Bolivia, Colombia, Cuba, Chile, Rep. Dominicana, Uruguay, Filipinas	peso	$
Nicaragua	córdoba	C$
Panamá	balboa	B/
Paraguay	guaraní	Gs.
Perú	sol	S/.
Venezuela	bolívar	Bs.
Puerto Rico	dólar	U$
Canadá	dólar	Can

Bring foreign bills/coins to class. Students like to examine them.

Only *pesetas* is feminine.

Indicate that the dollar value of each national *peso* is different in each country.

Current exchange rates appear in major newspapers each day.
When you inquire about it you say: *¿A cómo está el peso mexicano?*

Comunicación

A. Distancias. *En nuestro mundo de viajes y rápidas comunicaciones es muy necesario saber las distancias aproximadas entre las ciudades. ¿Pueden ustedes completar estas frases?*

EJEMPLO: San Francisco está a **unas quinientas millas.**

unas = some in this sense

1. La capital del estado está a _____ .

2. La ciudad más grande está a _____ .

3. La playa/montaña está a _____ .

4. Mi balneario favorito está a _____ .

5. México/el Canadá está a _____ .

6. Houston/Chicago/Nueva Orleáns/?/está a _____ .

B. Planes para el futuro. *El futuro es incierto, pero podemos planifi-carlo, ¿verdad? Contesten estas preguntas o úsenlas para conversar con un compañero de clase.*

Option: use exercise B as review after conditional has been studied.

1. ¿En qué año vas a terminar tus estudios en la universidad?
2. ¿Dónde desearías trabajar?
3. ¿Cuánto querrías ganar al año?
4. ¿Cuánto ganas ahora al mes?
5. ¿Cuánto gana un profesional de tu especialidad ahora?
6. ¿Cuánto te costaría comprar una casa/un apartamento ahora?
7. ¿Cuánto te costaría un auto nuevo ahora?

El condicional

La cortesía

In English the conditional is expressed by using the word *would* and an infinitive. It indicates probability in the future.

I *would get* something for her, but I don't have any money.

In Spanish, just as in English, the conditional is sometimes used for politeness to avoid the bluntness of the present tense.

¿Sería posible terminarlo ahora?

Would it be possible to complete it now?

Indicate that the conditional is *not* used when *would* indicates habitual action in the past.

In Spanish, the conditional is formed by adding a set of endings to the infinitive of a verb. The same endings are used for the three verb conjugations.

Comprar *(to buy)*			
compraría	*I would buy*	compraríamos	*we would buy*
comprarías	*you would buy*	compraríais	*you would buy*
compraría	*he/she would buy*	comprarían	*they would buy*
compraría	*you would buy*	comprarían	*you would buy*

Creo que llegaría a las diez.
Dicen que ella compraría todo.

A. In addition to indicating *probability* in the future if a condition is fulfilled, the conditional is often used to make *requests* and polite statements, and to express *wishes* and *suggestions* in a polite way.

¿Me prestarías tu libro?

Would you lend me your book?

¿Podría hablarte ahora?
Preferiría irme ahora.

Could I talk to you now?
I'd prefer to leave now.

¿Vendría a verme a las seis?

Would you come and see me at six?

B. The same common verbs that are irregular in the future forms, are irregular in the conditional. Study the following verb groups:

venir: vendría, vendrías. . . .   saber: sabría, sabrías. . . .
tener: tendría, tendrías. . . .   poder: podría, podrías. . . .
poner: pondría, pondrías. . . .   querer: querría, querrías. . . .
salir: saldría, saldrías. . . .   hacer: haría, harías. . . .
                                          decir: diría, dirías. . . .

Preparación

A. *Cambien el pronombre y hagan los cambios necesarios en el verbo.*

1. *Yo* no compraría ése.   tú/él/nosotras/ellos
2. *Él* vendría con José.   usted/yo/ella/nosotros/ustedes
3. ¿Podría llamarla *usted?*   ustedes/ellos/yo/nosotros
4. ¿Me haría (*usted*) un favor?   tú/él/ustedes/ellas/
5. ¿Tendrías (*tú*) el libro mañana?   ella/usted/ellos/yo

B. *Contesten como se indica en el ejemplo.*

EJEMPLO: ¿Vendrías por la tarde? ⟶ **Claro que vendría.**

1. ¿Vendrías con Eduardo? ⟶
2. ¿Irías a inscripciones? ⟶
3. ¿Saldrías mañana? ⟶
5. ¿Llamarías al tesorero? ⟶
5. ¿Podrías ayudarme con esto? ⟶
6. ¿Me harías un favor? ⟶
7. ¿Podrías prestarme tus notas? ⟶

Transición

Daniel pide un préstamo. *Daniel va al banco y pide información para conseguir un préstamo. ¿Qué dice él?*

Written preparation may be
helpful.

EJEMPLO: ¿Poder usted/decirme dónde está la sección de
préstamos? ⟶ **¿Podría usted decirme dónde está la sección de préstamos?**

1. ¿Poder (yo)/hablar con el jefe? ⟶
2. ¿Poder ustedes/darme un préstamo? ⟶
3. ¿Poder (yo)/pagarlo en dos años? ⟶
4. ¿Me dar usted/los documentos ahora? ⟶
5. ¿Poder (yo)/volver mañana? ⟶
6. ¿Me hacer usted/el favor de darme mas información? ⟶

Some indirect object pronouns
appear here. Explain only if
students ask.

B. Una visita a casa. *Hernán llama a su casa para comunicar a su mamá que piensa llevar a algunos amigos a visitarlos. La mamá está muy contenta y le hace algunas preguntas a Hernán. ¿Qué dice ella?*

EJEMPLO: ¿Puedes llamarme el sábado para confirmar? ⟶ **¿Podrías llamarme el sábado para confirmar?**

1. ¿A qué hora llegan? ⟶
2. ¿En qué coche viajan? ⟶
3. ¿Quiénes vienen? ⟶
4. ¿Cuándo regresan? ⟶
5. ¿Puedes comprarme algunas cosas allá? ⟶

Comunicación

A. En tu lugar, yo . . . *¿Qué haría usted en el lugar de la persona que habla?*

EJEMPLO: Mi madre viene mañana, pero yo voy a ir a otra ciudad. ⟶ **En tu lugar, yo no iría a otra ciudad.**

1. Tengo un examen mañana; voy a estudiar toda la noche.
2. No tengo dinero; voy a pedir otro préstamo.
3. No quiero estudiar ahora; voy a ver el fútbol.
4. No quiero terminar los problemas de álgebra ahora.
5. No voy a ir a clase hasta antes del examen final.
6. En un país extranjero, yo pido las cosas directamente.

B. Conversación. *Formen ustedes algunas preguntas para iniciar una conversación con los otros estudiantes.*

EJEMPLO: **¿Vendrías a comer con nosotros el martes?**

¿poder/prestarme las notas de química?
¿salir/con nuestro grupo el viernes?
¿tener/un dólar para prestarme?
¿ir/al partido con nosotros?

Aplicación

¿Cuánto cuesta una carrera?

Los estudiantes universitarios se quejan de que la educación es muy cara aquí; sin embargo, el costo° de la educación universitaria es todavía más alto° en otros países.

Por ejemplo, dicen que en Chile los aranceles° de las diferentes carreras son muy altos y cambian mucho de una universidad a otra. A principios° de los años 80, algunos° aranceles eran° los siguientes:[1]

Coste is used in Spain.
cost
higher

fees

at the begining/some/were

Carrera	Universidad Católica	Universidad de Chile	Universidad de Concepción
Agronomía	$60.000	$45.000	$32.000
Arquitectura	$60.000	$40.000	. . .
Asistente social	$50.000	$20.000	$16.000
Bioquímica	. . .	$30.000	$32.000
Bachilleratos (*B.A.*s)	. . .	$20.000	$20.000
Contador Público (*C. P. A.*)	. . .	$20.000	. . .
Derecho (*Law School*)	$60.000	$40.000	$32.000
Enfermería (*Nursing*)	$60.000	. . .	$32.000
Fonoaudiología (*Speech T.*)	. . .	$25.000	. . .
Ingeniería Civil	$60.000	$45.000	$40.000
Administración de Negocios	$60.000	$45.000	$32.000
Licenciaturas (*M.A.*s)	$50.000	$20.000	$20.000
Medicina	$60.000	$45.000	$64.000
Nutrición	. . .	$25.000	$24.000
Odontología (*Dental School*)	. . .	$45.000	$64.000
Obstetricia	. . .	$30.000	$24.000
Periodismo (*Journalism*)	$60.000	$40.000	. . .
Psicología	$60.000	$40.000	. . .
Pedagogía Secundaria (*H.S.*)	$50.000	$15.000	$20.000
Pedagogía Básica (*Elem.*)	$44.000	$15.000	$20.000
Química	$60.000	$30.000	. . .
Traducción (*Translation*)	$60.000	. . .	$20.000
Veterinaria	. . .	$40.000	$32.000

In Chile B.A. degrees are called *Bachilleratos*. *Derecho* is another way of saying *Leyes*.

You can use this table for additional practice in reading numbers aloud. Ex: *¿Cuánto cuesta estudiar Agronomía en la Universidad de Chile?*

---

[1] Data taken from **El Mercurio, Santiago, Chile.**

Hay que estudiar mucho, porque una carrera cuesta
mucho dinero en Chile.

Estos aranceles son anuales°, están expresados en pesos chilenos[1] y   annual
no incluyen el valor de la residencia° universitaria, porque las uni-   dorm
versidades prácticamente no las tienen. Una pensión° de familia cuesta   guest house
entre 7 y 10 mil pesos al mes. También hay que agregar° el costo del   we must add
servicio médico y de actividades como los clubes de deportes, de
esquí°, de excursión y de teatro.   ski
Así, un estudiante dice que la selección de una carrera depende más
del costo que° de la vocación°. Por el contrario°, en México la edu-   than/avocation/on the
cación es totalmente gratis y los estudiantes sólo pagan un pequeño   contrary
derecho° de matrícula°. ¡Quizás° será por eso que hay más de 400   arancel/admission/maybe
mil estudiantes en la Universidad Nacional Autónoma de México!
Parece que después de estudiar estos números no podríamos quejarnos
mucho. La inflación es un fenómeno económico mundial y nos afecta
a todos. Afortunadamente°, los estudiantes americanos pueden tra-   fortunately
bajar para ayudarse con los gastos°. Por razones sociales y econó-   expenses
micas, los estudiantes hispanos no pueden trabajar como los norteamericanos y generalmente son bastante° pobres° si sus padres no   very/poor
son acomodados°.   well-off

---

[1] Un dólar americano (U$1) vale (cuesta) cuarenta pesos chilenos ($40).

Comprensión de la lectura

Completen estas frases según el contenido de la lectura.

1. En la Universidad de Concepción casi todas las carreras son más baratas, excepto . . .
2. En la Universidad Católica de Santiago, los aranceles son . . .
3. Para estudiar *traducción* hay que ir a la . . .
4. Un estudiante que tiene muy poco dinero puede estudiar . . .
5. Los aranceles presentados no incluyen . . .
6. Un estudiante que tiene bastante dinero puede estudiar . . .
7. Una pensión buena cuesta . . .
8. Parece que en la UNAM hay muchos alumnos porque . . .

Comunicación

A. ¿Cuánto cuesta una carrera aquí? *Conversen ustedes del costo de una carrera universitaria aquí en los Estados Unidos. Por ejemplo, conversen sobre lo siguiente:*

¿Cuánto cuesta la matrícula al año?
¿Cuánto cuesta la matrícula de un estudiante que no es residente del estado?
¿Es más barato tener un apartamento y preparar la comida en casa o no?
¿Cuánto cuesta el seguro médico al semestre?
¿Dónde es más barata la educación en su estado?
        ?   ?

B. Simulación. *Simulen ustedes una conversación con un estudiante extranjero que pregunta el costo de las siguientes cosas aquí. Un estudiante será el extranjero y otro el norteamericano.*

EJEMPLO: —¿Cuánto cuesta un equipo de esquí?
        —**Depende . . . unos quinientos dólares.**

una radio estéreo/un apartamento al mes
un coche/un viaje a la Florida
la matrícula para extranjeros/una grabadora buena/ ?

C. La cortesía. *Imagínense que ustedes necesitan ayuda en un país hispano o en una sección hispana de una ciudad norteamericana. ¿Cómo harían las siguientes preguntas con cortesía?*

¿Poder/usted/decirme/dónde está el correo?
¿Poder/usted/ayudarme/con estos documentos?
¿Poder/usted/indicarme/dónde está el Hotel . . . ?
¿Poder/usted/decirme/dónde hay taxis?
¿Poder/usted/decirme/la hora?
¿Poder/usted/indicarme/dónde está la plaza . . . ?

Pronunciación

Las consonantes *p, t y k*

The Spanish consonant sounds /p/, /t/, and /k/ are not *exploded* or released with the same force as they are in English. The Spanish pronunciation of these sounds is similar to their pronunciation in English when they follow an **s**. Compare:

pair / spare   top / stop   kit / skit

These sounds are reviewed in Chapter 16. From now on help students avoid aspiration.

Ejercicios

A. *Repitan estas expresiones, sin producir una «explosión» en los sonidos* /**p**/, /**t**/ y /**k**/.

papá lo prepara	Tina y Tito	cuesta caro
pocos pesos	trece en total	¿lo quieres?
piden poco	¿tienes ésta tú?	¿cuándo comemos?
pidamos permiso	también la tengo	¿qué dices?

B. *Practiquen con estas oraciones, haciendo el enlace correspondiente y evitando la «explosión».*

1. Me parece que papá está aquí.

2. Esta carrera es muy cara en Concepción.

3. Tito y Teresa no comen en mi cafetería.

4. Todo está tan caro, ¿no te parece?

5. ¿Te consigo tus cosas?

Vocabulario

NOMBRES

el arancel   *fee*
la cola   *line*
los derechos de matrícula   *registration fee*
el gasto   *expense*
el horario   *schedule*
la matrícula   *admission*
la pensión   *guest house*
el préstamo   *loan*
la residencia   *dorm*

ADJETIVOS

acomodado   *well-off*
algunos   *some*
alto   *high*
pobre   *poor*

VERBOS

agregar   *to add*
conseguir (i)   *to get, obtain*
costar (ue)   *to be $ . . . , cost*
decir   *to say*
hacer cola   *to stand in line*

OTRAS EXPRESIONES

afortunadamente   *fortunately*
a principios   *at the beginning*
bastante   *very*
por el contrario   *on the contrary*
¡qué espanto!   ¡qué horrible!
quizás   *maybe*
si   *if*
tanto   *so much*
todavía   *still*

COGNADOS

el club	el esquí	el valor (*value*)	anual
la cortesía	el fenómeno	la vocación	gratis (*free of charge*)
el costo	la inflación	depender	
el dólar	el teatro		

El mundo hispano en los Estados Unidos

Introducción

Una boda° en San Antonio, Texas   wedding

*Manuel Antezana, estudiante de Bolivia, conversa con su amigo norte-
americano, John Fierro, sobre su reciente visita a San Antonio, Texas.[1]*

MANUEL: ¡Hombre!, me llevé° una sorpresa mayúscula°.   I had/big
JOHN: ¿Qué pasó°?   happened
MANUEL: Tú sabes, fui° a la boda de George Rodríguez en San Antonio   I went
         y la ceremonia fue° en español. ¡Hombre! Y hay hispanos por todas   was
         partes°. Nunca° pensé° que . . .   everywhere/never/I thought
JOHN: ¿El cura° es hispano?   *sacerdote*

---

[1]Basado en una conversación escuchada en San Antonio.

MANUEL: No, no. ¡Eso es lo increíble! Es norteamericano, pero habló°   he talked
en español todo el tiempo. ¡Absolutamente increíble para mí! Yo
matándome° con el inglés aquí y allá hablan español en todas partes.   killing myself
¡Parece que mejor me voy al suroeste°!   Southwest

Comprensión de la lectura

Contesten las siguientes preguntas sobre esta lectura.

1. ¿De qué nacionalidad es Manuel?
2. ¿Por qué se llevó una sorpresa tan grande?
3. ¿De dónde es el cura?
4. ¿Qué idioma escuchó Manuel por todas partes en Texas?   Pronunciation: (téjas)
5. ¿Por qué quiere irse a Texas Manuel?

Nota de interés

Las misiones de San Antonio

En San Antonio, Texas, hay muchas iglesias coloniales que se llaman
misiones. Las misiones fueron fundadas (*founded*) por sacerdotes españoles en la época colonial y tienen una iglesia, una escuela, una
enfermería, cuartos (*quarters*) para los indios de la misión y el con-
vento de los curas.
San José, la misión más grande, todavía funciona como parroquia
(*parish church*) y hay bodas allí los sábados en la tarde.

¿Y usted?

*Hablen ustedes de alguna sorpresa extraordinaria. Usen las expresiones
útiles si es necesario.*

¿Qué pasó?
¿Qué sorpresa te llevaste?
¿Qué pasó en la clase/la boda/la biblioteca?

Expresiones útiles

Me llevé una sorpresa fantástica/estupenda/maravillosa°   wonderful
Ayer°/el año pasado°/la semana pasada° fui a . . .   yesterday/last year/last week
Fíjate que° la boda/la ceremonia/el cumpleaños° fue . . .   imagine/birthday (party)
Me regalaron° mucho dinero/ropa cara/joyas°/una motocicleta   they gave me/jewelry

Para esta familia
puertorriqueña de Nueva
York, el día de la Primera
Comunión de los niños es
muy importante.

Nota de interés

Los hispanos de Estados Unidos

¿Sabe usted que . . . .

. . . Puerto Rico podría ser el estado número 51 en los próximos
años?

. . . hay más de (*more than*) 1,5 millones de puertorriqueños en Nueva
York?

. . . hay más de 800 mil cubanos en la Florida?

. . . hay más de 7 millones de chicanos (méxico-americanos) en Texas,
Nuevo México, Arizona y California?

. . . aproximadamente el 30% de la población (*population*) de Nuevo
México es chicana?

. . . Henry Cisneros es el primer alcalde (*first mayor*) chicano de San
Antonio?

. . . Margarita Machado y José Sánchez Boudy, cubanos; Emilio Díaz
Valcárcel y María Teresa Babín, puertorriqueños; y José Montoya
y Orlando Ramírez, chicanos, son autores (*authors*) muy importantes y que hay centros de literatura hispano-norteamericana en
muchas universidades?

A los cubano-americanos les encanta comer arroz con frijoles negros en la calle Ocho de Miami.

El pretérito: 1^{era} conjugación

Hablando del pasado

The preterite tense is used to indicate that an action or event occurred in the past, prior to the moment of speaking.

EJEMPLO: Hablé con él ayer. ⟶ **I talked with him yesterday.**

The preterite is very common in enumerations in which the action progresses in steps.

La semana pasada conversé con los parientes, organicé la fiesta de cumpleaños y Manuel se llevó una sorpresa mayúscula.

Last week I talked with the relatives, organized the birthday party, and Manuel had a big surprise.

The preterite of **-ar** verbs is formed by dropping the **-ar** from the infinitive and by adding the endings shown in the chart.

Pretérito de Conversar

convers**é**	*I talked*	convers**amos**	*we talked*
convers**aste**	*you talked*	convers**asteis**	*you talked*
convers**ó**	*he/she talked*	convers**aron**	*they talked*
convers**ó**	*you talked*	convers**aron**	*you talked*

Some preterite **yo** forms have spelling changes to preserve the correct pronunciation of the verb. For example:

Point out that -*ar* stem-changing verbs like *pensar/ piensa* don't change in the preterite.

explicar (*to explain*)	yo expli*qué*
buscar (*to look for*)	yo bus*qué*
sacar (*to get/take out*)	yo sa*qué*
comenzar (*to begin*)	yo comen*cé*
organizar (*to organize*)	yo organi*cé*
llegar (*to arrive*)	yo lle*gué*
jugar (*to play a game*)	yo ju*gué*

Para la boda busqué un regalo caro, lo compré y lo llevé a casa de la novia.

For the wedding, I looked for an expensive gift, bought it, and took it to the bride's.

Preparación

✱ *Cambien el pronombre y hagan los cambios necesarios en el verbo.*

1. *Ella* regaló $20 dólares.
2. *Ellos* lo explicaron bien.
3. ¿Conversaste *tú* con ellos?
4. *Usted* ya llegó
5. *Usted* ya buscó la ropa.
6. ¿Organizaron *ellos* el debate?
7. *Te* sacaste una A.

tú/yo/usted/nosotros
yo/él/ustedes/tú
ella/nosotras/ellos/ustedes
él/tú/ustedes/yo
yo/ustedes/tú/ella
tú/él/yo/nosotros
me/se/nos

Transición

A. ¡Qué desorganización! *El supervisor de la residencia universitaria descubre que los estudiantes no hacen sus cosas y está horrorizado. ¿Qué le contestan los estudiantes?*

EJEMPLO: ¿Escucharon las cintas de español? (No, nosotros) ⟶ **No, no las escuchamos.**

Encourage the use of object pronouns.

1. ¿Se preocuparon de estudiar matemáticas? (No, nosotros) ⟶
2. ¿Dejaste tus cosas en orden? (No, yo) ⟶
3. ¿Invitaron a la alumna extranjera para practicar? (No, nosotros) ⟶
4. ¿Empezaste a trabajar en tu proyecto? (No, yo) ⟶
5. ¿Se juntaron para estudiar? (No, nosotros) ⟶
6. ¿Sacaron los libros de inglés de la biblioteca? (No, nosotros) ⟶
7. ¿Trabajaron en sus composiciones? (No, yo) ⟶

B. ¡Tanto trabajo! *Carmen, la novia de George, le escribe a su amiga Rita sobre los preparativos para la boda y se queja de tanto trabajo. ¿Qué dice Carmen?*

EJEMPLO: (Yo) sacar los certificados en la iglesia. ⟶ **Saqué los certificados en la iglesia.**

1. Mamá comprar toda la ropa. ⟶
2. Fíjate que (yo) preparar todas las invitaciones. ⟶
3. Nosotros contratar el servicio de un restaurante. ⟶
4. Y (yo) buscar a los chicos de la orquesta. ⟶
5. Nuestros padres conversar con el cura. ⟶
6. Y (yo) llamar a los chicos del coro. ⟶

Comunicación

A. La semana pasada. *Digan qué hicieron (did) la semana pasada. Usen un elemento de cada columna para crear sus frases.*

	trabajé	a otro estado
Ayer,	practiqué	con mis amigos(as)
La semana pasada,	me saqué	en la iglesia
El domingo pasado,	me junté	a mis padres
El otro día,	empecé	un programa interesante
	llamamos	mis discos/música clásica
	miramos	básquetbol/sófbol
	hablar	con mi jefe/profesor
	terminar	mis proyectos de . . .
	viajar	a trabajar en . . .
	escuchar	una B en . . .
	conversar	?　　?
	?	

B. Conversación. *Usen preguntas como éstas para iniciar una conversación entre amigos.*

1. ¿Dónde trabajaste el año pasado?
2. ¿Qué idioma estudiaste en la secundaria?
3. ¿Dónde empezaste a estudiar español?
4. ¿Viajaste el año pasado? ¿Qué visitaste?
5. ¿Cuándo compraste tu coche?
6. 　　　　　　　　?

Los pronombres de complemento indirecto

Indirect object pronouns replace the indirect object noun of a verb when it has already been mentioned in the conversation.

Manuel and Lina received an invitation, but I know he gave it (*the invitation*) to her (*Lina*).

For the above sentence, *her* (*indirect object pronoun*) replaces *Lina* (*indirect object* of the verb *gave*).

Indirect object pronouns have the same form as direct object pronouns, except in the third persons (see chart, **le/les**). Just like direct object pronouns, indirect object pronouns also precede the conjugated verb.

Los pronombres de complemento indirecto		**Frase enfática**
me	*to/for me*	a mí
te	*to/for you*	a ti
le	*to/for him/her*	a él/ella, a Pepe/María
le	*to/for you*	a usted
nos	*to/for us*	a nosotros/nosotras
os	*to/for you*	a vosotros/vosotras
les	*to/for them*	a ellos/ellas
les	*to/for you*	a ustedes

Me dan muchos *regalos*.   *They give* **me** *many presents.*
↓   ↓
I.O.   direct object

Le piden *permiso* para salir.   *They ask* **her** *for permission*
↓   ↓   *to go out.*
I.O.   direct object

A. *Emphatic phrase.* When indirect object pronouns are used, an emphatic phrase is often tagged at the end of the statement. This phrase sometimes helps to clarify the meaning of *le/les,* and *nos.*

Me regaló las cosas **a mí.**   *She gave* **me** *those things.*

Le dice todo **a María.**   *He tells everything* **to Mary.**

B. When an infinitive has an indirect object, the pronoun is generally attached to it.

Voy a presentar**les** al señor   *I am going to introduce the*
cura.   *priest* **to you.**

Preverbal position will be presented later.

C. Whenever it is clear that what is being written, sent, or asked involves a specific person, the indirect object pronoun is required for the following verbs:

dar, decir, escribir, pedir (*to ask for*), **mandar** (*to send*), **prestar** (*to borrow/lend*), **preguntar** (*to ask questions*), **hacer preguntas** (*to ask questions*), **contestar, presentar** (*to introduce/present*).

Preparación

A. *Cambien el pronombre y repitan la oración.*

1. *Le* dice que sí.   me/te/les/nos
2. *Te* presentó al novio.   me/les/le/nos
3. *Les* mandó las cartas.   te/me/le/nos
4. *Nos* prestó las joyas.   me/te/les/le

B. *Cambien la frase en itálica por la dada y cambien el pronombre indirecto según sea necesario.*

EJEMPLO: Le mandé las joyas *a mamá.* /a ti/ ⟶ **Te mandé las joyas a ti.**

1. Te escribo *a ti.*   a ella/a usted/a ustedes/a él
2. Le dan éste *a él.*   a ellos/a mí/a Carlos/a ella
3. Me piden dinero *a mí.*   a las chicas/a ti/a ustedes/a Nena
4. Les dicen todo *a ustedes.* a nosotros/a Rosa/a sus padres/a ti
5. Nos mandan ropa *a nosotras.* a ella/a ustedes/a mamá/a mí
6. Le compraron todo *a él.*   a mí/a ti/a ustedes/al señor Mena

Transición

A. ¿Por qué será? *Manuel tiene un problema: su novia no le escribe desde Bolivia. Jorge le ayuda a pensar. ¿Qué le contesta Manuel?*

EJEMPLO: ¿Le escribes cartas? ⟶ **No, nunca le escribo.**

1. ¿Le dices que debe venir a los Estados Unidos? ⟶
2. ¿Le dices que la quieres? ⟶
3. ¿Le preguntas qué quiere para su cumpleaños? ⟶
4. ¿Le regalas muchas cosas? ⟶
5. ¿Le pones telegramas? ⟶
6. ¿Le escribes a menudo? ⟶
   —¡Hombre! ¿Cómo esperas que ella te quiera?

Option: give *nada.*

B. En Cozumel. *Cuando Jorge y su esposa están en Cozumel, México, un turista inglés les pide ayuda para solucionar un problema con su cuarto (room) del hotel. Jorge hace de intérprete. ¿Qué dice Jorge?*

EJEMPLO: He wants to ask you for something special. ⟶ **Quiere pedirle algo especial.**

1. He wants to ask a favor of you. $\longrightarrow$
2. He sent you a letter in April. $\longrightarrow$
3. He explained to you that he needs a big room. $\longrightarrow$
4. But now they give him a small room. $\longrightarrow$
5. He wants to tell you that he is going to leave the hotel, if you don't give him the big room. $\longrightarrow$
6. Who can help him with this problem? $\longrightarrow$

Written preparation could be helpful.

Comunicación

A. Seamos amables. *Usen los elementos dados y creen frases amables y corteses para comunicarse con su profesor.*

EJEMPLO: ¿Le llevo/llevamos los materiales a la clase?

	llevar	los libros a la clase?
	ayudar	con esos materiales?
	conseguir	ayuda en el centro de lenguas?
¿Le(s)	escribir	los verbos en la pizarra?
	hacer	todos estos ejercicios?
	mandar	las composiciones a la oficina?
	pedir	la grabadora al coordinador?
	?	?

B. Mis amigos. *Creen frases originales para hablar de sus relaciones con sus amigos.*

EJEMPLO: Le doy muchos regalos a mi amiga Vera.

Joe siempre me presta unos dólares a fin de mes.

presentar muchas chicas/mandar telegramas/escribir cartas/pedir los ejercicios/consultar mis problemas/prestar algo de dinero/decir mis planes/dar regalos/pedir ayuda/?

El pretérito de *ir* y *ser*

Hablando del pasado

In the preterite the verbs **ir** and **ser** are identical in form. No confusion occurs because the context always makes the meaning clear. In addition, *ir* forms are generally followed by *a*.

Study the verb forms and compare the sentence meanings in the following tables:

Pretérito de Ir

Fui a Acapulco.	*I went to Acapulco.*
Fuiste de compras.	*You went shopping.*
Fue a visitarlo.	*He/she went to visit him.*
Fue a estudiar.	*You went to study.*
Fuimos de paseo.	*We went for a walk.*
Fuisteis a Madrid.	*You went to Madrid.*
Fueron a clases.	*They went to classes.*
Fueron de compras.	*You went shopping.*

Pretérito de Ser

Fui buena alumna.	*I was a good student.*
¿**Fuiste** empleado?	*Were you an employee?*
Fue feliz.	*He/she was happy.*
Fue el primero.	*You were the first.*
Fuimos alumnos allí.	*We were students there.*
¿**Fuisteis** supervisores?	*Were you supervisors?*
Fueron famosas.	*They were famous.*
¿**Fueron** amigos?	*Were you friends?*

Remind students that subject–adjective agreement is necessary with *ser*.

Preparación

A. *Cambien las expresiones en itálica por las dadas y hagan los cambios necesarios en el verbo y los adjetivos.*

1. *Ella* fue su novia.   ellas/usted/ustedes/él
2. (*Yo*) fui responsable.   tú/ustedes/nosotras/ellos
3. Dicen que *él* fue a la boda.   usted/tú/ellos/ellas
4. Parece que *ésa* fue muy larga.   ésos/ése/ésas
5. *La película* fue interesante.   los libros/las clases/
                                            las ciudades/el viaje
6. *El examen* fue mejor.   la clase/el cantante/
                                            la ceremonia

B. *Cambien las expresiones en itálica por las dadas y hagan los cambios necesarios en el verbo.*

1. ¿Fue *usted* a Caracas?   la niña/ellas/tú/los chicos
2. (*Nosotros*) no fuimos al cine.   Mónica/yo/ellos/tú
3. ¿Fuiste (*tú*) agente de viajes?   usted/ellas/nosotros/él
4. ¿*Se* fueron a Los Angeles?   te/se/nos
5. *Me* fui de compras.   nos/te/se
6. *Te* fuiste en carro.   me/te/se/nos

Transición

A. Antes de la boda. *La madre de George Rodríguez se preocupó de organizar la ceremonia y la fiesta de la boda. Digan qué le contestaron cuando ella preguntó lo siguiente:*

EJEMPLO: ¿Fueron a comprar las flores? (Sí, ellos) ⟶ **Sí, ya fueron.**

1. ¿Fueron a buscar a mis amigas? (Sí, nosotros) ⟶
2. Manuel, ¿fuiste a comprar la champaña? (Sí, yo) ⟶
3. ¿Fueron a llamar al cura? (Sí, ellos) ⟶
4. Lupe, ¿fuiste a comprar las flores? (Sí, yo) ⟶
5. Niñas, ¿llevaron las flores a la iglesia? (Sí, nosotros) ⟶
6. ¿Fueron a llamar a la abuela? (Sí, ellas) ⟶

Discourage the use of subject pronouns.

B. Después de la boda. *La esposa de George, Carmen, le cuenta a sus amigas sobre el viaje de bodas. ¿Qué dice?*

EJEMPLO: Irnos al aeropuerto. ⟶ **Nos fuimos al aeropuerto.**

1. Irnos en Mexicana de Aviación. ⟶
2. Ser la primera pareja en llegar. ⟶
3. Irnos a Cozumel. ⟶
4. Ir a las ruinas mayas. ⟶
5. El viaje ser muy interesante. ⟶
6. Ir a restaurantes muy buenos. ⟶
7. Irnos a Ciudad de México después. ⟶
8. El viaje de bodas ser maravilloso. ⟶

Mario A. Parada P.   *Kay Pynn de Haas*
Eliana Meyer de Parada

Participan a Ud.(s) el matrimonio de sus hijos

Carmen Eliana   y   Kevin John

y tienen el agrado de invitarle a la ceremonia cívil que se efectuará en casa de la novia el Sábado 7 de Marzo a las 19 horas.

Comunicación

¿Adónde fueron? *Digan adónde fueron el fin de semana pasado o cuando viajaron recientemente.*

Ir a un viaje con la clase de geología/de? . . . .
Ir al cine y después a bailar
Ir a una fiesta en casa de . . . .
Ir a una boda en . . . .
Ser fantástico/estupendo . . . .

La comparación de adjetivos, adverbios y sustantivos

Comparando las cosas

To compare two groups, things, or individuals, English uses suffixes (faster, longer), or the *more/less than* construction. Spanish uses the following constructions:

A. To compare adjectives or adverbs:

más importante **que** ⟶ more important than
tan importante **como** ⟶ as important as
menos importante **que** ⟶ less important than
más frecuentemente **que** ⟶ more frequently than
tan frecuentemente **como** ⟶ as frequently as
menos frecuentemente **que** ⟶ less frequently than

Este cine de la calle
Alvarado de Los Angeles
da películas en español.

B. To compare nouns:

> Hay **más** chicanos **que** en California.
> Hay **tantos** chicanos **como** en California.
> Hay **menos** chicanos **que** en California.

Point out that agreement is
  necessary with the word
  tanto.

C. The adjectives **bueno/malo,** and the adverbs **bien/mal** have irregular comparative forms that you already know:

> bueno/bien ⟶ **mejor** (good/well ⟶ better)
> malo/mal ⟶ **peor** (bad ⟶ worse)

Indicate that the only
  difference between
  comparing adjectives,
  adverbs and nouns is in the
  equality statement.
Adjective/adverb:
  tan . . .como
Nouns: tanto(s) . . .*como*

In any of the above cases, the second part of the comparison can be omitted if necessary.

> Hay más chicanos aquí y estos grupos son más activos.

Preparación

A. *Cambien la expresión en itálica y hagan los cambios necesarios en el verbo y el adjetivo.*

1. Escribe tan *mal* como ella.   bien/rápido/a menudo
2. *Felipe* está más ocupado que   ellos/nosotros/tú/yo
   Carlos.
3. *Yo* no soy tan alta como Irene.   ellas/tú/nosotras/usted
4. *La boda* fue más estupenda.   las fiestas/la ceremonia/el cum-
                                           pleaños
5. *Esa gente* es menos intere-   esas películas/esos señores/ese
   sante.   curso
6. No hay tantos *inmigrantes*   gente/alumnas/trabajadores
   como allá.
7. Hay menos *problemas* que en   confusión/habitantes/buses
   Nueva York.

B. *Contesten estas preguntas según el ejemplo.*

EJEMPLO: ¿Es verdad que Sonia es más trabajadora que él? (No, . .
         menos) ⟶ **No, es menos trabajadora que él.**

1. ¿Es tan acomodado como ellas? (No, ... menos) ⟶
2. ¿Es más rubio que tu papá? (No, ... tan) ⟶
3. ¿Dicen que ese idioma no es tan difícil? (No, ... más) ⟶
4. ¿Dicen que su novio es tan afectuoso como ella? (Sí, . . .) ⟶
5. ¿Dicen que ella es más linda que la novia? (No, . . . tan) ⟶
6. ¿Es verdad que este curso es peor que el otro? (No, . . .
   mejor) ⟶
7. ¿Es verdad que ellos son más guapos que tu amigo? (No, . . .
   menos) ⟶
8. ¿Es verdad que Roberto está menos entusiasmado que Berta? (No,
   . . . más) ⟶

Transición

¡Qué exagerado! *En Estados Unidos son los texanos los que tienen la reputación de exagerar. En el mundo hispano, son los andaluces, los argentinos y los cubanos—entre otros . . . . Eva Pinto hace de intérprete para un argentino que visita Nueva York. Ayuden a Eva a traducir las frases del Señor Franciulli al inglés.*

1. Nuestra casa es más linda que esas casas.
2. Nuestra Avenida 9 de Julio es más larga que Broadway.
3. Buenos Aires es mucho más fascinante que esta ciudad.
4. La Argentina es tan importante en Sudamérica como Estados Unidos en Norteamérica.
5. Mi auto Fiat es mejor que su Buick.
6. En la Argentina comemos mucho mejor comida que en este país.
7. Tengo menos amigos que usted, pero son mejores amigos.

Comunicación

Preguntas/Entrevista. *Contesten estas preguntas o úsenlas para conversar con otro estudiante.*

1. ¿Piensas que es mejor estudiar que trabajar?
2. ¿Es mejor trabajar en la universidad que en un restaurante o tienda?
3. ¿Qué curso es más difícil para ti?
4. ¿Qué es más difícil para ti, el inglés o el español?
5. ¿Es más difícil el español que los otros cursos?
6. Para ti, ¿son más difíciles las matemáticas que los idiomas?
7. ¿Tienes tanto trabajo al principio como al fin del semestre?
8. ¿Qué semestre es más difícil para ti? ¿El de otoño o el de primavera?
9.   ?

Aplicación

El mundo hispano en los Estados Unidos

Según las estadísticas° más recientes, en el mundo hay más de 240 millones de personas que hablan español. Por ejemplo, en México hay 65 millones de personas; en España, 37 millones; en Argentina, 27; en Colombia, 26; en Perú, 17; y en los Estados Unidos hay unos 16 millones de hispanos. Estimaciones basadas en las estadísticas pre-

statistics

Data are 1982 figures which were rounded off.

dicen que los Estados Unidos van a tener 20 millones de habitantes de origen hispano en 1985. Actualmente°, 60 por ciento de ellos son chicanos (méxico-americanos); 15 por ciento son puertorriqueños; 7 por ciento son cubano-americanos y los otros son dominicanos, colombianos, ecuatorianos, peruanos, etc.

    ahora

    U.S. Hispanics' data does not include some 8 million illegal aliens.

Los hispanos de los Estados Unidos forman un grupo étnico importante porque son muchos millones de personas—más habitantes que en Venezuela, por ejemplo—y porque viven en ciudades donde es fácil mantener su idioma y sus costumbres. San Antonio, Los Ángeles, Albuquerque, Chicago, Nueva York, Miami, Tampa tienen grandes concentraciones de habitantes hispanos. En realidad, muchos hispano-norteamericanos no son inmigrantes recientes y actualmente viven en su región o ciudad de origen, donde siempre hablaron español. Muchos grupos chicanos, por ejemplo, han vivido° en el suroeste por muchos siglos y hablan español desde el tiempo de los misioneros españoles (siglos XVI y XVII). Los cubano-americanos de la Florida y los neorriqueños[1] de Nueva York son los otros dos grupos importantes.

    have lived

Aunque los puertorriqueños, los cubano-americanos y los chicanos tienen la misma° lengua y las mismas estructuras familiares, religiosas y sociales, hay diferencias entre ellos. Son diferentes el dialecto de español que hablan, el menor o mayor° grado de hispaninglés[2] o Spanglish que usan y el nivel° de educación y la posición social que tienen. En realidad, hay hispanos de todos tipos: algunos tienen problemas para adaptarse, otros viven en su estado de origen; unos transformaron la ciudad adonde llegaron (Miami) y otros piensan que están aquí sólo por unos años.

    same

    greater
    level

Además de° las diferencias ya mencionadas, a cada grupo lo identifica una preocupación fundamental. A los cubanos les preocupa° la lucha° contra Fidel Castro y el comunismo; a los puertorriqueños, la decisión entre ser un estado libre asociado°, un estado de los Estados Unidos o un país independiente; y a los chicanos les preocupan sus derechos° sociales y laborales°.

    in addition to
    it worries them
    fight
    Commonwealth

    rights/*del trabajo*

Así° es el mundo hispano en los Estados Unidos. En ciudades y campos y en los mundos de la moda° (Oscar de la Renta), de la política (Herman Badillo, Mauricio Ferré, Henry Cisneros, Manolo Reboso), de la publicidad (Sergio Aragonés), del cine (Eric Estrada, Ricardo Montalbán) y del deporte (Nancy López Melton, César Cedeño), los hispano-norteamericanos trabajan por un futuro mejor para ellos y para sus hijos.

    éste
    fashion

---

[1] From *neoyorquino* (*New Yorker*) and **puertorriqueño**.
[2] Typical Spanglish (hispaninglés) terms: **el fríser, el londri, el boyfrén, el elevador, bráun, rentar, lunchar, ir shópin, fixear.**

(*arriba izquierda*) El demócrata Herman Badillo atrae muchos votos en Nueva York.
(*abajo izquierda*) Este chicano es un astro de la televisión. ¿Cómo se llama?
(*derecho*) Nancy López Melton sí que sabe dónde poner la bola, ¿no?

Comprensión de la lectura

Contesten las siguientes preguntas sobre la lectura

1. ¿Cuántos millones de personas hablan español en el mundo?
2. ¿Cuántos millones de hispano-norteamericanos van a tener los Estados Unidos en 1985?
3. ¿Qué porcentaje de hispano-norteamericanos es menor ahora?
4. ¿Por qué es fácil para los hispano-norteamericanos mantenerse como un grupo étnico importante?

5. ¿De dónde son muchos chicanos, neorriqueños y cubano-americanos originalmente?
6. ¿En qué se diferencian los grupos hispano-norteamericanos?
7. ¿Qué preocupa a estos grupos actualmente?
8. ¿Conoce usted a alguno de los hispanos mencionados?

El idioma español en el mundo

La influencia del español

Debido a (*due to*) la presencia hispánica en el suroeste, hay muchas palabras españolas que se usan (*are used*) en el inglés. Además de los nombres de muchas ciudades y estados (*San Diego, El Paso, Río Grande, Amarillo, Santa Fe, Sierra Nevada, Colorado, Nevada, Montaña, Florida*), usamos el español cuando decimos: tornado, sierra, mesa, pueblo, hombre, macho, bandido, sombrero, desperado, incommunicado, pronto, peso, lasso, etc.

Los publicistas también usan el español cuando quieren darles nombres exóticos a los autos y otros artículos: Matador, El Dorado, El Camino, Granada, Córdoba, Suave, Toro, Duro, etc.

Comunicación

A. Las grandes ciudades. *Usen estas preguntas para conversar sobre las grandes ciudades.*

1. ¿Sabes qué ciudad es más grande, Nueva York, Tokio o Ciudad de México?
2. ¿Puedes nombrar las ciudades más grandes del mundo hispano?
3. ¿Sabes en qué ciudad norteamericana hay más puertorriqueños?
4. ¿Sabes en qué ciudad hay más cubano-norteamericanos?
5. ¿Cuáles son las ciudades más grandes de los Estados Unidos?
6. ¿Qué ciudad grande preferirías para estudiar o trabajar?
7. ¿En qué ciudades hay menos delincuencia y menos problemas de transporte?

Point out that, on the average, the urban population is bigger than the rural population in most countries.

B. ¿De acuerdo o no? *Expliquen por qué están o no están de acuerdo con estas afirmaciones.*

1. Hay muchos americanos de origen hispano.
2. Para ser felices debemos vivir con gente de nuestra cultura.
3. Los hispanos vienen a los Estados Unidos por unos años.
4. La comida norteamericana es mejor que la mexicana.
5. En otros países la población es más homogénea.
6. No hay chicanos en el medio-oeste.

Encourage original answers and remind students of *no sé.*

C. Hablando del pasado. *Usando el vocabulario de éste y de otros capítulos y el pretérito, hablen de uno de los tópicos dados.*

Option: write 1 or 2 paragraphs on topics.

El día que visité Filadelfia/Los Angeles/Miami/?
La boda de . . . .
Mi fiesta de cumpleaños.
        ?   ?

D. Los hispano-norteamericanos. *Describan a una persona o a un grupo hispano de su comunidad. Trabajen en grupos.*

EJEMPLO: **La señora Mercedes Gómez es cubana.**
              Vive en . . . . y trabaja en . . . . Llegó de Cuba en 1961.
              Su hija es cubano-americana.

Entonación

Las exclamaciones y el acento

Las exclamaciones. As you may have noticed already, exclamations are very common in Spanish and saying them with good intonation will help you acquire a good Spanish «accent.»
Exclamations have falling or descending intonation.

Ejercicio 1

Practiquen repitiendo las siguientes exclamaciones.

¡Hombre!   ¡Ay, Dios!

¡Qué sorpresa!   ¡No quiero!

¡Es increíble!   ¡Qué terrible!

¡Fantástico!   ¡Mil gracias!

¡Estupendo!   ¡Dígame!

¡Qué lindo!   ¡Hay tanta gente!

¡Qué espanto!   ¡Mejor me voy!

¡Qué horrible!   ¡Tanto peor!°   too bad!

El acento. In Spanish and English stress shift can change the meaning of words. Compare the following pairs:

óbject/objéct
éxport/expórt

ésta/está
(yo) trabajo/(él) trabajó
la ópera/la opera (he operates it)

✤ Ejercicio 2

Lean estas frases, prestando atención al acento del verbo.

1. ¿Qué pasó en la calle?

2. Él ya viajó ayer; yo viajo hoy.

3. ¿Cuándo llegó la carta? Yo llego mañana.

4. Siempre me llevo sorpresas; él se llevó una sorpresa grande también.

   ¡Qué espanto!

Vocabulario

NOMBRES

la boda   *wedding*
el cuarto   *room*
el cumpleaños   *birthday*
el cura   el sacerdote/*priest*
el derecho   *right*
la lucha   *fight*
el nivel   *level*
la parroquia   *parish church*
la población   *population*
el promedio   *average*
el suroeste   *southwest*
la tierra   *el país*

ADJETIVOS

maravilloso   *wonderful*
mayor   *greater*   Indicate that **mayor** is *alcalde*.
mismo   *same*

VERBOS

buscar   *to look for*
llegar (a)   *to arrive (in)*
mandar   *to send*
matarse   *suicidarse*
pasar   *to happen/to spend time*
pedir (i)   *to ask for/to order*
pensar (ie)   *to think/to believe*
regalar   *to give gifts*

OTRAS EXPRESIONES

actualmente   *ahora*
además de   *in addition to*
aunque   *although*
fíjate   *imagine*
llevarse una sorpresa   *to have a surprise*
más de   *more than*
por todas partes   *everywhere*
tampoco   *neither*

ayer   *yesterday*
el año pasado   *last year*
el mes pasado   *last month*
nunca   *never*

COGNADOS

el autor	la diferencia	absolutamente
la ceremonia	la enfermería	fantástico
la cultura	la escuela	increíble
el chicano	las estadísticas	mantener(se)
el dialecto	la estructura	preocupar
	el habitante	
	el millón	
	la misión	

La moda

Introducción

Los colores y la personalidad

Los colores hablan de nuestra personalidad. Unos reporteros de la revista TÚ, publicada en Miami, les preguntaron a varios chicos qué colores prefieren para analizar su personalidad.
   Estos son los resultados:[1]

ME FASCINA° EL ROJO°.   Eres impulsiva, generosa, enérgica y optimista.   fascinates/red
Te gustan° los deportes. Una persona «azul» puede hacerte feliz°.   you like/happy
ME GUSTA° EL AZUL.   Te gusta la soledad°. Te fascina estar tranquilo   I like/solitude
   en casa. Tienes la habilidad de reconocer la creatividad de otra gente
   y eres muy estable. Tu pareja° ideal prefiere el negro.   mate
ME FASCINA EL MORADO°   Eres ingeniosa° y tienes un gran sentido° del   purple/witty/sense
   humor. Eres una intelectual brillante. Siempre tendrás admiradores°   admirers
   y . . . enemigos°. Si quieres ser feliz, necesitas una persona «verde».   enemies

---

[1] Extractado y adaptado de un artículo de Alicia Aravena aparecido en la revista TÚ de Miami en julio de 1981.

¿De qué «colores» son estas personas?

ME ENCANTA° EL BLANCO. Eres muy honesto. Te gusta lo que° ofrece la vida y eres muy realista y práctico. Tu pareja ideal prefiere el amarillo°, la filosofía y la meditación y es muy idealista.   *I love/what*

yellow

SI TE GUSTA EL ROSA°. . . . . . eres suave y cariñosa°. Tienes muchos amigos y ellos te buscan cuando tienen un problema que resolver. Tienes un especial magnetismo con los niños. A tu pareja ideal le gusta° el azul.   *pink/afectuosa*

likes

¿TE FASCINA EL NEGRO? Eres sofisticado y tienes una inteligencia superior a lo normal. Te gusta todo lo moderno y tu vida cambia constantemente. ¡Te fascina la competencia°! Tu pareja ideal prefiere el azul.   *competition*

SI TE GUSTA EL VERDE . . . . . . eres tolerante y siempre deseas ayudar a otras personas. Eres muy amable y metódico. La gente confía° en ti. Tu mejor pareja sería alguien «rojo».   *trusts*

Comprensión de la lectura

Completen estas frases según la información contenida en la lectura.

1. Los chicos que prefieren colores oscuros son muy . . . .
2. Si tienes un problema, le puedes pedir ayuda a una persona rosa o a una . . . .
3. Para tener una conversación ingeniosa debemos buscar a un . . . .
4. Si te gusta el azul eres una persona . . . .
5. Los niños quieren mucho a una persona que le gusta el . . . .
6. A la gente generosa, impulsiva y deportiva le gusta el color . . . .
7. Si te gusta el amarillo eres una persona . . . .

Y a usted, ¿qué le gusta?

Digan ustedes qué colores prefieren y conversen con otros estudiantes.

¿Qué color te gusta?
Todas mis cosas son. . . .
Tengo mucha ropa de color. . . .
Me encantan los colores neutros porque. . . .
Me fascina el rojo porque. . . .

Point out that *moreno* and *castaño* are used to describe complexion or hair color only (c.f. Chapter 5).

Expresiones útiles (Ver los dibujos en página 164.)

Me encantan los *jeans* (pantalones)/faldas°/trajes° verdes . . .   *skirts/suits*
En mi cuarto casi todo es amarillo/gris°/beige/marrón . . .   *grey*
Soy pelirrojo(a)°/moreno(a)/rubio(a) y me gusta el color . . .   *red haired*
Me compré una camisa°/camiseta°/zapatos°/un vestido°/un suéter . . .   *shirt/tee shirt/shoes/dress*

falda

camisa

camiseta

shorts

pantalones

chaqueta

vestido

zapatillas

zapatos

traje para correr

David Alfaro Siqueiros con un amigo en un club
que él decoró.

Nota de interés

Los colores en el continente americano

Hispanoamérica es una tierra multicolor que va desde la policromía
de México, Guatemala, la América Central y el Caribe hasta los azules,
grises y marrones de las frías provincias del sur de la Argentina y
Chile.

Muchos pintores representan estas diferencias en sus cuadros
(paintings) y murales y son famosos Diego Rivera, David Alfaro Siqueiros, José Clemente Orozco y Rufino Tamayo (mexicanos); Wil-
fredo Lam (cubano); Fernando Botero (colombiano); Roberto Matta
(chileno); y Emilio Pettoruti (argentino).

Pretérito de la 2ª y 3ᵉʳᵃ conjugaciones

Hablando del pasado

As you already know, the preterite is used to describe past actions and events that ended in the past. In general, the actions referred to *were completed* at a specific point of time in the past.

Le escribí la semana pasada.	*I wrote him last week.*
Le compramos un traje ayer.	*We bought her a suit yesterday.*

Preterite endings of -er and **ir** verbs are identical and are given in the chart below.

Pretérito de Conocer (to meet; to be acquainted with)	**Pretérito de Escribir**
conocí *I met*	escribí *I wrote*
conoc**iste**	escrib**iste**
conoc**ió**	escrib**ió**
conoc**imos**	escrib**imos**
conoc**isteis**	escrib**isteis**
conoc**ieron**	escrib**ieron**

Note that -**ir** stem-changing verbs (e ⟶ i; e ⟶ ie) change from e to i in the third person forms of the preterite.

pedir ⟶ pedí, pediste, *pidió,* pedimos, pedisteis, *pidieron*
preferir ⟶ preferí, preferiste, *prefirió,* preferimos, preferisteis *prefirieron*
(con)seguir ⟶ seguí, seguiste, *siguió,* seguimos, seguisteis, *siguieron*

Preparación

A. *Cambien las formas en itálica por las dadas.*

1. Me *vestí* de rojo.   se vistió/nos vestimos/se vistieron

2. Le *pedimos* una camisa.   pedí/pidió/pediste/pidieron
3. *Prefirió* esa falda.   preferí/preferiste/prefirieron/preferimos
4. *Conseguí* el amarillo.   consiguió/conseguiste/consiguieron

Point out that in English "in red" translates *de rojo.*

✺ **B.** *Cambien el pronombre y den la forma verbal correspondiente.*

1. *Ella* salió a comprar.   yo/tú/nosotros/usted
2. *Usted* no pidió vino, ¿no?   ustedes/tú/ella/ellos

3. *Luisa* discutió con él.　　nosotras/ustedes/yo/ella
4. *Él* nunca le escribió.　　ustedes/tú/yo/nosotros
5. *Me* conseguí el préstamo.　　te/se/nos
6. *Ustedes* decidieron irse.　　ella/yo/usted/ellos

Transición

A. La tía rica. *Olguita salió con su tía rica, Doña Leonor, y pasó (spent)
un día increíble porque comió mucho y compró muchas cosas. Digan
qué contesta Olguita a las preguntas de sus amigas Chabela y Nené.*

EJEMPLO: ¿Qué conseguiste? (una camiseta por $2 dólares) ⟶ **¡No tienes
idea! Conseguí una camiseta por $2 dólares.**

1. ¿Qué le pediste a tu tía? (un traje muy caro) ⟶
2. ¿A quién conociste en el centro? (a un muchacho estupendo) ⟶
3. ¿Qué pidieron en el restaurante? (el bistec más caro) ⟶
4. ¿Qué comiste después? (una torta sensacional) ⟶
5. ¿Siguieron comprando por la tarde? (sí, hasta las 8) ⟶   If students ask, help with #5.
6. ¿A quién viste en el centro? (a Jorge con Aníbal) ⟶

Para conseguir ropa de moda es mejor ir a las
tiendas de la calle Florida en Buenos Aires.

B. **Una vuelta por el centro.** *Luis Andrés está de visita en Madrid (él es de las Islas Canarias) y le escribe a su familia para contarles todo. ¿Qué les dice?*

EJEMPLO: Conocer a unas chicas sensacionales. ⟶ **Conocí a unas chicas sensacionales.**

1. Ver muchas películas nuevas. ⟶
2. Conseguir visitar varios museos. ⟶
3. Comer platos típicos. ⟶
4. Beber vino del norte. ⟶
5. Escribir unas cartas ayer. ⟶
6. Conocer el Paseo La Castellana. ⟶

Comunicación

A. **De compras por el centro.** *Creen frases originales sobre la última vez que ustedes fueron de compras. Usen las expresiones dadas para empezar la conversación y luego agreguen sus frases originales.*

EJEMPLO: **Fui al Jumbo y conseguí un suéter azul muy barato.**

	un suéter azul/amarillo/gris	
	unos *jeans* elegantes	
Comprar	una blusita rosa	muy barato(a)
	unos pantalones caros	en el centro
Conseguir	un traje estupendo	al centro
	? ?	en una liquidación
	de compras y a comer	para la boda
Salir	a dar una vuelta y a mirar	para la graduación
	a buscar unas blusas/camisas	para la universidad
	comprar un vestido de mañana	? ?
Decidir	comprar un traje de tres piezas	
	? ?	

B. **Entrevista/conversación.** *Usen estas preguntas para conversar con otros estudiantes.*

1. ¿Te preocupaste de tu dieta ayer?
2. ¿Qué comiste?
3. ¿Qué bebiste?
4. ¿Qué comida compraste en la máquina?
5. ¿Saliste de paseo para hacer ejercicio?
6. ¿Cuántos kilos conseguiste perder?

In exercises A and B emphasis is on first and second persons because of frequency.

Pretéritos irregulares: el grupo i/j

Hablando del pasado

Many commonly used verbs have irregular preterites. Study the following group.

Preterites of hacer, venir, and decir

Hacer		Venir		Decir	
hice	*I did/made*	vine	*I came*	dije	*I said/told*
hiciste		viniste		dijiste	
hizo		vino		dijo	
hicimos		vinimos		dijimos	
hicisteis		vinisteis		dijisteis	
hicieron		vinieron		dijeron	

Similar to *hacer* is *querer: quise, quisiste, quiso, quisimos, quisisteis quisieron*
Similar to *decir* are:

traer (to bring): traje, trajiste, trajo, trajimos, trajisteis, trajeron
traducir (to translate): traduje, tradujiste, tradujo, tradujimos, tradujisteis, tradujeron
dar (to give) is also irregular: *di, diste, dio, dimos, disteis, dieron*

Preparación

A. *Cambien la forma en itálica por la dadas y repitan la frase.*

1. Te *hiciste* un traje.   hice/hizo/hicimos/hicieron
2. Le *di* los pantalones.   diste/dio/dimos/dieron
3. *Vino* ayer.   vine/viniste/vinimos/vinieron
4. No *quisieron* la blusa.   quise/quisiste/quiso/quisimos
5. *Dijeron* que ya vienen.   dije/dijiste/dijo/dijimos
6. *Trajimos* los zapatos.   traje/trajiste/trajo/trajeron

B. *Cambien el pronombre en itálica y hagan los cambios necesarios en el verbo.*

1. (*Ella*) me trajo el suéter.   ellos/él/usted/tú
2. (*Ustedes*) dijeron eso.   tú/yo/ella/nosotros
3. (*Yo*) le di esta falda.   tú/usted/nosotras/ustedes
4. (*Usted*) vino de amarillo.   yo/tú/ellas/él
5. (*Yo*) hice ese vestido.   tú/él/nosotros/ustedes

C. *Contesten estas preguntas según se indica en el ejemplo.*

EJEMPLO: ¿Qué trajiste? (mi vestido morado) ⟶ **Traje mi vestido morado.**

1. ¿Qué trajiste hoy? (mis notas) ⟶
2. ¿Cuando diste el examen? (lo, ayer) ⟶
3. ¿Qué hicieron después? (la comida) ⟶
4. ¿A qué hora vinieron? (a las 3) ⟶
5. ¿Qué le dijiste? (hola, ¿qué tal?) ⟶
6. ¿Qué quiso de comida? (tacos) ⟶
7. ¿Qué le dijiste a Álvaro? (que mamá está aquí) ⟶

Transición

A. ¡Qué descaro! *La señora Rodríguez está furiosa porque su hijo Jorge salió y volvió a las tres de la mañana. ¿Qué preguntas le hace a Jorge?*

EJEMPLO: ¿Adónde/ir? ⟶ **¿Adónde fuiste?**

1. ¿Quién te/dar/permiso para salir? ⟶
2. ¿Qué le/decir/a tu papá? ⟶
3. ¿Qué/hacer/en la casa de Arnoldo? ⟶
4. ¿Por qué/venir tus amigos/a casa después? ⟶
5. ¿Qué/traer ustedes/de beber? ⟶
6. ¿Por qué no/me decir/todo antes? ⟶

B. Un mensaje. *La mamá de Rodrigo lo llamó pero él no está en casa y Anita debe transmitirle el mensaje. ¿Qué le dijo Anita a Rodrigo?*

Written preparation could be helpful.

EJEMPLO: Elena se fue a Chicago. (tu mamá/me) ⟶ **Tu mamá me dijo que Elena se fue a Chicago.**

1. Carlitos está enfermo. (ella/me) ⟶
2. Tu papá fue a comprar un carro. (ella/me) ⟶
3. El carro es muy caro. (ella/me) ⟶
4. El banco sólo les prestó $1.000. (ella/me) ⟶
5. Roberto necesita el traje azul. (ella/me) ⟶
6. Amelia vino por los niños. (ella/me) ⟶

Comunicación

Las Navidades pasadas. *Usen estas preguntas para conversar sobre las Navidades pasadas.*

1. ¿Qué hiciste la Navidad pasada?
2. ¿Adónde fuiste para Navidad?
3. ¿Hicieron una fiesta?
4. ¿Hicieron comida especial?
5. ¿Qué te dieron tus amigos/tus padres?
6. ¿Qué les diste tú a ellos?
7. ¿Qué trajeron tus amigos de comer?
8. ¿Quiénes vinieron a casa a verte?

¿Qué le compró a Enrique
para su cumpleaños?

Algunos verbos útiles

Study these verbs:

    acabar de + *infinitive* ⟶ *to have just* + *participle*. Very useful
to refer to the recent past without using the preterite forms.
    volver a + *infinitive* ⟶ *to do something again*.
    saber *to know specific information (know how)* **yo** form: **sé**
    conocer(**a**) *to know/meet (someone); to be acquainted with.*
    yo form: **conozco**
    pedir(*e* ⟶ *i*) *to order (food); to request/ask for*
    preguntar *to ask a question*

Acabo de ver a Diana.	*I have just seen Diana.*
Volví a llamarlo hoy.	*I called him again today.*
Pedimos cerveza.	*We ordered/asked for beer.*
Me preguntó la hora.	*He asked me the time.*
Nunca la conocí.	*I never met her.*
Conozco Nueva York.	*I know New York.*
Sabe inglés y español.	*He knows English and Spanish.*
No sé si viene.	*I don't know whether he's coming.*

Preparación

Cambien la expresión en itálica por las dadas.

1. Acaba de *llegar*.
2. Pidieron *permiso*.

3. Me preguntó *cuándo llega*.
4. No sabe *hablar bien*.

5. ¿Conociste *al presidente*?

6. ¿Volviste a *verla*?

estudiarlo/leerlo/terminarlo/irse
cerveza/ayuda/atención/un
préstamo
la hora/si está aquí/mi nombre
hacer ropa/escribirla/jugar/
geometría
las montañas/al profesor/la Flo-
rida
leerla/comprarla/escucharla/
practicarla

Option: translate sentences.

Transición

A. Una visita al museo. *Gustavo le escribe a su esposa sobre su visita a un museo. ¿Qué le dice? Completen con uno de los verbos estudiados.*

Querida Aída:

Hoy _____ a visitar el museo, porque me gustó tanto el otro día

y _____ al director, el señor Hernández. Yo sé que a ti te gustan

los cuadros de Azócar y le _____ al señor Hernández si ellos

permiten fotografiarlos. Él dijo que no, pero es tan amable que hoy

_____ de recibir una copia del cuadro *El mar* para ti. Mañana le voy

a _____ una copia de *Las Niñas,* porque yo _____ que ese

cuadro te gusta más.

Te veré el domingo como dijimos.

Cariños,

Gustavo

B. Un alumno responsable. *Bart necesita terminar esta nota para su profesora de español, pero tiene problemas con algunos verbos. Ayúdenle a completarla.*

Querida señorita Susan:

Acabo de saber que mañana tenemos un examen y quiero _____

(saber/conocer) si debo estudiar los verbos irregulares. Si yo no puedo

volver, mi chica va a _____ (preguntarle/pedirle) la lista de

verbos que usted dio ayer. Yo no _____ (saber/conocer) si

podré venir esta tarde, porque mi profesor de química me acaba de

_____ (pedir/preguntar) ayuda para hacer una demostración en

el laboratorio.

Afectuosamente,

Bart

Comunicación

Amigos. *Usen estas preguntas para iniciar una conversación.*

1. ¿Dónde conociste a tu mejor amigo de la universidad?
2. ¿Qué favores le puedes pedir a él (ella)?
3. ¿Sabes a dónde quiere irse él (ella) después?
4. ¿Volviste a ir a la playa (el lago/el campo) con él (ella) este año?
5. ¿Qué acabas de regalarle?
6. ¿Le pediste su opinión antes de comprarle el regalo?

Deléitese. Con lo último de la moda. Con lo sensacional de los precios.

Los verbos como interesar/gustar

The verbs of the interesar/gustar group function like the verb *to interest* (*be interested in*) in English. In Spanish, however, the word order is different, because the object pronoun precedes the verb.

Compare:

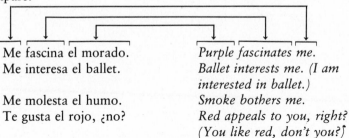

Me fascina el morado. *Purple fascinates me.*
Me interesa el ballet. *Ballet interests me. (I am interested in ballet.)*

Me molesta el humo. *Smoke bothers me.*
Te gusta el rojo, ¿no? *Red appeals to you, right? (You like red, don't you?)*

A. Note that the subject agrees with the verb as always.

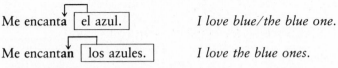

Me encanta el azul. *I love blue/the blue one.*

Me encantan los azules. *I love the blue ones.*

I.O. pronouns and emphatic phrases were presented in Chapter 8.

B. Indirect object pronouns and, frequently, an emphatic phrase precede the verb.

EJEMPLOS: —*A mí* **me** encanta el vestido verde. ¿Y a tu novio?
—*A él* **le** gusta el negro.

C. If an infinitive follows any of these verbs, the *gustar* verb appears in the singular form.

A nosotras nos gusta *comer* a las seis. *We like to eat at six.*

A ti te encanta *esquiar, ¿no?*   *You like to ski don't you?*
A ellos les fascina *ver*   *They love to watch movies.*
películas.

The following verbs follow the *interesar/gustar* pattern:

interesar/fascinar/gustar/molestar (*to bother*)/encantar

Preparación

A. *Cambien el verbo y repitan las frases.*

1. Me *interesa* la música rock.   gusta/encanta/fascina
2. No me *gustan* ésos.   molestan/interesan/fascinan
3. Les *fascina* trabajar aquí.   encanta/gusta/molesta

B. *Cambien la frase enfática y hagan los cambios necesarios en el pronombre.*

1. *A él* le encanta irse de compras.   a ustedes/a mí/a nosotros
2. *A mí* me molesta mucho el tráfico.   a él/a ellas/a ti/a usted
3. *A Martín* le gusta el negro.   a usted/a mí/a ti/a nosotras
4. *A todas ellas* les fascinan esos trajes.   a mí/a ti/a usted

C. *Cambien la expresión en itálica y hagan los cambios necesarios en el verbo.*

1. A Nena le gustan *las blusas.*   el traje/el sombrero/las faldas
2. A él le fascina *este viaje.*   las vacaciones/hacer «camping»/irse de excursión/la ropa
3. ¿No te gusta *esta persona?*   este auto/estos colores/ese modelo
4. Me encantan *los chicos metódicos.*   la chica rubia/los extranjeros/el español
5. Le interesa *la política.*   las matemáticas/el fútbol/la televisión

Transición

A. Los colores. *Un psicólogo entrevista a María Inés para analizar su personalidad según los colores que a ella le gustan. ¿Qué dice María Inés? Parece que el psicólogo no consigue mucho.*

EJEMPLO: A mí/gustar/todos los colores. ⟶ **A mí me gustan todos los colores.**

1. A mí/gustar/el rosa y el azul. ⟶
2. A mí/no gustar/los colores oscuros. ⟶
3. A mí/encantar/el morado para la noche. ⟶
4. En el verano/a mí/gustar/el amarillo. ⟶
5. Además, a mí/fascinar/ las blusas blancas también. ⟶

B. Un chico generoso. *Rolando se va a trabajar a Baja California y les da todas sus cosas a sus amigos. ¿Qué contestan los chicos cuando él les pregunta qué les gusta?*

EJEMPLO: ¿A quién le gusta mi camisa morada? (¡A mí . . . tanto!) ⟶ **¡A mí me gusta tanto!**

1. ¿A quién le gustan mis discos? (¡A mí . . . tanto!) ⟶
2. ¿A quién le gustan mis trajes elegantes? (¡A Eduardo . . . tanto!) ⟶
3. ¿A quién le interesa mi máquina de escribir? (¡A Nena . . . tanto!) ⟶
4. ¿A quién le gusta mi grabadora? (¡A nosotros . . . tanto!) ⟶
5. ¿A quién le interesan mis libros de español? (¡A mí . . . tanto!) ⟶
6. ¿A quién le interesa mi traje de correr? (¡A Tito . . . tanto!) ⟶

Comunicación

A. ¿Qué te gusta más? *Expresen sus preferencias creando preguntas y respuestas originales para conversar con los amigos.*

Help with instructions if necessary.

EJEMPLO: ¿Qué te gusta más, viajar o estar en casa? ⟶ **Me gusta más estar en casa, por supuesto.**

¿estudiar o trabajar?/¿leer o escribir?
¿escribir a máquina o a mano?/¿estudiar o
conversar?/¿comer o hacer la comida?
¿cantar o bailar?/¿esquiar o ir a la playa?/?

B. Sí, pero. *Digan qué les gusta y qué no les gusta usando elementos de la tabla.*

Me encanta escuchar música		no me gusta la música clásica
Me gusta la televisión		no me gusta el béisbol/sófbol
Me fascina esquiar		me molesta la violencia
Me gusta la ciudad	pero	me molesta el tráfico
Me interesa el dinero		me molestan los comerciales
Me fascinan los chicos		no me gusta el campo
Me encantan las chicas		no me gusta trabajar
Me encanta Nueva York/?		no me interesa . . . .
? ?		no me interesa el matrimonio
		no me interesa coleccionar discos
		? ?

C. Sensaciones. *Digan ustedes qué les gusta o interesa, completando las siguientes oraciones.*

1. En el invierno a mí me . . . .
2. En el verano nos . . . .
3. Por la tarde me . . . .
4. Por la noche a mí me . . . .
5. Por la mañana no me . . . .

Aplicación

La moda no incomoda[1]

Miami es un gran centro de compras para muchas familias hispanoamericanas que encuentran° grandes gangas° en sus tiendas. Fernando Manzano Moroso vino con su familia a hacer compras y ésta es la carta que le mandó a su amiga María Cristina de Ecuador.[2]	find/good buys

Querida María Cristina:

Hoy fue nuestro primer° día de compras en Miami y estoy totalmente exhausto. Mis hermanas° compraron tanta ropa que ya no sé cuántas maletas° vamos a necesitar para volver. Yo me compré unos *jeans* elegantes estupendos y unas camisetas con nombres de universidades norteamericanas—tú sabes que allá en nuestra tierra son tan populares. (Sí, también te busqué una muy linda para ti).

first
sisters
suitcases

A pesar del° enorme surtido° que vi en las tiendas, me di cuenta de° que los chicos de aquí se visten de una manera bastante simple y de que no les gusta «vestirse elegante» para ir a ninguna° parte. A ellos les encantan las zapatillas de tenis y los shorts a toda hora y los vi en shorts hasta en una fiesta que hicieron anoche°. Fíjate que nosotros fuimos bien arreglados° y el contraste fue un poco cómico, pero a ellos no les molestó. Ya ves, la moda no incomoda. Nos divertimos muchísimo.

despite/assortment
I realized
no

last night
dressed up

Me gustaron mucho las tiendas, por supuesto°, y me compré un traje para correr° sensacional y también shorts y camisetas para ir a patinar°. ¡Creo que no me vas a reconocer! Los patines° son mucho más baratos que allá y creo que mamá te va a llevar un par bien lindo para ti.

of course
jogging
skating/roller skates

Bueno, debo terminar ésta ahora, porque mi papá me acaba de decir que vamos a volver a salir. Hoy te buscaré las revistas de cine que me pediste.

¡Chao! Te recuerda,

Fernando

---

[1] People will wear whatever is fashionable.
[2] Adaptado de una carta de Fernando Manzano Moroso

En Barcelona, mucha gente se va de compras por la tarde.

Comprensión de la lectura

Digan si estas afirmaciones son verdaderas o falsas. Corrijan la frase si es falsa.

1. Los hispanoamericanos vienen a Miami porque todo es más barato allí.
2. Fernando está muy cansado hoy.
3. A los chicos no les gustan las camisetas norteamericanas.
4. A los chicos norteamericanos les encantan los *jeans* elegantes.
5. Los norteamericanos y los hispanos se arreglaron bien para ir a la fiesta.
6. La mamá de Fernando le compró patines a María Cristina.
7. Fernando también sale de compras por la tarde.
8. Fernando le va a llevar una camiseta y revistas a María Cristina.

Nota de interés

La moda no incomoda

Siempre impresiona al turista la informalidad con que visten los norteamericanos. Por el contrario, en los países hispanos la gente tiende (*tend*) a seguir la moda más estrictamente. En general, chicos y chicas se visten con gran cuidado (*care*) y formalidad cuando salen a dar una vuelta, a comer a un restaurante, a una fiesta o a visitar a alguna persona. Las chicas pueden ser muy «emancipadas», pero siempre se visten a la moda, muy «chics» y bien arregladas.

Los *jeans* o vaqueros y las camisetas son casi el «uniforme» de la gente joven, pero hay modas de vaqueros que van y vienen y es necesario estar «a la moda» siempre. La ropa a menudo indica el status social de la persona y por eso las normas son más rígidas.

¿Qué ''uniforme'' usan estos jóvenes costarricenses?

Comunicación

A. Las camisetas. *Escriban eslogans para poner en las camisetas. Para comenzar, pueden usar los lemas que escribieron en el capítulo 1.*

«me gusta conversar»/«me encanta el fútbol»/
«México, mi amor»/«arriba la gente joven»/
«tú y yo, en español»/?

B. De todos colores. *Digan qué colores prefieren y qué colores no les gusta combinar en su ropa o en sus cosas.*

EJEMPLO: Me encanta el morado, pero no me gusta combinarlo con marrón.

C. Proyectos. *Investiguen ustedes cuáles son los colores nacionales de algunos países hispanos.*

EJEMPLO: En Bolivia, los colores nacionales son rojo, amarillo y verde.

D. ¿Qué te gusta? *Conversen con sus amigos y pregúntenles si les gusta(n):*

los deportes/el cine/la filatelia/el ballet/la música
viajar/trabajar/estudiar idiomas/escuchar discos/mirar «tele»
escribir cartas/escribir poemas/escribir lemas
la ciudad/el campo/el *camping*/la playa/el lago
los coches/los estéreos/las grabadoras/las cámaras

E. Preferencias. *Digan ustedes qué harían ustedes en las siguientes situaciones y por qué.*

Encourage personal answers.

1. Hay tres chicos(as) que quieren salir con usted. ¿Con quién saldría Ud.?
   a. un(a) chico(a) que se viste bien, pero no es muy guapo(a)
   b. un(a) chico(a) que se viste mal, pero que sabe muchas cosas
   c. una persona tolerante y tranquila, a quien conoce muy bien
   d.   ?

2. ¿Qué compañero(a) de cuarto le gustaría más?
   a. un(a) chico(a) generoso, optimista y trabajador, pero impulsivo(a)
   b. un(a) chico(a) realista, práctico y metódico, pero no muy tolerante
   c. un(a) chico(a) muy inteligente, pero sin sentido del humor
   d.   ?

3. Usted busca un vestido/traje. ¿Cuál compraría?
   a. uno barato y bueno, pero no del color que le gusta
   b. uno del color ideal, pero muy caro y sofisticado
   c. uno de su color favorito, pero no de moda
   d.   ?

4. Lo(a) invitan a un restaurante a almorzar; ¿qué se pondría usted?
   a. la ropa de todos los días
   b. se arreglaría bien y se pondría un traje/vestido de moda
   c. se pondría ropa deportiva, *jeans* y camisa/blusa
   d.   ?

5. Lo (la) invitan a tres fiestas diferentes para el Año Nuevo. ¿A cuál iría?
   a. a la fiesta donde está su grupo de amigos más queridos
   b. a la fiesta donde podría conocer a otra gente
   c. a la fiesta más elegante, para ponerse su ropa nueva
   d.   ?

6. Lo (la) invitan a pasar el fin de semana a una ciudad grande. ¿Qué ropa llevaría?
   a. ropa muy cómoda, *jeans,* camisetas y zapatos cómodos
   b. ropa nueva para salir a dar una vuelta
   c. ropa *chic* para salir de compras
   d.   ?

7. Los chicos del grupo deciden ir al cine. ¿Qué hace usted?
   a. se cambia de ropa y se arregla rápidamente
   b. sale con la ropa que tiene en ese momento
   c. se cambia la blusa/camisa, porque el color no es muy lindo
   d.   ?

8. Hay unos chicos que quieren conocerlo(a). ¿A quién preferiría conocer?
   a. a los chicos que no conoce en absoluto
   b. a los chicos que ya vio en la universidad
   c. a los chicos que son amigos de sus amigos
   d.   ?

Pronunciación

Las consonantes *b, d y g*

The Spanish sounds /b/, /d/ and /g/ are different from the corresponding English sounds. In Spanish these sounds are very soft. At first, you probably didn't even hear them, because the air is not stopped at any point when pronouncing them. Instead, the air escapes between the lips for /b/, between the tongue and upper teeth for /d/, and between the tongue and the back of the mouth roof for /g/.

Note that /b/ can be spelled **b** or **v**.

Another reason for not hearing these sounds is that native speakers frequently omit them, e.g., *arreglado* becomes *arreglao*.

We will focus on fricative allophones because of their influence on comprehension.

✹ Ejercicio 1

*Repitan estas expresiones y pronuncien los sonidos /**b, d, g**/ de una manera muy suave.*

1. blanco y negro
2. estable y amable
3. admiradores y enemigos
4. creativo y deportivo
5. elegante y arreglado
6. amigos y enemigos
7. su grupo de amigos
8. metódico, pero no amable

✹ Ejercicio 2

Practiquen estas expresiones, haciendo el enlace correspondiente.

1. ¿Te vas en coche?
2. ¿Adónde llegan?
3. ¿Te gusta el gato?
4. Me gustan las gangas.
5. Te buscó en el banco.
6. ¿Le diste el dinero?
7. Me gusta el morado.
8. La moda no incomoda.

If possible, watch for aspirated /p, t, k/.

Vocabulario

NOMBRES

la camisa　*shirt*
la camiseta　*teeshirt*
la falda　*skirt*
la ganga　*good buy*
la hermana　*sister*
la maleta　*suitcase*
la moda　*fashion*
los pantalones　*pants*
los patines　*roller skates*
el traje　*suit*
el vestido　*dress*
los zapatos　*shoes*

VERBOS

acabar de　*to have just . . .*
arreglarse　*vestirse bien*
correr　*to jog / to run*
darse cuenta de　*to realize*
encontrar(ue)　*to find*
gustar　*to like*
molestar　*to bother*
patinar　*to skate*
volver a　*to do something again*

OTRAS EXPRESIONES

anoche　*last night*
a pesar de　*in spite of*
por supuesto　*of course*
sentido del humor　*sense of humor*
a la moda　*up on fashion*
de moda　*fashionable*

ADJETIVOS

el amarillo　*yellow*
arreglado　*dressed up*
cariñoso　*afectuoso*
exhausto　*cansado / tired*
feliz　*happy*
el gris　*grey*
el morado　*purple*
el rojo　*red*
el rosa(do)　*pink*
el verde　*green*

COGNADOS

el admirador
la blusa
la chaqueta
el enemigo
el suéter

cómico
elegante
intelectual
metódico
práctico
tolerante

idealista
optimista

fascinar
interesar

Los deportes

Introducción

La Vuelta a Colombia

En la radio, el locutor° lee las noticias° deportivas: speaker/news

Hace° más de 30 años, Efraín Forero ganó la primera Vuelta a Co-   ago
lombia. Este año obtuvo° el primer lugar° el famoso deportista Fabio   *consiguió*/place
Enrique Parra.

   Los ciclistas° corrieron de 150 a 200 kilómetros al día y miles y miles   cyclists
de personas gritaron con entusiasmo cuando los deportistas pasaron por
las distintas° ciudades del país. La parte más sensacional de la carrera°   different/race
de este año fue el ascenso de las montañas. Julio Rubiano terminó en
segundo° lugar y Epifanio Arcila en tercero°.   second/third

   Los campeones° clasificados llevarán los colores amarillo, azul y rojo   champions
de nuestro país a las pistas de Checoslovaquia y al Gran Premio de las
Naciones en Cannes, Francia. ¡Felicitaciones al campeón Parra!

En el boxeo, el colombiano William Bolaños, segundo en el «ranking» del país, ganó° por puntos al chileno Patricio Arancibia. Los puntajes° a favor del boxeador colombiano fueron: 98–97, 98–96 y 96–91.

Y finalmente, ¡el tenis! En una jornada° magnífica, once latinoamericanos ganaron partidos del Campeonato Abierto de Francia. Otros nueve jugadores° perdieron sus partidos. Jaime Fillol, chileno, ganó primero, pero después perdió contra John McEnroe, el campeón norteamericano. También ganaron Guillermo Vilas, argentino pre-clasificado sexto°, el paraguayo Víctor Pecci, el brasileño Carlos Kyrmayr y el ecuatoriano Ricardo Ycaza. Entre los perdedores° estuvieron° los chilenos Álvaro Fillol, hermano de Jaime, y Hans Gildemeister, el uruguayo José Damiani y el brasileño Marcos Hocevar.

Así llegamos al fin de nuestras noticias deportivas de la semana. ¡Gracias y muy buenas noches![1]

won/score

día

players

seeded 6th
losers/were

Comment that last names are indicative of Italian, German, Catalan immigration in southern South America.

Option: review adjectives of nationality.

En un partido reciente, Guillermo Vilas hizo un gran esfuerzo por ganarle a Borg, pero no pudo.

---

[1] Adaptado en parte de un artículo del periódico *Noticias del Mundo* de Nueva York.

Comprensión de la lectura

Según la lectura, ¿son verdaderas o falsas las siguientes afirmaciones? Si son falsas, modifiquen la frase.

1. La radio que da estas noticias deportivas está en Colombia.
2. Efraín Forero ganó la carrera *La Vuelta a Colombia* este año.
3. Los ciclistas corrieron por un día completo.
4. Los deportistas hermanos son Álvaro y Hans Gildemeister.
5. A la gente le molesta el paso de los ciclistas, porque gritan.
6. El boxeador colombiano ganó el «match» de boxeo.
7. En Colombia el ciclismo es un deporte muy popular.
8. Un chileno perdió un partido contra John McEnroe.

¿Y usted?

Conversen ustedes de los deportes que les gustan y por qué les gustan. ¿Hacen ustedes algún deporte?

A mí me encanta patinar/correr/jugar al béisbol, al fútbol/. . .
Mi tenista/futbolista/boxeador/beisbolista/basquetbolista/patinador/?/ favorito es . . .
Yo hago deporte porque . . .
Necesito una bicicleta nueva/patines/?/. . .
El deporte más popular en la universidad es . . .

Expresiones útiles

Para/tener buena salud°/relajarme°/hacer ejercicio, yo juego. . .   health/relax
Me gusta la natación°/el fútbol americano/la lucha°/el esquí   swimming/wrestling
Quiero tener esquíes° nuevos/un traje de baño°/una pelota°   skis/swimming suit/ball
Me encanta nadar°/patinar/esquiar°/correr/jugar con el frisbi   to swim/to ski

En un estadio mexicano, la gente sigue con pasión el partido.

Nota de interés

El deporte y los hispanos

Hay una palabra que es sinónima de deporte y de hispano: fútbol (o *soccer* como decimos en los Estados Unidos). La mayoría de la gente hispana sigue con pasión los partidos de fútbol de los diferentes campeonatos regionales, nacionales y mundiales. Prácticamente todos los niños y los jóvenes juegan al fútbol en la calle, las escuelas, los parques o las playas. Para el campeonato mundial, que se hace cada cuatro años, países completos se paralizan, porque la gente mira los partidos por televisión vía satélite. Los equipos (*teams*) nacionales de Brasil, Argentina, Chile, Perú y España son famosos.

El ciclismo, como vimos en la introducción, también es bastante popular. En los países centroamericanos y del Caribe, sin embargo, el béisbol es más importante que el fútbol; por eso, muchos deportistas de estos países se vienen a jugar a las ligas de los Estados Unidos. Otros deportes populares son el automovilismo, el tenis y el patinaje. Las corridas de toros (*bull fights*) están en decadencia, pero el *jai alai*, deporte de los vascos, se juega en las provincias vascas y en todos los países donde hay inmigrantes vascos.

El deporte familiar es «salir a dar una vuelta» y no requiere preparación física especial.

Option: show el *País Vasco* on map (see page 323).

Los pronombres de complemento directo e indirecto: uso combinado

Direct and indirect object pronouns refer to a person or thing or an idea, usually known to the speaker. They are placed directly before the conjugated verb form in the following sequence:

indirect before direct

$$\left.\begin{array}{l} \text{me} \\ \text{te} \\ \text{se} \\ \text{nos} \\ \text{os} \\ \text{se} \end{array}\right\} \textbf{before} \left\{\begin{array}{l} \text{lo(s)} \\ \text{la(s)} \end{array}\right.$$

—¿Quién te dio *mis patines?*

—Teresa me los dio.

—¿Por qué no usaste *los otros patines?*

—Porque ella no quiso dármelos.

A. Whenever two third-person pronouns beginning with the letter l occur together, the first (**le, les**) changes to **se**.

—¿Quién le dio *la pelota* a Andresito?

—Mamá se la dio.

—¿Se la trajo por la mañana?

—No, se la dio ayer.

B. When used with an infinitive, these pronouns are *attached* to it in the same sequence: indirect *before* direct.

—¿Cuándo vas a comprarme los esquíes?
—Voy a comprártelos mañana.

Preparación

A. *Cambien el pronombre y repitan la oración.*

1. Nena *me* las compró.   te/se/nos
2. Arturo *nos* lo dijo.   me/te/se
3. Conchita *os* lo trajo.   me/te/se
4. *Nos* la escribió.   me/te/se
5. *Te* las manda él.   se/me/nos

Option: have students translate the sentences.

B. *Contesten las siguientes preguntas según el ejemplo:*

EJEMPLO: ¿Quién les dijo los puntajes a ellos? ⟶ **Tía María se los dijo.**

1. ¿Quién te dio los esquíes? ⟶
2. ¿Quién les dio dinero para el traje de correr a ustedes? ⟶
3. ¿Quién me dejó estos patines? ⟶
4. ¿Quién les compró las bicicletas a ellos? ⟶
5. ¿Quién me trajo el periódico? ⟶
6. ¿Quién les tradujo la lectura a los niños? ⟶

Transición

A. Encuesta de popularidad. *Norma hizo una encuesta* (survey) *sobre la popularidad de los deportistas hispanos en la costa oeste. Su amiga Herminia está muy interesada en la encuesta y le hace las siguientes preguntas. ¿Qué contesta Norma?*

Written preparation could be helpful.

EJEMPLO: ¿A quién le explicaste tu idea primero? (al locutor) ⟶ **Se la expliqué al locutor de la radio.**

1. ¿A quién le pediste dinero para la encuesta? (a la tienda «Mundo Deportivo») ⟶
2. ¿A quién le pediste la bibliografía para el trabajo? (a la bibliotecaria) ⟶
3. ¿A quién le mandaste las encuestas? (a mil personas de la zona) ⟶
4. ¿A quién le llevaste los datos? (al profesor de Estadística) ⟶
5. ¿A quién le diste el trabajo terminado? (al profesor de Educación Física) ⟶
6. ¿A quién le comunicaste los resultados? (a la radio y al Comité de Deportes) ⟶

B. En bicicleta por Oregón. *Manuel y Jesús quieren conocer Oregón en bicicleta y piden informes a Esteban y Lidia, quienes hicieron un viaje similar el año pasado. ¿Qué preguntas hacen Manuel y Jesús?*

Written preparation could be helpful.

EJEMPLO: Las instrucciones para el viaje, ¿quién/dio/a ti? ⟶ **Las instrucciones para el viaje, ¿quién te las dio?**

1. Los mapas, ¿quién/consiguió/para ustedes? ⟶
2. Las bicicletas, ¿quién/preparó/a ustedes? ⟶
3. La comida, ¿quién/dio/a ustedes? ⟶
4. Las parkas de montaña, ¿quién/prestó/a ustedes? ⟶
5. El equipo de camping, ¿quién/prestó/a ti? ⟶
6. Las direcciones de pensiones baratas, ¿quién/dio/a ustedes? ⟶

C. Un viaje inesperado. *Elías Figueroa, jugador del equipo Strikers, debe hacer un viaje rápido y sus amigos le ayudan a prepararse. ¿Qué contestan los amigos a los pedidos de Elías?*

Written preparation could be helpful.

EJEMPLO: ¿Podrías traerme los zapatos de fútbol, por favor? (yo) ⟶ **Claro, yo puedo traértelos.**

1. ¿Podrías traerme el traje para la ceremonia final? (yo) ⟶
2. ¿Podrías prestarme tus zapatos de fútbol? (yo) ⟶
3. ¿Podrían comprarme otros pantalones ahora? (nosotros) ⟶
4. ¿Podrías traerme las camisetas rojas, por favor? (yo) ⟶
5. ¿Podrían mandarle estas cartas a mi familia ahora? (yo) ⟶
6. ¿Podrías llevarle estas cosas a mi esposa? (yo) ⟶

Comunicación

A. Preguntas/entrevista. *Contesten estas preguntas o úsenlas para entrevistar a otro estudiante. Usen los pronombres en las respuestas.*

1. ¿Quién te regaló tu primera bicicleta?
2. ¿Quién te compró tu primera máquina de escribir?
3. ¿Tienes patines/raqueta/?/ ¿Quién te los dio?
4. Tu equipo estéreo, ¿quién te lo compró?
5. ¿Quién te recomendó esta universidad?
6. ¿Quién te recomendó el curso de español?

B. ¿Están de acuerdo? *Digan ustedes si están de acuerdo o no con las siguientes afirmaciones. Modifíquenlas, si es necesario.*

1. Mi hermana(o) quiere una raqueta nueva. Voy a comprársela.
2. A mi amigo(a) le gustan mis patines. Voy a dárselos.
3. Mis amigos quieren mi pelota y mi frisbi (disco). No pienso dárselos.
4. Mi chica(o) quiere usar la «bici». Voy a prestársela.
5. Mis esquíes son muy caros. No quiero prestárselos a los chicos.
6. Necesito otro traje de baño. Voy a comprármelo el sábado.
7. Quiero tener patines nuevos. Voy a pedírselos a mamá para la Navidad.
8. Los chicos me pidieron el programa de partidos. Voy a mandárselo.

Pretéritos irregulares: el grupo *u*

Hablando del pasado

Another group of very frequent irregular preterites is the **u** group. Learn the forms of the following verbs:

Tener	Estar	Poder	Poner	Saber
tuve *I had*	estuve *I was*	pude *I could*	puse *I put*	supe *I found out*
tuviste	estuviste	pudiste	pusiste	supiste
tuvo	estuvo	pudo	puso	supo
tuvimos	estuvimos	pudimos	pusimos	supimos
tuvisteis	estuvisteis	pudisteis	pusisteis	supisteis
tuvieron	estuvieron	pudieron	pusieron	supieron

Estuve en San José, Costa Rica, el año pasado y *anduve* por todas partes, pero no *tuve* tiempo de ir a Puerto Limón, por eso no *pude* formarme una visión más completa del país. No *supe* qué pasó, pero el tiempo se fue tan rápido.

Other **u**-verbs are:

andar *to walk;* (anduve, anduviste, anduvo, anduvimos, anduvisteis, anduvieron), and verbs related to *tener,* such as: **obtener** *to obtain/gain;* **sostener** *to hold/sustain;* **contener** *to contain;* **detener** *to stop/detain.*

Preparación

A. *Cambien la forma en itálica por las dadas y repitan la frase.*

1. *Estuve* en la carrera.
estuvimos/estuvieron/estuvo/estuviste

2. No *pude* jugar ayer.
pudieron/pudo/pudiste/pudimos

3. No *supe* el puntaje.
supimos/supo/supiste/supieron

4. *Tuvo* bastante tiempo.
tuve/tuvimos/tuvieron

5. ¿*Pusiste* la «bici» en el garaje?
puso/pusieron/pusimos

B. *Cambien el pronombre y hagan los cambios necesarios en el verbo.*

1. *Ella* me puso la «bici» aquí.
ustedes/él/tú

2. *Usted* no supo la noticia.
nosotros/yo/tú/ella

3. *Se* puso el suéter.
me/nos/te

4. *Yo* no estuve en casa anoche.
tú/él/usted/nosotras

5. *Él* no pudo terminar el trabajo.
yo/tú/ella/ustedes/nosotros

6. *Nosotros* tuvimos visitas anoche.
usted/tú/ellos/él/yo

Transición

A. Quiero ser profesional. *Un joven dominicano quiere ser beisbolista profesional en Estados Unidos. ¿Qué preguntas le hacen en la entrevista?*

Written preparation would be helpful.

EJEMPLO: ¿Cuánto tiempo/estar usted/en la Liga Menor? ⟶ **¿Cuánto
tiempo estuvo usted en la Liga Menor?**

1. ¿Cuánto tiempo/estar usted/en la Liga Nacional? ⟶
2. ¿Qué experiencia/tener usted/de joven? ⟶
3. ¿Cómo/saber usted/de nuestro equipo? ⟶
4. ¿Cómo/poder usted/conseguir visa para los Estados Unidos? ⟶
5. ¿Quién lo/poner a usted/en contacto con el entrenador
   (*manager*)? ⟶

B. Un accidente. *Mientras se prepara para una gran carrera, un automovilista brasileño tiene un grave accidente. ¿Qué le contesta él al policía
que lo interroga en el hospital?*

Encourage use of pronouns
when necessary.

EJEMPLO: ¿Dónde estuvo antes del accidente? (estar en un restaurante)
⟶ **Estuve en un restaurante.**

1. ¿Por qué no detuvo el coche? (yo no poder) ⟶
2. ¿Supo quién lo llevó al hospital? (yo no saber) ⟶
3. ¿Puso la luz de emergencia? (yo no poner) ⟶
4. ¿Tuvo tiempo de darse cuenta del accidente? (yo no tener
   tiempo) ⟶
5. ¿Pudo acordarse de la cara del otro chofer? (yo no poder
   acordarme) ⟶
6. ¿Cuántos días estuvo en el hospital? (yo estar 10 días en el
   hospital) ⟶

Comunicación

A. Conversación. *Creen preguntas para conversar sobre las últimas noticias de deportes en la universidad.*

1. ¿Poder/ver el último partido de fútbol americano?
2. ¿Qué equipo ganó?
3. ¿Estar/en el partido de básquetbol/béisbol/hockey ayer? ¿Quiénes
   ganaron?
4. ¿Tener/tiempo de jugar sófbol/frisbi/fútbol/fútbol americano/vólei-
   bol durante el fin de semana?
5.   ?   ?

People say *disco, plato,* or
frisbi.

B. Entrevista con el perdedor. *Imagínese que usted es un famoso tenista que acaba de perder un partido contra un gran campeón y que un
periodista del programa «En las Canchas» lo entrevista. ¿Qué respuestas
le daría usted?*

1. Jaime, ¿por qué perdiste el partido contra John?
2. ¿Por qué no pusiste más atención a su juego?
3. ¿Dices que no tuviste tiempo de practicar? ¿Por qué?
4. ¿Dónde estuviste la semana pasada?
5. ¿Supiste que Hans tuvo un accidente?
6. ¿Qué vas a hacer en el otro partido?

Pelé, el gran futbolista
brasileño, es un ídolo para
mucha gente joven.

Nota de interés

El «Rey» Pelé

En el año 1981, Pelé, el más famoso jugador de fútbol de todos los
tiempos, recibió en Francia un trofeo (*trophy*) que lo proclama «Campeón del Siglo» (*century*). Pelé, jugador brasileño que ahora vive en
los Estados Unidos, fue, sin duda, el mejor jugador del deporte más
popular del mundo, ídolo absoluto de mucha gente joven del mundo
hispano.

Las expresiones negativas

Diciendo que no

In addition to *no,* you have already learned other negative expressions
in Spanish (**nunca**–*never,* **tampoco**–*neither,* **ningún**–*none*).
Negative expressions are composed of **no** + another element.

Expresiones negativas	
no . . . nunca	*never*
no . . . nadie	*nobody*
no . . . nada	*nothing*
no . . . ningún/o(a)	*no/none*
no . . . ni . . . ni	*neither . . . nor . . . nor*
no . . . tampoco	*neither*

Ninguno(a) are not used in
the plural. Point out that
ninguno shortens to *ningún*
before masculine noun.

Ella *no* tiene *nada* ahora.
No tuvimos *ningún* accidente, afortunadamente.
No trabajan *nunca* hasta las doce.

A. When answering a question, negative expressions can be used without the *no.*

—¿Cuándo vas a volver?   —¡Nunca!
—¿Quién vino?   —¡Nadie!

B. If the negative expression is used before the verb, *no* is omitted. If
no is used, the negative expression follows the verb.

Nunca trabaja.   No trabaja *nunca.*
Nadie vino.   No vino *nadie.*
Nada pasa.   No pasa *nada.*

C. In Spanish, when *ninguno(a)* is used, the noun occurs in the singular
form. Compare with the English translation.

¿Tienes cintas?   *Do you have any tapes?*
No tengo ninguna cinta.   *I don't have any tapes.*

Preparación

A. *Cambien la expresión negativa y repitan la oración.*

1. No viene *nadie.*   nada/nunca/tampoco/ninguno
2. No trabajé *tampoco.*   nada/nunca
3. No supieron *nunca.*   nada/tampoco/ninguna
4. No estudiamos *nada.*   tampoco/ninguno/nunca

B. *Cambien estas frases a la forma negativa usando las expresiones dadas.*

EJEMPLO: Lo supe yo y María también. (no . . . ni . . . tampoco) ⟶ **No lo supe yo, ni María tampoco.**

1. Quiere a Ismael. (no . . . a nadie) ⟶
2. Dimos algo. (no . . . nada) ⟶
3. Dijeron todo. (no . . . nada) ⟶
4. Estuve yo y Sergio también. (no . . . ni . . . tampoco) ⟶
5. Conseguí dinero también. (no . . . tampoco) ⟶
6. Compramos pan y vino. (no . . . ni . . . ni) ⟶
7. Vinieron todos. (no . . . nadie) ⟶

Transición

A. Miguelito. *Miguelito es un niño muy travieso* (naughty), *que a menudo se escapa de casa y hace otras cosas prohibidas, pero siempre lo niega. ¿Cómo contesta a las preguntas de su mamá?*

EJEMPLO: ¿Adónde fuiste? (no . . . a ninguna parte) ⟶ **No fui a ninguna parte.**

1. ¿A quién viste? (no . . . a nadie) ⟶
2. ¿Con quién estuviste? (no . . . con nadie) ⟶
3. ¿Qué comiste? (no . . . nada) ⟶
4. ¿Qué hiciste? (no . . . nada) ⟶
5. ¿Con quién jugaste? (no . . . con nadie) ⟶
6. ¿Viste a Estela y a Pancho? (no . . . ni . . . ni) ⟶

B. Un nuevo campeón. *Todos quieren conocer al nuevo campeón, pero no lo pueden encontrar en ninguna parte. ¿Qué contesta la gente a las preguntas de los periodistas?*

EJEMPLO: ¿Quién lo conoce? (nadie) ⟶ **Nadie lo conoce.**

1. ¿Quién lo vio? (nadie) ⟶
2. ¿Cuándo estuvo aquí antes? (nunca) ⟶
3. ¿Vino algún policía? (ningún) ⟶
4. ¿Vino otro periodista? (ningún) ⟶
5. ¿Consiguieron alguna información? (ninguna) ⟶
6. ¿Qué dijeron sus padres? (nada) ⟶

Comunicación

A. Conversación. *Conversen con sus compañeros de clase usando las siguientes preguntas para iniciar la conversación.*

1. ¿Tienes todavía tus amigos de la escuela primaria?
2. ¿Tienes todavía tus amigos de la escuela secundaria?
3. ¿Participaste en competencias deportivas en la escuela secundaria?
4. ¿Tienes tus cosas (libros y ropas) de los tiempos de la escuela primaria?
5. ¿Recuerdas el nombre de tu primer profesor, de tu primer doctor?
6. ¿Todavía ves películas de niños el sábado por la mañana?
7. ¿Conoces el Japón, la China, la India o Turquía?
8. ¿Sabes algunas palabras en ruso, árabe o vietnamita?
9. ¿Sabes qué idioma es el que habla más gente en el mundo?
10. ¿Conoces a algún deportista de Finlandia, Alemania, Inglaterra o Francia?

Help with primaria *if necessary.*

B. Nunca jamás. *Según tu experiencia, ¿son verdaderas o falsas las frases que siguen? Si son falsas, usen expresiones negativas para modificarlas.*

EJEMPLO: **Visité las pirámides de Egipto/el Museo de Antropología de Ciudad de México/el Centro Mundial del Comercio en Nueva York.**

Posibilidades: No visité las pirámides nunca./Nunca visité las pirámides./No visité las pirámides, ni el Museo de Antropología nunca./ Sólo visité el Centro Mundial.

1. Siempre bebo vino chileno/champaña francesa/cerveza alemana/coñac/té/café/?
2. Siempre como caviar/pan francés/chocolate importado/comida del Caribe/comida mexicana/?
3. Estuve en Montevideo/la Antártica/las Islas Filipinas/las Islas Galápagos/el polo norte/?
4. Estudié ballet clásico/ópera/karate/fotografía/historia de Europa/?

Los números ordinales

Study the ordinal numbers and their abbreviations in the chart below.

Los números ordinales	
primer(o) 1° 1^{ero}/1^{era}	sexto 6°/6^{a}
segundo 2°/2^{a}	séptimo 7°/7^{a}
tercer(o) 3° 3^{ero}/3^{era}	octavo 8°/8^{a}
cuarto 4°/4^{a}	noveno 9°/9^{a}
quinto 5°/5^{a}	décimo 10°/10^{a}

A. Ordinal numbers are adjectives and therefore agree in gender and number with the noun modified.

El *primer* año jugué pingpong, el *segundo* año jugué vóleibol y el *tercero* me dieron un trofeo de premio por ser la *primera* jugadora extranjera de la universidad.

Like *uno* and *ninguno*, note that *primero* and *tercero* drop the final *o* before a masculine noun: *primer año*.

B. Ordinal numbers are seldom used after ten in spoken Spanish. Cardinal numbers are used instead.

el siglo XX (veinte)	*20th century*
Luis XV (quince) de Francia	*Louis XV of France.*
en el piso 13 (trece)	*on the 13th floor.*

Vocabulario útil

vez		
	la primera vez	*the first time*
	la última vez	*the last time*
	dos veces al año/mes	*twice a year/month*
	muchas veces	*many times*
	a veces	*sometimes*

Preparación

✹ **A.** *Lean los siguientes números.*

el 1er curso/el 2º equipo/el siglo XX/el siglo XIX/la 3era participante/ el 4º coche/el 6º ciclista/la 10ª jugadora/el 1º de enero/el 1º de mayo

May 1st is Labor Day in many countries.

B. *Cambien el número ordinal y repitan la oración.*

1. Vive en la *primera* casa.   tercera/quinta/séptima/novena
2. Terminó en *segundo* lugar.   cuarto/sexto/octavo/décimo
3. Es el *segundo* alumno.   tercer/quinto/primer/noveno
4. Está en *cuarto* año.   primer/tercer/segundo/quinto

Transición

✹ **¿Dónde vives?** *Bob Steiner le pide indicaciones* (directions) *a su amigo Ángel Manríquez para ir a su casa a verlo. ¿Qué le contesta Ángel?*

EJEMPLO: ¿Dónde vives? (5ª avenida) ⟶ **En la Quinta Avenida**

1. ¿Dónde vives ahora? (3era calle después de la plaza) ⟶
2. ¿Dónde vive tu hermana? (7ª avenida) ⟶
3. ¿En qué piso vives? (9º piso) ⟶
4. ¿Cuál es tu apartamento? (6º a la derecha) ⟶
5. ¿En qué parada (bus stop) está esa calle? (1era después de la plaza) ⟶

Comunicación

A. Indicaciones. *Conversen sobre los lugares donde viven y dénse las indicaciones necesarias para ir a sus casas.*

EJEMPLO: Vivo en la séptima avenida, después de la calle Rhodes, tercera casa a la derecha, segundo piso.

B. Conversación. *Creen preguntas para iniciar una conversación con los otros estudiantes.*

EJEMPLO: ¿En qué año (de universidad) estás?
¿Estás en segundo año de español/periodismo/?/?
Según tu opinión, ¿qué equipo profesional es
de primera categoría?

Aplicación

Deportistas de aquí y de allá

Así como hay nombres norteamericanos unidos al éxito° y la gloria en ciertos deportes, también hay hispanoamericanos famosos por sus victorias deportivas. Entre los primeros° tenemos a Joe Louis y Mohammed Alí en boxeo, Mark Spitz en natación, Eric Heiden en patinaje en el hielo° y ciclismo, Pete Rose en béisbol y Roger Staubach en fútbol americano. Entre los últimos° están Juan Manuel Fangio (argentino) en automovilismo, Rafael Antonio Niño (colombiano) en ciclismo, Carlos Caszely (chileno) en fútbol, Guillermo Vilas (argentino) en tenis y tantos otros que sería difícil enumerar.

Para el público norteamericano, sin embargo, es bastante fácil identificar los nombres hispanos en las noticias deportivas y es así como los nombres de los siguientes jugadores nos son más o menos comunes. Los Rojos de Cincinnati contrataron a David Concepción (venezolano) y a Samuel Mejías, Rafael Landestoy y Mario Soto (dominicanos). Los *Dodgers* de Los Ángeles tienen a Fernando Valenzuela (mexicano) y los Filis de Filadelfia al venezolano Manny Trillo y al puertorriqueño Luis Aguayo. Los *Astros* de Houston cuentan con César Cedeño (dominicano) y Cheo Cruz (puertorriqueño), mientras que los Cardenales de San Luis tienen a Sixto Lezcano (puertorriqueño). En el golf, los chicanos Lee Treviño y Nancy López Melton son muy populares también.

En el pasado, Roberto Clemente (puertorriqueño) de los *Pirates* fue campeón de bateo° de la Liga Nacional en 1961. Adolfo Luque, lanzador° cubano de los Rojos, Orlando Cepeda, puertorriqueño, Rick Cásares, futbolista de los *Chicago Bears* y Luis Aparicio, venezolano de los *White Soxs* y de los *Orioles,* también fueron notables por sus éxitos en las canchas°.

(marginal glosses)
success
former
ice
latter
batting
pitcher
fields

¿Para qué equipos juegan los mexicanos Alex Treviño y Fernando Valenzuela?

Lee Treviño abraza el trofeo después que ganó el primer torneo en su estado de Texas.

En los deportes—así como en los negocios, la industria, la educación, las artes y el gobierno°—los hispanos contribuyen al desarrollo de los países donde nacieron° o donde residen actualmente°.

government
were born/*ahora*

Comprensión de la lectura

Contesten las siguientes preguntas.

1. ¿Qué campeones norteamericanos son famosos en todo el mundo?
2. ¿Podría usted decir cuáles de los jugadores mencionados son hispanoamericanos?
3. ¿Podría usted decir cuáles de los jugadores mencionados son hispanos de los Estados Unidos?
4. ¿De que nacionalidades son la mayoría de los hispanos que hacen deportes en los Estados Unidos?
5. ¿En qué contribuyen los hispanos en todas partes?

Comunicación

A. Ídolos populares. *Digan ustedes qué deportistas son sus preferidos y qué deportes juegan.*

EJEMPLO: Me encanta el estilo de Nancy López. Ella es la primera campeona chicana de golf.

B. Grandes estadios. *Hablen ustedes sobre los estadios, arenas, pistas de patinaje, pistas de carreras de autos, canchas más grandes o famosas de su región o del país.*

EJEMPLO: Aquí en California, el estadio de fútbol americano más grande y famoso es el . . . .

C. Equipos y campeonatos. *Conversen ustedes en grupos sobre los equipos y campeonatos más populares de su ciudad o del país.*

EJEMPLO: El equipo de fútbol más popular de México es el de Los Pumas de la UNAM (Universidad Nacional Autónoma de México).
Aquí en **Fort Lauderdale,** el equipo de fútbol más popular es el de los **Strikers.**

D. «Ranking» de popularidad. *Discutan en grupos quiénes son los jugadores más populares en la universidad. Anuncien los resultados de esta manera:*

Primero es _____ ; 2° es _____ y 3^{ero} es _____ .

E. La Vuelta a Colombia. *Imagínense que ustedes son locutores de la radio y lean los resultados de la Vuelta.*

1^{ero} Fabio Parra
2° Julio Rubiano
3^{ero} Epifanio Arcila

4° Rafael Antonio Niño
5° José Jiménez
52° Nilo Hrasdira de Checoslovaquia

Pronunciación

Repaso de *b, d* y *g*

The Spanish sounds /b/, /d/, and /g/ are very soft, as you learned in Chapter 9.

These are the fricatives (ƀ, đ, ǥ).

Ejercicio 1

*Lean estas frases y pronuncien los sonidos **/b/**, **/d/** y **/g/** de una manera muy suave.*

1. El boxeador Arancibia perdió ayer.

2. Fabio Parra ganó el primer lugar.

3. Tuvimos nueve jugadores aquí.

4. Damiani es uruguayo, pero Cedeño no.

5. No estuvo ni en Aruba, ni en Cabo Verde.

6. Tampoco estuvo en Cuba, porque su novia no vino.

At the beginning of an utterance or sentence, /b/, /d/, and /g/ are a little harder.   These are the stops (b, d, g).

⊛ Ejercicio 2

Repitan estas expresiones.

1. Vino ayer.

2. Damiani llegó.

3. Ganó Vilas.

4. Viajó en coche.

5. Daniel no pudo.

6. Gracias, gracias.

⊛ Ejercicio 3

Lean estas frases con cuidado

1. ¿Dónde están? Voy a darles la pelota.

2. Dicen que viene a las diez. ¿Vienes tú?

3. Ganaron todos los partidos. ¿Ganó Anita también?

4. ¿Viniste a ver a Valeria? Verónica ya vino.

5. Bailaron toda la noche después del partido.

Vocabulario

NOMBRES

la cancha *field*	el lugar *place*
el campeón *champion*	el nadador *swimmer*
la carrera *race*	la natación *swimming*
el ciclista *cyclist*	las noticias *news*
los esquíes *skis*	el patinador *skater*
el equipo *team*	la pelota *ball*
el éxito *success*	el perdedor *loser*
el gobierno *government*	el puntaje *score*
el hielo *ice*	la salud *health*
el jugador *player*	el siglo *century*
el lanzador *pitcher*	el traje de baño *bathing suit*
el locutor *speaker, announcer*	

ADJETIVOS

distinto *different*
primero *first*
segundo *second*
tercero *third*
último *last*

VERBOS

andar *to walk*
esquiar *to ski*
nacer *to be born*
nadar *to swim*
obtener *conseguir*
perder(ie) *to lose*

OTRAS EXPRESIONES

actualmente *ahora*
hace . . . . *ago*
una vez *once*
dos veces *twice*
los primeros . . . . los últimos
the former . . . . *the latter*

VOCABULARIO ÚTIL

deporte deportista
básquetbol basquetbolista
béisbol beisbolista
boxeo boxeador
ciclismo ciclista
esquí esquiador
fútbol futbolista
golf golfista
lucha luchador
natación nadador
patinaje patinador
tenis tenista
atletismo (*track*) atleta

COGNADOS

el bateo	la raqueta	famoso
el campeón	el trofeo	notable
el gobierno	común	segundo
la industria	extraordinario	sensacional

Salud, dinero y amor

Introducción

La buena mesa

*En un restaurante español, un grupo de estudiantes norteamericanos
acompañados por su profesor de Historia del Arte acaba de pedir el
menú de platos° típicos. A Donna le encanta el pescado y después que
leyó° el menú y vino el camarero° ella dijo:*[1]

dishes

she read / waiter

DONNA: ¡Pidamos° pescado! Camarero, yo quiero sopa de pescado y
paella. Y una copa de vino blanco, por favor.

let's order

CAMARERO: ¿Y para el señor?

PROF. MURPHY: Para mí, bistec con ensalada y papas fritas°. Café y
torta de chocolate.

French fries

RON: ¿Hay sándwiches?

DONNA: ¡Pidan pescado en este restaurante!

CAMARERO: Sí, señor. Jamón con queso° y . . .

ham & cheese

RON: Jamón con queso y una coca-cola para mí.

LOS OTROS CHICOS: Sí, sí. Jamón con queso también . . .

DONNA: ¡Ayayay! ¡Paciencia!

---

[1] Adaptado de una conversación con estudiantes norteamericanos.

Restaurante La Cazuela
—Menú—

ENTREMESES:	ensalada de lechuga y tomate (lettuce & tomato salad)	alcachofas a la vinagreta (artichokes with vinegar sauce)
SOPAS:	sopa de pescado (fish soup)	gazpacho (sopa fría)
ENTRADAS:	arroz con pollo (rice with chicken)	paella a la valenciana (rice, meat & fish dish)
POSTRES:	fruta o flan (custard)	fruta o torta de chocolate (chocolate cake)

café expreso/capuchino
1 copa de vino blanco/tinto o refresco
(glass of white/red wine or soda)

EXTRAS:	bistec con ensalada/ papas fritas (French fries)	espárragos con mayonesa (asparagus with mayonnaise)
	pescado al horno (baked fish)	asado de ternera (veal roast)

tortilla de papas (potato omelette)

bocadillo (appetizer/snack/sandwich)	helados (ice cream)	tortas (cakes)	licores (liquor)

¡BUEN PROVECHO!

Comprensión de la lectura

Contesten las siguientes preguntas sobre la lectura

1. ¿A quién le gusta la comida típica?
2. ¿Quién pidió comida de tipo americano?
3. ¿A quién no le gusta la comida española?
4. ¿Quién conoce mejor España?
5. ¿Quién está con los estudiantes?
6. ¿Qué hace este grupo en España?

¿Y usted?

A. *Diga usted qué comida pediría en este restaurante y por qué. Un estudiante puede hacer el papel de camarero y otros dos son los clientes.*

Camarero: ¿Qué van a pedir los señores?
Cliente: A mí me gustaría . . . .

De beber quiero . . . .

Y de postre deseo . . . .

Option: Bring your own
menus to class.
Have students use menu in
Introduction. Allow a few
minutes for preparation.

B. *Conversen ustedes sobre qué restaurantes y qué comidas les gustan*
más.

Sugerencias: A mí me encanta el restaurante . . . .

Cuando tengo dinero, me gusta comer . . . .

Este viernes me encantaría ir a comer a . . . .

De postre me encanta(n) . . . .

¿Qué plato extranjero te gusta más? . . . .

¿Cuál es tu plato americano favorito? . . . .

Nota de interés

¡A comer!

Aunque la vida moderna ha cambiado (*has changed*) mucho las costumbres (*customs*) tradicionales en las grandes ciudades, el almuerzo
(*lunch*) continúa siendo (*being*) la comida más importante del día en
las zonas suburbanas y en las ciudades más pequeñas del mundo
hispano. La familia se reúne para servirse una comida abundante y
las actividades se suspenden por dos horas. Así, la segunda parte del
día de trabajo empieza entre 3 y 4 de la tarde. La comida de la noche
se sirve entre 8 y 10 y es mucho más liviana (*lighter*).

En México, las comidas se llaman: **desayuno** (*breakfast*); **comida**
(*lunch*); **merienda** (*snack;* también *brunch*) y **cena** (*dinner*). En España
se llaman: desayuno, comida, merienda y cena. Y en otros países
hispanos las comidas son: desayuno, almuerzo, té y cena.

En Colombia, el almuerzo
sigue siendo la comida más
importante del día.

La comida

La comida es un tópico de conversación muy importante. Estudien este vocabulario básico.

las legumbres *vegetables*
los guisantes *peas*
la col *cabbage*
la lechuga *lettuce*
los tomates *tomatoes*
las papas *potatoes*

la carne *meat*
carne de buey/res *beef*
carne de puerco/cerdo *pork*
pollo *chicken*
el jamón *ham*
el pescado *fish*

las bebidas *beverages*
el agua *water*
la leche *milk*
la cerveza *beer*
el vino *wine*
los jugos *juices*
los refrescos *sodas, soft drinks*

las tiendas *stores*
el (super) mercado (*super*) *market*
la panadería *bakery*
la carnicería *butcher shop*
tienda de comestibles *grocery store*

las frutas *fruit*
la uva *grapes*
la manzana *apple*
la naranja *orange*
el plátano *la banana*
el mango *mango*
el melón *melon*

el pan *bread*
la tortilla *tortilla*(México)
             omelette(España)
el azúcar *sugar*
la sal *salt*
el aceite de oliva *olive oil*
los huevos *eggs*

la sopa/crema *soup*
asado *roast/roasted*
la ensalada *salad*
el postre *dessert*

Transición

A. En el comedor de la residencia. *Héctor está con unos estudiantes extranjeros en el comedor de la residencia universitaria. Él les ayuda a pedir la comida. ¿Qué debe decir Héctor?*

EJEMPLO: milk ⟶ **Una leche, por favor.**
        oil ⟶ **Aceite, por favor.**

1. soup
2. lettuce and tomatoes
3. potatoes and cabbage
4. vegetable soup
5. pork roast
6. bread

B. De compras. *Miguel y su papá fueron a comprar. Digan ustedes qué trajeron.*

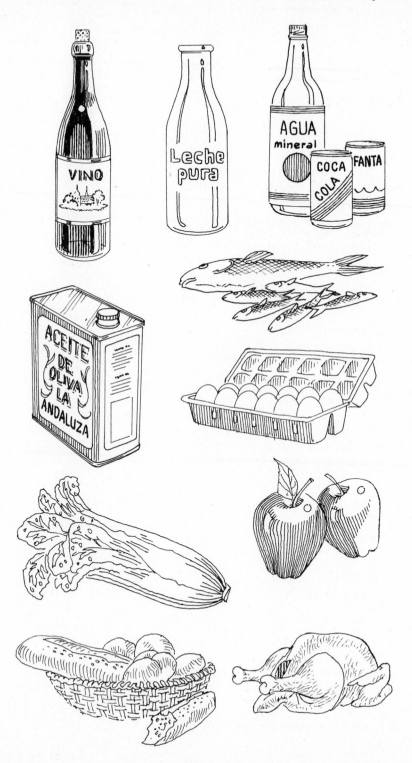

Miguel y su papá compraron mucho en el mercado, ¿no?

✆ **C. Primeras compras.** *Rafael y Lucía están recién casados* (married) *y van a ir de compras por primera vez. Díganles dónde deben comprar los siguientes comestibles.*

EJEMPLO: agua mineral ⟶ **en la tienda de comestibles**

1. comida preparada ⟶
2. asado de buey ⟶
3. manzanas y naranjas ⟶
4. pan ⟶
5. gaseosas y vino ⟶
6. azúcar y sal ⟶

Of course, one trip to the supermarket would be faster but people love to shop at specialty stores.

Comunicación

A. Sobre gustos no hay nada escrito. *Todos tenemos preferencias diferentes. Digan cuánto les gustan las siguientes cosas.*

EJEMPLO: No me gusta nada la col, pero me encantan los tomates.

no me gusta no me gusta me gusta me gusta mucho me encanta
    nada

Las legumbres	Las carnes	Las bebidas	Las comidas
coles	res	vino	postres
guisantes	puerco	coca-cola	sopas
alcachofas	jamón	jugo de papaya	asados
?	?	?	?

B. ¿Qué te gusta a ti? *Conversen sobre las comidas que les gustan o que no les gustan y pregúntenles a los otros estudiantes qué les gusta a ellos.*

EJEMPLO: A mí me gustan las tortas, ¿y a ti?
A mí me encanta la fruta fresca.

Indicate that one doesn't normally refuse food or seconds in a Hispanic house. Say: «*Sí, un poco*» and then nibble here and there. Saying «*no*» will focus all the attention on you and your reasons for saying no.

C. Preguntas/entrevista. *Contesten estas preguntas o úsenlas para conversar con otro compañero de clase.*

1. ¿Qué te gusta preparar cuando invitas a tus amigos?
2. ¿Qué te gusta comer a la hora del almuerzo/comida?
3. ¿Qué te gusta comer para la cena?
4. ¿Qué prefieres para el desayuno?
5. ¿Qué pides cuando vas a un buen restaurante?
6. ¿Cuántas veces a la semana vas de compras?
7. ¿Dónde compras generalmente?
8. ¿Qué bebida prefieres para el frío? ¿Y para el calor?
9. ¿Qué te gusta comer de postre?
10. ¿Conoces la comida española/mexicana/caribeña/peruana/?/? ¿Te gusta(n)?

Suggest that they use menu on page 202.

El imperativo formal

Para pedir o prohibir

To give advice, commands, orders, or to prohibit something, the imperative or command form of the verb is used. Formal commands are formed by dropping the -o/-oy ending from the present **yo** form and by adding the imperative endings shown in the chart.

-**ar** verbs	-**er** verbs	-**ir** verbs
(usted) ¡prepare!	¡coma! *eat!*	¡escriba! *write!*
prepare!	¡com**amos**! *let's eat!*	¡escrib**amos**! *let's*
(nosotros) ¡prepar**emos**!	¡com**an**! *eat!*	*write!*
let's prepare!		¡escrib**an**!
(ustedes) ¡prepar**en**!		*write!*
prepare!		

Ustedes is plural formal/informal in *Hispanoamérica.*

A. Note the changes that occur when forming commands:

-ar verbs: a ⟶ e   preparar ⟶ prepare (Vd.)
-er verbs: e ⟶ a   comer ⟶ coma (Vd.)
-ir verbs: i ⟶ a   escribir ⟶ escriba (Vd.)

$$a \longrightarrow e$$
$$e/i \longrightarrow a$$

¡Preparen algo y comamos juntos aquí!
¡Escriban un menú especial!
¡Compremos más carne para mañana!

Point out that all instructions in this book are given in the *ustedes* form.

B. When object or reflexive pronouns are used with imperatives, the pronouns are attached to the affirmative commands.

¡Mézclelo bien!	*Mix it well!*
¡Dénselo!	*Give it to him/her/them!*
¡Vístanse!	*Get dressed!*

Point out the need for written accents.

In negative commands, pronouns precede the imperative forms.

¡No los lea ahora!	*Don't read them now!*
¡No lo coloque allí!	*Don't put it there!*
¡No los cambien ahora!	*Don't cash them now!*
¡No me lo pida a mí!	*Don't ask **me** for it!*

C. Stem and spelling changes found in the **yo** forms of the present tense will also appear in the command forms. For example:

pensar(ie): pienso $\longrightarrow$ piense/pensemos/piensen
entender(ie): entiendo $\longrightarrow$ entienda/entendamos/entiendan
jugar(ue): juego $\longrightarrow$ juegue/juguemos/jueguen
pedir(i): pido $\longrightarrow$ pida/pidamos/pidan
decir(i): digo $\longrightarrow$ diga/digamos/digan
conseguir(i): consigo $\longrightarrow$ consiga/consigamos/consigan
traer: traigo $\longrightarrow$ traiga/traigamos/traigan
hacer: hago $\longrightarrow$ haga/hagamos/hagan
salir: salgo $\longrightarrow$ salga/salgamos/salgan
venir: vengo $\longrightarrow$ venga/vengamos/vengan
ir is irregular: vaya/vamos/vayan

Point out that ie and ue verbs don't change in the nosotros form.

Preparación

A. *Cambien el pronombre mentalmente y den el imperativo que corresponda.*

1. Hablamos con ella.   usted/ustedes/nosotros
2. Llama a Nena.   nosotros/usted/ustedes
3. Sirven la paella.   ustedes/nosotros/usted
4. Consigues el dinero.   usted/ustedes/nosotros
5. Viven tranquilos.   ustedes/nosotras/usted
6. Yo hago el arroz con pollo. nosotros/usted/ustedes

B. *Cambien al plural.*

1. ¡Piénselo bien!   5. ¡No se preocupe tanto!
2. ¡Pruébela ahora!   6. ¡No se levante a las seis!
3. ¡Vístase rápido!   7. ¡No se queje de ella!
4. ¡Váyase!   8. ¡Véngase pronto!

C. *Den las formas de usted/ustedes/nosotros del imperativo de los siguientes verbos:*

1. decir la verdad   6. pedir el postre
2. ir a almorzar   7. tener la sopa preparada
3. leer el periódico   8. jugar golf
4. llevar la comida   9. practicar los verbos
5. conseguir carne   10. pensar rápido

D. *Transformen estas frases a la forma negativa.*

1. ¡Pida el vino!   5. ¡Déselo!
2. ¡Diga eso!   6. ¡Dígaselo!
3. ¡Traiga la ensalada!   7. ¡Démelo!
4. ¡Preparen el asado!   8. ¡Tráiganlo!

Option: have students translate sentences.

Transición

A. Las compras. *Doña Hilda manda a la criada a las compras y le pide las siguientes cosas. Digan qué dice Doña Hilda.*

EJEMPLO: Debe conseguir papas nuevas ⟶ **¡Consiga papas nuevas, por favor!**

1. Debe conseguir piñas frescas ⟶
2. Debe traer café y té ⟶
3. Debe comprar detergente ⟶
4. Debe conseguir los mejores bistecs ⟶
5. Debe traer la correspondencia del correo ⟶
6. No debe conversar con nadie en la calle ⟶

B. ¡Tantas prohibiciones! *Miguelito está en casa de su tía Doris por unos días. La tía es muy estricta y le hace muchas prohibiciones a Miguelito. ¿Qué le dice la tía?*

EJEMPLO: No debe jugar en la calle. ⟶ **No juegue en la calle.**

1. No debe comer nada antes del almuerzo. ⟶
2. No debe tomar ni coca-cola, ni limonada. ⟶
3. No debe bañarse después de comer. ⟶
4. No debe salir por la noche. ⟶
5. No debe tomar helados a toda hora. ⟶
6. No debe jugar al fútbol con la mejor ropa. ⟶

Usted is sometimes used with children to indicate that one really means what one says.

C. ¿Por qué no? *Ustedes están muy entusiasmados porque se han sacado buenas notas y terminado todos los exámenes. ¿Qué planes proponen?*

EJEMPLO: Invitar a todos los chicos. ⟶ **Invitemos a todos los chicos.**

1. Dar una vuelta por el centro. ⟶
2. Ir a patinar. ⟶
3. Comer comida mexicana. ⟶
4. Beber mucha cerveza. ⟶
5. Ir a la discoteca. ⟶
6. Bailar toda la noche. ⟶

Comunicación

A. ¿Buenos o malos consejos? *Digan si estos consejos para un estudiante nuevo son buenos o malos. Modifíquenlos si es necesario.*

1. No estudie durante el fin de semana.
2. Traiga su estéreo y organice fiestas a menudo.
3. Coma siempre en la cafetería. La comida es excelente.

4. Si le gusta dormir, no tome clases a las 8 de la mañana.
5. Pase el tiempo en el bar/cantina de la esquina.
6. No sea muy serio(a).
7. Vaya a clases los viernes por la tarde para impresionar a los profesores.
8. No llame a sus padres a menudo para pedir más dinero.
9. No vaya a la biblioteca. Eso es perder el tiempo.
10. Escuche todos los consejos de los estudiantes.
11. Tome todos los cursos fáciles en el primer año.
12. No decida su especialidad hasta el tercer año.

B. Una opinión franca. *Trabajen en grupos y hagan una lista de las cosas que ustedes les pedirían o sugerirían a las autoridades de la universidad.*

Sugerencias: Pongan un representante estudiantil en el comité de : . . .
Aumenten los fondos para . . . .
Organicen un . . . .

C. ¡Hágame un favor! *Imagínense que son estudiantes en México y que necesitan algunas cosas de la criada. Escriban una notita.*

Sugerencias: Por favor, hacerme comida para mañana.
limpiarme (*clean*) el cuarto.
traerme la correspondencia.
prepararme guacamole.
recibir mis llamadas por teléfono.
recibir a mis amigos.

El *se* impersonal

Las frases impersonales

To express impersonal statements the pronoun *se* is used. The subject follows the verb and usually agrees with it. English generally uses *be + participle* (passive voice) in this kind of sentence.

Se necesita camarero.	*Waiter (is) needed (here).*
Se reciben órdenes para banquetes.	*Banquets (are) catered (here).*
Se vende panadería.	*Bakery (is) sold/for sale.*

The pronoun *se* is also used to express «general truths.» In this case, **se** is similar to *one, we, they* or *people* in English. For example:

Aquí **se** cena a las seis, pero en los países hispanos **se** cena a las nueve.	*Here **we** eat at six, but in Hispanic countries **they** eat at nine.*

Preparación

A. *Cambien el sujeto y hagan los cambios necesarios en el verbo.*

1. Se necesita *un chef.* camareras/un ayudante de cocina/un panadero

2. Se sirvieron *entremeses.* pollos/licor/pescado/carnes

3. Se vende *un restaurante.* unas cafeterías/un café/este motel

4. Se puso *todo* en la refrigeradora. las carnes/la comida/las legumbres/los helados

5. *Los helados* se venden por litro. la leche/el vino/el aceite

B. *Traduzcan estas frases. Usen la construcción impersonal con **se**.*

1. They make the best pizzas there.
2. We drank a lot on Friday.
3. Spanish is spoken here.
4. Lunch is served at one thirty.

Transición

A. Manual de cocina. *Una señora norteamericana quiere aprender algunas reglas para servir la comida. Ayúdenle a traducir estas frases.*

1. El vino blanco se sirve frío.
2. La carne se sirve con vino tinto seco.
3. El asado se adoba (*marinate*) el día anterior.
4. El merengue se hace con huevos bien fríos.
5. Los platos se calientan antes de servir la comida.
6. El pescado se sirve con vino blanco.
7. El vino se sirve en copas grandes.
8. El licor se sirve en copas pequeñas.

Students should be able to
guess any new words here.

¿Cuál plato típico probarías en el mercado Libertad de Guadalajara?

B. Platos típicos. *Mark Labatte está practicando el uso del* **se** *para su clase de traducción. ¿Cómo traduce él las siguientes frases?*

EJEMPLO: Paella is made with fish and chicken.
   La paella se hace con pescado y pollo.

1. In Spain, many fish dishes are prepared.
2. Typical dishes are served in many restaurants.
3. Gazpacho is served very cold.
4. Sangría is made with wine and fruit.
5. Spanish tortilla is prepared with potatoes and eggs.
6. Flan is made with eggs and milk.

Comunicación

A. Avisos. *Escriban avisos sobre los servicios que ustedes podrían necesitar/ofrecer en un lugar donde se habla español.*

EJEMPLO: Se ofrecen dos estudiantes para limpiar casa una vez a la semana.

   Se necesitan/ofrecen ayudantes de biblioteca.

   Se necesita profesor particular (*private***) de matemáticas y estadística.**

B. Opinemos. *¿Cómo completarían ustedes las siguientes frases? Expresen su opinión personal.*

EJEMPLO: **En este país se necesita. . . .más disciplina.**

1. Para terminar de estudiar se . . . .
2. Para sacar mejores notas . . . .
3. Para hacer más amigos se puede . . . .
4. Para llegar puntualmente a clases se . . . .
5. Cuando se está enfermo se . . . .
6. En la biblioteca . . . .
7. Para encontrar trabajo . . . .

C. Preguntas. *Si un extranjero les hace estas preguntas, ¿cómo las contestarían ustedes?*

1. ¿Dónde se come bien aquí?
2. ¿Dónde se encuentran buenos apartamentos para estudiantes?
3. ¿Dónde se puede comprar ropa barata para este clima?
4. ¿A quién se le puede pedir ayuda en caso de emergencia?
5. ¿Dónde se puede pedir el número del seguro social?
6. ¿Cuándo se pagan los derechos de matrícula aquí?

El imperativo informal

Para pedir o prohibir

You have already learned the formal command forms with **usted, nosotros,** and **ustedes.** The informal imperative is used with **tú** and **vosotros.**
Study the informal forms of the imperative.

	-ar verbs	**-er verbs**	**-ir verbs**
(tú)	¡mira! *look!*	¡come!	¡escribe!
	¡no mires! *don't look!*	¡no comas!	¡no escribas!
(vosotros)	¡mirad! *look!*	¡comed!	¡escribid!
	¡no miréis! *don't look!*	¡no comáis!	¡no escribáis!

A. 1. To create informal **tú** commands, the *r* of the infinitive is dropped except in **-ir** verbs which follow the same pattern as **-er** verbs.

estudiar $\longrightarrow$ estudia
beber $\longrightarrow$ bebe
decidir $\longrightarrow$ decide

2. Negative informal commands for **-ar, -er,** and **-ir** verbs follow the same pattern as formal commands.

mandar (a $\longrightarrow$ e) $\longrightarrow$ no mandes
leer (e $\longrightarrow$ a) $\longrightarrow$ no leas
discutir (i $\longrightarrow$ a) $\longrightarrow$ no discutas

B. Pronouns are attached to affirmative forms and precede the imperative in negative forms.

Indicate that accents are necessary in affirmative forms.

estúdialo	no **lo** estudies
háblale	no **le** hables
vístete	no **te** vistas

C. Some very common verbs have shorter familiar (**tú**) command forms. Learn the following:

tener ⟶ ten   poner ⟶ pon
venir ⟶ ven   decir ⟶ di
ser ⟶ sé   hacer ⟶ haz
ir(se) ⟶ vé(te)   salir ⟶ sal

The negative familiar commands of these verbs are formed by adding **s** to the formal commands you learned in the previous sections.

¡No **vengas** hasta mañana!
¡No lo **pongas** allí!
¡No **hagas** nada!
¡No **salgas** de noche!

Preparación

A. *Cambien la forma imperativa y repitan la frase.*

1. ¡*Sal* ahora!   ven/llama/véte/sigue
2. ¡*Mánda*le ahora!   pregunta/explica/ayuda/sirve
3. ¡*Sírve*melo!   da/di/trae/explica
4. ¡*Estudia* todo!   practica/lee/discute/haz
5. ¡*Pón*lo ahora!   di/ten/ve/toma/da

B. *Den los imperativos informales de los siguientes verbos.*

dar/estudiar/vivir/viajar/escuchar/escribir/comer/beber
poner/venir/tener/ir/decir/hacer/salir

C. *Cambien el verbo y den la forma negativa de* **tú** *correspondiente.*

1. ¡No *comas* eso!   hacer/decir/traer/poner
2. ¡No *viajes* mañana!   seguir/salir/ir/venir
3. ¡No *pienses*!   empezar/volver/discutir/comer
4. ¡No *hagas* nada!   pedir/decir/perder/escuchar
5. ¡No *estudies* nada!   traducir/leer/practicar/escribir

Remind them they need to shift vowel and include stem changes.

Transición

A. Trago refrescante. *Escriban esta receta para dársela a sus amigos. Es una bebida muy refrescante para el verano.*

Help with vocabulary if necessary.

EJEMPLO: Cortar la fruta $\longrightarrow$ **Corta la fruta.**

Puerto Azul[1]

Se necesita: hielo	⅔ cerveza fría
fruta fresca	⅓ agua tónica

Spoken forms of fractions: ⅔ *dos tercios*, ⅓ *un tercio*.

1. Poner la fruta y el hielo en el vaso.
2. Agregar el agua tónica.
3. Mezclar bien.
4. Después, poner la cerveza.
5. Servir bien frío.

¿Tienen otras recetas para escribir en la misma forma?

B. ¡Qué indecisión! *Yolita fue a pasar unos días con su tía Isabel, que no sabe mucho de niños y está un poco confundida. La tía le da a Yolita una orden, pero después cambia de idea y cambia la orden. ¿Qué dice la tía?*

Option: have students translate sentences as a vocabulary review.

EJEMPLO: ¡Lávate el pelo! $\longrightarrow$ **No, no te laves el pelo ahora.**

1. ¡Ponte el suéter verde! $\longrightarrow$
2. ¡Lávate la cara con jabón! $\longrightarrow$
3. ¡Levántate a las siete! $\longrightarrow$
4. ¡Ponte las zapatillas de tenis! $\longrightarrow$
5. ¡Vístete con ropa deportiva! $\longrightarrow$
6. ¡Báñate con agua fría! $\longrightarrow$
7. ¡Júntate con esos niños! $\longrightarrow$

C. En la cocina. *René llegó tarde a comer y su hermana Lili le prepara la comida. ¿Qué contesta René a las preguntas de Lili?*

Allow enough time.

EJEMPLO: ¿Te sirvo la comida? $\longrightarrow$ **Sí, sírvemela, por favor.**

1. ¿Te sirvo ensalada? $\longrightarrow$
2. ¿Te traigo vino? $\longrightarrow$
3. ¿Te hago un bistec? $\longrightarrow$
4. ¿Te pongo una papa? $\longrightarrow$
5. ¿Te preparo café negro? $\longrightarrow$
6. ¿Te sirvo la fruta? $\longrightarrow$

Indicate that females in a household are always supposed to take care of male members' snacks or meals.

---

[1] Receta tomada de la revista *Tú* de Miami, julio de 1981.

Comunicación

A. Rey por un día. *Imagínense que su compañero de cuarto o un amigo(a) va a hacer todo lo que ustedes le pidan hoy. ¿Qué le pedirían ustedes?*

Sugerencias: prepararme la cena/hacerme los problemas de cálculo/ escribirme mi trabajo de inglés/ordenarme el cuarto/lavarme el auto/ limpiarme el cuarto/?

B. Frases de amistad. *Escriban frases de amistad para ponerlas en botones* (buttons) *o tarjetas* (cards).

EJEMPLO: No olvidarme ⟶ **¡No me olvides!**

Escribirme/llamarme/amarme/besarme/no dejarme/recordarme/ quererme/ayudarme

El idioma español en el mundo

Los imperativos

En el español de la Argentina y del Uruguay (dialecto porteño) y también en Costa Rica, el imperativo informal singular es un poco diferente, porque el acento es diferente. Comparen ustedes:

Note provided for recognition only, especially for those students who have access to T.V. in Spanish.

Dialecto estándar	Dialecto porteño
¡mira!	¡mirá!
¡come!	¡comé!
¡ven!/¡vénte!	¡vení!/¡veníte!
¡di!/¡díme!	¡decí!/¡decíme!

Aplicación

El vino, sol° de la tierra

El vino es el alma° de la comida, bebida tradicional en muchas culturas europeas desde hace muchos siglos. Hay vino tinto, blanco y rosado. En general, se toma vino tinto con la carne y blanco con el pescado. Pero, por supuesto, «sobre gustos° no hay nada escrito°» y hay gente que no sigue esta regla°. A los novatos°, por ejemplo, les gusta más el vino blanco o el rosado, porque se sirven fríos y son más livianos°. La gente que conoce más el vino, sin embargo, prefiere los vinos secos°, con más cuerpo, como el Cabernet Sauvignon.

sun

soul

taste/written
rule/novices

lighter
dry

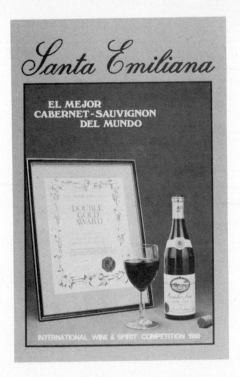

El vino tinto se hace con toda la uva, el blanco se hace con el jugo solamente y el rosado se hace con una combinación de ambos° mé-todos. both

Los mejores vinos españoles se hacen en el sur (Jerez de la Frontera, por ejemplo) y en la región de La Rioja. También hay vinos excelentes en Chile, país que tiene clima mediterráneo, en la Argentina y, por supuesto, en California, donde el clima es seco y muy similar al de Chile. Se necesita mucho sol y aire seco para producir buenos vinos.

En todas partes, hasta en Rumania y Bulgaria, los vinos se nombran a la francesa. Así tenemos vino de tipo Borgoña (*Burgundy*), Burdeos (*Bordeaux*) y el chispeante° Champaña (*Champagne*), que se sirve sparkling muy frío en todas las grandes celebraciones. En California, sin embargo, hay una variedad única que se llama Zinfandel, seco y aromático.

En la mesa, el brindis° típico es ¡Salud!° y todos se sirven un poco toast/to your health de vino. En varios países y hasta en la misma° España, no obstante°, itself/*sin embargo* la cerveza se impone ahora como bebida más popular que el vino y la gente joven la prefiere. En otros países, como el Ecuador y la Argentina, el trago° favorito es el whisky. Finalmente, el tequila me- drink xicano, el ron puertorriqueño y el pisco de Perú y de Chile son otras bebidas nacionales que gozan de° fama internacional.[1] *tienen*

---

[1] Adaptado de una conversación con el especialista en vinos, señor Julián Muñoz.

Comprensión de la lectura

Contesten estas preguntas.

1. ¿Por qué se dice que el vino es el sol de la tierra?
2. ¿Qué vino le gusta a la gente que sabe de vinos?
3. ¿Cómo se hace el vino rosado?
4. ¿Dónde se producen buenos vinos en España?
5. ¿Qué lugares tienen un clima similar?
6. ¿Dónde hay un tipo único de vino?
7. ¿Qué bebida es bastante popular en España ahora?
8. ¿Qué licores regionales se nombran en este artículo?

Nota de interés

La vendimia

La vendimia (*grape harvest/vintage*) es el trabajo de recolección de la uva para hacer vino. La vendimia es una celebración también, porque indica la abundancia del otoño. Toda la gente de la región trabaja en la vendimia y por eso ésta es la época del año en que las familias tienen más dinero. Cuando la vendimia termina, toda la gente se reúne en las casas de la viña (*vineyard*) para celebrar, comer, beber y bailar. En Europa y en California la vendimia es en octubre y en Chile y Argentina es en abril.

Comunicación

A. Las bebidas. *Conversen ustedes de las bebidas que más les gustan y digan por qué les gustan.*

Me gusta el/la . . . porque es refrescante/ácido/liviano/dulce/nutritivo/ saludable/tan delicioso/tan diferente/tan bueno/tan reconfortante/ tan rico/tan suave/tan chispeante

B. Trabajos de verano. *¿Cuáles de los siguientes trabajos de verano les gustaría tener en un lugar donde se habla español? Expliquen por qué les gustaría hacer ese trabajo.*

SE NECESITAN VENDIMIADORES	**SE NECESITAN** **CAMARERAS** BILINGÜES/TRILINGÜES CAFETERÍA NACIONES UNIDAS
UNIVERSITARIO(A) HABLE INGLES PARA VIAJAR A MADRID Y AYUDAR CON 3 NIÑOS POR UN AÑO. SALARIO, CUARTO Y COMIDA	SE NECESITAN GUARDAS DE PLAYA **MOTEL MIRAMAR**
SE NECESITAN PROFESORES DE INGLÉS CURSOS PARA EJECUTIVOS **INSTITUTO BLITZ**	**SE NECESITAN GUÍAS** INGLES/ESPAÑOL VIAJES PANAMERICANOS
	SE BUSCA ???
SE BUSCA UN TRADUCTOR TÉCNICO AL INGLÉS	DESARROLLE SUS HABILIDADES DE NEGOCIOS VENDA LIBROS TÉCNICOS EN INGLÉS. **30% COMISIÓN.** LIBRERÍA INTERNACIONAL

C. La comida de Acción de Gracias (*Thanksgiving*). *Los extranjeros siempre preguntan sobre la comida de Acción de Gracias. Preparen ustedes una explicación de qué se sirve en esta ocasión.*

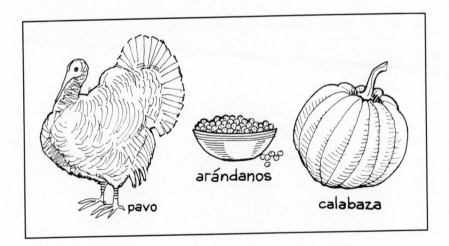

pavo   arándanos   calabaza

D. En un restaurante hispano. *Preparen ustedes diálogos sobre diferentes situaciones en un restaurante. Un estudiante puede ser el camarero y otros pueden ser los clientes. Después, representen el diálogo para los otros alumnos. Para empezar, completen el ejemplo:*

Camarero: ¿Desea usted _____ o _____ ?

Cliente: ¿No tiene _____ ?

Camarero: No, señor. No hay _____ hasta la hora _____ .

Cliente: Entonces, tráigame un café, por favor.

E. Recetas. *Intercambien recetas de sus platos, bebidas y tragos favoritos. Escriban las recetas en español.*

F. Un favor. *Imagínense que ustedes necesitan un favor de un amigo que entiende español. Escríbanle una notita. Ejemplo:*

Querida Theresa:
Por favor, paga la luz y el teléfono (te dejé los cheques en la mesa) y compra el pan y jugo de naranja.
Te veo esta noche después del examen.
　　　　Cariños,
　　　　　　Lucy

Entonación

Los imperativos

As you learned in Chapter 8, exclamations in Spanish have falling or descending intonation. Depending on the meaning and use, however, some imperative sentences in Spanish have rising intonation. Study the two groups that follow.

✻ 1. *Orders* have polite, but falling intonation.

Listen to and repeat the following expressions:

1. ¡Ven aquí!
2. ¡Deja eso!
3. ¡Pónlo allá!
4. ¡No te vayas!
5. ¡Dímelo!
6. ¡Dámelo a mí!
7. ¡Déselo a él!
8. ¡No lo haga!
9. ¡Regresa de inmediato!
10. ¡No vaya ahora!
11. ¡Escríbalo aquí!
12. ¡No lo ponga allí!

✻ 2. *Polite requests/advices* use rising tone at the end.

1. ¡Tráeme agua, por favor!
2. ¡Dáselo a René, por favor!
3. ¡Dáme otro poco, por favor!
4. ¡Déjenlo allí, por favor!
5. ¡Póngamelo aquí!
6. ¡Llámenme mañana, por favor!

Activity E suggested as optional. Depending on interest, you could also do the following:

a. Demonstrate table setting, or fork/knife use.

b. Discuss table/food related Hispanic customs and compare them to American customs.

c. Talk about the food served in traditional festivities, such as: *Día de Reyes (6 de enero en México y España)/Fiesta de Año Nuevo en Cuba/Fiesta de la Raza en Hispanoamérica (12 de octubre, Descubrimiento de América)/Navidad/Fiestas de la Independencia Nacional* in different countries.

Watch for tendency to stress the pronoun.

Vocabulario

NOMBRES

el alma *soul*
el almuerzo *lunch*
el arroz *rice*
la carne *meat*
la cena *dinner*
la comida *food; midday meal*
las comidas *meals*
el desayuno *breakfast*
los helados *ice cream*
el jamón *ham*
el jugo *juice*
la leche *milk*
la manzana *apple*

la merienda *snack/tea time*
la naranja *orange*
el pan *bread*
el pescado *fish*
el pollo *chicken*
el postre *dessert*
los refrescos *sodas, soft drinks*
la tortilla *omelette; tortilla (Mexican)*
el vino *wine*

ADJETIVOS

ambos *both*
asado *roasted*
frito *fried*
mismo. . . . .*itself*
seco *dry*
tinto *red (wine)*
rosado *rosé/pink*

VERBOS

mezclar *to mix*
vender *to sell*

OTRAS EXPRESIONES

¡Salud! *cheers!*
no obstante *sin embargo*

COGNADOS

la champaña	la fruta	el ron	los tomates
el clima	el licor	la sopa	la torta
la ensalada	el mango	el tequila	la tortilla
	el melón		

Hispanoamérica India

Introducción

Conflicto entre civilizaciones

En 1519, cuando Hernán Cortés y sus conquistadores españoles llegaron a la ciudad de Tenochtitlán (actualmente Ciudad de México), se llevaron una gran sorpresa. Lo que° vieron fue una ciudad más moderna que muchas ciudades europeas, con una gran actividad económica, política, educacional y religiosa.

En la ciudad había° innumerables construcciones: las que° servían de° residencia a los nobles y al emperador°, las que ocupaban los incontables negocios de la ciudad, las que guardaban° los productos agrícolas y los alimentos°, en fin, las casas de la gente común, las posadas°, las escuelas y las postas de emergencia. Un mundo completo, lleno° de vida y de actividad organizada.

Before students begin reading, indicate that because paragraphs 2 and 3 contain descriptions of what was going on at the time when the Spaniards arrived, verbs have other endings.

there were/those that
served as/emperor
stored
food/inns
full

222

Por supuesto, a los españoles les fascinaron la riqueza° y el increíble poder° que tenían° los jefes. Por otro lado°, miraron con ojos de espanto y disgusto° las ceremonias religiosas de los aztecas, que consistían en sacrificios humanos y otras prácticas que eran tan diferentes de las prácticas cristianas de los españoles.

El conflicto empezó en breve tiempo: tanto° la ambición por el poder y la riqueza, como° el deseo de cristianizar a los aztecas, fueron factores que influyeron° crucialmente en el desarrollo de la historia mexicana colonial y moderna. Desgraciadamente°, la guerra° destruyó no sólo las monumentales construcciones aztecas, sino muchas costumbres°, conocimientos° científicos y tecnológicos y el sistema de valores° de esta magnífica cultura de América.

wealth
power/had/on the other hand/shock

both
and
influenced
unfortunately/war
customs
knowledge/values

Tell students that the third persons, preterite of verbs like *construir* have a *y* instead of an *i*.

Comprensión de la lectura

Digan si estas afirmaciones son verdaderas o falsas según lo que leyeron. Si la afirmación es falsa, modifíquenla.

1. La Ciudad de México era (*was*) Tenochtitlán en el siglo XVI.
2. La Ciudad de México era más moderna que las ciudades europeas.
3. Había muchos edificios diferentes en la ciudad, hasta hoteles y hospitales.
4. El poder y la riqueza fascinaron a los españoles.
5. Porque la religión azteca era tan diferente, los españoles quisieron cristianizar a los aztecas.
6. A pesar de la guerra, se conservaron los monumentos indios.
7. Los españoles también hacían sacrificios religiosos.

Y usted, ¿qué piensa?

¿Creen ustedes que la existencia de diferentes culturas en nuestro país es algo positivo o negativo? ¿Cuáles son sus reacciones a las siguientes afirmaciones? Digan si están de acuerdo o no y por qué.

1. Se deben preservar las culturas indias y extranjeras de nuestro país.
2. Los italianos, chinos, vietnamitas, chicanos y otros deben aprender inglés para vivir aquí.
3. Se debe enseñar a leer en español a los niños hispánicos.
4. Es mejor adquirir la cultura norteamericana y también mantener la cultura original.
5. Hay algunas cosas buenas en otras culturas.

Expresiones útiles

Se debe proteger/conservar/estudiar las culturas indígenas°
Los indios tienen grandes conocimientos médicos/de nutrición/de la naturaleza°

indias

nature

Me fascina la artesanía°/la cocina°/la cultura de. . . .   crafts/cuisine
Se debe educar/enseñar el idioma del país/modernizar/ayudar a los
  indígenas

El idioma español en el mundo

La influencia de las lenguas americanas

Después que el idioma español viajó a América con los conquistadores
españoles, su vocabulario se enriqueció con muchos términos de las lenguas indias americanas que también pasaron al inglés. Así tenemos, por
ejemplo: maíz, chocolate, cacao, tabaco, papas, poncho, canoa, agua-
cate, coyote, sarape, etc.
Por otro lado, también se produjo el fenómeno de las diversificaciones
regionales del vocabulario, tales como:

español estándar	dialecto mexicano (influencia azteca)	dialectos andinos (influencia quechua)
maíz	elote	choclo
niño	escuincle	huinca

Además, en las regiones de Hispanoamérica en que se habla español y
una lengua india, hay mucha gente **bilingüe** (que hablan los dos idiomas)
o **monolingüe** (que sólo hablan la lengua india o español). Hay grandes
grupos de bilingües en regiones de México, Guatemala, Paraguay, Perú,
Ecuador y Bolivia. También hay millones de indios monolingües que no
hablan español en México, Guatemala, Perú, Bolivia, etc.

El imperfecto

Hablando del pasado

The imperfect provides another way of talking about past events and
states. The imperfect is used to describe what was happening or what
things looked like *when something else took or was taking place* in the
past.
In the paragraph below, study how the imperfect is used to describe the
situation in Mexico at the time when the Spaniards arrived.

This is **what happened:** ⟶ Cuando Cortés llegó a México,
se llevó una gran sorpresa. *En*
México **había** *una cultura*

This is what things ⟶
looked like or what was
going on at that time:
magnífica en que los
emperadores **tenían** *gran poder.*

En la ciudad **había** *hermosos palacios que* **servían** *de residencia a los nobles y los incontables negocios* **ocupaban** *muchas otras construcciones.*

The imperfect is also used to describe habitual actions in the past.

Todos los días la gente **trabajaba** *en diferentes ocupaciones.*	*Every day the people would work in different occupations.*

A. The imperfect is formed by dropping the **-ar/-er/-ir** from the infinitive and adding the endings shown in the chart.

El imperfecto

-ar verbs	-er verbs	-ir verbs
mir**aba** *I looked*	proteg**ía** *I protected*	viv**ía** *I lived*
mir**abas**	proteg**ías**	viv**ías**
mir**aba**	proteg**ía**	viv**ía**
mir**ábamos**	proteg**íamos**	viv**íamos**
mir**ábais**	proteg**íais**	viv**íais**
mir**aban**	proteg**ían**	viv**ían**

Cuando vivíamos en México, terminamos el trabajo de Antropología. Cuando llegaron a México, Cortés no hablaba la lengua india.	*When we lived (were living) in Mexico, we finished the Anthropology paper. When they arrived in Mexico, Cortés did (would) not talk the Indian language.*

The closest approximations for the imperfect in English are:

La gente vivía en el valle.	*People were living in the valley. People used to live in the valley. People lived in the valley.*

B. Certain time expressions introducing a description of a state of affairs or an ongoing condition in the past are often associated with the use of the imperfect.

en aquel tiempo (por) entonces	*at that time*	En aquel tiempo vivía en Medellín. Entonces yo estudiaba fotografía.
antes *formerly*		Antes los jefes tenían mucho poder.
generalmente *usually*		Generalmente, guardaban muchos alimentos.

C. Notions such as *age* and *time* are expressed in the imperfect because they are used as points of reference for something else that happened or was happening in the past.

> **Tenía dieciséis años** cuando entré a la universidad.
> **Eran las diez** cuando empezó el conflicto.

> *I was sixteen when I entered college.*
> *It was ten when the conflict began.*

D. It is important to note that when the imperfect is used, the action is seen as ongoing, not as an event limited to a definite time in the past (with a definite beginning or end). In some ways, the imperfect is equivalent to a present tense in the past. Hence, it is used when narrating (to describe what was going on in the past) or expressing related or habitual actions.

> Cuando los españoles llegaron, la cultura azteca era muy avanzada.
> Todos los años, los nobles viajaban a Machu Picchu para las celebraciones de primavera.

Preparación

A. *Cambien el pronombre y hagan los cambios necesarios en el verbo.*

1. (*Yo*) no sabía su nombre antes.   tú/ella/nosotros/usted
2. (*Ella*) hacía toda la artesanía.   usted/yo/ustedes/tú
3. (*Él*) estudiaba cuando yo llegué.   ellos/tú/usted/mis amigas
4. (*Nosotras*) no salíamos cuando trabajábamos.   ustedes/tú/yo/él
5. *Se* lavaba con jabón importado.   nos/te/me

B. *Cambien estas frases al imperfecto.*

EJEMPLO: Estoy cansado. ⟶ **Antes estaba cansado(a).**

1. Siempre como en esa cafetería.
2. No gana tanto dinero.
3. Viajo en autobús.
4. Bebe mucho.
5. Discuten con las chicas.
6. No quiero comer nada.
7. Siempre hacen arroz.
8. Nunca puedo terminar todo.
9. Siempre veo ese programa.
10. Está loco por ella.
11. No entiende nada.
12. No tienen interés.

Transición

A. Los buenos tiempos. *El señor Campos y su señora conversan con unos amigos y les muestran algunas fotos de su familia. ¿Qué dicen los Campos?*

EJEMPLO: En aquel tiempo/(nosotros) tener/un negocio. ⟶ **En aquel tiempo teníamos un negocio.**

1. (Nosotros) trabajar/mucho entonces. ⟶
2. (Nosotros) empezar/a las 8 de la mañana. ⟶
3. (Nosotros) terminar con todo/a las 10. ⟶
4. (Nosotros) vivir en Esmeraldas. ⟶
5. (Nosotros) tener cuatro niños: dos niños y dos niñas. ⟶
6. (Nosotros) vivir bien y estar contentos. ⟶

B. Los quechuas. *El profesor Vásquez les habla a sus estudiantes de los sistemas administrativos de los quechuas. ¿Qué les dice el profesor?*

EJEMPLO: El emperador/vivir en el Cuzco. ⟶ **El emperador vivía en el Cuzco.**

1. El gobierno central/estar en el Cuzco. ⟶
2. Unos supervisores/llevar las estadísticas. ⟶
3. Diez familias/formar un ayllu. ⟶
4. Un jefe militar/estar a cargo de una región. ⟶
5. Un empleado/controlar las cosechas. ⟶

C. Los mayas. *Un profesor de historia precolombina les pregunta a sus estudiantes sobre las actividades de los mayas. ¿Qué contestan los chicos?*

EJEMPLO: ¿Dónde vivían los mayas? (sur de México y Guatemala) ⟶ **Vivían en el sur de México y en Guatemala.**

1. ¿Qué tierras trabajaban los mayas? (Belice y Guatemala) ⟶
2. ¿Qué construían para drenar el agua? (canales) ⟶
3. ¿Qué cultivaban? (cacao) ⟶
4. ¿Cuántos millones de mayas había? (3 millones) ⟶
5. ¿Qué guardaban para los malos tiempos? (maíz) ⟶
6. ¿Qué construían en las ciudades? (pirámides) ⟶

Comunicación

A. Preguntas/entrevista. *Contesten estas preguntas o úsenlas para conversar con sus compañeros de clase.*

1. El año pasado, ¿dónde vivías tú?
2. ¿Vivías con tu familia o con un amigo(a)?
3. ¿Estabas en la universidad o en el colegio?
4. ¿Trabajabas el año pasado o sólo estudiabas?

Option: Have students work in small groups and write a summary of partner's answers.

Indicate that *«colegio»* means high school.

5. ¿Qué hacías los sábados y los domingos?

6. ¿Dónde te juntabas con tus amigos?

7. ¿Qué hacías después de clases?

B. Conversación. *Conversen ustedes sobre lo que ustedes hacían en el verano (o en las Navidades) cuando estaban en sexto o séptimo año de la escuela primaria.*

EJEMPLO: nunca hacer las tareas ⟶ **nunca hacíamos las tareas**

no querer comer legumbres/no querer ayudar en casa/escaparnos a jugar/patinar en la calle/tomar helados hasta enfermarnos/jugar sófbol, béisbol/mirar la tele toda la tarde/no gustarnos estudiar/visitar a la abuela/recibir muchos regalos/?/

La nominalización

Ahorrando palabras

In Spanish—as in English—adjectives and other noun modifiers can be made to function as nouns in order to avoid repetition.

Note that one *is not translated in these examples.*

Había un poncho gris y *uno* blanco. Yo prefiero el (poncho) *blanco*.	*There was a grey poncho and **a white one**. I prefer **the white one**.*
Estas ruinas son más antiguas que *las* (ruinas) que vimos ayer.	*These ruins are older than **the ones (that)** we saw yesterday.*

A. Adjectives can assume the function of nouns when the accompanying noun is omitted.

> Vino el indio joven con el (indio) viejo.
> Se compraron los sombreros negros y los (sombreros) blancos.
> Me trajo el poncho peruano y el (poncho) ecuatoriano.

B. Other noun modifiers such as articles can also function as nouns when the noun itself is omitted.

> Llevaron unos trajes viejos y *unos* (. . .) nuevos.
> ¿Vino el indio que habla hopi o *el* (. . .) que habla apache?
> ¿Estudias la lengua de la sierra o *la* (. . .) del valle?
> Esos sarapes son más lindos que *los* (. . .) que compramos ayer.

Indicate that when noun is dropped, uno *recovers the* o.

C. A neuter pronoun phrase *lo que* is also used when an entire idea is nominalized.

Lo que pasa es que ellos no comprenden esas costumbres.	***What** happens is that they don't understand those customs.*
No oí lo que dijo.	*I didn't hear **what** he said.*

Preparación

A. *Transformen los adjetivos en itálica en nombres.*

EJEMPLO: Las ceremonias religiosas y las ceremonias *políticas* eran
importantes. ⟶ **Las ceremonias religiosas y las políticas eran
importantes.**

1. La cultura azteca y la cultura *maya* son muy importantes.
2. Los indios comanches y los indios *apaches* viven en el oeste. ⟶
3. Ni la cultura quechua ni la cultura *aymará* tenían sistemas para
   escribir. ⟶
4. ¿Quieres ver el vestido paraguayo o el vestido *boliviano?* ⟶
5. ¿Le compraste al segundo niño o al *primer* niño que vino? ⟶

Because these sentences are naturally longer, written preparation will be helpful.

B. *Transformen las frases en itálica en frases nominales.*

EJEMPLO: Las casas de los nobles y *las casas de los militares* eran más
grandes. ⟶ **Las casas de los nobles y las de los militares eran
más grandes.**

1. Las pirámides de los aztecas y *las pirámides de los mayas* son muy
   altas. ⟶
2. Los negocios de pescado y *los negocios de legumbres* abundaban
   en Tenochtitlán. ⟶
3. Les fascinaron las ropas del Inca y *las ropas de las mujeres* del
   Inca. ⟶
4. La ciudad de Machu Picchu y *la ciudad de Vilcabamba* están cerca
   del Cuzco. ⟶
5. Estudié el dialecto que se habla en México y *el dialecto que* se habla
   en Costa Rica. ⟶
6. Necesito los diccionarios que están en tu oficina y *los diccionarios
   que* están en tu biblioteca. ⟶
7. Tomé el curso de antropología que tú tomaste y *el curso que* tomó tu
   hermana. ⟶

Written preparation may be helpful.

Transición

A. Estudios antropológicos. *Una estudiante norteamericana, Jean
Weller, fue a estudiar la cultura de un grupo indio de Guatemala y ahora
le escribe a su profesor de Antropología que está en la ciudad de Guatemala. ¿Qué le dice ella al profesor?*

EJEMPLO: No estudié ni los grupos de mujeres viejas ni los grupos de niños
escolares. ⟶ **No estudié ni los grupos de mujeres viejas ni los
de niños escolares.**

1. Hablé con las autoridades indias y con las autoridades
   guatemaltecas. ⟶

2. Observé la conducta de los hombres jóvenes y la conducta de los viejos. ⟶
3. Estuve con el grupo que vive en el valle y con el grupo que vive en la sierra. ⟶
4. Tomé notas de los ritos de matrimonio y de los ritos funerarios. ⟶
5. Estudié la lengua de los jóvenes y la lengua de las mujeres. ⟶
6. ¿Le doy las fotos que revelamos aquí o las fotos que vamos a revelar allá? ⟶

B. La carta de Jean. *Ayúdenle a Jean a traducir estas frases de su carta.*

1. What I didn't like was the food. ⟶
2. What I saw was a big change in customs. ⟶
3. I didn't understand what the women said. ⟶
4. I wrote down what they told me. ⟶

Comunicación

A. Opiniones. *Completen ustedes estas frases con su opinión acerca del problema de los indios.*

Lo que me molesta es que
No comprendo lo que dicen
Lo que los indios quieren es
Lo que más me gusta es

mantener sus costumbres
la artesanía india
cuando atacan a los indios
muchos consideran inferiores a los indios
el color de sus ropas
incorporarse a la sociedad
cuando explican el problema
?   ?

Briefly discuss with students the problems of Indian or «mestizo» populations in some countries, e.g. Mexico, Guatemala, Peru, Ecuador, Bolivia. Main problems are: social prejudice, poor bilingual programs, urbanization, and a new set of values imposed on them.

B. Preguntas/Entrevista. *Contesten estas preguntas o úsenlas para entrevistar a un compañero. Digan por qué en cada caso.*

1. ¿Qué actividades de español te gustan más? ¿Las orales o las escritas? ¿Por qué?
2. ¿Qué te gustaría estudiar? ¿Las costumbres de México o las del Perú? ¿Por qué?
3. ¿Qué clases prefieren? ¿Las de la mañana o las de la tarde? ¿Por qué?
4. ¿Cuáles trabajos son mejores? ¿Los de la universidad o los de la ciudad? ¿Por qué?
5. ¿Qué amigos te gustan más? ¿Los de tu ciudad o los de aquí? ¿Por qué?
6. ¿Qué piensas comprar para la Navidad? ¿Lo que viste en el centro comercial o lo de la tienda? ¿Por qué?

Los indios esperan con paciencia en la plaza del pueblo. ¿Qué les traerá el futuro?

Imperfectos irregulares: *ser, ver, y ir*

Only **ser, ver,** and **ir** are irregular in the imperfect. Study their forms in the chart below.

Imperfectos irregulares

Ser		Ver		Ir	
era	*I was*	**veía**	*I saw*	**iba**	*I went*
eras	*you were*	**veías**		**ibas**	
era	*he/she was*	**veía**		**iba**	
era	*you were*	**veía**		**iba**	
éramos	*we were*	**veíamos**		**íbamos**	
erais	*you were*	**veíais**		**ibais**	
eran	*they were*	**veían**		**iban**	
eran	*you were*	**veían**		**iban**	

El emperador era como un dios.

Los nobles iban a Machu Picchu todos los años.

Cuando veían a los jefes, todos saludaban.

The emperor was like a god.

Every year, the nobles used to go to Machu Picchu.

When they would see the chiefs everybody greeted them.

Preparación

Ⓜ *Cambien el pronombre y den la forma verbal correspondiente.*

1. *Nosotras* nunca veíamos a los primos.   él/yo/tú/ustedes

2. *Ellas* eran muy felices en aquel tiempo.   ellos/tú/yo/usted

3. *Nosotros* íbamos al Perú antes.   yo/ustedes/él/tú

4. ¿Iban *ustedes* a ese restaurante?   tú/ella/usted/ellas

5. *Él* iba a llamarte después.   yo/nosotros/él/ellos

6. Antes *yo* era más rubia.   tú/ella/nosotras/ustedes

Transición

Vida en la comunidad. *Un indio quechua que ahora vive en el Cuzco, Perú, le cuenta a un turista de su vida anterior en la comunidad de indios de la montaña. ¿Qué le dice él al turista?*

EJEMPLO: La montaña ser/tan linda. ⟶ **La montaña era tan linda.**

1. Yo ser/más feliz en la comunidad. ⟶
3. La vida ser/más natural y más protegida. ⟶
4. Nosotros ir/al campo todos los días. ⟶
5. Yo ir/a un pueblo los días de mercado. ⟶
6. Luego, nosotros ser/como hermanos para dividir la cosecha. ⟶
7. Y los indios que ser/ya viejos también recibían su parte. ⟶

Comunicación

Cuando yo era chico(a). *¿Qué recuerdos bonitos tienen ustedes de cuando eran chicos? Conversen ustedes sobre estos recuerdos.*

EJEMPLO: siempre ir a casa de la abuela para Acción de
Gracias ⟶ **siempre íbamos a casa de la abuela . . . .**

siempre irnos de vacaciones a . . . ./mi fiesta de cumpleaños siempre ser . . . ./mi deporte favorito ser . . . ./mi mejor amigo(a) ser . . . ./ siempre ver mis programas favoritos en . . ./?

Posición de los adjetivos

As you studied in Chapter 2, descriptive adjectives usually follow the nouns they modify. However, adjectives can also precede the noun for emphasis or for a new meaning.

Enfasis: un *gran* problema   un problema grande
(*a crucial problem*)   (*a big problem*)

Nuevo significado: una   una posada nueva
nueva posada   (*a new inn*)
(*still another inn*)

el *mismo* indio   el indio mismo
(*the same Indian*)   (*the Indian himself*)

There are some adjectives in emphatic position in the Introduction.

A. The following adjectives frequently precede the noun. Study them.

otro = *another*   demasiado = *too much*
cada = *each*   demasiados = *too many*
varios = *several*   bastante = *more than enough*
mucho = *much*   último = *last*
muchos = *many*   bueno = *good*
poco = *little*   malo = *bad*
pocos = *few*   and all *numerals* and *demonstra-*
tanto = *so much*   *tives*
tantos = *so many*

Most of these have already been introduced.

B. The following adjectives may precede or follow the noun, but the meaning is different in each case.

viejo   mismo
pobre   diferente
nuevo   grande

mi *vieja* escuela (*my former*   la escuela *vieja* (*the old*
school)   school)

un *pobre* niño (*an*   un niño *pobre* (*a poor boy*)
unfortunate boy)

un *nuevo* profesor (*another*   un profesor *nuevo* (*a new*
teacher)   teacher)

el *mismo* hombre (*the same*   el hombre *mismo* (*the man*
man)   himself)

las *diferentes* tribus (*various*   las tribus *diferentes* (*different*
tribes)   tribes)

el *gran* jefe (*the great chief*)   el jefe *grande* (*the tall chief*)

Indicate that *gran* occurs before masculine nouns.

Preparación

A. *Cambien el nombre y modifiquen el adjetivo y el verbo, si es necesario.*

1. Vivían en la misma *casa*.   edificio/barrios/piso/ciudad
2. No había mucha *comida*.   helados/chocolate/frutas/interés
3. Produjo grandes *cambios*.   problemas/resultados/progreso/terror
4. Pocos *alumnos* vinieron.   gente/mujeres/indios/militares
5. Traían bastante *conocimiento*.   ideas/nobles/regalos/amor

B. *Cambien el adjetivo y modifiquen el nombre, si es necesario.*

1. Había un *buen* sistema.   último/viejo/nuevo/interesante/mal
2. Se llevaron *otra* sorpresa.   varias/muchas/diferentes/suficientes
3. Había *varios* conflictos.   otro/nuevos/tanto/grandes/viejos
4. Tenían *suficiente* poder.   bastantes/demasiado/pocos/tanto
5. Llegaba en *otro* bus.   varios/cada/bastantes/pocos/grandes

Transición

A. Los conquistadores. *Los conquistadores fueron grandes militares y exploradores. Completen ustedes las siguientes frases que los describen.*

EJEMPLO: **Hernán Cortés fue un . . . (explorador/grande)** ⟶ **Hernán Cortés fue un gran explorador.**

1. Los conquistadores exploraron el . . . (mundo/nuevo) ⟶
2. Almagro tuvo problemas, . . . (¡hombre/pobre!) ⟶
3. Pizarro tenía . . . (conocimientos/bastantes) ⟶
4. Los indios tuvieron . . . (cambios/grandes) ⟶
5. Balboa y Magallanes llegaron al . . . (mar/mismo) ⟶
6. Hernán Cortés conquistó México; fue un . . . (hombre/grande) ⟶   Option: translate sentences.

B. Traducción. *Betty quiere traducir estas frases para una composición. Ayúdenla.*

1. Several Indians used to talk Spanish.
2. The Indians themselves had various dialects.
3. Few Spaniards understood the huge problems.
4. They lost the little power that they had.
5. I saw the last movie about the Indians.

Hernán Cortés era un típico
caballero del siglo XVI: apuesto,
inteligente y aventurero.

Comunicación

Grandes norteamericanos. *Imagínense que ustedes tienen que explicarle a un extranjero quiénes son estas personas, ¿cómo lo harían?*

EJEMPLO: Gloria Steinem/feminista/grande ⟶ **Gloria Steinem es una gran feminista.**

Sugerencias:

Abraham Lincoln	presidente	grande
George Washington	explorador	notable
Martin Luther King	abolicionista	famoso
Alexander G. Bell	emancipador	primer
Davy Crockett	inventor	distinguido
Sinclair Lewis	senador	ingenioso
William Clark	novelista	brillante
Alexander Hamilton	científico	extraordinario
Harriet Beecher Stowe	estadista (*statesman*)	diferente
? ?	mujer	pobre
	hombre	magnífico
	? ?	? ?

La cordillera es la misma, pero este valle es más fértil que el del río Loa.

Aplicación

La montaña que llora°

° cries

En Antofagasta, en el borde del desierto de Atacama, Chile, alguien
me contó° esta leyenda° quechua:
    «Hace miles y miles de años, la gente del valle° del río Loa vivía
feliz y tranquila. Desde la cordillera° un gran cerro° los miraba y los
protegía: Tata-Machu (*Abuelo Grande*), lo llamaban.
    El Tata era una montaña enorme, imponente°, pero tranquila. El
gran cerro era sólo una irresistible tentación para las nubes° que
viajaban por el cielo°. El Tata era parte de Pacha-Mama, la Madre
Tierra, y mostraba su poder infinito: acumulaba nubes y después las
liberaba° en tempestades y lluvia° torrencial para la tierra seca del
valle.
    Pero un día, Pacha-Mama se enfureció muchísimo y cubrió el valle
con nubes más negras que la noche. Luego°, la Madre Tierra tembló°
en mil temblores° con el poder de diez mil montañas y lo destruyó
todo: hombres, casas y pueblos, llamas y alpacas°, el valle, los cho-
clos° y las papas. Todo. Los indios gritaban asustados: Pacha-Mama
está enojada°. El terremoto° fue horrible.
    Cuando la tierra se calmó°, los indios miraron al enorme Tata-
Machu y vieron con sorpresa que estaba truncado, sin cabeza, y que
. . . lloraba.

° *dijo*/legend

° valley
° *sierra*/mount

° impressive
° clouds
° sky

° liberated/rain

° *después*/shook
° tremors
° *animales andinos*
° *maíz*
° *furiosa*/earthquake
° was quiet

Por sus géisers de agua caliente y cristalina, el Tata lloraba por el horror, lloraba por la tragedia de los indios. Desde entonces, los indios lo llaman el Tata-Iu o el *abuelo que llora*. Y todavía llora, todos los días llora, miles de años después, el abuelo todavía llora por sus ojos de géiser en el Tatio».

After reading silently once, guide students to discover which paragraphs describe states and events going on when the earthquake took place.

Comprensión de la lectura

Contesten ustedes las siguientes preguntas sobre la lectura.

1. ¿Cómo se dice *abuelo* en quechua?
2. ¿Dónde está el valle del río Loa?
3. ¿Por qué acumulaba tantas nubes el cerro Tata-Machu?
4. ¿Cuándo ocurrió el gran sismo o terremoto?
5. ¿Por qué tembló tanto la Madre Tierra?
6. ¿Cómo estaba el Tata después del terremoto?
7. ¿Por qué llora todavía el Abuelo?
8. ¿Cómo se llama el Tata ahora?

Nota de interés

¿Sabía usted que. . . .

. . . . los conocimientos astronómicos de mayas, aztecas y quechuas eran más avanzados que los de los europeos en el año 1450?

. . . . los mayas usaron el concepto del cero matemático mil años antes que los matemáticos árabes?

. . . . aztecas, mayas y quechuas tenían calendarios muy exactos?

. . . . aztecas y mayas construían pirámides como los egipcios?

. . . . las leyendas aztecas, mayas y polinésicas predecían la llegada de hombres rubios del este a América?

. . . . ningún pueblo de aquel siglo (siglo XV) sobrepasaba a los mayas en habilidad matemática?

. . . . aztecas y mayas tenían sistemas para escribir?

. . . . los quechuas tenían un sistema de nudos (*knots*) y cables para anotar sus estadísticas, porque no tenían sistema de escritura?

. . . . Moctezuma, el jefe azteca, y el Inca Atahualpa, jefe quechua, eran tan civilizados y educados que invitaron a los españoles a visitar sus cortes y sus palacios, sin ninguna intención de guerra?

. . . . los indios chibchas de Colombia producían las joyas más bellas (*beautiful*) y objetos de oro y gemas y que hoy podemos verlos en el Museo del Oro de Bogotá?

Una copia del calendario azteca.

. . . . el adolescente Lautaro, indio mapuche de Chile, usó estrategias militares que sólo se pueden comparar a las que usó Alejandro Magno (*Alexander The Great*) 300 años antes de Cristo?

. . . . el curriculum de un azteca o quechua noble incluía estudios de matemáticas, ingeniería, historia, poesía (*poetry*), lenguas y estrategia militar?

. . . . el pueblo más antiguo del continente, La Paloma, cerca de Lima, Perú, tiene 7.700 años de antiguedad, según estudios de un profesor de la Universidad de Missouri?

. . . . en aquellos años—como en el mundo de hoy—los intérpretes y traductores eran muy importantes? Una india, Malinche, fue intérprete y amante (*lover*) de Cortés.

Comunicación

A. El Monte Santa Helena. *Describan ustedes lo que pasó en el estado de Washington con el volcán Santa Helena. Es una historia bastante similar a la del Tatio, ¿verdad?*

Empiecen así: Antes de la gran explosión, el volcán . . . .

Option: let students choose any two activities.

B. Las leyendas. *Trabajen en un grupo y cuéntenles leyendas a sus compañeros. Por ejemplo, cuéntenles de* Paul Bunyan, *de* Pecos Bill, *o de* Ichabod Crane.

Empiecen así: Hace mucho, mucho tiempo, había un . . . .

C. Conquistadores modernos. *Hablen ustedes de los grandes exploradores de nuestra era.*

EJEMPLO: Jacques Cousteau, científico francés, es un (explorador/grande) de los mares.
Neil Armstrong. . .
John W. Young y Robert L. Crippen. . .

D. La Conquista. *Imagínense que ustedes acompañaron a los conquistadores en sus exploraciones y guerras. Describan un día típico en sus vidas.*

Empiecen así: Nos levantábamos a las seis de la mañana y salíamos a explorar. . .

Pronunciación

Los sonidos *rr* y *r*

In Spanish there are two different **r** sounds:

A. /**rr**/ which occurs at the beginning of all words spelled with an initial **r** and whenever the spelling **rr** appears.

rico/Ramón   ¡arriba!/desarrollo

This **rr** sound is trilled and requires some practice.

Ejercicio 1

Lean las siguientes expresiones.

1. la riqueza
2. Santa Rosa
3. una residencia
4. conflictos religiosos

Allow enough time; don't overemphasize the trilling because many other alternative pronunciations are possible in natives.

5. ¡arriba!

6. la guerra es terrible

7. ¡qué desarrollo!

8. la tierra es linda

B. /r/ occurs in all other positions and is similar to the *tt, dd, t* sounds in bu*tt*er, la*dd*er and mo*t*or

moreno / valores / amor
organizado / guardaban / cristianizar

Ejercicio 2

Practiquen las siguientes expresiones.

1. era simpática

2. nació en enero

3. tiene valor

4. se llevaron una sorpresa

5. eran prácticas cristianas

6. llamaron al emperador

7. trajeron productos agrícolas

8. vieron el arte moderno

Ejercicio 3

*Repitan estas frases pronunciando con cuidado los sonidos **rr, r.***

1. El niño llora por el terremoto.

2. La lluvia cubrió la tierra.

3. La riqueza se guardaba allí.

4. El cerro los protegía.

5. Desarrollaron mucho poder.

6. Se perdieron los valores.

Vocabulario

NOMBRES

los alimentos *la comida*
la artesanía *crafts*
el cielo *sky*
el conocimiento *knowledge*
el conquistador *conqueror*
la cordillera *la montaña, sierra*
las costumbres *customs*
el emperador *emperor*
la guerra *war*

la leyenda *legend*
la lluvia *rain*
la naturaleza *nature*
las nubes *clouds*
el poder *power*
la riqueza *wealth*
el terremoto *earthquake*
el valle *valley*
los valores *values*

ADJETIVOS

bello *beautiful*
enojado furioso
indígena indio
imponente *impressive*
lleno *full*

VERBOS

calmarse *to calm down*
contar *to tell*/decir
guardar *to store, keep*
había (haber) *there was, were*
influir *to influence*
liberar *to liberate*
temblar *to shake*

OTRAS PALABRAS

antes *formerly*
desgraciadamente *unfortunately*
(por) entonces *at that time*
por otro lado *on the other hand*
lo que *what*
tanto . . . . . como *both . . . . . and*

COGNADOS

indio	los mayas	las llamas	científico
indígena	los aztecas	las alpacas	magnífico
	los quechuas	el maíz	tecnológico

La política

Introducción

Allow enough time for silent reading. This is the first dialogue that incorporates several verb tenses.

☿ Buenas y malas noticias

Sally y Antonio Villablanca se preparan para pasar° otro año en las costas° del Caribe, donde Antonio hace estudios de biología marina.[1]

to spend
coasts

SALLY: Mira lo que dice el periódico: que los terroristas han liberado° a otro rehén°. Ahora sí podremos hacer el viaje. ¡Menos mal!°; tenía miedo°.

have released
hostage / thank goodness!
I was afraid

ANTONIO: Bueno, no es para tanto°, Sally. Recuerda que los periódicos sólo dan las noticias catastróficas.

it's not so bad

SALLY: ¡Ah, sí! Eso lo leí el otro día. Decían que los países en desarrollo° han protestado por el tipo de noticias que se publican aquí.

developing

ANTONIO: Así es, mi linda. Nunca aparecen las cosas bien, digo°, las cosas buenas. Por ejemplo, deberían publicar mis investigaciones sobre plantas marinas, ¿verdad?

I mean

Indicate that the expression *digo* is used in self-correction.

SALLY: ¡Oh, sí! ¡Por supuesto!

---

[1] Basado en una conversación con un científico centroamericano.

Comprensión de la lectura

Contesten las siguientes preguntas sobre la lectura.

1. ¿Dónde viven los Villablanca normalmente?
2. ¿Adónde van a viajar?
3. ¿En qué trabaja Antonio?
4. ¿Qué noticia traía el periódico?
5. ¿Qué leyó Sally acerca de los países pequeños?
6. ¿Qué noticias preferiría Antonio?

Encourage original answers. The setting is not clear on purpose.

Y ustedes, ¿qué dicen?

Piensen ustedes un momento y digan qué tipo de noticias sobre los países extranjeros predominan en los periódicos y en la televisión.

Creo que sólo hay noticias de . . . .
Casi nunca hablan de . . . .
Tengo la impresión que . . . .

Bring a Spanish paper or magazine to class. You'll find them in all major cities.

Expresiones útiles

En la tele dan noticias de accidentes/guerras/guerrillas/secuestros°/
   terremotos/inundaciones°
Ahora controlan mejor la inflación/el terrorismo/la contaminación/la
   desnutrición°
Siempre hablan de juntas /dictadores°/golpes de estado°

kidnappings
floods

malnutrition
dictators/coups d'état

This is high frequency vocabulary in the news. Help with pronunciation of *junta* [xúnta].

Notas de interés

La política

1. La política es una actividad nacional muy importante en los países hispanos y toda la gente se preocupa mucho de ella. Los problemas de cada país son muy difíciles de explicar y de solucionar, pero, en general, la inflación, la inestabilidad económica, la pobreza y las luchas (*struggles*) por el poder entre varios partidos (*parties*) o grupos militares son los problemas más comunes.

   Como vimos en el capítulo 6, los estudiantes participan activamente en los movimientos políticos y frecuentemente organizan huelgas para protestar. Generalmente, los estudiantes de leyes, sociología, educación y filosofía son los más activos, aun (*even*) en los países en que hay gobiernos represivos.

¿Puedes indicar algunos símbolos de la muerte en Guernica?

2. **La política y el arte**
La política también afecta el arte. En el centenario del pintor español Pablo Picasso (1881–1973), su cuadro *Guernica* llegó a España por primera vez en septiembre de 1981. Picasso pintó *Guernica* en Francia, donde vivió exiliado por casi 40 años. Picasso le dio el cuadro al Museo de Arte Moderno de Nueva York y pidió no darlo a España hasta la muerte del dictador Franco y la restauración (*reinstatement*) de la democracia en España.

Guernica es un cuadro impresionante que expresa el horror de la guerra civil española de 1936–1939. Se inspira en la destrucción de Guernica, un pueblo vasco del norte de España.

Contraste

Hablando del pasado

Both the preterite and the imperfect are used to talk about the past in Spanish. They cannot be used interchangeably, however. The uses of both past tenses contrast in the following ways:

Imperfect	**Preterite**
Describes what was happening when something else took place.	Refers to what happened at a certain point in the past that interrupted what was going on.

Vivíamos en la capital . . .   cuando **dieron** el golpe de estado.

Estábamos allí . . .   cuando los extremistas lo **liberaron.**

Ya **era** muy famoso . . .   cuando **publicaron** sus investigaciones.

Cuando **comíamos** . . .   **dieron** la noticia en la televisión.

Duration

Describes a condition, state, state of mind, or action that was in progress in the past.

Por entonces, la vida **era** monótona. Los terroristas **leían** y el rehén **miraba** la televisión a veces, pero generalmente **estaba** muy cansado para hacer nada.

Habit

Describes habitual actions in the past.

Cuando estábamos en el Caribe, **trabajábamos** por la tarde y después **íbamos** al cine cuando **teníamos dinero.**

Event

Indicates actions or events that took place, and changes in a state of mind or a reaction to something that happened.

Escaparon cuando **llegaron** los terroristas.
Me **fui** porque él no **vino.**
Estuvo nerviosa hasta que los **vio.**

Single action

Refers to a single action begun or completed in the past.

Eso lo **leí** el otro día.

Series of actions

Each action moves the story forward.
Prepararon todo, **hicieron** las reservaciones y **viajaron** al Caribe ayer.

Preparación

A. *Escriban frases que contrasten el imperfecto y el pretérito.*

EJEMPLO: Nosotros preparar/las cosas. El senador llegar. ⟶ **Preparábamos las cosas cuando el senador llegó.**

1. El día estar/lindo. Nosotros salir/a dar una vuelta.
2. Ellas ir/a la universidad. Ellas ver/al dictador.
3. Ser la una/de la mañana. Yo terminar/mi trabajo de la desnutrición.
4. Nosotros pasar/un tiempo en Caracas. Él perder/el pasaporte.
5. Yo dejar/la ciudad. El golpe ocurrir.
6. Ella trabajar/en el parlamento. La guerrilla empezar.

B. *Contesten las siguientes preguntas según el ejemplo.*

EJEMPLO: ¿Por qué trajiste esos libros? (tener que estudiar) —→ **Porque tenía que estudiar.**

1. ¿Por qué fuiste al médico? (estar enfermo) —→
2. ¿Por qué te acostaste a las ocho? (estar cansada) —→
3. ¿Por qué llegaste a las ocho? (tener mucho trabajo) —→
4. ¿Por qué fueron a Miami? (querer comprar ropa) —→
5. ¿Por qué no compraste más carne? (no tener dinero) —→
6. ¿Por qué volvió a llamar Carlos? (querer hablar con ella) —→

Transición

A. ¡Secuestraron un avión! *Completen ustedes esta noticia sobre el secuestro de un avión por unos extremistas. Usen el pretérito o el imperfecto, según sea necesario.*

Quince pasajeros ya _____ (estar) en el avión, cuando los terroristas _____ (gritar) ¡arriba las manos! El jefe _____ (tener) un arma en la mano cuando el piloto _____ (entrar) a la cabina. En el aeropuerto, el director _____ (esperar) a la policía, cuando llegaron los miembros de las fuerzas especiales. En el avión, las fuerzas especiales _____ (controlar) rápidamente la situación, mientras los terroristas _____ (discutir). En ese momento, los policías _____ (abrir) la puerta, _____ (entrar) en el avión y _____ (atrapar) a los terroristas. Todos los pasajeros _____ (escapar) sin problemas.

B. Huelga estudiantil en Río Piedras, Puerto Rico. *Mónica Estévez acaba de regresar a Nueva York después de estar en la universidad de Río Piedras por varios días para observar el desarrollo de una huelga. ¿Cómo contesta ella a las preguntas de su jefe del periódico? Usen el pretérito o el imperfecto, según sea necesario.*

EJEMPLO: ¿Cómo estaba la situación? (estar tensa) —→ **Estaba tensa.**

1. ¿Cómo estaba el tiempo? (estar lindo) —→
2. ¿Qué hicieron los profesores? (apoyar la huelga) —→
3. ¿Qué hicieron las autoridades? (prohibir las manifestaciones) —→
4. ¿Dónde conseguías más información? (conseguirla en el campus) —→

5. ¿Cómo era el líder estudiantil? (ser dinámico) ⟶
6. ¿Es verdad que también había padres en la universidad? (sí, haber
   padres) ⟶

Comunicación

¿Qué decía el periódico ayer? *Conversen ustedes de las últimas noticias
que han aparecido en el periódico.*

EJEMPLO: **El periódico decía que hay mucho crimen.**

El periódico decía que

     ocurrir un accidente en. . . .
     haber guerra en. . . .
     escapar unos terroristas en. . . .
     poner una bomba en. . . .
     secuestrar un avión en. . . .
     matar a. . . .
     llegar el presidente de. . . .
     subir el precio de. . . .
     los . . . ganar el partido de. . . .
     haber un golpe de estado en. . . .

Las expresiones idiomáticas con *tener*

A number of idiomatic expressions in Spanish use the verb **tener.** These expressions usually refer to living beings. Study the following ones:

tener. . . años	to be . . . years old
tener hambre	to be hungry
tener sed	to be thirsty
tener frío	to be cold
tener calor	to be warm
tener ganas de. . .	to feel like
tener miedo	to be afraid
tener sueño	to be sleepy
tener pena/vergüenza	to be embarrassed
tener que	to have to

> La sociedad **tiene que** hacer algo por los pobres que **tienen hambre** y **ganas de** mejorar.

Preparación

A. *Cambien la palabra en itálica por las dadas.*

1. ¿Tienes *hambre?*
2. No teníamos *calor.*

sueño/frío/sed/calor/miedo
miedo/pena/vergüenza/ganas de trabajar

Option: translate sentences.

B. *Traduzcan estas frases al español.*

1. Are you twenty now?
2. We are sleepy at eleven, but we have to study.
3. Mickey is always hungry.
4. I don't feel like studying.
5. I'm afraid of earthquakes.
6. He is embarrassed.
7. When I'm thirsty I buy a coke.

Transición

Los Contreras. *Todo está mal con los Contreras. Digan ustedes qué contestan los chicos a las sugerencias de sus padres.*

EJEMPLO: ¡Habla con la señora Pérez por teléfono! ⟶ **Pero, mamá, yo tengo vergüenza.**

1. Miguelito ¡come la comida! ⟶ Pero, mamá, no . . . .
2. ¡Vamos a ver a la abuela! ⟶ Pero, mamá, estoy cansada y . . . .

3. Vamos a vivir en el piso 52 del edificio. ⟶ Pero, papá, . . .
4. ¡No más cerveza en esta casa! ⟶ Pero, papá, nosotros . . . .
5. Charito, no puedes salir de noche. ⟶ Pero, mamá, ya . . . .
6. Tito, ¡ven a ayudar! ⟶ Pero, papá, yo . . . .

Comunicación

A. ¿Qué sientes? *Digan ustedes qué sienten* (what you feel) *en las siguientes situaciones.*

1. A medianoche, después de estudiar . . . .
2. En febrero, después de andar por la calle . . . .
3. En julio, cuando hay mucha humedad . . . .
4. En el consultorio del dentista, cuando tienes dolor de muelas . . . .
5. Después de comer en la noche . . . .
6. Después de un gran partido y de gritar mucho . . . .
7. A mediodía, cuando no has tomado desayuno . . . .
8. En un picnic, cuando el aire está fresco y agradable . . . .
9. Después de decir algo inapropiado . . . .
10. Después de pasar todo el día trabajando . . . .

B. Opciones. *Completen las siguientes frases usando una de las opciones dadas o creando una opción original.*

1. Esta noche tengo ganas de . . .   salir/irme a casa/comer algo delicioso/ver a mi novio(a)/?

2. Yo no le(s) tengo miedo a . . .   los exámenes/la gente/los profesores/los supervisores/los dentistas/?

3. Le(s) tengo mucho miedo a . . .   la gente violenta/los tornados/los terremotos/las tempestades/?

4. Hoy día tengo que . . .   terminar mi trabajo de . . ./llamar a mis padres/estudiar/lavar la ropa/ir a comprar/?

5. En clase de español . . .   tengo frío/tengo hambre/tengo sueño/tengo ganas de hablar/tengo pena de hablar/?

If necessary help with #2 and 3.

El presente perfecto

Hablando del pasado reciente

The present perfect tense is used to talk about events and states that are over but continue to have relevance for the present.

Hemos estudiado muchas
lecciones este semestre.

*We have studied many
lessons this semester.*

The present perfect is formed by using the present tense of the auxiliary verb **haber** plus a past participle. Past participles are formed by dropping the **-ar** from **-ar** verbs and adding **-ado,** and by dropping the **-er/-ir** from **-er/-ir** infinitives and adding **-ido.**

desarrollar $\longrightarrow$ desarrollado   entender $\longrightarrow$ entendido
discutir $\longrightarrow$ discutido

El presente perfecto de Hablar

he hablado	*I have talked*	**hemos** hablado	*we have talked*
has hablado	*you have talked*	**habéis** hablado	*you have talked*
ha hablado	*he/she has talked*	**han** hablado	*they have talked*
ha hablado	*you have talked*	**han** hablado	*you have talked*

—¿Has aprendido esas   —No, no las he aprendido
palabras?   todavía.
—¿Han escuchado las   —No, no las han dado
noticias?   todavía.

Study the following irregular past participles:

dicho (decir) *said*   abierto (abrir) *open*
escrito (escribir) *written*   visto (ver) *seen*
hecho (hacer) *made*   roto (romper) *broken*

Preparación

Ⓜ **A.** *Cambien las expresiones en itálica por las dadas y hagan los cambios necesarios en el auxiliar.*

1. ¿*Ha* comido (*usted*)?   ella/ustedes/ellos/tú
2. *Nosotras* hemos pasado una   yo/él/tú/ellas
   semana aquí.
3. ¿*Quién* ha llegado?   las chicas/tú/Roberto/ustedes
4. *Yo* no he entendido nada.   tú/Inés/ellos/nosotros
5. *Él* nunca ha viajado.   Marta/yo/él/tú/ustedes/usted

Ⓜ **B.** *Completen las respuestas según se indica en el ejemplo.*

EJEMPLO: ¿**Vas a decirle esas cosas? (Ya se las . . .)** $\longrightarrow$ **Ya se las he dicho.**

1. ¿Vas a escribir la carta? (Ya la . . .) $\longrightarrow$
2. ¿Vas a hacer los problemas? (Ya los . . .) $\longrightarrow$
3. ¿Vas a ver al profesor? (Ya lo . . .) $\longrightarrow$
4. ¿Vas a abrir el negocio? (Ya lo . . . .) $\longrightarrow$
5. ¿Vas a romper los papeles? (Ya los . . .) $\longrightarrow$
6. ¿Vas a decirle las noticias? (Ya se las . . .) $\longrightarrow$

Pronunciation: yá la eskríto
yá lo se éčo
yá loé ísto
yá loeabierto
yá lo sé r̄óto
yá se la sé díčo

Transición

A. La conferencia norte-sur de Cancún, México. *Una reunión política muy importante ha sido la de Cancún, México. Imagínense que ustedes son locutores de la radio y que tienen que leer las noticias. Completen la noticia antes de leerla.*

Cancún, México. Gobernantes de varios países ya _____ (llegar)

a este lugar. Aquí se _____ (reunir) Indira Ghandi de la India, Mitterand de Francia, López Portillo de México, Trudeau de Canadá y

Reagan de los Estados Unidos. Todos _____ (trabajar) largas horas

para resolver los problemas. El presidente Reagan _____ (insistir) en la inversión (*investment*) como la mejor ayuda. Otros países, sin

embargo, _____ (declarar) que la distribución de la riqueza

_____ (ser) un método muy efectivo. Ya veremos lo que pasa durante las reuniones mañana. ¡Muy buenas noches!

B. Conferencia internacional. *Un representante* (representative) *muy importante llega temprano a supervisar las cosas durante una conferencia internacional. ¿Cómo contestan sus preguntas los ayudantes?*

EJEMPLO: ¿Leyeron la declaración? (no) ⟶ **No, no la han leído.**

1. ¿Vinieron los periodistas? (no) ⟶
2. ¿Trajeron los documentos? (sí, ya los . . .) ⟶
3. ¿Llegaron los intérpretes? (no) ⟶
4. ¿Llamaron a la televisión? (no) ⟶
5. ¿Dijeron quién habla primero hoy? (no) ⟶
6. ¿Rompieron los papeles secretos? (no) ⟶

Comunicación

Preguntas para conversar. *Preparen ustedes preguntas para iniciar una conversación en pequeños grupos.*

EJEMPLO: **¿Has ido a esquiar este año?**

Sugerencias: ver la última película/comprar la nueva ropa de moda/comer en el nuevo restaurante/ir al centro comercial/ver las últimas gangas de la tienda/ir a la nueva heladería/escuchar el último disco de . . ./ir a patinar/comer comida mexicana/estudiar los últimos capítulos/viajar recientemente/buscar un trabajo de verano/estudiar política latinoamericana/pasar algún tiempo en el extranjero/?

Betancourt se dirige al pueblo venezolano en octubre de 1962; lo acompañan dos ministros de su gabinete.

Aplicación

Rómulo Betancourt, constructor de la Venezuela democrática

Rómulo Betancourt ha muerto.° Pero su legado° de acción política no puede morir, porque forma parte de los cimientos° de una gran nación sudamericana, Venezuela. has died/legacy
foundation

Como líder del partido Acción Democrática la influencia de Betancourt se extiende desde los años cuarenta a los ochenta. La suya° ha sido una acción inspirada por los ideales democráticos, la tendencia americanista[1] y la preocupación por el hombre común° del país. his

ordinary

Como tantos otros políticos° jóvenes, Betancourt pasó también por las filas marxistas y las tendencias izquierdistas al principio. Luego°, recibió la influencia europea de la Social Democracia o socialismo democrático. Después, fundó° el partido y la ideología que han llevado a Venezuela desde la oscuridad de las tiranías criollas° hasta el estado democrático independiente que es hoy. politicians
then

he founded
creole

Fue a principios de los años cuarenta que Betancourt conspiró con civiles y militares y dio el golpe de estado que terminó con el totalitarismo y la dictadura° en Venezuela. Fue un golpista extraordinario, sin embargo, porque no abusó del poder, como° ha sucedido° tan a menudo en la historia hispanoamericana. dictatorship
as/ocurrido

---

[1] *Americanista* is the opposite of European-centered; *americanismo* is a movement proposing original solutions for the problems of the American continent.

En 1959, Betancourt llegó otra vez a la presidencia de Venezuela, elegido° por el pueblo en elecciones libres. Y fue entonces° que el líder le dio a Venezuela el impulso renovador que la ha caracterizado como nación moderna y soberana°.[2]

elected/then

sovereign

Comprensión de la lectura

Contesten las siguientes preguntas sobre la lectura.

1. ¿Por qué es inmortal este hombre?
2. ¿Por cuántos años dominó la política de Venezuela?
3. ¿Qué fue Betancourt de joven?
4. ¿Qué partido fundó?
5. ¿Qué había en Venezuela antes de la democracia?
6. ¿Cuándo fue la conspiración para preparar el golpe?
7. ¿Cuándo eligieron presidente de Venezuela a Betancourt?
8. ¿Qué es Venezuela ahora?
9. ¿Qué hombres pusieron los cimientos de este país?

Notas de interés

Líderes políticos hispanos

1. **Líderes de este siglo**
   Entre otros políticos importantes del escenario hispano tenemos al español Francisco Franco, al peruano Raúl Haya de la Torre, al argentino Juan Domingo Perón, a los chilenos Eduardo Frei Montalva y Salvador Allende Gossens y al cubano Fidel Castro Ruz.
   De tendencias nacionalistas, nacionalsocialistas, izquierdistas o comunistas, estos hombres han tenido gran influencia no sólo en sus países, sino también en el extranjero (*abroad*).

2. **Líderes del pasado**
   Grandes hombres como el cubano José Martí, el uruguayo José Artigas, el argentino José de San Martín, el chileno Bernardo O'Higgins y el venezolano Simón Bolívar, liberaron y dieron forma a los países hispanoamericanos modernos.
   Bolívar es especialmente importante porque tuvo la idea de formar una confederación de países sudamericanos. Aunque la idea nunca se concretó, su inspiración ha sido un ejemplo para los líderes políticos modernos como Rómulo Betancourt.

---

[2] Adaptado de un artículo de *Noticias del Mundo*, de Nueva York.

En diciembre de 1972, Allende vino a las Naciones Unidas y denunció el "boycott" económico contra su gobierno. Allende murió en el golpe de septiembre de 1973.

José Martí (1853–1895), patriota y poeta cubano, luchó por la independencia de su isla de España.

Comunicación

A. Políticos norteamericanos. *Digan qué políticos norteamericanos podrían ser definidos por las siguientes frases.*

1. político de una familia muy importante y rica
2. político joven y ambicioso que se preocupó de los pobres
3. político muy ambicioso que abusó del poder
4. gran hombre que ha muerto; su legado es muy importante para el país
5. político simpático, pero no muy dinámico
6. político que ha formulado una nueva política económica
7. político de gran poder e influencia en su estado
8. político de origen extranjero que ha tenido gran influencia en la política exterior del país

These sentences were generated by students and are not necessarily true when matched to a name. Have students modify them, if they want to.

Encourage discussion. If there is interest, encourage class/groups to write more definitions so rest can guess.

B ¿Adivina qué? *Cuéntenles a sus compañeros de grupo las últimas novedades (noticias) de la universidad o de la residencia.*

EJEMPLO: **¿Adivina qué? Anoche, cuando iba a la biblioteca vi al novio de Lisa con otra chica.**

Sugerencias: ver a . . . /hablar con . . . /juntarme con . . . /pedirme salir con él/ella/decirme que la fiesta será en . . . /decirme que no hay examen de . . . /escuchar que . . . va a venir este sábado/?

C. Reacciones. *Digan ustedes cómo reaccionan ante lo siguiente.*

Guide students to use *tener ganas/miedo/que* idioms.

EJEMPLO: **¿Discoteca? Tengo ganas de ir el sábado.**

1. una película muy mala
2. un ataque terrorista
3. un viaje en avión
4. un festival musical
5. un secuestro
6. un accidente
7. un tornado
8. una vuelta por el bar

Use headlines on page 247 for expansion.

D. Preguntas/entrevista. *Usen las siguientes preguntas para empezar una conversación en grupo.*

1. ¿Cómo estás hoy?
2. ¿Qué estudias además de español?
3. ¿Dónde vive tu familia?
4. ¿Cuántos hermanos tienes?
5. ¿Cuántos años tienen?
6. ¿Cuántos años tienes tú?
7. ¿Cuántos años has estudiado en esta universidad?
8. ¿Qué trabajo tienes que preparar esta semana?

E. Proyectos. *Trabajen en grupos e investiguen uno de los siguientes tópicos sobre los países hispanos.*

1. ¿Qué países hispanos son más desarrollados, cuáles están en desarrollo y cuáles son subdesarrollados?
2. ¿Qué tipo de gobierno tienen los países hispanos más importantes como México, España, Colombia, Argentina y Perú?
3. Actualmente, ¿en qué países hispanos hay graves conflictos políticos, guerrillas, guerras o dictaduras?
4. ¿Qué grupos de refugiados políticos hispanos son más numerosos aquí?

Option: Bring reference material to class, act as a resource person, or invite native Hispanics to class.

Pronunciación

El sonido /x/

The sound /x/ found in words like *general*, *viaje*, and *jamón* is pronounced at the back of the mouth and is harder than its English equivalent. Compare:

Gilberto   hill
jamón   ham

In Caribbean dialects glotal /h/ and not velar /x/ is used. In Spain uvular /x/ is used.

Ⓐ Ejercicio 1

Practiquen estas expresiones tratando de imitar el sonido /x/.

1. en general
2. estudia biología
3. es muy ágil
4. no lo eligieron
5. esa junta
6. de viaje
7. por ejemplo
8. es mejor

Indicate that /x/ can be spelled g (ge, gi) or j.

Ⓐ Ejercicio 2

Lean estas frases.

1. Ahora tienen una junta de militares.
2. ¿Cuándo lo eligieron?
3. El argentino es muy joven.
4. Voy a trabajar el jueves.
5. Allí vienen Juan Carlos y Jaime.
6. Jorge tiene hambre.

Vocabulario

NOMBRES

el dictador   *dictator*
la dictadura   *dictatorship*
el extranjero   *abroad/overseas/foreigner*
el golpe de Estado   *coup d'etat*
la junta   *military group in power after a coup*
la lucha   `struggle*
el partido   *party (political)*
el político   *politician*
el rehén   *hostage*
el secuestro   *kidnapping/hijacking*

OTRAS EXPRESIONES

. . . , digo, . . .   *I mean . . .*
entonces   *then/therefore*
luego   *then /* después
¡menos mal!   *thank goodness!*
¡no es para tanto!   *it's not so bad!*

ADJETIVOS

común   *ordinary*
en desarrollo   *developing*
político   *political*

VERBOS

elegir   *to elect*
fundar   *to found*
pasar   *to spend/* ocurrir

VOCABULARIO ÚTIL

terrorismo	terrorista
extremismo	extremista
socialismo	socialista
golpismo	golpista
derechismo	derechista (*rightist*)
izquierdismo	izquierdista (*leftist*)

COGNADOS

(el) civil	el impulso
(el) militar	liberar
(la) nación	la tendencia

El tiempo y la naturaleza

Introducción

⌬ Pronóstico del tiempo

MAL TIEMPO EN EL NORTE. MUY FRÍO ESTA NOCHE EN MADRID.

5 de febrero. El tiempo meteorológico se presenta variable, con tormentas° en el norte y lluvias en el centro por la acción de un frente de mal tiempo que se desplaza° desde el Atlántico. El sur y la costa mediterránea continuarán con buen tiempo y cielos despejados° la mayor parte del día.

El norte y la costa atlántica presentarán nubosidad° variable con violentos chubascos° y vientos fuertes° por la tarde y nieve° en los Pirineos.

La parte central del país estará totalmente cubierta° y con lluvias ligeras durante° la mañana. La zona se despejará durante la tarde y la temperatura bajará° a los 0°C o menos por la noche, produciendo° heladas° en los valles.

En la capital, la mínima fue de 3 grados a las 7:36. Durante el día la temperatura subirá° unos 10 grados.

Point out that *cubierto* is irregular like *abierto*.

will drop
cloudiness
storms / downpour / producing / high winds   frost
snow

viene

will go up
overcast
during

sin nubes

Comprensión de la lectura

1. ¿De qué país es este pronóstico?
2. ¿De qué estación es típico este boletín meteorológico?
3. ¿Cómo estará el tiempo en el norte?
4. ¿Qué tiempo se espera para Madrid y la parte central?
5. ¿Qué temperatura máxima se espera en Madrid?
6. ¿En qué parte del país se recomendará no viajar en auto?

Y a usted, ¿cómo le afecta el tiempo?

Digan ustedes cómo se sienten o qué hacen según el tiempo.

Cuando está . . . ., me dan deseos de . . . .
Si hay una tormenta . . . .
En los días muy calurosos yo . . . .
Cuando hay mucha nieve . . . .

Expresiones útiles

Está frío/caluroso/nublado/lindo/despejado
Si hay sol/nieve/humedad/viento, yo . . . .
Me da° frío/calor cuando . . . y me dan° deseos de . . . .   *tengo*

En las cataratas (*falls*) del Iguazú ni nieva ni hace frío, porque están en la zona sub-tropical de Paraguay.

Nota de interés

El clima en los países hispanos

Por lo general, se piensa que el tiempo es muy bueno en los países hispanos. La verdad es que el clima cambia mucho según la ubicación (*location*) geográfica. Los países caribeños y los centroamericanos tienen clima tropical, caluroso y húmedo. México, Venezuela, Colombia, Ecuador y Paraguay tienen un clima similar, excepto en las montañas, donde es más frío. Parte del Perú, de Bolivia, del norte de Argentina y de Chile tienen un clima muy seco y desértico. Uruguay, gran parte de Argentina y de Chile tienen clima templado (*temperate*). El extremo sur de Sudamérica es muy frío y lluvioso, con nieve en la cordillera de los Andes. España es lluviosa en el norte, seca y de temperaturas extremas en el centro y templada en el sur y la costa.

El tiempo

El tiempo es el tópico de conversación más frecuente.
Estudien estas expresiones.

¿Qué tiempo hace?		¿Cómo está el día?	
Hace . . . buen/mal tiempo	*It's nice/not nice*	Está . . . lindo/feo	
calor/frío	*It's warm/cold*	caluroso/frío	
viento	*It's windy*	ventoso	
fresco	*It's chilly*	fresco	
sol	*It's sunny*	soleado	
	It's rainy/humid	lluvioso/húmedo	
	It's cloudy/overcast	nublado/ cubierto de nubes	
llueve (llover—ue)	*it rains*	hay . . . sol/viento	
nieva (nevar—ie)	*it snows*	había chubascos (*showers*)	
se despeja (despejarse)	*it clears up*		
se cubre (cubrirse)	*it gets overcast*	habrá niebla (*fog*) tormenta/humedad . . .grados Celsius . . .centígrados	

Some of these expressions have been introduced already.

Preparación

A. *Cambien la palabra en itálica por las dadas.*

1. No estaba muy *lindo*.   nublado/lluvioso/caluroso/soleado

2. Hizo mucho *sol*.   viento/calor/fresco/frío
3. ¿*Llovió* ayer?   se despejó/nevó/se cubrió
4. Fíjate que había *viento*.   chubascos/tormenta/niebla/hu-
                                  medad
5. Va a estar *ventoso*.   lluvioso/caluroso/cubierto/hú-
                                  medo
6. No *se despeja* nunca.   se cubre/llueve/nieva

B. *Transformen las siguientes frases según el ejemplo.*

EJEMPLO: Hay viento. ⟶ **Había viento ayer. Va a haber viento mañana.**

1. Llueve mucho. ⟶   5. Hay 10 grados Celsius. ⟶
2. No nieva ahora. ⟶   6. Hizo buen tiempo. ⟶
3. Hay niebla. ⟶   7. Se cubre rápido. ⟶
4. Hace tanto calor. ⟶   8. No hace nada de frío. ⟶

Transición

¿Qué tiempo hace? *En el aeropuerto Ezeiza de Buenos Aires hay un anuncio que indica el tiempo en varias ciudades del mundo. ¿Cómo describirían ustedes el tiempo en cada ciudad?*

EJEMPLO: Sao Paulo 22°C Ll ⟶ **En Sao Paulo hay 22 grados y llueve.**

Condiciones Meteorológicas en. . . .

S–sol C–cubierto Ch–chubascos		V–viento Ll–lluvia N–nieve	
Londres 8°C	Ll	Caracas 30°C	Ch
Madrid 6°C	SV	Lima 24°C	C
Berlín 2°C	N	Santiago 27°C	S
Roma 7°C	Ll	Panamá 33°C	C

EL TIEMPO

Cielos despejados, a nubosidad parcial, anuncia para el Area Metropolitana y la Cordillera Central la Oficina Meteorológica de la Fuerza Aérea, que predice para la capital temperaturas probables de 10 y 28 grados. Ayer registró en sus termómetros, en Santiago, una mínima de 7 grados a las 6.40 y una máxima de 27.3 grados a las 16 horas.

Have students figure out when this took place (month/season).

Comunicación

A. Depende del tiempo. *Completen las siguientes frases con una referencia al tiempo según su experiencia.*

1. No jugamos béisbol si . . . .
2. No me gusta viajar cuando . . . .
3. Nos gusta dar una vuelta cuando . . . .
4. Hay muchos accidentes después que . . . .
5. Me encanta irme de camping cuando . . . .
6. Hacemos deportes cuando . . . .
7. No se va a la playa o al lago cuando . . . .

B. Conversación. *Usen las siguientes preguntas para hablar del tiempo.*

1. ¿Qué tiempo hace ahora?
2. ¿Cómo estuvo el día ayer?
3. ¿Sabes cómo va a estar el tiempo mañana?
4. ¿Llueve mucho en tu ciudad? ¿Cuándo llueve?
5. ¿Qué tiempo hace allí para Navidad?
6. ¿Sabes cómo es aquí en primavera?
7. ¿Qué tiempo hizo el invierno pasado?
8. ¿Qué te gusta hacer cuando hace buen tiempo? ¿Y cuando está feo?

C. El pronóstico local. *Trabajen ustedes en grupos y preparen un informe del tiempo para el día de hoy o un pronóstico para mañana basado en las condiciones meteorológicas de hoy. Léanles el informe a sus compañeros de clase.*

Los tiempos progresivos

Hablando de lo que está ocurriendo

Spanish and English have progressive constructions that describe what is occurring within the present time frame. We say, for example: I'm working late hours these days, but today I'm getting very little done.

The progressive is formed by a conjugated form of the verb **estar** and the present participle of the main verb.

Present participles are formed by adding **-ando** to the stem of **-ar** verbs, and **-iendo** to the stem of **-er** and **-ir** verbs. Verbs like **leer, construir, creer, traer** use **-yendo** instead of **-iendo,** and verbs like **pedir, decir** (e→i) show the change in the present participle (**pidiendo, diciendo**). Study the following chart:

Los tiempos progresivos

Presente	Imperfecto
estoy escribiendo	estaba comiendo
estás escribiendo	estabas comiendo
está escribiendo	estaba comiendo
estamos escribiendo	estábamos comiendo
estáis escribiendo	estábais comiendo
están escribiendo	estaban comiendo

Ejemplos: El año pasado **estaba estudiando** meteorología, pero ahora **estoy estudiando** ciencias políticas.

A. The present progressive is used to describe *what is taking place* within the present time frame.

Estoy leyendo un libro muy largo.
Estoy escribiendo esta frase.

The present progressive *is not* used to talk about future actions or events as in English. Spanish uses the simple present tense in these sentences.

> I'm leaving tomorrow $\longrightarrow$ Me voy mañana.

B. The imperfect progressive is used to describe *general conditions* or *actions going on* in the past when something else happened.

> **Estábamos contestando** las preguntas cuando terminó la clase.
> **Estaba lloviendo** mucho cuando llegamos a Bilbao.

Preparación

A. *Cambien el pronombre y hagan los cambios necesarios en el verbo auxiliar* **estar.**

1. (*Él*) estaba hablando con Juana.   yo/tú/nosotros/usted
2. (*Ellas*) estaban discutiendo.   tú/ustedes/yo/ella
3. ¿Estás leyendo *tú?*   ellos/él/usted/nosotros
4. *Usted* estaba viéndola.   yo/tú/nosotras/ella

B. *Den la forma del participio correspondiente y repitan la frase.*

EJEMPLO: Estamos . . . éste. /leer/ $\longrightarrow$ **Estamos leyendo éste.**

1. Estoy . . . algo.   comer/estudiar/conseguir/copiar
2. ¿Estás . . . ahora?   patinar/correr/nadar/practicar
3. ¿Está . . . allí?   nevar/llover/despejarse/cubrirse
4. Estaba . . . .   sonreir/pensar/gritar/hablar

Transición

A. ¿Qué estaban haciendo? *La señora Parra está muy enojada porque llamó y llamó por teléfono, pero el teléfono estaba ocupado. Digan qué le contestan los chicos cuando ella vuelve a casa.*

EJEMPLO: ¿Qué estaban haciendo que no contestaban? (nosotros/no hacer nada) $\longrightarrow$ **No estábamos haciendo nada.**

1. ¿Quién estaba hablando tanto por teléfono? (Luisa) $\longrightarrow$
2. ¿Qué estabas haciendo tú, Carlos? (estudiar) $\longrightarrow$
3. ¿Quiénes estaban comiendo aquí? (las chicas) $\longrightarrow$
4. ¿Qué estaba haciendo la criada? (leer) $\longrightarrow$
5. ¿Quién estaba fumando cigarrillos aquí? (yo/no fumar) $\longrightarrow$

B. De mudanza. *René y Carmen van a mudarse* (to move) *a otra ciudad y le cuentan a la madre de Carmen lo que están haciendo durante sus últimos* (last) *días en la ciudad. ¿Qué le dicen?*

EJEMPLO: Nosotros/estar ordenar/las cosas. ⟶ **Nosotros estamos ordenando las cosas.**

1. (Yo)/estar hacer mis maletas. ⟶
2. (Nosotros)/estar comprar otra casa allá. ⟶
3. (René)/estar prepararse para el nuevo trabajo. ⟶
4. Yo/estar conseguir un nuevo trabajo allá. ⟶
5. (Nosotros)/estar terminar todos los cursos ahora. ⟶
6. (Nosotros)/estar regalar muchas cosas. ⟶

Comunicación

A. En la residencia. *Observen este dibujo y digan qué está ocurriendo en esta residencia para estudiantes.*

EJEMPLO: **Una chica está haciendo huevos fritos.**

B. Carta. *Imagínense que ustedes le están escribiendo una carta a un viejo amigo que ahora ya no está en la universidad. Descríbanle las cosas que están ocurriendo en la universidad.*

EJEMPLO: **Están construyendo una nueva clínica para los estudiantes.**

construir un nuevo centro de estudiantes/ mejorar el sistema de préstamos de estudios/ formar nuevos programas/ instalar otras computadoras/hacer un nuevo parque/ conseguir más ayuda económica/terminar el edificio de . . . / cambiar el sistema de matrícula/reducir la ayuda económica/ llover, nevar mucho ahora/ hacer mucho frío, calor este año/?

Hace + expresión de tiempo

Cuando pasa el tiempo

In addition to talking about the weather and climate, the verb form **hace** is also used to talk about the passage of time. Ejemplos:

Forero ganó la Vuelta a Colombia **hace treinta años.**	Forero won the Vuelta *thirty years ago.*
Hace miles de años, los indios vivían felices.	*Thousands of years ago, Indians led happy lives.*

A. Hace can be used to talk about the time elapsed since an action was completed. Ejemplo:

Hace miles de años, el Tata Machu explotó.	*Thousands of years ago, the volcano exploded.*

B. Hace is used in constructions that refer to an action that begins in the past and continues into the present. In this case, the present perfect can also be used. Ejemplo:

Hace tres años que vivimos aquí. Hemos vivido aquí por tres años.	*We have lived here for three years.*

Preparación

A. *Cambien las expresiones en itálica por las dadas.*

1. Hace tres días que no *juego al tenis.*   salgo/hablamos/estudio

2. Hace cien años no se conocía *el auto.*   la tele/la contaminación/el cine

3. Hace tiempo que no *llueve*. nieva/tiembla/hay viento/
   hay agua

4. *Llegamos* hace cinco años. empezamos/terminamos/nos
   conocemos

5. Hace dos semanas que *vino*. pasó/nos visitaron/la vi/no
   trabajo

B. *Transformen las siguientes frases según el ejemplo.*

EJEMPLO: Han practicado por seis horas ⟶ **Hace seis horas que practican.**

1. Hemos estado aquí por mucho tiempo. ⟶
2. No he nadado por diez años. ⟶
3. No he viajado en un año. ⟶
4. No ha llovido ni nevado en seis meses. ⟶
5. Han trabajado con él por varias semanas. ⟶
6. No la has llamado por muchos días. ⟶
7. Hemos estudiado español por dos semestres. ⟶

Transición

Una llamada de larga distancia. *Malena llama a su amiga Amparo y quiere saber de sus otros amigos. Digan qué noticias le da a Malena.*

EJEMPLO: La graduación, ¿cuándo fue? (dos semanas) ⟶ **Hace dos semanas.**

1. A Andrés, ¿lo has visto? (sí/seis meses) ⟶
2. Y María Eugenia, ¿se fue ya? (sí/una semana) ⟶
3. Los Montes, ¿han ido? (sí/unos días) ⟶
4. Gerardo, ¿te ha llamado? (sí/tres días) ⟶
5. Tu familia, ¿los has visto? (sí/un mes) ⟶
6. ¿Cuánto hace que estudias comercio? (seis semanas) ⟶
7. ¿Cuánto hace que trabajas en esa oficina? (tres meses) ⟶
8. ¿Cuánto hace que vives en la nueva casa? (muy poco tiempo) ⟶

Comunicación

Preguntas/entrevista. *Contesten estas preguntas o entrevisten a otro estudiante.*

1. ¿Cuánto hace que vives en esta ciudad?
2. ¿Desde cuándo no vas a tu casa?
3. ¿Desde cuándo no tomas vacaciones?
4. ¿Cuánto hace que estudias español?
5. ¿Desde cuándo estás en la universidad?
6. ¿Cuánto hace que esquías/nadas/juegas . . . ?
7. ¿Desde cuándo no ves una buena película?
8. ¿Desde cuándo no vas a una discoteca?

Translate *desde cuándo* if necessary.

Científicos y pingüinos se hacen amigos con gran facilidad en el mundo blanco.

Aplicación

La última frontera de la naturaleza

Al hombre ya le quedan° muy pocas fronteras por conquistar: el   Man has left
mundo verde de la Amazonia, el mundo azul del océano y el mundo
blanco del continente congelado°, la Antártica. Por sus características   frozen
tan especiales, la Antártica parece ser la auténtica última frontera.
La Antártica[1] es una tierra° desolada, donde las constantes ventiscas°   land/blizzards
siempre están cambiando la formas del paisaje°. Allí sólo hay 300   scenery
habitantes en invierno (argentinos y chilenos la mayoría) y unos dos
mil en verano. Estos hispanos y muchos ingleses, norteamericanos,
neozelandeses, australianos y noruegos° están estudiando glaciares y   Norwegian
suelos°, nieves y hielo, recursos° y reservas para conocer mejor el   soils/resources
continente. Las perspectivas parecen ser muy buenas: la tierra blanca
es un inmenso congelador° con un noventa por ciento de las reservas   freezer

---

[1] Antarctica will be «nobody's land» until 1991 for the benefit of scientific advancement.
Otherwise, Argentina, Chile, and England have made territorial claims based on geography
or early explorations. Argentina and Chile have frequent problems because of this.

Some speakers also say
Antártida.

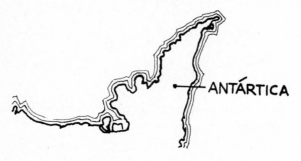

The first examples of subjuntive mood appear in this section. Briefly translate, if necessary. Tell students, if they ask, that these forms are related to the command forms they already know.

de agua del planeta, muchas reservas minerales y gran cantidad de pequeños moluscos° que contienen proteínas. Es también posible que haya° oro negro—petróleo—en la Antártica y que, si su precio sigue subiendo, sea económico extraerlo°.

mollusks
hay
to extract it

Por ahora casi todos los exploradores están en la parte más próxima a Sudamérica. Esta es la Tierra de O'Higgins, continuación de la cordillera de los Andes, territorio disputado por Chile, Argentina e Inglaterra. Las otras regiones están tan lejos de Nueva Zelandia que los viajes se hacen muy difíciles. Nada es difícil para los argentinos, sin embargo, y ya están instalando colonos en la Antártica. De hecho°, varios bebés argentinos ya han nacido allí.

in fact

Los adelantos° de la tecnología y las necesidades del mundo del futuro ciertamente producirán muchas sorpresas en el mundo blanco.

advances

Comprensión de la lectura

Contesten las siguientes preguntas.

1. ¿Cómo es la Antártica?
2. ¿Por qué se dice que es la última frontera?
3. ¿Por qué hay tan pocos habitantes allí?
4. ¿Qué están haciendo los exploradores?
5. ¿Qué reservas quedan en la Antártica?
6. ¿Cuál territorio está más cerca de la civilización?
7. ¿Por qué cree usted que la Tierra de O'Higgins se llama así?

Nota de interés

Hasta en la Antártica . . .

El amor (*love*) no tiene fronteras y existe hasta en la fría Antártica. Hace poco tiempo un geólogo suizo (*Swiss*) y su novia se casaron (*got married*) en la Antártica. No tenemos más informaciones, pero es posible que ellos sean los primeros novios de la Antártica. El señor y la señora Bleiker serán famosos.

Comunicación

A. Controlando la contaminación. *Muchos ecólogos están preocupados por la posible contaminación del mar o de las nieves de la Antártica. Den ustedes algunas ideas para controlar la contaminación.*

EJEMPLO: Se puede evitar (*to avoid*) la contaminación . . . **instalando paneles solares en la Antártica.**

controlar el uso de carros y tractores/instalar filtros especiales/instalar instrumentos de control/controlar la explotación de los moluscos/reducir los viajes de aviones a chorro (*jets*) sobre la Antártica/no mandar grandes petroleros con gasolina a la Antártica/?

B. Una polémica. *Los países desarrollados y los subdesarrollados tienen diferentes opiniones sobre su derecho al dominio del mar y de la Antártica. Digan ustedes si están de acuerdo o no con las siguientes afirmaciones y digan por qué.*

1. La Antártica debe ser para los que tengan la tecnología para explotar sus recursos.
2. Cada país tiene derecho a controlar 200 millas del mar de sus costas.

3. La Antártica que está cerca de Sudamérica debe ser dividida entre Chile y Argentina.

4. El mar es de todos los hombres y todos tienen derecho a explotarlo.

5. La Antártica, el polo norte, Alaska, la Amazonia y el espacio exterior deben ser territorios internacionales.

6. Las consideraciones nacionalistas no tendrán importancia cuando necesitemos el petróleo, el agua y los moluscos antárticos.

7. El país que primero tenga la tecnología, tiene derecho a explotar el petróleo antártico.

8. Todos los campos de petróleo deben ser internacionales para proteger el desarrollo del mundo.

9. Es responsabilidad de Argentina y Chile controlar la contaminación en la Antártica.

10. Ni los animales (pingüinos, elefantes marinos, cormoranes, moluscos), ni los recursos antárticos son importantes porque no tienen valor económico.

C. El tiempo en la Antártica. *Imagínense que es el 15 de enero en la Antártica y que ustedes son meteorólogos norteamericanos que trabajan allí. Preparen el boletín del tiempo y léanselo a la clase.*

EMPIECEN ASÍ: **En la Antártica hoy tendremos . . . .**

Remind students that January is summertime in the Antarctic.

Arriba en la cordillera el paisaje es muy lindo, porque el aire es frío, transparente y muy puro.

D. Este fin de semana. *Describan sus planes de fin de semana según las condiciones del tiempo.*

EJEMPLO: **Si nieva bastante, podremos ir a esquiar.**

Dijeron que iba a estar lindo; podemos ir a . . . .
Sería ideal ir a la playa porque . . . .
Para ir a . . . ., tiene que . . . .

E. Otras fronteras. *Digan ustedes qué otras fronteras han explorado o les gustaría explorar.*

EJEMPLO: **Me encantaría volver a las Islas Vírgenes, porque allí siempre está lindo y hace calor.**

el parque Yellowstone/el cañón del Colorado/los lagos del Canadá/los ríos de Montaña y Oregón/los bosques de Virginia/el mar de las Bermudas/Alaska/las islas del Pacífico/?

Pronunciación

El sonido /y/

The sound /y/ is pronounced like the y in *yellow* in some countries, and somewhat harder in others—like the **dg** in *ridge*.
This sound is represented by **ll** or **y** in spelling and it is somewhat harder at the beginning of an expression.

Some speakers in Spain have two different sounds for *ll* /λ/ and *y* /j/.

The two pronunciations are in free variation.

Ejercicio 1

Practiquen las siguientes expresiones.

1. no llueve mucho
2. ella no ha llegado
3. ¡oye, ven!
4. que Tito la llame
5. me llamo Nena
6. ¿estaba lloviendo?

Ejercicio 2

*Hagan el sonido /y/ como la **dg** de **ridge**.*

1. ¡Llámame mañana!
2. Llovió tanto en el valle.
3. ¡Yolita, ven!
4. ¡Llénale el vaso!
5. Ya va a llegar la lluvia.
6. Yo no quiero más comida.

✺ Ejercicio 3

*Lean estas oraciones prestando atención al sonido /**y**/ y al enlace.*

1. Guillermo está en Sevilla ahora.

2. Llovía cuando llegaron mis amigos.

3. Se llama Yamil Ballesteros.

4. Voy a llevar un pollo.

5. Yo ya no quiero más pollos.

Vocabulario

NOMBRES

el congelador *freezer*
el grado *degree* (temperature)
la nieve *snow*
el paisaje *scenery*
los recursos *resources*
el suelo *soil*
la tierra *land/soil/*earth
el tiempo *weather/time*
las tormentas tempestades
el viento *wind*

OTRAS EXPRESIONES

durante *during*
de hecho en realidad
hace frío/calor *it's cold/warm*
hace . . . días . . . *days ago*

ADJETIVOS

cubierto de nubes *nublado*
despejado *sin nubes*
fuerte *high/strong*
lluvioso *rainy*
nublado *con nubes*

VERBOS

bajar *to drop/go down*
llover *to rain*
mudarse *to move*
nevar(ie) *to snow*
quedar(le) *to have left*
subir *to mount/go up*

COGNADOS

ecólogo
geólogo
el meteorólogo
los moluscos
la temperatura

grados Celsius
centígrados

húmedo
mínima
máxima
noruego
suizo

15

La mujer

Introducción

Mujeres de hoy

Interesados en la mujer profesional hispanoamericana, entrevistamos a Bárbara Duk Palacios, joven ingeniero° de sistemas. Trabaja en una industria de cosméticos, es casada° y tiene un niño de 5 años. Ella vino con su marido° a una convención profesional en México. Le pedimos su opinión sobre la condición de la mujer profesional y ella nos dijo:

engineer

married

husband

«Para terminar mi día de trabajo, es necesario que yo desarrolle° más energía que un hombre. No sólo tengo un puesto° importante en la empresa°, sino que también es preciso° que me preocupe de la casa y que cuide° al niño. Y también estudio alemán por las tardes. Tuve que cambiar mi mentalidad y mi marido tuvo que aprender a ayudar en casa. No fue fácil. Es necesario que la sociedad nos apoye° también con mejores sistemas de guarderías° y jardines infantiles. La mayoría de éstos funcionan° sólo cuatro horas al día, pero yo trabajo ocho horas. Es posible que tenga una criada el próximo año, pero esta solución no me gusta porque a menudo sólo trae más problemas.»[1]

develop

position

compañía/necesario

look after

supports

day-care

están abiertos

Encourage participation now, without focusing on the subjunctive yet. The subjunctive is introduced in first grammar section.

---

[1] Conversación con la señora Barbara Duk Palacios.

Comprensión de la lectura

Digan si las siguientes afirmaciones son verdaderas o falsas según lo que leyeron.

1. Bárbara tiene una posición secundaria en la empresa.
2. Ella tiene tres roles: profesional, madre, mujer.
3. Fue difícil para ellos adquirir sus nuevos roles.
4. Sería mejor tener un buen jardín infantil que una criada.
5. La entrevista tuvo lugar en los Estados Unidos.

Encourage discussion.

Notas de interés

La familia

1. **La familia hispana.** Padres, hijos, tíos, primos (*cousins*) y abuelos forman la familia hispana. No es sólo que sea una familia grande, sino que también las relaciones entre los miembros de la familia son diferentes. Son muy emocionales. Así, todos se ayudan en caso de necesidad y . . . todos también se entrometen (*meddle*) cuando hay conflicto. La familia puede extenderse todavía más cuando hay padrinos y madrinas (*godfathers and godmothers*) o amigos íntimos.

La abuela, la madre y el abuelo están preocupados porque el niño no quiere comer.

2. **Los nombres.** En el capítulo 1 vimos cómo son los nombres y apellidos de una persona hispana. Por ejemplo, el nombre legal de Bárbara (que aparece en documentos y cheques) es: Bárbara Duk Palacios. Sin embargo, Bárbara también puede usar otro nombre para indicar que ella es casada con el señor Miguel Labarca Bravo. Ella puede decir: «Soy la señora Bárbara Duk de Labarca», donde la palabra **de** y el apellido del marido indican su estado civil (*marital status*). En realidad, muchas mujeres que no trabajan usan este tipo de nombre, porque no necesitan su nombre legal para los negocios (*business*). Sin embargo, es importante darse cuenta (*to realize*) que el nombre legal de una mujer no cambia cuando ella se casa. En Estados Unidos y otros países esta señora se llamaría Bárbara (D.) Labarca, ¿verdad?

Duk is of Syrian origin.
Bárbara de Labarca is also possible.
De also forms part of some last names e.g.: *de los Ríos*.
Option: As a review, have students figure Barbara's son's (Miguel Angel) full name.
With immigrants in the U.S. the situation is different because, almost without exception, women get assigned their husbands' *apellido.*

¿Y usted, ¿qué dice?

Digan ustedes qué piensan de la pareja, el matrimonio, la mujer y la familia.

Mi familia está(rá) compuesta por . . . .
Me encanta que mi familia . . . .
Nuestro apellido es . . . .
Para mí, la pareja debe . . . .

Expresiones útiles

Me encanta que mi familia me ayude/apoye/invite
Me molesta que mi suegro, suegra°/cuñado, cuñada° se entrometan
El apellido de soltera° de mi mamá es . . . .
Tengo . . . hermanos solteros°, casados y muchos sobrinos(as)°
Mi nombre en español sería: . . . .

father-, mother-in-law/ brother-, sister-in-law
maiden
single/nephews, nieces

El subjuntivo

The subjunctive must be learned as a new verbal tense, though technically it is a different *mood* or way of referring to reality that is seldom used in English.

The subjunctive is used in Spanish to express three main concepts: *Desires* or *commands, doubt* or *uncertainty,* and *judgments* or *comments* on events. Subjunctive forms follow *que*-clauses introduced by verbs or expressions that convey these concepts

This introduction is an overview. Each concept will be gradually introduced so as to allow for maximum exposure to subjunctive functions. The final summary and contrast comes in Chapter 17.

Desires or commands:

Prefieren que usen su nombre de soltera.

They prefer that you use your maiden name.

Es preciso que hablen con él mañana.

It is necessary that you talk with him tomorrow.

Doubt or uncertainty:

Es posible que tengamos más mujeres en el gobierno.

It is possible that we have more women in the government.

Dudo que cuiden bien al niño.

I doubt that they take good care of the child.

Judgments or comments:

Es mejor que le **ayudes** a tu mujer en casa.

It is better that you help your wife at home.

Siento mucho que su esposo no **pueda** trabajar ahora.

I am very sorry that your husband is unable to work now.

The formation of the subjunctive

A. The subjunctive is formed by adding the endings shown in the chart to the **yo** form of the present tense. Remove the **-o/-oy** and add the subjunctive endings.

El presente de subjuntivo

Hablar (hablo)	Correr (corro)	Venir (vengo)
hable	corra	venga
hables	corras	vengas
hable	corra	venga
hablemos	corramos	vengamos
habléis	corráis	vengáis
hablen	corran	vengan

As you learned for commands before, remember that -**ar** verbs switch to -**e** endings, while -**er** and -**ir** verbs take -**a** endings.
Other common verbs to keep in mind are:

> *estǿ⫽:* esté, estés, esté, estemos, estéis, estén
> *dǿ⫽:* dé, des, dé, demos, déis, den
> *conozcǿ:* conozca, conozcas, conozca, conozcamos, conozcáis, conozcan
> *ir* is irregular: vaya, vayas, vaya, vayamos, vayáis, vayan

Other irregular and stem-changing verbs are presented later in the chapter.

Desires and commands

B. The commands you learned in Chapter 11 are direct commands. You can express essentially the same message with a slightly different tone by using indirect commands. Compare:

Direct:
¡Traigan las composiciones mañana!

Bring the compositions tomorrow!

Indirect:
Quiero que traigan las composiciones mañana.
Es conveniente que traigan las composiciones mañana.

I want you to bring the compositions tomorrow.
It is advisable that you bring the compositions tomorrow.

To make introduction easier, this section is restricted to impersonal *introductory expressions only.*

In the examples above **quiero que** and the impersonal expression **es conveniente que** introduce the wish or command and trigger the use of the subjunctive.

Introductory clause	Command clause
Es necesario que . .	los niños se vayan.
It is necessary that	*the children leave.*
Es urgente que . . .	ustedes ayuden ahora.
It is urgent that	*you help now.*
Es preciso que . . .	abran más guarderías.
It is necessary that	*they open more daycare centers.*

Depending on context, some of these expressions can be classified as judgmental as well.

Other impersonal expressions commonly used in introductory clauses are: **es mejor que, es preferible que.**

Preparación

Ⓜ **A.** *Cambien la palabra en itálica por las dadas y hagan los cambios necesarios en el verbo.*

1. Es conveniente que *Luis*   ellas/yo/tú/usted ayude.

Options: written, oral, translation.

2. Es necesario que (*ella*) lo discuta.   tú/yo/Carlos/nosotros

3. Es urgente que *Hilda* esté allí.   yo/Ena y Tito/nosotras/tú

4. Es preferible que *tú te* preocupes de él.   yo/ella/nosotros

5. Es conveniente que *ellas* consigan un puesto.   tú/yo/usted/él

6. Es necesario que (*nosotros*) vayamos ahora.   Ana/yo/tú/ustedes

B. *Contesten las preguntas como se indica en el ejemplo.*

EJEMPLO: ¿Quién debe ir? (Elena) **Es necesario que Elena vaya.**

1. ¿Quién tiene que venir? (yo)
2. ¿Quién debe traerlo? (Adolfo)
3. ¿Quién tiene que traducir? (Morelia)
4. ¿Quién debe dar la explicación? (Oscar y ella)
5. ¿Quién tiene que estar allí? (la señora)
6. ¿Quiénes deben salir antes? (los niños)

Transición

¿En qué puedo ayudarte? *Miguel, el marido de Bárbara, le ofrece ayuda por unas horas. Digan qué contesta ella.*

EJEMPLO: ¿Quieres que vaya por el niño? (es necesario) **Sí, es necesario que vayas por él.**

1. ¿Quieres que limpie los cuartos? (es mejor)
2. ¿Quieres que lave la ropa? (es urgente)
3. ¿Quieres que vaya por la criada? (es preferible)
4. ¿Quieres que llame a tu madre? (es conveniente)
5. ¿Quieres que lave tu auto? (es necesario)
6. ¿Quieres que invite a los Cañón? (es mejor)

Comunicación

Simulación. *Imagínense que una persona hispana les pide ayuda para su viaje a los Estados Unidos. Trabajen en grupos y hagan una lista de recomendaciones.*

EJEMPLO: **(No) es conveniente que traiga ropa de invierno.**

traer dólares, no pesetas/venir en primavera/visitar Washington, ?/traer sus medicinas/comprar una buena cámara/viajar en avión/traer cheques de viajeros, no dinero/traer ropa cómoda/hacer reservaciones para los hoteles/anunciarles el viaje a sus amigos/?

El subjuntivo

Para conseguir cosas

As you studied in the previous section, the subjunctive is used to get things or to give indirect commands. In addition to impersonal expressions, the introductory clause can contain a verb like **querer que, insistir en que, sugerir que.** The command clause has its own subject and the verb is in the subjunctive.

Introductory clause	Command/wish clause
(Yo) quiero que . . .	(tú) *lleves* al niño al jardín infantil.
I want	*you to take the boy to the kindergarten.*
(Él) insiste en que . . .	(ella) *vuelva* temprano.
He insists that	*she comes back early.*
(Yo) te sugiero que . . .	(tú) le *pongas* la chaqueta.
I suggest that	*you put his jacket on.*

Study the following subjunctive forms:

> ser (*to be*): sea, seas, sea, seamos, seáis, sean
> haber (hay = *there is/are*): haya

Stem-changing verbs:

ie verbs:	pensar: piense, pienses, piense, *pensemos, penséis,* piensen
	entender: entienda, entiendas, entienda, *entendamos, entendáis,* entiendan
	perder: pierda, pierdas, pierda, *perdamos, perdáis,* pierdan
ue verbs:	jugar: juegue, juegues, juegue, *juguemos, juguéis,* jueguen
	volver: vuelva, vuelvas, vuelva, *volvamos, volváis,* vuelvan
	dormir: duerma, duermas, duerma, *durmamos, durmáis,* duerman
	llover: llueva

Preparación

Ⓜ **A.** *Cambien el pronombre y hagan los cambios necesarios en el verbo.*

1. Quiere que (*él*) lo piense.   yo/tú/nosotros/usted
2. Te sugiero que (*tú*) vuelvas temprano.   ella/nosotras/ustedes/él

3. Insiste en que *ellos* sean amables.   tú/Juan/nosotros/yo

4. Quiero que *él* lo entienda bien.   tú/ustedes/nosotros/usted

5. Sugieren que *nos* pongamos otra ropa.   me/te/se

6. No quiero que *él* vaya.   tú/Nena/Oscar y Tomás/nosotros

7. Nos pidieron que *ellas* hablen rápido.   yo/tú/nosotros/usted

B. *Cambien estos imperativos directos a indirectos según se indica en el ejemplo.*

EJEMPLO: ¡Di la verdad! **Insisto en que digas la verdad.**

1. ¡Trae los catálogos!
2. ¡Duerme más!
3. ¡Sé bueno con ella!
4. ¡Véte ahora!

5. ¡Pon los datos!
6. ¡Haz la presentación!
7. ¡Sal temprano!
8. ¡Ven con él!

Transición

A. En la Sección Computación. *Bárbara debe transmitir algunas órdenes de sus jefes a los empleados de la sección. Digan cómo les da ella las órdenes.*

EJEMPLO: Quieren que/nosotros tener los datos hoy. ⟶ **Quieren que tengamos los datos hoy.**

1. El señor Pereda quiere que/Luis hacer el programa.
2. Y desea que/Sonia ayudarle a Luis.
3. Prefiero que/Ramón poner los datos en la computadora.
4. Y sugiero que/Carola sacar los otros datos.
5. Quiero que/todos entender bien las instrucciones.
6. Insisto en que/(nosotros) no perder el tiempo hoy.

B. Estudios femeninos. *El comité de estudios femeninos está discutiendo los cursos que se podrían incluir en el catálogo. Digan qué le contesta la directora al secretario del comité.*

EJEMPLO: ¿Vamos a incluir cursos biográficos? (sugiero que) ⟶ **Sí, sugiero que incluyamos cursos biográficos.**

1. ¿Hay un curso sobre las norteamericanas? (quiero que)
2. ¿Tenemos uno sobre mujeres de las minorías? (insisto en que)
3. ¿Hay más cursos dirigidos por profesoras? (les pido que)
4. ¿Tenemos cursos sobre extranjeras? (quiero que)
5. ¿Incluímos algo sobre mujeres en conflicto? (sugiero que)
6. ¿Consideramos algo sobre mujeres indias? (quiero que)

Comunicación

A. Peticiones para el profesor de español. *Es muy posible que ustedes tengan varias peticiones que hacerle al (a la) profesor(a). ¡Este es el momento de hacerlo!*

EJEMPLO: **Queremos que el examen oral sea fácil, señor López.**

no darnos muchas tareas hoy/enseñarnos una canción en español/usted ir a un restaurante mexicano, español con nosotras/visitar un país hispano/usted hacer una fiesta/el examen ser fácil/darme una A final/dar más tiempo para mi presentación/?

B. ¡Organicemos una fiesta! *Digan qué ideas tienen para organizar una fiesta de la clase de español. Usen **sugiero que/insisto en que/quiero que** o una frase más corta como en el ejemplo.*

EJEMPLO: **¡(Insisto en) que Jane haga una torta!**

que la profesora traer una piñata/que Donna cantar/que Antonio preparar un trago/que . . . traer la grabadora/que todos traer cintas/ que . . . comprar refrescos/que . . . . bailar/que . . . . preparar paella, unos tacos/?

El subjuntivo

Para expresar duda

The subjunctive is also used after expressions that indicate *uncertainty*.

Introductory clause	Uncertain fact
Dudo que	una mujer *sea* presidente.
I doubt that	*a woman will be president.*
Es posible que . . .	*contraten* a una mujer.
It is possible that	*they will hire a woman.*
No estoy seguro (de) que	ella *pueda* triunfar.
I am not sure that	*she can succeed.*

Other expressions of uncertainty include: **quizás** (perhaps), **no creo que, es (im)probable que, es dudoso** (doubtful) **que.** Affirmative **creo que** does not convey uncertainty, therefore it does not require a subjunctive. Study the following subjunctive forms:

saber (*to know*): sepa, sepas, sepa, sepamos, sepáis, sepan
poder (*to be able to*): pueda, puedas, pueda, *podamos*, *podáis*, puedan

Preparación

A. *Cambien el pronombre y hagan los cambios necesarios en el verbo.*

1. Quizás *él* pueda ir mañana.   yo/tú/nosotros/ustedes
2. No creo que *él* sepa todo.   tú/yo/ustedes/nosotras
3. Dudo que *yo* pueda venir.   ellas/nosotros/usted/tú
4. Es dudoso que *ella* lo consiga.   yo/tú/ellos/usted
5. Es posible que *ellos* encuen-   tú/yo/él/usted
   tren criada.
6. No creo que *usted* entienda.   ustedes/nosotros/yo/tú

B. *Contesten las preguntas según se indica en el ejemplo.*

EJEMPLO: ¿Crees que él lo conozca? **No, no creo que él lo conozca.**

1. ¿Crees que ella pueda trabajar?
2. ¿Crees que María y tú puedan conseguirlo?
3. ¿Crees que la criada tenga tiempo?
4. ¿Crees que podamos triunfar?
5. ¿Crees que sea posible?
6. ¿Crees que sea probable?

Transición

A. ¿Quieres salir conmigo (with me)**?** *Jaime quiere convencer a Amanda para salir juntos. Pero ella sólo contesta con evasivas. Digan qué dice Amanda.*

EJEMPLO: ¿Quizás quieras salir mañana? (quizás/yo querer) **Quizás quiera.**

1. ¿Podríamos comer juntos? (No creo que/tener tiempo)
2. ¿Podrías ir a la discoteca? (quizás/poder ir)
3. ¿Crees que puedas llamarme? (no creo que/acordarme)
4. ¿Es posible verte el domingo? (no estoy segura que/ser posible)
5. ¿Quieres que demos una vuelta ahora? (dudo que/nosotros poder)
6. ¿Crees que podamos ir al cine? (es dudoso que/yo estar libre)

B. Depresión. *Orlando está totalmente pesimista y deprimido porque tiene mucho trabajo y cree que nunca podrá terminarlo. Digan qué le dice a su amiga Mariana.*

EJEMPLO: No creo que/poder terminar todo. **No creo que pueda terminar todo.**

1. Es imposible que/tener el trabajo para mañana.
2. No estoy seguro que/poder terminarlo para el sábado.
3. Es probable que/sacarme una F.
4. Es muy posible que/la profesora no quererme.
5. Es dudoso que/hacer nada bueno.
6. ¡Quizás/poder terminar todo en diez años!

Comunicación

A. ¿Será posible? *Lean ustedes las siguientes afirmaciones y modifí-quenlas cuando no estén de acuerdo. Después comparen sus reacciones con las de otros estudiantes.*

EJEMPLO: Las mujeres de hoy son tan violentas como los hombres. ⟶ **No creo que las mujeres sean tan violentas.**

1. Es necesario que todas las jóvenes sepan cocinar.
2. Todas las chicas quieren tener un marido con dinero.
3. Es difícil que una mujer de carrera tenga un matrimonio feliz.
4. Las jóvenes de hoy están mejor preparadas para la vida.
5. Es imposible que una mujer sea feliz sin hijos.
6. Los padres les dan mucha libertad a las jóvenes ahora.
7. Los hijos de mujeres profesionales son muy nerviosos.
8. No se pueden combinar la familia y una carrera.

B. Tengo mis dudas. *Digan qué les parece improbable en estos días.*

EJEMPLO: **No creo que consiga un buen trabajo de verano.**

sacarse una A en . . . /conseguir el préstamo de estudios/sacarme la lotería/papá pagarme el viaje a la Florida/invitar a XX a salir/XX ser realmente rubia/XX salir con XX/?

El presente perfecto de subjuntivo

Para expresar duda

The present perfect subjunctive is used when there is uncertainty about an action that occurred *prior* to the time of speaking.

> Dudo que ella *haya conseguido* permiso.
>
> *I doubt that she has obtained a leave.*

This construction is formed by the present perfect subjunctive of the auxiliary **haber** and the past participle of the main verb. Study the chart.

El presente perfecto de subjuntivo		
haya		
hayas		
haya		trabajado
hayamos	+	comprendido
hayáis		subido
hayan		

Es dudoso que haya ido al jardín infantil.	*It is doubtful that he has gone to the kindergarten.*
No creo que ella haya salido contigo.	*I don't believe that she has gone out with you.*
Es imposible que él haya hablado conmigo entonces.	*It is impossible that he has talked with me then.*

Another group of irregular participles was presented in Chapter 13.

Study the following irregular participles:

poner (*to put*) **puesto**　　　　volver (*to come back*) **vuelto**

morir (*to die*) **muerto**　　　　volver a (*to do something again*) **vuelto a**

Preparación

Ⓐ *Cambien el pronombre y hagan los cambios necesarios en el verbo.*

1. No creo que *él* haya muerto.　　　ellas/ellos/ella
2. Es dudoso que *ellos* hayan vuelto.　　　ellas/ella/él
3. No creen que (*tú*) lo hayas puesto.　　　yo/él/ellas/nosotros
4. Quizás *él* haya vuelto a llamar.　　　ellos/usted/ustedes/tú
5. Es imposible que *yo* lo haya ganado.　　　tú/ella/nosotros/ustedes

Transición

Ⓐ **Para morirse de envidia.** *Marta y Laura conversan de Josefina; Laura no puede creer la buena suerte (luck) de Josefina. Digan qué comentarios le hace Laura a Marta.*

EJEMPLO: —Y le regalaron un millón de pesos. (no creo que) ⟶ **—No creo que le hayan regalado un millón de pesos.**

1. —Y consiguió un buen trabajo. (no puedo creer que)
2. —Y se casó con un joven rico. (es imposible que)
3. —Y él le ha comprado esmeraldas. (no creo que)
4. —Y fueron a Europa y Oriente. (no es posible que)
5. —Y él la deja trabajar. (es dudoso que)
6. —Y han seguido sin problemas. (no creo que)

Comunicación

Preguntas. *Contesten y comenten las siguientes preguntas. Agreguen otras tres o cuatro preguntas que les interesen.*

Suggested for group work.

1. ¿Creen ustedes que la situación de la mujer haya mejorado en los últimos años?
2. ¿Es posible que los cambios económicos hayan afectado la situación de la mujer? ¿Positiva o negativamente?
3. ¿Cree usted que el movimiento feminista norteamericano haya conseguido algo para las mujeres?
4. ¿Cree usted que el gobierno haya hecho lo posible por ayudar a solucionar los problemas femeninos?
5. ¿Cree usted que las niñas tengan las mismas oportunidades de estudiar carreras científicas que los niños?
6. ? ?

Aplicación

Privilegios femeninos

En el mundo hispano existen los mitos de lo femenino (*feminismo*) y lo masculino (*machismo*). En otras palabras, se exagera la importancia de la mujer como esposa y madre y la del hombre como dominador inflexible y autoritario. Es posible que estas exageraciones aumenten y perpetúen la dependencia de la mujer en los países hispanos, PERO . . . las mujeres también tienen algunos privilegios en estos países. Si usted es mujer y desea que las leyes° la protejan, quizás le interesen los siguientes datos: laws

- Si usted no quiere perder su trabajo porque va a tener un bebé, es conveniente que se vaya a la Argentina, Uruguay, Chile o México, ¡las leyes la protegerán!
- Si usted quiere pertenecer° a la mayoría profesional, ¡váyase al Uruguay!, donde el 58% de los profesionales son mujeres.   to belong
- Si usted es ama de casa° y quiere jubilarse° . . . ¡váyase a la Argentina!; allá le darán su jubilación°.   homemaker/to retire pension
- Si usted quiere tener tres meses de permiso° maternal con salario, ¡váyase al Perú, Colombia, Chile o Argentina!   leave
- Si usted quiere darle el pecho° a su bebé, ¡váyase a Chile! Le darán permiso hasta por un año para dárselo durante° las horas de trabajo.   to nurse / during
- Si usted quiere tener criada que haga la comida, las compras y se preocupe de los niños y de la casa . . . ¡váyase a un país hispano y lleve bastante dinero!

Las mujeres hispanas han conseguido todos estos beneficios participando activamente en sus organizaciones de estudiantes, obreras° y amas de casa o como esposas de políticos (*Eva de Perón*). En la vida pública también se han destacado° como ministros° de gobierno en   *trabajadoras* / have been outstanding/heads of government departments

Eva Duarte de Perón, el brazo derecho de Juan Domingo Perón (Buenos Aires, 1951).

Chile, México y Ecuador, como alcaldes de muchas ciudades, sena-
doras, diputados y representantes° en agencias internacionales. Por   representatives
eso, ahora las mujeres representan un 30% de la fuerza de trabajo°   work force
en Argentina y Chile, un 28% en Uruguay y un 20% en México y
Paraguay. En general, sin embargo, las mujeres de muchos lugares°   places
continúan trabajando en sus labores° tradicionales, preocupadas del   *trabajos*
hogar°, los niños y las actividades religiosas o de caridad.   home

Comprensión de la lectura

Contesten las siguientes preguntas sobre la lectura.

1. ¿Qué es el machismo?
2. ¿Qué país sería más conveniente para una joven señora que va a tener un bebé?
3. ¿En qué país hay menos hombres que mujeres profesionales?
4. ¿En qué países han conseguido más privilegios las mujeres?
5. ¿Dónde hay mujeres que son ministros de gobierno?
6. ¿Qué hace un ama de casa en un país hispanoamericano?

Nota de interés

Grandes mujeres

Hay muchas mujeres hispanas que se han destacado. En la literatura, por ejemplo, algunos nombres famosos son Santa Teresa de Jesús (*española*); Sor Juana Inés de la Cruz (*mexicana*); Alfonsina Storni (*uruguaya*); Gabriela Mistral (*chilena*), Premio Nobel 1945. En el gobierno, Chile tuvo la primera mujer alcalde, Graciela Contreras de Schnake, en 1934, y la primera ministro de gobierno, Adriana Olguín de Baltra, en 1937; Argentina, por otro lado, tuvo una mujer presidente, María Estela Martínez de Perón, entre 1975 y 1976. Actualmente se destacan las mexicanas Rosa Luz Alegría, ministro, y Griselda Álvarez, gobernadora de un estado; la ecuatoriana Inés Arrata, ministro; y las chilenas Mónica Madariaga, ministro de Justicia, Carmen Grez, ministro de la Familia, y Mercedes Ezquerra, quien está en el Consejo (*Council*) de Estado. Las chilenas fueron las primeras en conseguir el derecho al voto en 1934 y su participación pública es muy activa.

Gabriela Mistral, como muchos otros artistas hispanos, vivió muchos años en Nueva York hasta su muerte en 1957.

Comunicación

A. Grandes norteamericanas. *Hagan una lista de mujeres norteamericanas notables que se hayan destacado en la política, las ciencias, las artes, la educación, la literatura, los deportes, etc. Expliquen por qué son importantes.*

EJEMPLO: **Amelia Earhart fue una gran mujer piloto. Ella hizo un viaje en avión a . . . .**

B. Buscando trabajo. *Hagan una lista de buenas ideas para una persona hispana que busca trabajo. Usen expresiones como* **es conveniente que, es preciso que,** *etc.*

EJEMPLO: **Es conveniente que usted hable con un jefe.**

leer sobre la empresa primero/decir que usted es hispano/vestirse muy bien para la entrevista/tener varias cartas de recomendación/llegar a la hora a la entrevista/ser muy cortés/escribir un buen curriculum vitae (vita)/buscar gente que le ayude/preparar respuestas a posibles preguntas/?

SE NECESITAN
VENDEDORES

Con vehículo propio
Edad hasta 40 años
Buena presencia
Enviar curriculum y foto reciente a

CASILLA 14330
CORREO 21, SANTIAGO

C. Opiniones. *¿Está usted de acuerdo con las siguientes afirmaciones o no? Diga por qué y discuta sus opiniones con sus compañeros.*

1. Es obligación de la madre cuidar a los niños pequeños.
2. Es probable que ya no haya competencia entre los sexos.
3. Una mujer *liberada* no quiere casarse.
4. Prefiero que mi jefe sea una mujer.
5. Es posible que ahora haya más hombres que cuidan a los bebés y a los niños.
6. Es más fácil que una mujer consiga un buen trabajo.
7. Un padre debe preocuparse de los hijos hombres especialmente.
8. Una madre puede trabajar cuando los hijos tienen más de diez años.

D. Estereotipos. *En grupos describan ustedes a dos de las siguientes personas. Después discutan sus descripciones y los estereotipos: ¿Existen realmente o no? ¿Cuál es su origen?*

1. Un amante latino.
2. Un hombre macho.
3. Una mujer liberada.
4. Una mujer de su casa.
5. Una mujer profesional típica.
6. Un hombre dominado por su mujer.

Help with the expression *de su casa* if necessary.

Betty es muy popular en España. Ella dice ''el coco'' y no ''la cabeza.''

E. Preguntas/entrevista. *Contesten estas preguntas o úsenlas para entrevistar a sus compañeros de clase.*

1. ¿Se considera usted «liberada», «macho», «tradicional»? ¿Por qué?
2. ¿Cree usted que será una esposa/marido tradicional o no?
3. ¿Le gustaría tener hijos o no? ¿Le gustan los niños?
4. ¿Se casaría usted con un hombre/mujer más destacado que usted? ¿Por qué?
5. ¿Cree usted que en el año 2020 el matrimonio exista como lo conocemos ahora o no?
6. ¿Cree usted que la tendencia a «vivir juntos» pueda desaparecer o hacerse más común con los años? ¿Por qué?
7. ¿Qué le parece el que menos y menos familias coman juntas? ¿Por qué?
8. ¿Qué valor tiene la existencia de la pareja humana?

Pronunciación

Repaso de vocales y el diptongo *ue*

A. As you learned in Chapter 2, vowel sounds in Spanish are pronounced very clearly and are *never* glided.

✸ Ejercicio 1

Lean las siguientes expresiones, manteniendo las vocales claras y firmes. Respeten las marcas de enlace y acento.

1. **di**ce que él **va**ya
2. **pi**den que tú **ven**gas
3. **di**jo que ella tra**ba**je
4. **dí**le que **ha**ble
5. **pí**dele que **lla**me
6. re**pí**talo otra **vez**

✸ Ejercicio 2

Lean las siguientes oraciones manteniendo las vocales firmes.

1. **Quie**ro que **ven**gas con ellos.
2. Pre**fie**ro que **vuel**van mañana.
3. No **cre**o que exista.
4. Es po**si**ble que la nece**si**te.
5. Es**pe**ro que **via**jen **ho**y.
6. No **sé** si **lle**guen **tar**de.

B. El diptongo *ue*. The Spanish **ue** diphthong is similar to the initial sound in words such as **well, web, west.**

Model at conversational speed.

✸ Ejercicio 3

*Practiquen el diptongo **ue** con estas frases.*

1. La ley puede protegerte.

2. No me acuerdo nada.

3. Las criadas están en huelga.

4. ¿Vuelven con la abuela?

5. ¿Puedes ayudarle a Consuelo?

6. No se acuerda de mi suegro.

7. No pueden darte el dinero.

8. No puedo recibir a su suegra.

Vocabulario

NOMBRES

el ama de casa   *homemaker*
el cuñado   *brother-in-law*
la cuñada   *sister-in-law*
la empresa   la compañía
el ingeniero   *engineer*
la guardería   *day-care (center)*
el hogar   *home*/casa
la jubilación   *pension*
la ley   *law*
el lugar   *place*
el marido   *husband*
el ministro de gobierno   *head of a government department*
la obrera   la trabajadora
el permiso   *leave*
el puesto   *position*
el sobrino   *nephew*
la sobrina   *niece*
el suegro   *father-in-law*
la suegra   *mother-in-law*

ADJETIVOS

casado   *married*
dudoso   *doubtful*
soltero   *single*

VERBOS

cuidar   *to look after*
dar el pecho   *to nurse*
destacarse   *to be notable, stand out*
entrometerse   *to meddle*
jubilarse   *to retire*
mejorar   *to improve/better*
volver(ue)   *to come back*

Indicate that *marido* does not have a feminine form.

OTRAS EXPRESIONES

apellido de soltera   *maiden name*
conmigo   *with me*
contigo   *with you* (informal)
es conveniente   *it is advisable*
es preciso   es necesario
quizás   *perhaps*

COGNADOS

feminismo
machismo
sugerir

feminista
machista
emotivo

Sin fronteras

Introducción

⊛ Otros horizontes

*Grandes cantidades de hispanos dejan sus países todos los años buscando
mejores horizontes°. A menudo la adaptación no es fácil, aunque la
migración haya sido dentro de las mismas fronteras. Ésta es una entrevista con dos trabajadores colombianos, Manuel y Héctor, quienes han
entrado° ilegalmente en Venezuela para trabajar en la cosecha del café.[1]*

horizons

entered

REPORTERO: ¿Por qué han ingresado ilegalmente?
MANUEL: Necesitamos un trabajo que nos dé para vivir, señor. En
 Colombia estuvimos cesantes° por casi dos años.

unemployed

REPORTERO: ¿No tienen miedo de que las autoridades los descubran°?
HÉCTOR: Hay tantos colombianos por° aquí que es difícil controlar-
 nos. Además, nosotros hacemos los trabajos que los venezolanos no
 quieren hacer. Hay que° ganarse la vida° de alguna manera, señor.

catch
around

es necesario/make a living

---

[1] Basado en entrevistas escuchadas por la radio.

REPORTERO: ¿Creen que puedan acostumbrarse?

HÉCTOR: Es difícil, señor. Pero si ahorramos° bastante plata° quizás   we save/*dinero*
podamos volver pronto°. No queremos quedarnos°.   soon/to stay

REPORTERO: Y bien, muchas gracias por contestar mis preguntas. Ojalá
que tengan suerte°. ¡Vayan con Dios!°   luck/May God protect you

Comprensión de la lectura

Contesten las siguientes preguntas sobre la lectura.

1. ¿Por qué emigran tanto los hispanos?
2. ¿Por qué han dejado Colombia estos trabajadores?
3. ¿En qué están trabajando ahora?
4. ¿En qué trabajaban en Colombia?
5. ¿Qué necesitan tener para poder volver a su tierra?
6. ¿Qué les desea el periodista?

Nota de interés

Migraciones hispanas actuales

Cientos de miles de gente hispana emigra todos los años. Buscan
trabajo, mejores horizontes profesionales o escapan de los conflictos
políticos que afectan a sus países. Hay corrientes migratorias (*migration chains*) entre México y Cuba y los Estados Unidos, Colombia y
Venezuela, Nicaragua y Costa Rica, Guatemala y El Salvador y México, Chile y Argentina, Bolivia y Chile, etc. Muchos sudamericanos
emigran o se exilan en Europa también (Francia, España, Italia), o
en Australia o Canadá. En general, los habitantes de un país más
pequeño tienden a emigrar a uno más grande.

Y usted, ¿adónde quiere ir?

*Dentro de los Estados Unidos también hay gran movilidad y la gente se
muda de un estado a otro con extraordinaria frecuencia. Digan ustedes
cuáles son sus planes para el futuro.*

Sugerencias: Quiero encontrar un trabajo que sea . . . .
Quiero irme a un estado que tenga . . . .
Quiero ahorrar dinero para un auto que tenga . . . .

En el servicio de ayuda católico le ayudan a estos
cubanos a encontrar un nuevo horizonte.

Expresiones útiles

Busco un trabajo que sea interesante/bien pagado/fácil/me permita viajar mucho. . . .
Me hace falta° ahorrar dinero/un coche más grande/un trabajo mejor.   I really need to
Es mejor irse a un estado que tenga más industria/mejor clima/más
trabajos.

El subjuntivo

Para expresar buenos deseos

There is a special kind of command that people use to express good
wishes. We say, for example, "May you be very happy!" or "Take care!"
These expressions are often used in everyday conversations and in greeting cards, notes, toasts, and farewells. In Spanish, such expressions take
the following form:

¡Que sean muy felices en su matrimonio!
¡Que tengan suerte!
¡Que la Navidad sea muy feliz!
¡Que el Año Nuevo les traiga prosperidad!

Study these useful expressions:

$$¡que \begin{cases} \text{te vaya bien!} \\ \text{le vaya bien!} \\ \text{les vaya bien!} \end{cases}$$ *may everything* **work out well** *for you/him, her/them!*

$$¡que \begin{cases} \text{pases bien!} \\ \text{lo pase bien!} \\ \text{pasen bien!} \end{cases}$$ *may you/him, her/them* **have a good time!**

$$¡que \begin{cases} \text{te mejores!} \\ \text{se mejore!} \\ \text{se mejoren!} \end{cases}$$ *may you/him/her/them* **get better!**

Of course, "bad" wishes also take the subjunctive. If time permits introduce: *¡Que muera el tirano!, ¡Que saquen al decano!, ¡Que lo expulsen!,* etc.

Preparación

Cambien el pronombre y cambien el verbo, si es necesario.

1. ¡Que lo pasen (*ellos*) bien!   tú/él/ustedes
2. ¡Que *nos* mejoremos pronto!   te/se/me
3. ¡Que tengan (*ellas*) suerte en todo!   ustedes/tú/él/nosotros
4. ¡Que *le* vaya bien!   te/nos/les
5. ¡Que tengas (*tú*) un buen viaje!   él/usted/ustedes/nosotros

Transición

¡Feliz cumpleaños! *Martha Correa está de cumpleaños y ha recibido muchas tarjetas* (cards) *en español. Ayúdenle a leerlas.*

Options: written, oral, translation.

EJEMPLO: (Tú) cumplir muchos años más. **¡Que cumplas muchos años más!**

1. (Tú) tener una linda fiesta.
2. (Tú) recibir muchos regalos.
3. Todos tus amigos ir a celebrar.
4. Toda la familia estar en tu casa.
5. (Tú) pasar un lindo día.

Teach traditional song *Cumpleaños Feliz.*

Comunicación

A. Buenos deseos. *Escríbanles notas de amistad a sus amigos, de acuerdo con lo que les esté ocurriendo ahora.*

From now on, encourage use when saying goodbye after class, for the weekend, etc.

*Q*ue te mejores pronto . . .

EJEMPLO: **Que te mejores pronto de la influenza.**

Sugerencias: escriban tarjetas para la graduación, matrimonio, enfermedad, ?/de gracias para un profesor/de buena suerte en los estudios, un nuevo trabajo, ?/de felicidad, éxito, ?/?

B. Nuevos horizontes. *Digan ustedes qué le podrían decir a un compañero que se va a otro lugar a estudiar, trabajar o viajar.*

EJEMPLO: **¡Que encuentres un buen trabajo!**

encontrar una buena casa/hacer buenos amigos/no olvidarnos/volver pronto a visitarnos/todo salirte bien/tener buena suerte/tú pasarlo bien/ hacer mucho dinero/conocer lindas tierras/la gente ser buena/?

El subjuntivo

Para expresar información no específica

The subjunctive is also used when the speaker is referring to nonspecific information. In the statements below, the subjunctive is used because the speaker is *not sure* that such person/thing can be found or believes that it *doesn't exist* at all.

Se desea comprar un *sitio* industrial *que esté* urbanizado.

We would like to buy an industrial lot with utilities installed.

No conozco a ninguna *secretaria* trilingüe *que pueda* hacerlo.

I don't know any trilingual secretary who can do it.

Negative expressions were introduced in Chapter 10.

Note that in these instances the use of the subjunctive tense depends on whether the speaker has any knowledge of the existence of the person or thing referred to; it does not depend on the concept conveyed by the first verb. Therefore, one can say: *"Deseo comprar el sitio industrial que está urbanizado."* if the speaker knows for a fact that such a place exists.

Preparación

A. *Cambien las expresiones en itálica por las dadas, poniendo los verbos en subjuntivo.*

Options: oral, translation.

1. Necesito una casa que *tenga patio.*

   es grande/está en el centro/cuesta poco

2. Busca un trabajo que *dé para vivir.*

   es interesante/permite viajar/paga bien

3. Quiero una pensión que *esté cerca.*

   es agradable/incluye comida/es barata

4. Me hace falta un coche que *sea barato.*

   usa poca gasolina/no es viejo/tiene buen motor

5. Se busca técnico que *sepa electrónica.*

   dirige instalaciones/maneja personal/hace estimaciones

B. *Transformen estas frases a la forma negativa.*

EJEMPLO: Conozco a una chica que habla chino. *No conozco a ninguna chica que hable chino.*

1. Conozco a un norteamericano que sabe vietnamita.
2. Creo que un ingeniero está cesante.
3. Hay un libro que lo explica.
4. Tengo un amigo que trabaja en computación.
5. Sé de un trabajo que es muy bien pagado.

Transición

A. Una suegra entrometida. *Una pareja ha decidido emigrar de Bolivia a Brasil, pero la suegra no está de acuerdo. Digan ustedes qué dice ella, usando expresiones de duda como* **es imposible que, dudo que, es dudoso que,** *etc.*

EJEMPLO: otra tierra ser/como ésta ⟶ **Es imposible que otra tierra sea como ésta.**

1. hay una casa ser/bonita
2. hay una escuela ser/buena
3. el clima ser/agradable
4. a la gente gustarle/los extranjeros
5. ustedes hacer/buenos amigos
6. ninguna comida agradarles/a ustedes

B. ¡Qué molestia! *El jefe de la sección producción está muy nervioso porque todos los planes están atrasados. Digan ustedes cómo se queja él.*

Options: oral, written.

EJEMPLO: No hay ningún prototipo/estar terminado. ⟶ **No hay ningún prototipo que esté terminado.**

1. No tenemos ningún empleado/ser responsable.
2. Aquí no hay nadie/tener interés.
3. No creo que ningún jefe/ayudarme ahora.
4. Es dudoso que nadie/interesarse ahora.
5. No veo ningún proyecto que/gustarme.
6. No hay ninguna ayudante que/poder copiar los planos.

Comunicación

A. El lugar ideal. *Describan ustedes el lugar del país donde les gustaría vivir después de graduarse.*

EJEMPLO: **Preferiría vivir en una ciudad que quede lejos de aquí.**

ser grande/tener clima seco/tener oportunidades de trabajo/estar cerca de un lago, del mar/estar en el suroeste, en el norte/donde haber montañas/quedar en el medio-oeste/?

B. Imposibles. *Escriban frases que expresen cosas imposibles o muy improbables.*

EJEMPLO: **No creo que nunca consiga un auto bueno, bonito y barato.**

el equipo de . . . ganar a nuestro equipo/mis padres permitirme dejar la universidad/ellos dejarme ir a . . . ./mi chica(o) querer comprar un . . . ./nadie sacarse una A en cálculo/nadie terminar los trabajos a tiempo/?

Las frases condicionales

Resultados reales

"If" clauses follow the same pattern in Spanish as in English when the result clause is **real** or **predictable**.

Si llueve, no vamos a ir.	*If it rains, we aren't going to go.*
Si tengo frío, llevo un suéter.	*If I am cold, I put on a sweater.*
Si terminó, José ya volvió.	*If he finished, José already came back.*
Ven rápido, si puedes.	*Come fast, if you can.*
Podría ahorrar plata, si consigo el trabajo.	*I would be able to save money, if I get the job.*

Because the results are real or have a high probability of occurrence, indicative forms are used in these sentences.

"If" sentences with improbable results will be introduced in Chapter 19.

Preparación

Cambien el pronombre y hagan los cambios necesarios en los verbos.

1. Si *ellos* necesitan algo, llamarán a Carlos. yo/tú/nosotros/usted
2. Si *tú* no tienes ganas, no irás. él/ustedes/yo
3. Si *le* duele la cabeza, él toma aspirinas. me/les/nos/te
4. Si *tú* necesitas ayuda, ve a la iglesia. ustedes/usted/nosotros

Transición

¿Qué va a hacer? *Ramón Marcos ha decidido presentar sus documentos de inmigrante a la embajada de Venezuela y un inspector lo entrevista. Digan qué le contesta Ramón.*

EJEMPLO: ¿Qué hará si no encuentra trabajo? (esperar) ⟶ **Esperaré, si no encuentro trabajo.**

1. ¿Qué hará si tiene problemas? (pedir ayuda)
2. ¿Qué hará si necesita una especialización? (estudiar)
3. ¿Qué hará si consigue ahorrar dinero? (comprar una casa)
4. ¿Qué hará si tiene problemas de salud? (cuidarse)
5. ¿Qué hará si gana poco dinero? (buscar otro trabajo)
6. ¿Qué hará con su familia si puede? (llevarla en un año)
7. ¿Qué hará si necesita más plata? (trabajar por la noche)

Comunicación

A. Reacciones. *¿Qué se puede hacer en las siguientes situaciones? Trabajen en grupos y elijan una o más de las soluciones dadas o creen una respuesta original.*

EJEMPLO: 1. **Si no tenemos dinero para regalos de Navidad, nosotros . . . les daremos excusas a todos.**
  a. darles excusas a todos.
  b. conseguir un trabajo extra.
  c. mamá prestarnos un poco de dinero.
  d. ?

1. Si no tenemos trabajo, nosotros . . .
   a. llamar a todas las tiendas y preguntar.
   b. ir a preguntar en persona.
   c. ir al servicio de ocupaciones de la universidad.
   d. ?

2. Si hay mucha cesantía . . .
   a. hay que crear nuevos empleos.
   b. nosotros seguir de estudiantes toda la vida.
   c. hay que irse a otra región a buscar trabajo.
   d. ?

3. Si alguien quiere viajar al extranjero . . .
   a. deber llevar pasaporte y visas.
   b. necesitar un poco de dinero.
   c. deber comunicarse con sus amigos primero.
   d. ?

4. Si usted pierde sus documentos y tarjetas de crédito en otro país, usted . . .
   a. deber llamar al banco rápidamente.
   b. poder pedir ayuda en la embajada norteamericana.
   c. deber permanecer tranquilo y pedir ayuda.
   d. ?

5. Si un inmigrante no tiene educación, él . . .
   a. poder trabajar en un servicio.
   b. deber aprender el idioma del país.
   c. poder recibir instrucción en una ocupación práctica.
   d. ?

6. Si un inmigrante es profesional, él. . . .
   a. deber revalidar su título.
   b. poder aprender otra profesión.
   c. deber quedarse en su país.
   d. ?

B. Es posible, ¿no? *Completen las siguientes frases según sus preferencias personales.*

1. Si alguna vez voy a España, yo. . . .
2. Si un día tengo mucho dinero, yo. . . .
3. Voy a visitar . . . , si yo. . . .
4. Pienso ir a . . . , si. . . .
5. Puedo ahorrar más plata si. . . .
6. Si tengo tiempo, voy a. . . .
7. Si la crisis de energía sigue, debemos. . . .
8. ?

¿Pero o sino?

In Spanish there are two words that are the equivalent of *but* in English. When but means *however,* the translation is **pero.** When but means *on the contrary/instead,* the Spanish equivalent is **sino (que).**

The statements preceding **sino (que)** are always negative. **Sino que** is used when a conjugated verb form follows.

Es extranjero, **pero** tiene permiso para trabajar.
No le gusta el norte, **sino** el sur.
No sólo es exiliado, **sino que** está cesante.

He is a foreigner, but he has a work permit.
She doesn't like the north, but rather the south.
Not only is he an exile, but he is unemployed.

The expression *no sólo/sino también* was introduced in Chapter 5.

Preparación

A. *Cambien las expresiones en itálica y repitan la oración.*

1. No quiero estudiar, sino *trabajar.*   viajar/salir/conversar

2. La reunión no es hoy, sino *mañana.*   el martes/después/el otro mes

3. No consiguieron empleo permanente, sino *transitorio.*   temporal/inestable/semanal

4. No sólo está exiliada, sino *enferma.*   cesante/divorciada/sola

5. Nunca salen, sino que *se quedan* en casa.   trabajan/se divierten/estudian

✶ **B.** *Usen **sino** en las siguientes frases.*

EJEMPLO: ¿Son venezolanos? (colombianos) ⟶ **No son venezolanos,** *sino* **colombianos.**

1. ¿Son inmigrantes? (exiliados)
2. ¿Es fácil su trabajo? (difícil)
3. ¿Es católico? (protestante)
4. ¿Llegaron en coche? (tren)
5. ¿Trabajan como profesionales? (obreros)

✶ **C.** *Usen **pero** en las siguientes frases.*

EJEMPLO: ¿Les gustó la casa? (. . . era muy cara) **Sí,** *pero* **era muy cara.**

1. ¿Era pequeño el coche? (. . . era económico)
2. ¿Ahorraron dinero? (. . . no fue suficiente)
3. ¿Tenía trabajo? (. . . no tenía visa)
4. ¿Consiguió visa? (. . . sólo por seis meses)
5. ¿Trajo a su esposa? (. . . ella se enfermó)
6. ¿Se fueron? (. . . no a Venezuela)

Transición

Un nuevo trabajo. *Lupe está muy entusiasmada con el trabajo que encontró en San Diego. Digan qué le dice ella a su amiga. Usen **pero/sino.***

EJEMPLO: **No sólo ganaré más,** *sino que* **es más interesante.**

1. No trabajaré de secretaria, . . . de supervisora.
2. La oficina es agradable, . . . hay muchos hombres.
3. No sólo tengo seguro médico, . . . jubilación.
4. El jefe es simpático, . . . muy estricto.
5. Encontré un cuarto barato, . . . no tiene garaje.
6. No estoy nerviosa, . . . entusiasmada.

Comunicación

Sí, pero . . . Completen estas frases, usando **pero** o **sino** (**que**)

1. Viajar es una gran aventura. . . .
2. No me gustaría emigrar. . . .
3. Se puede trabajar en otro país. . . .
4. No sólo da miedo irse a otra ciudad, ...
5. En un lugar nuevo, no sólo hay que buscar trabajo, ...
6. Me encantaría viajar. . . .
7. Me hace falta un. . . .
8. Quería terminar todo en 198__ . . . .

(*arriba izquierda*) ¿Adónde querrá irse esta joven mexicana?
(*izquierda*) Esta joven dice que no conoce ningún país que sea tan bello y tranquilo como su tierra de Costa Rica.
(*derecha*) Para los puertorriqueños el nuevo horizonte está muy cerca, pero significa cambiar de idioma y de cultura.

Aplicación

Hispanos sin fronteras

Después de la misa° en español en una iglesia de Washington D.C.,   mass
conversamos en la calle con algunos de los hispanos que estaban allí y
les preguntamos sobre sus orígenes° y sus planes: origins

▌ EDY VALERA LEVY: Yo soy judía sefardita° y estoy esperando a una   Sephardic Jew
     amiga mexicana. Mis abuelos emigraron de Turquía a Canadá y
     después nos vinimos a Boston. En casa no hablamos español mod-

erno, sino ladino, que es un español muy antiguo, del tiempo cuando nuestras familias vivían en España, antes del siglo XVI. Yo aprendí español moderno en la Universidad Laval y también hablo francés y turco°.

Turkish

ALEJANDRO MENEGAZZO: Soy guatemalteco, hijo de emigrantes italianos. Soy médico obstetra y vine en viaje profesional. Me encanta este país y, si podemos, mandaremos° a nuestras hijas a estudiar aquí, cuando estén más grandes.

we'll send

DANIEL LAGARRIGUE Y ROSE MARIE CASTILLO: Estamos recién° casados y vamos a conocer a los parientes° españoles. Mi marido es vasco y yo soy chilena; nos conocimos en Sydney, Australia, donde los dos somos inmigrantes. Estamos muy felices de haber conocido esta capital tan hermosa° y de haber conversado contigo.

just
relatives

linda

ISABEL BRAVO MURPHY: No me va a creer, pero, a pesar de mi apellido, no sé nada de inglés. Mi madre era irlandesa°, de Buenos Aires. Estuve aquí con mis sobrinos por unos meses, pero vuelvo a Sudamérica la próxima semana porque ya se me termina la visa. ¡Me encantaría quedarme!

Irish

NICOLÁS JONES DÍAZ: Soy panameño y vine a trabajar, pero no me puedo acostumbrar y voy a volver. Mi abuelo Jones era norteamericano y trabajó en la construcción del canal, pero le gustaron los carnavales y se quedó en Panamá para siempre. . . .

If students ask, indicate that object pronouns can go before verbal group as well
no me puedo acostumbrar.

Era un grupo de gente muy interesante: había dos filipinos, varios mexicanos y dominicanos, muchos colombianos y puertorriqueños. Gente negra, asiática, un poco india o blanca, con muchos acentos diferentes, pero unidos por un mismo idioma y tradición. Hispanos sin fronteras.[1]

Comprensión de la lectura

Contesten las siguientes preguntas sobre la lectura.

1. ¿Qué estarían haciendo todos estos hispanos en Washington?
2. ¿De qué origen es Edy Valera?
3. ¿Qué es el ladino?
4. ¿Qué planes tiene el doctor Menegazzo?
5. ¿Qué son los Lagarrigue y dónde se conocieron?
6. ¿Por qué tiene un apellido irlandés la señora Bravo?
7. ¿De qué origen es Nicolás?
8. ¿Qué une a toda esta gente?

---

[1] Basado en una conversación con hispanos en Washington, D.C.

- PRO CLAUSTROS NECESITADOS -

Sinagoga de Santa María la Blanca
DEL SIGLO XII

Nº 044655

20 pesetas

ENTRADA

Nota de interés

Migraciones hispanas en el pasado

Los conflictos políticos y el descubrimiento de América en el siglo XV provocaron la más grande migración hispana del pasado. Miles de españoles vinieron a América y dieron origen a la América Hispana. Otros, los judeo-hispanos y los árabe-hispanos, se dispersaron por el Mediterráneo, después que fueron expulsados (*expelled*) de España. Todos se llevaron el idioma o la tradición con ellos. Una nueva emigración de gallegos, catalanes, vascos y otros se produjo en este siglo, durante la Guerra Civil Española de 1936–1939.

Comunicación

A. Buenos deseos. *Trabajen en grupos y digan qué expresión usarían para desearles felicidad a las personas que aparecen en la Aplicación.*

EJEMPLO: **Daniel y Rose Marie, ¡que vuelvan pronto!**

que todo/salirte/bien
que/gustarles/el país
que/divertirse/mucho
que el viaje/ser/agradable

que/tener/buena suerte
que/irles/bien
que/volver/pronto
que/conocer/mucho

1. Daniel y Rose Marie
2. el doctor Menegazzo
3. Nicolás

4. la señora Isabel
5. Edy

Un cariñoso saludo

Para ti especialmente

Con muchísimos deseos

De que seas feliz siempre

B. La cortesía. *Es muy importante usar una expresión de cortesía en el momento apropiado. Digan ustedes qué dirían en las siguientes situaciones. Usen expresiones de las listas de sugerencias dadas en A y aquí.*

EJEMPLO: **Un amigo va a tener un examen. /que irle bien/ ¡Que te vaya bien!**

que mejorarse pronto
que gustarles el país
que lo pasar muy bien
que el clima/universidad/ciudad
ser agradable

que hacer buenos amigos
que ser muy felices
que ir con Dios

1. Unos estudiantes que hablan español van a tener un examen de inglés.
2. Unos estudiantes de español se van por un año a España.
3. Unos estudiantes extranjeros acaban de llegar al campus.
4. Un amigo que habla español va a empezar un nuevo trabajo.
5. Un grupo de chicos va a tener una fiesta en la residencia.
6. Unos estudiantes le van a pedir al profesor que posponga un examen.
7. Un amigo se va a una entrevista para su primer trabajo.
8. Un extranjero está pidiendo un permiso para trabajar.

C. Deseos. *Digan si las siguientes frases expresan sus deseos; modifíquenlas, si no expresan lo que ustedes quieren.*

1. No quiero tener un jefe que sea tiránico.
2. Prefiero una novia que sea profesional y que tenga intereses similares.
3. Me hace falta un estéreo que tenga mejor sonido.
4. Quiero tener un gato que tenga la cabeza y las patas (paws) blancas.
5. Quiero buscar un apartamento que tenga aire acondicionado.
6. Necesito un auto que consuma menos gasolina.
7. Prefiero una universidad que tenga más cursos de ciencias de la computación.

Pronunciación

Repaso de *p, t* y *k*

As you learned in Chapter 7, the Spanish sounds /p/, /t/, and /k/ are similar to the English equivalent sounds, but are never aspirated. In addition, the Spanish /t/ is pronounced between the tongue and the *upper teeth*.

Ejercicio 1

Repitan estas expresiones sin aspirar los sonidos /p/, /t/, /k/. Respeten las marcas de acento.

1. que te **va**ya **bien**
2. que te me**jo**res **pron**to
3. que te di**vier**tas

4. que **ten**gan **suer**te
5. que no **ten**gan pro**ble**mas
6. que lo **pa**sen **bien**

Ejercicio 2

Repitan estas frases, poniendo especial atención al sonido /t/.

1. Si tienes frío, pónte un suéter.
2. Si tienes calor, pónte una camiseta.
3. Si quieres venir, te espero aquí.
4. Si quieres ganarte la vida, trabaja.
5. Si puedes trabajar, quédate aquí.
6. Si no quieres tener problemas, trae el dinero.

Vocabulario

NOMBRES

el horizonte   *horizon*
el judío   *Jew*
los parientes   *relatives*
la plata   *dinero/silver*
la tierra   *el país*

OTRAS EXPRESIONES

hay que   *es necesario*
pronto   *soon*
recién   *just*
¡vaya con Dios!   *may God protect you!*
¡que te vaya bien!   *may things work out
                      well for you!*

ADJETIVOS

cesante   *unemployed*
hermoso   *muy lindo*
irlandés(a)   *Irish*
sefardita   *Sephardic Jew*

VERBOS

ahorrar   *to save*
cumplir . . . años   *to have a birthday*
descubrir   *to uncover, expose*
ganarse la vida   *to make a living*
graduarse   *to graduate*
hacer(le) falta   *to need*
mejorarse   *to get better*
pasarlo bien   *to have a good time*
quedar   *to be located*
quedarse   *to stay*
tener suerte   *to be lucky*

COGNADOS

la adaptación
el horizonte
el origen
ilegal

acostumbrarse
entrar

En España

Introducción

⊛ **¿Qué desean los españoles?**

En España, además del salario del mes de diciembre, la gente recibe otro salario extraordinario para la Navidad. ¿En qué planean gastarlo°? Veamos qué dicen:

JORGE LÓPEZ, 37, mecánico, soltero: «Voy a divertirme, por supuesto. ¿Para qué trabajo todo el año? Cuando reciba mis 32.000° pesetas, pienso irme de fiesta° hasta que las gaste todas.»

ANA MARÍA SALAS, 21, telefonista: Va muy arreglada y cualquiera° diría que va a gastar el dinero en ropa. Pero no, va a dárselo a sus padres; vive con ellos. Y dejará una parte para libros, ropa y regalos.

SANTIAGO ÁLVAREZ, 40, ingeniero, casado con tres hijos, tiene dos trabajos y dos «extras»: 150.000 pesetas.° «Después que pague parte de la hipoteca° de nuestro nuevo piso°, nos quedarán cincuenta mil para Reyes[1] y comida especial para las fiestas».

In other countries this extra salary is called *aguinaldo*.

to spend it

U\$355
go partying
anybody

U\$1666
mortgage / apartment

---

[1] *Epiphany:* celebration of the Magi's visit to the infant Jesus (see **Nota de interés**).
Adaptado de un artículo de la revista *Cambio 16* **de España.**

LORENZO JIMÉNEZ,   52, casado, un hijo, vendedor°: Tener que hacer de rey mago° por obligación no le gusta nada; tampoco comprar cordero° para invitar a la familia. «Este año mi señora quiere un diamante°. . . .como° lo anuncian en la televisión. . . .¡Paciencia!»

ISIDORA GÓMEZ,   22, empleada de hogar° y estudiante. Va a recibir sólo 17.000 pesetas. «Aunque sea poco°, ahorraré la mitad y el resto será para regalos».

BEATRIZ HERRERO   trabaja en un banco, es soltera y piensa gastarlo todo en un viaje al extranjero cuando llegue el verano.

PILAR IBÁÑEZ MARTÍN,   39, 8 hijos, señora del presidente del gobierno, Leopoldo Calvo Sotelo, dice: «Todavía no he recibido el cheque de mi marido, pero, naturalmente, lo voy a gastar inmediatamente. Son unas 300.000 pesetas° y los gastos serán los habituales: regalos, casa, Reyes, alimentación°, un traje. . . .»

Por° la crisis económica, es ahora más difícil que las empresas den el salario extra. Algunas compañías han dividido la «extra» en dos o tres pagos° y otras simplemente no han dado nada.

Margin glosses:
salesman
Wise Man
lamb
diamond/since
criada
however little it may be
Introduce Spain using the map on page 323. Population in 1982: 37 million. Emphasize its importance for the formation of the Hispanic world.
U$3,333
comida
because of
installments
If students ask, indicate that object pronouns can go before verbal group as well: *lo voy a gastar.*

Comprensión de la lectura

Completen las siguientes frases según la lectura.

1. En España el salario extra es para . . . .
2. La única persona que recibe dos «extras» es . . . .
3. De la hipoteca, Santiago va a pagar Ptas . . . .
4. Para las fiestas, a los Jiménez les gusta comer . . . .
5. Un mecánico gana al año U$ . . . .
6. El presidente gana anualmente unos U$ . . . .
7. La señora de Jiménez quiere un diamante porque . . . .
8. La señora de Calvo Sotelo va a gastar . . . .
9. Por la crisis, las compañías . . . .
10. Para la Navidad, las empresas norteamericanas . . . .

Margin note: Indicate that for some important figures both last names are used when naming them.

Y usted, ¿qué hace con su dinero extra?

Digan ustedes qué harán cuando ganen algún dinero extraordinario.

Cuando reciba mi dinero voy a _____ .

Después que pague, voy a _____ .

Cuando consiga un trabajo voy a _____ .

Expresiones útiles

Voy a pagar mis deudas°/el alquiler°/las cuentas°/mis gastos
Cuando reciba mi préstamo/mi salario/el dinero . . .
Voy a gastarlo todo para la Navidad/el Año Nuevo/las vacaciones/mi cumpleaños/mi boda/mi graduación/?

Margin gloss: debts/rent/bills

Nota de interés

Fiestas de fin de año

En España las fiestas de fin de año duran tres semanas. Primero está la Nochebuena (24 de diciembre por la noche), después la Noche Vieja (31 de diciembre por la noche) y finalmente la Fiesta de Reyes, el 6 de enero. La Navidad está empezando a ser la ocasión de dar regalos, por la influencia de otras culturas. En Madrid, para Noche Vieja, es tradicional esperar la medianoche en la Puerta del Sol. Para Reyes, los Reyes Magos (*the Three Wise Men*) les traen regalos a los niños y se sirve un pan especial, el roscón de Reyes. Esta fiesta se celebra también en México y algunos países del Caribe.

Indicate that in Hispanic countries the family gets together and has a big dinner on Christmas Eve rather than on Christmas Day.

...Y un sincero deseo:

Que esta Nochebuena sea el feliz comienzo de un año lleno de amor y felicidad

El subjuntivo

La duda

Because uncertainty is implied, the subjunctive is always used after certain expressions referring to the future. In these sentences, the notion of future is also indicated by a verb or by the context.
Study the following expressions:

antes (de) que	*before*
para que	*so that/in order that*
con tal (de) que	*provided that/as long as*
a menos que	*unless*

Ejemplos:

No me cambiarán el cheque, **a menos que** tú los llames.	*They won't cash the check for me, **unless** you call them.*
Me voy con ella, **con tal (de) que** no volvamos tarde.	*I'll go (drive) with her, **provided** we don't come back late.*

Preparación

A. *Cambien la expresión en itálica y repitan la frase.*

1. *Antes que* me ayudes, estudiemos.

   con tal que/a menos que/para que

2. Él trabaja *para que* ella estudie.

   con tal que/a menos que/antes que

   Options: oral, translation.

3. *Con tal que* vaya a Madrid, ahorraré la extra.

   a menos que/antes que/para que

4. Vendrán más tarde, *a menos que* trabajen.

   antes que/para que/con tal que

B. *Cambien el pronombre y hagan los cambios necesarios en los verbos.*

1. Hablan catalán para que *yo* aprenda.

   él/nosotros/tú/ustedes

2. *Él* tiene que ahorrar antes que se jubile.

   yo/tú/ellos/ella

3. *Usted* no ingresará, a menos que pague las cuentas.

   yo/él/tú/ellas

4. *Él* cenará con ella, con tal que no gaste mucho.

   nosotras/yo/tú

DON MEMORARIO

Don Memorario, tira cómica de Lukas, El Mercurio, diciembre 23, 1981.

Transición

A. Declaraciones del rey. *Escriban las declaraciones del rey de España durante una entrevista con unos periodistas.*

EJEMPLO: Que Dios nos proteja, para poder vivir en paz. (*para que nosotros*)
⟶ **Que Dios nos proteja, para que podamos vivir en paz.**

1. Hay que mejorar la educación para progresar. (*para que los niños*)
2. No progresaremos sin preocuparnos de la tecnología. (*a menos que nosotros*)
3. Los príncipes estudian aquí para conocer nuestra realidad. (*para que ellos*)
4. Consultaré al pueblo antes de tomar decisiones. (*antes que nosotros*)
5. Tendremos monarquía, con tal de tener democracia. (*con tal que nosotros*)

Option: translate sentences.
Point out that there is a king in Spain.
Written preparation could be helpful.
Allow more time: students are working at the proposition level now.

B. Planes. *Varios estudiantes están conversando acerca de sus planes para el fin de semana. Conecten las frases con las expresiones dadas y digan qué dicen ellos.*

EJEMPLO: Iremos al bar. Yo estar enfermo. (*a menos que*) ⟶ **Iremos al bar, a menos que yo esté enfermo.**

1. Nos juntaremos en la discoteca. Nosotros conseguir dinero. (*con tal que*)
2. Llegaremos temprano. Papá prestarnos el coche. (*con tal que*)
3. Compren el cordero. Ella hacer la comida. (*para que*)
4. Me compraré un traje. (Ellos) ser caros. (*a menos que*)
5. Espérenme a mí. Nosotros ir al cine. (*para que*)
6. Llámenme. Ustedes salir de casa. (*antes que*)

Comunicación

¿Qué piensan hacer? *Completen las siguientes frases con lo que ustedes piensen hacer.*

Options: written, oral, translation.

EJEMPLO: Vamos a ir a **patinar, a menos que llueva.**

1. Vamos a ir a . . . , a menos que . . . (llover/nevar/no tener dinero/?)
2. Compraré un(a) . . . , con tal que . . . (conseguir trabajo, dinero/recibir mi «extra»/?)
3. Me cambiaré de . . . (carrera/casa/universidad/?), a menos que . . .
4. Continuaré mis cursos de . . . , con tal que . . . (no ser difícil/ser interesantes?)
5. Invitaré a . . . , para que . . . (estudiar juntos/tener una gran fiesta/jugar al sófbol/hacer un picnic/?)
6. Puedo graduarme en . . . . , con tal que . . . (pasar todos mis cursos/conseguir los préstamos/no cambiar mi especialidad/?)
7. Quiero . . . , para que mis padres . . . (estar contentos/no estar preocupados/mandarme un regalo/?)
8. Voy a pagar . . . (mi alquiler/mis cuentas/las deudas/?), a menos que . . .

Allow enough time.

Subjuntivo o indicativo

In the preceding section you learned that certain expressions always require the subjunctive because they refer to the future. There is another group of expressions that may or may not imply futurity and hence may require the subjunctive (*uncertain mood*) or the indicative (*factual mood*), depending on the meaning the speaker wants to express. Compare the examples below:

This is an introduction to the contrast between the subjunctive and indicative.

Non-future (factual)	Future (uncertain)
Cuando llega, me llama.	Cuando llegue, me llamará.
When he arrives, he calls me.	*When(ever) he arrives, he will call me.*
Aunque es tarde, lee.	Aunque sea tarde, leerá.
Although it is late, he reads.	*However late it may be, he'll read.*
No comieron hasta que todos llegaron.	No comerán hasta que todos lleguen.
They didn't eat until everybody arrived.	*They will not eat, until everybody arrives.*

In the examples of the factual category, the word "always" is understood. But when the underlying notion is *uncertainty* as implied by the future, the speaker conveys that implication by using the subjunctive.

Some of the expressions that can take the subjunctive or the indicative mood to indicate different meanings are:

cuando *when/whenever*   hasta que *until*
aunque *although/even if*   después que *after*

Preparación

Ⓐ **A.** *Cambien la expresión en itálica y repitan la oración.*

1. No lo cambies *cuando* lo reci-   hasta que/después que/aunque
   bas.

   Option: oral, written, translation.

2. Vengan *después que* paguen.   aunque/cuando
3. Repítelo *hasta que* lo sepas.   aunque/cuando/después que

Ⓑ **B.** *Cambien la forma verbal y hagan los cambios necesarios en la frase.*

EJEMPLO: **Ve a los chicos cuando está en el café. (va a ver)** ⟶ **Va a ver a los chicos cuando esté en el café.**

1. Ahorro un poco después que pago todo. (ahorraré)
2. Es conveniente cuidarlos hasta que cumplen dos años. (será)
3. Trabajan en la oficina hasta que se jubilan. (van a trabajar)
4. Cuando viajo me quedo con mis primos. (me quedaré)
5. Lo visitamos cuando vamos a España. (visitaremos)
6. Se mejoran cuando toman sus medicinas. (van a mejorarse)
7. Aunque hay leyes, no las aplica. (va a aplicar)
8. Me quedo aunque nieva. (voy a quedar)

Transición

Ⓐ **A. ¿Cuándo?** *Marta Guisado Vásquez estudia Arte Dramático en Madrid y hace muchas semanas que no va a su casa en San Lorenzo del Escorial. Digan qué le contesta ella a su madre cuándo ésta la llama.*

EJEMPLO: **¿Cuándo volverás? (cuando terminar los cursos)** ⟶ **Cuando terminen los cursos.**

1. ¿Hasta cuándo debes trabajar? (hasta que yo ahorrar algo)
2. ¿No es muy difícil actuar? (aunque ser difícil, me gusta)
3. ¿Cuándo terminan las funciones? (después que pasar las fiestas)
4. ¿Cuándo termina el semestre? (después que terminar los exámenes)
5. ¿No estás cansada de estudiar? (aunque yo estar cansada, debo seguir)

   Option: translate both sentences.

6. ¿Hasta cuándo te quedarás en Madrid? (hasta que tú venir)

B. Un coche nuevo. *Juan Mascaró quiere saber si le van a dar su auto nuevo pronto. Digan qué le contesta el vendedor.*

EJEMPLO: ¿Puedo llevármelo? (sí, cuando Ud. traer los papeles)
Sí, cuando usted traiga los papeles.

1. ¿Está aprobado mi préstamo? (sí, después que el jefe llegar)
2. ¿Van a subir los intereses? (sí, antes que terminar la semana)
3. ¿Cuándo llega el jefe? (después que él almorzar)
4. ¿Cuánto debo esperar? (hasta que él llegar)
5. ¿Garantizan las reparaciones? (sí, hasta que pasar un año)
6. Es muy tarde. (sí, aunque ser tarde, terminaremos todo hoy)

Comunicación

Preguntas/entrevista. *Contesten las siguientes preguntas o úsenlas para entrevistar a un compañero de clase.*

1. ¿Hasta cuándo piensas vivir en la residencia/el apartamento?
2. ¿Cuándo piensas terminar tus estudios?
3. ¿Hasta cuándo piensas trabajar en un trabajo por horas?
4. ¿Cuándo piensas buscar otro trabajo?
5. ¿Cuándo piensan subir los aranceles de matrícula en la universidad?
6. ¿Cuándo subirán los intereses de los préstamos para estudiantes?
7. ¿Hasta cuándo vas a necesitar préstamos? (Si tienes uno).
8. ¿Te parece complicado tener tantos cursos diferentes?
9. ¿Para qué estudias español?
10. ¿Cuándo piensas hablar con tu profesor?

El subjuntivo

Las opiniones personales y los sentimientos

The subjunctive is also used after verbs and expressions that introduce comments on events or personal views and feelings.
Study the following expressions:

alegrarse (de) que⎫
qué bueno que　⎬ *to be glad*
qué bien que　　⎭

sentir que(ie)　⎫
qué lástima que　⎬ *to be sorry for*
es una lástima que⎭

> Me alegro de que te haya regalado el diamante.
> Siento mucho que no hayan venido.
> ¡Qué bueno que te quedes con nosotros!

> *I'm so glad that he has given you the diamond!*
> *I am so sorry that you didn't come!*
> *We are so glad that you are staying with us!*

Preparación

✺ *Cambien la expresión en itálica y repitan la frase.*

1. *¡Qué bueno que* se muden!

2. *Sienten que* la hayan gastado.

3. *Es una lástima que* estés enfermo.

4. *Se alegra que* se hayan ido.

me alegro que/sentimos que/qué lástima que

nos alegramos de que/qué lástima que/qué bien que

siento que/qué lástima que/sentimos tanto que

qué bien que/qué lástima que/siente que

Options: oral translation.

Transición

✺ **El diamante.** *El señor Jiménez y su señora van a comprar un diamante. Digan ustedes qué les dice el vendedor, usando la frase dada.*

EJEMPLO: ¿Elegimos un regalo distinguido? (Me alegro que ustedes) ⟶ **¡Me alegro de que ustedes elijan un regalo distinguido!**

1. Nos gusta esta tienda. (Me alegro que a ustedes)
2. Me gusta este diamante grande. (Qué bien que a la señora)
3. ¿Tiene otro más pequeño? (Siento que nosotros no)
4. No tenemos tarjeta de crédito. (Es una lástima que ustedes)
5. ¿Nos puede dar crédito? (No, siento mucho que yo)
6. Bueno, lo llevamos. (Me alegro mucho que ustedes)

Comunicación

Opiniones personales. *Para cada caso den ustedes su comentario personal.*

EJEMPLO: Un amigo ha perdido su trabajo. **Siento tanto que hayas perdido tu trabajo.**

1. Un compañero tiene muchas cuenta que pagar.
2. Un amigo se ha sacado una A en cálculo o química orgánica.
3. La profesora ha decidido eliminar un examen.
4. Un amigo ha perdido su dinero y sus tarjetas de crédito.
5. Una amiga se va a casar.
6. Unos amigos se van en un crucero por el Caribe.
7. Una amiga ha conseguido un buen trabajo.
8. Tu padre va a recibir una «extra».

Encourage creation of more situations or dialogues to be role played.

Todo se puede solucionar si se conversan las cosas con los amigos del café.

Nota de interés

El carácter del español

El español es, en general, el mejor conversador (*talker*) del mundo: hablar de las noticias del día y de otras cosas es ocupación favorita en casa, en los cafés y mesones, el metro, los autobuses y las plazas. Alegres (*cheerful*) y hospitalarios (*hospitable*), los españoles son más formales y tradicionales que los hispanoamericanos.

El subjuntivo y el indicativo

Contraste

Both the subjunctive and the indicative are verb moods used to describe the world from different points of view. While the indicative is used to convey factual information, the subjunctive is used to imply that the speaker is uncertain about the information (**uncertainty**), wants to express his comment or opinion about it (**comment**), or wants someone to do something (**indirect commands**). Subjunctive use also requires a change in subject from the introductory to the subordinate clause.

Indicative	Subjunctive
Creo que llega hoy.	No creo que (él) llegue hoy.
No habla bien.	Sentimos mucho que (usted) no hable bien.
Traen las cuentas.	Quiero que traigan las cuentas.

As both moods have almost the same tenses (simple present, past and future, and perfect, progressive and passive forms), the use of either mood is not a question of grammatical rules. Rather, it is a matter of the meaning or particular view that the speaker wants to express.

English speakers experience some difficulty distinguishing between the moods because in English the subjunctive-like meanings are often conveyed by certain expressions, rather than by the use of a different set of endings. Verbs like *may/might, would/should, can/could* or *be*, and expressions like *wherever, whatever, however, whoever* can have subjunctive implications.

The law requires that both parties *be* present.
Be that as it *may*, he *might* not be there at all.

Preparación

A. *Cambien estas frases al subjuntivo según el ejemplo.*

EJEMPLO: Quieren venir. /tú/ ⟶ **Quieren que tú vengas.**

1. Es preferible pagar el piso.   yo/tú/nosotros/él
2. Quiero comprar un regalo.   tú/usted/nosotros/ellos
3. Ella insiste en volver.   yo/él/ustedes/nosotras
4. Es un dinero para ahorrarlo.   él/yo/ustedes/nosotros

B. *Cambien estas frases al subjuntivo y tradúzcanlas para que vean el cambio de significado.*

EJEMPLO: Cuando viene, salimos juntos. ⟶ **Cuando venga, saldremos juntos.**
When she comes, we go out together. ⟶ **When she comes, we'll go out together.**

Aunque recibe buen salario, nunca tiene nada. ⟶ **Aunque reciba buen salario, nunca tiene nada.**
Although he receives a good salary, he never has a penny.
⟶ **Even if he receives a good salary, he'll never have a penny.**

1. Cuando recibo el cheque, lo gasto.
2. Aunque es caro, prefiero el video.
3. Lo veo después que estudio.
4. Busco las cosas hasta que las encuentro.
5. Me queda poco después que pago.
6. Aunque son diferentes, me gustan esos mercados.

✪ **C.** *Cambien estas frases al subjuntivo usando la expresión entre paréntesis.*

EJEMPLO: Ha trabajado. (me alegro que) **Me alegro que haya trabajado.**

1. Han estado enfermos. (siento tanto que)
2. Has venido conmigo. (me alegro que)
3. Se ha quedado contigo. (qué bueno que)
4. Nos han contratado. (estoy contento de que)
5. Hemos perdido. (qué malo que)
6. No lo han conseguido. (qué lastima que)

Transición

✪ **Vendedor.** *El señor Jiménez ha pasado varios días en otra ciudad y su
señora está muy preocupada por recibir sus regalos de Reyes. Digan qué
le promete el señor Jiménez. Usen el subjuntivo cuando sea necesario.*

EJEMPLO: Aunque ser tarde/iré a mirar las tiendas. **Aunque sea tarde, iré a
mirar las tiendas.**

1. Es imposible que/conseguir nada barato.
2. Cuando yo llegar/te compraré el diamante.
3. A menos que haber mucho trabajo/llegaré temprano el viernes.
4. Después que pagar la hipoteca/siempre ahorro un poco.
5. Con tal que preparar cordero/estaré feliz.
6. Te llamaré mañana/para que tú estar tranquila.

Comunicación

Reacciones. *Expresen su reacción a las siguientes situaciones. Introduz-
can sus frases con una de las expresiones dadas y usen subjuntivo o
indicativo según la expresión que estén usando.*

Not all the introductions
require the subjunctive.

Frases introductorias: creo que/tengo que/es poco probable que yo/
voy a/espero que a mí/qué lástima que tenga que/es necesario que
yo/aunque yo. . . ./?

EJEMPLO: **Es poco probable que yo consiga ese trabajo.**

pagar mis deudas/comprar un video/recibir una «extra»/ pagar el
alquiler/terminar mi trabajo/hacer muchos amigos/tener una em-
presa/gustarme mi trabajo/salir el viernes/ser más trabajador/con-
testar las tarjetas de mis amigos/reducir mis gastos/producir más/
levantarme a las cinco/gustarme mi carrera/darme el préstamo/
permitirme cambiar de especialidad/cambiarme un cheque de otra
ciudad/?

Los reyes tienen una gran responsabilidad sobre sus hombros.

Aplicación

El rey Juan Carlos

Hace ya varios años que España tiene rey.° Desde noviembre de 1975, dos días después de la muerte del dictador Franco, Su Majestad Juan Carlos I gobierna en España.

  king

Pero, ¿cómo?

Juan Carlos de Borbón es nieto° del último rey de España, quien salió al exilio en 1931. Su padre nunca pudo gobernar porque Franco dominó el país por casi cuarenta años. Pero ahora él ha llegado al trono° finalmente.

  grandson

  throne

¿Qué hace?

Dirige el gobierno y elige a las autoridades. Viaja a menudo para reforzar° las relaciones de España con otros países hispanos, europeos y con Norteamérica. Tiene una gran capacidad de trabajo: empieza antes que los funcionarios lleguen y se va muy tarde° a cenar con la reina y sus hijos, los príncipes.

  strengthen

  late

¿Cómo es?

Muy alto y apuesto°, dinámico y atlético, directo y franco. Gran piloto, tenista, automovilista, motociclista, también sabe karate y judo. Nació en el exilio en Roma y es asombrosamente° multilingüe: domina el español, el francés, el inglés, el italiano, el portugués y también sabe alemán y griego (su esposa es de Grecia). Ahora está estudiando catalán, vasco y gallego para poder comprenderse con todos los españoles.

  guapo

  amazingly

¿Cuáles son sus planes?
Hacer de España una democracia de sistema monárquico parlamentario, mejorar la economía y reintegrar a España al grupo de los países europeos industrializados.
¿Qué problemas tiene?
La constante oposición de grupos separatistas y terroristas vascos y gallegos. Los viejos franquistas° también están en la oposición y no quieren que el rey introduzca cambios. De hecho°, ellos preferirían que el rey fuera° más inflexible y autoritario. La mayoría de los españoles, sin embargo, apoya al rey ahora. Los jóvenes, en especial, se han dado cuenta de que el rey quiere que el pueblo participe en las decisiones y de que el país ha progresado mucho en los últimos años.

Franco's followers
en realidad
were

Comprensión de la lectura

Digan si las siguientes afirmaciones son verdaderas o falsas según la lectura. Si son falsas, modifíquenlas.

1. España tuvo una monarquía en el pasado.
2. Juan Carlos nunca pudo gobernar porque Franco era dictador.
3. Juan Carlos de Borbón no nació en España.
4. El rey tiene días más largos que la mayoría de los funcionarios.
5. El rey sigue la costumbre española de cenar muy tarde.
6. Juan Carlos practica las artes marciales, la aviación, el automovilismo y el tenis.
7. El rey ya sabe siete idiomas y está estudiando tres más.
8. El rey es una persona tranquila y pasiva que no desea cambiar nada.
9. Los franquistas quieren que el rey conserve el viejo sistema.
10. Mucha gente y los jóvenes apoyan al rey en el establecimiento de la democracia.

Autobuses HERRANZ

Línea de Autobuses MADRID-ESCORIAL
        (Por Guadarrama)
COCHE N.º *1*

Núm. asiento { Ida. / Vuelta } *79* Nº 105583

MADRID - ESCORIAL y regreso
Precio total del billete ptas. **356**
IDA Y VUELTA

Fecha de expedición Ida: Día *9* Hora *9.50.*
      Vuelta: Día *9* Hora *18.30*

Valedero solamente para el día y hora marcados. — Consérvese este billete a disposición de cualquier empleado que lo solicite.

Nota de interés

Las lenguas de España

Por supuesto, en España se habla español. Sí, pero . . .también se
habla *catalán* en Cataluña, Valencia y las Islas Baleares; *vasco* en las
provincias vascas del norte y *gallego* en algunas partes de Galicia.
(*Vean el mapa abajo*). Mucha gente es bilingüe en España por esta
razón. Además, cada uno de los idiomas de España tiene distintos
dialectos regionales. España, usted verá, ha sido y es una tierra multilingüe como otros países del mundo.

Nota de interés

Reyes en Hispanoamérica

¿Sabía usted que . . .

. . .Juan Carlos y la reina Sofía son muy populares en Hispanoamérica? Se les llama «los reyes», como si no hubiera (*as if there were
no*) otros reyes en el mundo.

. . .en la colonia, los reyes gobernaban Hispanoamérica a través de
los virreyes (*viceroys*) de México, Colombia, Perú y Argentina?

. . .México tuvo un rey de origen austriaco (*Austrian*), Maximiliano
I, en el siglo XIX?

Como si is introduced in next
chapter.

Comunicación

A. ¿Qué se puede hacer? *Según su opinión, ¿qué se podría hacer para
resolver los siguientes dilemas? Elija una o varias de las alternativas dadas
o invente su solución original. Use una expresión de duda o comentario
para iniciar su frase.*

EJEMPLO: darles «extras» a los funcionarios
Es bueno que les den «extras» a los funcionarios; o,
No creo que deban darles «extras» a los funcionarios.

1. La obligación de invitar a toda la familia para las fiestas: invitar sólo
   a algunas personas/cada año invitar a parientes diferentes/anunciar
   que este año nosotros iremos a comer/?
2. La costumbre de hacer de Santa Claus o de Rey Mago: darles regalos
   sólo a los niños/conservar la costumbre como es/darle regalos sólo
   a la familia/?
3. La costumbre de no hacer nada entre Navidad y Año Nuevo: obligar
   a los empleados a producir/obligar a los jefes a estar en la oficina/
   no hacer tantas fiestas en los despachos/dejar todo igual/?
4. La costumbre de dar una «extra» para Navidad: adoptar esta costumbre aquí/eliminar esta costumbre porque produce inflación/con-
   servar esta costumbre/?
5. La costumbre de que la esposa gaste todo el dinero: eliminar esta
   costumbre/dividir el dinero mitad para la señora y mitad para el
   marido/dejar las compras y las cosas de la casa a las mujeres/esta
   costumbre produce muchos problemas/?

En Guadalupe, México, los Reyes Magos también les traen regalos a los niños buenos y obedientes.

B. ¿De acuerdo o no? *Digan si están de acuerdo con las siguientes afirmaciones. Empiecen cada frase con una introducción que indique su opinión (algunas requieren subjuntivo).*

dudo que/es preferible que/siento que/no sé si/es necesario que/creo que/?

1. Los españoles gastan tanto como nosotros para las fiestas.
2. Me gusta recibir mis regalos para Reyes y no para Navidad.
3. Es muy difícil encontrar un trabajo de estudiante en España.
4. Un ingeniero necesita dos trabajos para vivir bien en España.
5. Los jóvenes españoles prefieren el sistema democrático.
6. Es difícil que la gente se acostumbre a un nuevo sistema.
7. En este país necesitamos una monarquía como en España.

C. Hablando de los Estados Unidos. *Frecuentemente los extranjeros preguntan sobre la organización del gobierno y la política en los Estados Unidos. Preparen una descripción general del sistema norteamericano.*

Dividan su presentación en las siguientes secciones: ¿Cómo es y qué hace el presidente?; ¿Cómo está dividido el Congreso?; ¿Cuántos partidos políticos hay?; y ¿Qué planes generales tienen los partidos o el presidente?

Suggested for group work.

Vocabulario útil: republicano, demócrata, senado, cámara de representantes, constitución, leyes, cortes.

Entonación

Las proposiciones

When there are two long connected sentences in Spanish, the voice generally goes up on the first one and down in the second one.

Aunque era ya muy tarde, nos juntamos para cenar.

✹ Ejercicio 1

Lean estas frases en voz alta. La entonación sube en la primera (parte y baja en la segunda. Hagan los enlaces correspondientes).

1. Vamos a salir todos esta tarde, para que conozcan Madrid.
2. Después que pague las cuentas, no va a quedar nada.
3. Le regaló un diamante bastante grande, para que esté tranquila.
4. Cuando compremos el nuevo piso, viviremos mucho mejor.
5. Me divertiré con mis amigos, hasta que gaste todo.

Model at normal speed, pausing on the commas.

✹ Ejercicio 2

En algunas de estas frases la entonación también sube primero y baja después. Lean en voz alta y hagan los enlaces correspondientes.

1. No vinieron ni los príncipes ni los ministros.
2. No estaban ni los nietos ni los abuelos.
3. ¿Es empleada de hogar o estudiante?
4. El rey no es ni pasivo ni tranquilo.
5. Conversaron con los funcionarios y con los reyes.
6. No pagamos ni la hipoteca ni el alquiler.

Vocabulario

NOMBRES

la alimentación   la comida
el alquiler   *rent*
las cuentas   *bills*
las deudas   *debts*
la empleada (de hogar)   la criada
el funcionario   *official*
el nieto   *grandson*
el pago   *installment; payment*
el piso   apartamento
el rey   *king*
los Reyes Magos   *the Three Wise Men*
el vendedor   *salesman*

ADJETIVOS

alegre   *cheerful*
apuesto   *guapo*

VERBOS

gastar   *to spend money*
reforzar   *to strengthen*

OTRAS EXPRESIONES

a menos que   *unless*
asombrosamente   *astonishingly*
aunque sea. . .   *however . . . it may be*
como   *since*
con tal que   *provided that*
(Fiesta de) Reyes   *Epiphany (January 6th)*
hacer de. . .   *to play the part of. . .*
irse de fiesta   *to go partying*
para que   *so that/in order that*
por. . .   *because of*
tarde   *late*

COGNADOS

las autoridades
el diamante
el exilio
el judo
el karate
la monarquía
el parlamento

el príncipe
el salario
el trono
gobernar(ie)

austriaco
europeo
multilingüe
hospitalario

18

México

Introducción

México, una ciudad increíble

¿Quisiera° usted explorar esta ciudad mágica?

¡Venga! México tiene el encanto° de lo viejo° y de lo nuevo, de lo hispano y de lo indígena, de lo sofisticado y de lo simple. Y también fantásticos contrastes entre la riqueza y la pobreza°, la avanzada tecnología y el subdesarrollo. ¡Venga y comparta° el color y la excitación, la música y las flores, el día y la noche de México, la ciudad más grande de América!

Las que siguen bien pudieran° ser las estadísticas° más increíbles del mundo occidental°.

Lugar: Ciudad de México, capital de México
Área: 850 kilómetros cuadrados°
Población: 16 millones de habitantes (25% de la población total del país)
Población en el año 2000: 34 millones de habitantes
Zonas: 16 zonas o ciudades satélites
Barrios: 1100 barrios°
Déficit de vivienda° Hacen falta 2 millones de casas y se espera que la construcción aumente rápidamente

would you like to

charm / the old

poverty
share

could well / statistics
western

537 sq. mi.

neighborhoods
housing

328

Industria: La mitad° de la industria del país está aquí	50%
Educación: Tres cuartas partes° de las escuelas universitarias están en la capital	75%
Empleos: 45% de las ocupaciones° del país se encuentran° en el México metropolitano	*trabajos/están*
Salarios: Un trabajador de la capital gana 10 veces más que un trabajador de provincia	
Polución: Muy alta. Casi tres millones de vehículos° y las industrias hacen el aire casi irrespirable°	vehicles / unbreathable
Atractivos: La Zona Rosa, el Museo de Antropología, el Zócalo, la Ciudad Universitaria, cientos de hoteles y restaurantes de primera categoría, el Paseo de la Reforma, la Catedral Nacional y mucho más.	

¡Venga y véalo todo!
México es más que una ciudad enorme:
México es una experiencia que usted no podrá olvidar.

Comprensión de la lectura

Completen las siguientes frases según lo que leyeron.

1. La Ciudad de México es . . . .
2. Para el próximo siglo se estima que . . . .
3. En México faltan . . . .
4. En México no es difícil encontrar . . . .
5. Si una persona quiere mejor salario debe . . . .
6. Me gustaría visitar . . . .
7. El encanto de México reside en . . . .
8. La mayor parte de los estudiantes universitarios . . . .

Y usted, ¿qué podría decirnos de su ciudad?

Tomando la Introducción como modelo y usando las expresiones útiles, haga una descripción general de su ciudad, incluyendo sus encantos y sus problemas.

EJEMPLO: Yo soy/vengo de . . . , que tiene un población de . . . más o menos.
Mi ciudad tiene el encanto de . . . , pero también le falta(n) . . .

Expresiones útiles

Camión means *truck* in most countries except Mexico.

Encantos: los parques públicos; el campo/la playa/el lago; los museos°/los teatros/los restaurantes; el zoológico°, el jardín botánico; las casas coloniales; las buenas tiendas, etc.

museums/zoo

Problemas: el transporte° urbano; la delincuencia; la falta° de autobuses (camiones), empleos, estacionamientos°, escuelas, policías; el subterráneo («subte») o metro°; la burocracia; el costo de la vida; la contaminación.

transportation/lack
parking lots
subway

CENTRO DE LA CIUDAD DE MÉXICO

Nota de interés

México lindo

Briefly relate to Chapter 12's contents.

¿Quisiera ver lo más lindo de la capital? ¿Quisiera ver, por ejemplo . . .

lo viejo?
- Vea Teotihuacán a 35 millas de México: pirámides indias.
- Vaya al Zócalo: una catedral de 250 años con 25 altares; el palacio de Cortés y ruinas aztecas.
- Vea la Plaza de las Tres Culturas (azteca, hispana, mexicana o criolla).
- Vea el mejor museo precolombino: Museo de Antropología en el Parque de Chapultepec.

lo nuevo?
- Visite la Ciudad Universitaria y vea sus monumentales murales.
- Admire los modernos rascacielos antisísmicos (*antiseismic skyscrapers*) del centro.

lo artístico?
- Vea el Ballet Folklórico, las galerías de la Zona Rosa o el Poliforo Cultural de Siqueiros.

lo auténtico?
- Compre cerámica y artesanía (*crafts*) de primera calidad en la Avenida Juárez, en el Mercado de la Lagunilla o en el Bazar del Sábado.
- Vea a la gente de la alta sociedad en los exclusivos restaurantes de la Zona Rosa después de la medianoche

El famoso Ballet Folklorico de México.

El pasado del subjuntivo

Like the present subjunctive, the past subjunctive is used when talking about the past and conveying *uncertainty*, personal *comments* or *commands*. The past subjunctive is formed by adding the endings shown in the chart to the stem of the third person plural form (**ellos**) of the preterite.

encontrar ⟶ **encontr**aron ⟶ encontr**ara**
vivir ⟶ **viv**ieron ⟶ viv**iera**

El pasado del subjuntivo[1]

Encontrar (to find)		Vender (to sell)		Vivir (to live)	
encontr**ara**	*I found*	vend**iera**	*I sold*	viv**iera**	*I lived*
encontr**aras**		vend**ieras**		viv**ieras**	
encontr**ara**		vend**iera**		viv**iera**	
encontr**áramos**		vend**iéramos**		viv**iéramos**	
encontr**arais**		vend**ierais**		viv**ierais**	
encontr**aran**		vend**ieran**		viv**ieran**	

[1] The endings **ase/iese** are also possible and are used by some speakers: *encontr*a**se**/*vend*ie**se**/*viv*ie**se**. Most speakers, however, use the endings presented in the chart.

Presente: Quiere que mandes los vehículos a México.
Pasado: **Quería** que **mandaras** los vehículos a México.
Presente: Buscan un hotel que sirva desayuno.
Pasado: **Buscaban** un hotel que **sirviera** desayuno.
Presente: Va a compartirlo todo cuando llegue.
Pasado: **Iba** a compartirlo todo cuando **llegara.**

A. The past subjunctive used after the expression **ojalá** (**que**) (*if only!*) generally implies that the comment or wish expressed has a low probability of becoming true.

Ojalá (que) vendieran el vehículo.	*If only they sold the vehicle!*
Ojalá (que) visitaras el museo.	*I wish you could visit the museum!*
Ojalá que aumentara la construcción.	*I wish they would construct more houses!*

B. The use of the past subjunctive after expressions like **sería conveniente que** indicates that the speaker is criticizing or passing a value judgment on the issue, event or action being commented upon.

Valdría la pena que se quedaran otra semana.	*It would be worth it if you stayed for another week.*
Sería conveniente que llegaran temprano.	*It would be advisable for you to arrive early.*
Sería mejor que no salieran.	*You'd better not go out.*
Preferiría que mandaras las estadísticas a México.	*I'd rather have you send the statistics to Mexico.*

Valer la pena (*to be worth the trouble*) is often used in statements containing value judgments.

No vale la pena que vayas; valdría la pena que llamaras primero.

Preparación

A. *Cambien el pronombre y hagan los cambios necesarios en el verbo.*

1. Esperaba que *tú* lo encontraras.   yo/nosotras/usted

2. Pidió que *él* compartiera los datos.   ustedes/yo/nosotros

3. Quería que *yo* lo vendiera.   nosotros/ellas/usted

4. ¿Sería posible que *ella* la conociera?   tú/yo/ellos/nosotros

B. *Cambien estas frases al pasado según el ejemplo.*

EJEMPLO: Dice que va a llamar cuando llegue. ⟶ **Dijo que iba a llamar cuando llegara.**

1. Ojalá que me llame pronto. ⟶
2. Le piden que salga a ver la Reforma. ⟶
3. Buscan un restaurante que prepare comida del norte. ⟶
4. Esperan que vuelvan para ir al Ballet Folklórico. ⟶
5. Ojalá que reserve varios cuartos. ⟶
6. Va a venir para que conozcan la Zona Rosa. ⟶

Options: written, oral, translation.

C. *Cambien estas frases para expresar juicios de valor* (value judgments) *según el ejemplo.*

EJEMPLO: Vale la pena que se queden en el hotel Savoy. ⟶ **Valdría la pena que se quedaran en el hotel Savoy.**

1. Vale la pena que coman en otro restaurante. ⟶
2. Prefiero que me manden pesos mexicanos. ⟶
3. A mí me interesa que salgan antes de Navidad. ⟶
4. No vale la pena que vivan en esa zona. ⟶
5. Es preferible que dejen el dinero en el hotel. ⟶
6. No es conveniente que lo discutan con los gerentes. ⟶

Transición

A. Vengan pronto a México. *Teresa Garza les escribe a sus amigos Tim y Jane para invitarlos a México, pero ellos no tienen dinero para el viaje todavía. Digan cómo expresan ellos sus deseos.*

EJEMPLO: Ojalá que viajen pronto. (Sí, ojalá nosotros) ⟶ **Sí, ojalá que viajáramos pronto.**

1. Ojalá que ahorren mucho. (Sí, ojalá nosotros) ⟶
2. Ojalá que sus padres les presten dinero. (Sí, ojalá ellos) ⟶
3. Ojalá que se decidan pronto. (Sí, ojalá nosotros) ⟶
4. Ojalá que no gasten mucho allá. (Sí, ojalá nosotros) ⟶
5. Ojalá que lleguen en primavera. (Sí, ojalá nosotros) ⟶

B. Crisis en la vivienda. *Un periódico local critica al gobierno porque hacen falta tantas viviendas en México. Digan qué dice el periódico.*

EJEMPLO: Ser conveniente que/ellos prestar más atención. ⟶ **Sería conveniente que prestaran más atención.**

1. Ser conveniente que/ellos gastar menos en más oficinas. ⟶
2. Ser mejor que/ellos discutir menos los planes. ⟶
3. Nosotros preferir que/el gobierno gastar menos en hoteles. ⟶
4. Ser bueno que/el gobierno planificar más edificios altos. ⟶
5. Ser necesario que/ellos conocer mejor el problema. ⟶
6. Hacer falta que/ellos nombrar jefes eficientes. ⟶

Comunicación

¡Ahora vamos a criticar! *Critiquen ustedes las cosas que podrían mejorarse en los sistemas administrativos o ejecutivos de la universidad/ciudad/estado/país. Trabajen en grupos y usen frases introductorias apropiadas.*

EJEMPLOS: **¡Ojalá tuviéramos mejor servicio de computación aquí!**

¡Sería bueno que se aumentaran los planes de . . . en el país!

¡Debiéramos incorporar a los pobres a la sociedad!

Critiquen los sistemas de préstamos/asistencia social/de ocupaciones/de correos/de educación/de desarrollo comunal o internacional/la burocracia/?

El pasado del subjuntivo

Los verbos irregulares

A. Irregular verbs form the past subjuntive by using the stem of the third person plural (**ellos**) of the preterite.

ser/ir ⟶ ellos **fueron** ⟶ **fuera, fueras, fuera, fuéramos, fuerais, fueran**

Review the following verb groups and study their past subjunctive forms.

u group–estar: **estuvieron** ⟶ estuviera
tener: **tuvieron** ⟶ tuviera
saber: **supieron** ⟶ supiera
dormir: **durmieron** ⟶ durmiera
i group–hacer: **hicieron** ⟶ hiciera
venir: **vinieron** ⟶ iniera
dar: **dieron** ⟶ diera
j group–decir: **dijeron** ⟶ dijera
traer: **trajeron** ⟶ trajera
y group–leer: **leyeron** ⟶ leyera

poder: **pudieron** ⟶ pudiera
poner: **pusieron** ⟶ pusiera
andar: **anduvieron** ⟶ anduviera
haber: **hubo** (*there was*) ⟶ hubiera
querer: **quisieron** ⟶ quisiera
pedir: **pidieron** ⟶ pidiera
seguir: **(con)siguieron** ⟶ (con)siguiera
producir: **produjeron** ⟶ produjera
traducir: **tradujeron** ⟶ tradujera
construir: **construyeron** ⟶ construyera

B. The past subjunctive always follows the expression **como si** (*as if/as though*).

Quiere a México **como si** fuera mexicano.
Habla **como si** el español fuera su lengua nativa.

Preparación

✪ **A.** *Cambien el pronombre y hagan los cambios necesarios en el verbo.*

1. Dudaba que *él* viniera.   tú/ustedes/nosotros/yo
2. Queríamos que *ellos* estu-   yo/nosotros/usted/tú
   vieran aquí.
3. Valdría la pena que *tú* se lo   yo/él/nosotras/ellos
   dijeras.
4. Sería conveniente que *yo* tu-   ella/nosotros/ustedes/tú
   viera más dinero.
5. No creía que *ella* lo supiera.   yo/tú/nosotros/ellas
6. Se pidió que *él* lo trajera.   tú/usted/yo/nosotros

✪ **B.** *Completen estas frases según el ejemplo.*

EJEMPLO: **Hablan como si . . .** (ellos entender) ⟶ **Hablan como si entendieran.**

1. Gastan como si . . . (ellos ser ricos) ⟶
2. Está nervioso como si . . . (él irse mañana) ⟶
3. Discutieron como si . . . (ellas saberlo todo) ⟶
4. Se vistieron como si . . . (hacer mucho frío) ⟶   Option: translate sentences.
5. Subieron los derechos como si . . . (no hay problemas) ⟶

Transición

El transporte y el tráfico. *Digan ustedes qué dice esta persona que se está quejando de los problemas de transporte en México.*

Written preparation could be helpful.

EJEMPLO: **El metro sigue malo como si . . .** (hay bastantes camiones) ⟶ **El metro sigue malo como si hubiera bastante camiones.**

1. Los automovilistas invaden todo como si . . . (ser reyes del lugar) ⟶
2. Los coches contaminan el aire como si . . . (no hay ya bastante contaminación) ⟶
3. Pusieron más líneas de metro como si . . . (tener suficiente equipo) ⟶
4. En los camiones vamos como si . . . (ser sardinas) ⟶
5. Hay que esperar por horas como si . . . (no hacer calor) ⟶
6. Si consigues un taxi es como si . . . (ellos hacerte un favor) ⟶   Option: translate sentences.

Comunicación

Deseos. *Creen frases que expresen sus deseos personales.*

EJEMPLO: **Ojalá tuviéramos la biblioteca en la residencia.**

	tener	más estacionamientos aquí
	poder	más tiempo para estudiar
	saber	más museos modernos y exhibiciones
	traer	más información sobre México
Ojalá que (no)	hacer	más líneas de metro/autobuses/trenes
	dar	más estudiantes extranjeros
	construir	algo por los pobres
	poner	más residencias baratas
	leer	proyectos sobre ciudades hispanas
	? ?	

El pasado del subjuntivo

La cortesía

Using the appropriate polite form is very important when interacting in any language.

In Chapter 7 you learned that in Spanish the conditional forms are used to suggest or to request something politely. The past subjunctive is also used for polite requests and is the preferred form for the verbs **querer, poder,** and **deber.** The past subjunctive is used to soften further the request, suggestion or critique implied by these verbs. Furthermore, speakers often use **quisiera(s)** instead of **podría(s), pudiera(s), querría(s)** for the same reason.

¿**Quisiera** ir con las niñas al Paseo de la Reforma?	*Would you go with the girls to the Reforma? (Request)*
Ustedes **debieran** ver el Ballet Folklórico antes de irse.	*You should see the Ballet Folklórico before leaving. (Critical suggestion)*
Quisiera pedirle un gran favor.	*I would like to ask you for a big favor. (Softened request)*
Quizás **pudiéramos** volver más temprano.	*We could perhaps come back earlier. (Persuasion)*

Only context can disambiguate the two *quisiera* forms in the examples.

Preparación

Ⓜ *Cambien estas frases a la forma más cortés, usando **quisiera(s)** en vez de **querría(s)/podría(s)** y **debiera(s)** en vez de **debería(s)**.*

EJEMPLO: Yo querría hablar con el coordinador ⟶ **Quisiera hablar con el coordinador.**

1. Yo querría ver la artesanía. ⟶
2. ¿Querrías prestarme un dólar? ⟶
3. Quizás podrían ayudarme después. ⟶
4. ¿Podrías llevarme en tu auto? ⟶
5. Deberías esperar al profesor. ⟶
6. Deberían conseguirlas mañana. ⟶

Transición

Ⓜ **La adaptación.** *Jennifer Atlee, una estudiante de intercambio que estuvo en México, tuvo que aprender a usar las expresiones de cortesía y ella se preparó listas de frases como la siguiente. Usen **quisiera** y **debiera** y ayúdenle a transformar las frases.*

EJEMPLO: ¡Bueno! Necesito hablar con Lupe. ⟶ **¡Bueno! Quisiera hablar con Lupe.**

1. Necesito cincuenta pesos. ⟶
2. Deberías estudiar inglés mañana. ⟶
3. No quiero comer más mole hoy. ⟶
4. ¿Podrías llevarme a la plaza? ⟶
5. Yo quiero comprar más cuadernos. ⟶
6. No quiero volver a las nueve. ⟶
7. Quiero volver a las doce. ⟶

Comunicación

Interacción. *Creen las frases de cortesía necesarias en las siguientes situaciones. Agreguen otras situaciones que ustedes consideren necesarias. Trabajen en grupos o en parejas.*

EJEMPLO: You would rather play another role in the situation you will perform. (hacer) ⟶ **Señorita Moore, quisiera hacer el otro papel, por favor.**

1. You want to leave the class 25 minutes before it is over. (irse) $\longrightarrow$
2. You need to borrow the instructor's workbook to xerox a few pages you lost. (prestar) $\longrightarrow$
3. You need to borrow your friend's notes. (prestar) $\longrightarrow$
4. You don't want to work in the group you were assigned to. (cambiar) $\longrightarrow$
5. You need to know what was covered in class last week when you couldn't come. (saber) $\longrightarrow$
6. You don't want to talk about the assigned topic and want to change it for one that interests you more. (cambiar) $\longrightarrow$

El artículo neutro *lo*

Ahorrando palabras

In Chapter 12 you studied the neuter article **lo** used when an entire idea is made into a noun clause.

Lo que pasa es que hacen falta autobuses.

What happens is that more buses are needed.

The neuter article **lo** is also used when an adjective is used as a noun.

Lo viejo y **lo** nuevo, **lo** hispano y **lo** indígena.

The old and the new (elements), the Hispanic and the Indian (features).

Lo peligroso en México son los terremotos.

The dangerous thing in México are the earthquakes.

Lo is introduced for passive recognition.

Preparación

Ⓜ *Transformen las frases dadas a frases con* **lo** *según el ejemplo.*

EJEMPLO: La cosa atractiva allí es la Reforma. $\longrightarrow$ **Lo atractivo allí es la Reforma.**

1. La cosa mala es la contaminación. $\longrightarrow$
2. La cosa buena es el metro. $\longrightarrow$
3. La cosa linda de México es la gente. $\longrightarrow$
4. La cosa interesante es el museo. $\longrightarrow$
5. La cosa fascinante de México es la cultura india. $\longrightarrow$
6. La cosa mejor de la ciudad es la Zona Rosa. $\longrightarrow$

Transición

Traducción. *Robert Black está en un curso de Traducción y necesita traducir estas frases. ¿Quisieran ayudarle?*

1. The bad thing about my city is the weather.
2. The good thing is that there are many jobs.
3. The dangerous thing is the tornados.
4. The interesting thing is the origins of people.
5. The Indian element is not present here.
6. The Irish element is important.

Comunicación

Preguntas. *Creen preguntas usando los elementos dados y úsenlas para conversar con otros estudiantes. Creen preguntas originales también.*

EJEMPLO: bueno en esta universidad

   ¿Qué es lo bueno de esta universidad?

1. malo de esta universidad
2. mejor de tu programa
3. bueno de esta ciudad
4. más interesante de la ciudad
5. malo de una ciudad grande
6. bueno de una ciudad pequeña

Aplicación

Mirando al futuro

Le pedimos a una joven mexicana que entrevistara a otros jóvenes amigos para que pudiéramos formarnos una idea más clara de sus opiniones sobre el México del futuro. La que sigue es una transcripción abreviada de la grabación°.   *recording*

DOROTEA: ¿Quisieran decirme . . .cuáles creen ustedes que son los problemas que nuestra generación debiera resolver en el futuro?

JESÚS: ¡Ah!, sí, para mí lo importante sería que encontráramos una manera de distribuir mejor la riqueza nacional . . .y me estoy refiriendo a la nueva riqueza que viene del petróleo°.   *oil*

JOSÉ LUIS: Claro°, yo estoy de acuerdo. Sería necesario que el gobierno incorporara a los pobres a la economía nacional . . .con programas de desarrollo educacional, por ejemplo.   *por supuesto*

MARTA: A mí, como soy del campo, me gustaría que los jóvenes hiciéramos algo por mejorar nuestra agricultura y la situación de los campesinos°. ¡Ya casi estamos en el siglo XXI y esa gente todavía está en la época° colonial!   *trabajadores del campo* / *período*

Unos estudiantes
mexicanos hablan sobre el
futuro de su país.

EMILIO: Ahora que hablas del campo, también sería una buena idea
que México volviera al campo, digo, en el sentido de descentralizar
este país. Aquí todo pasa en México . . .o en Monterrey. Debieran
crearse otros centros industriales. ¡Ojalá que la industria petroquímica ayudara en esto!

JESÚS: Esta conversación me está entusiasmando mucho; debiéramos
organizar un foro° en la universidad, ¿no les parece?° A mí me   *debate/¿verdad?*
encantaría hablar sobre lo importante que es desarrollar un sistema
político pluripartidista° en el futuro.   *de varios partidos*

JOSÉ LUIS: ¡Ah!, yo sabía que ibas a sacar° tu famosa política de   *bring up*
alguna manera° ¡já, já, já!   *one way or the other*

Comprensión de la lectura

Contesten las siguientes preguntas sobre la lectura

1. ¿Quién está haciendo la entrevista?
2. ¿Cuál es el tema de la conversación?
3. ¿En qué se podría gastar la nueva riqueza del petróleo?
4. ¿Qué le gustaría mejorar a Marta?
5. ¿Qué se debiera hacer para descentralizar el país?
6. ¿Qué le interesa a Jesús?
7. ¿Cómo reacciona José Luis ante el comentario de Jesús?

Nota de interés

Los dos Méxicos

Lo que preocupa a los jóvenes mexicanos es el contraste entre dos Méxicos diferentes:

El México pobre, con unos veinte millones de personas viviendo al nivel de pobreza, con diez millones de indios que no se encuentran incorporados a la economía, con cinco millones de analfabetos (*illiterates*) y con una masiva emigración del campo a la ciudad—que produce graves problemas en la zona metropolitana.

Esta familia india vive al nivel de pobreza.

El México rico, que construye proyectos millonarios y que vive en la más refinada prosperidad. El México que trae 300 autos nuevos a la semana a la capital y que aumenta el producto nacional en 6% todos los años. El México en que 10% de la población recibe el 40% de la riqueza nacional.

El Méxio rico vive en la
más refinada prosperidad.

Comunicación

A. ¿Qué te hace falta? *Digan ustedes qué les hace falta usando una construcción como la del ejemplo.*

EJEMPLO: **Me hacen falta mis amigos. ¡Ojalá estuvieran aquí!**

Me hace falta nadar. ¡Ojalá tuviera tiempo mañana!

B. Mirando al futuro. *Digan ustedes qué desearían cambiar en el futuro, si pudieran. Usen frases como la del ejemplo.*

EJEMPLO: **Me gustaría que mejoráramos nuestros sistemas educacionales.**

los sistemas burocráticos/la ayuda para los pobres/la ayuda para estudiantes/el sistema político/la situación laboral/nuestras ciudades/el problema de la construcción y la vivienda/el comercio internacional/?

C. Describiendo la universidad. *Trabajen en grupos y preparen una descripción de la universidad y de la ciudad/barrio donde se encuentra para dársela a los estudiantes nuevos que hablen español. Usen la descripción de México de modelo y usen vocabulario de este capítulo.*

Podrían referirse a: lugar/población estudiantil/residencias/bibliotecas/servicios de estudiantes/cafeterías, restaurantes y bares/tiendas y supermercados/atractivos y problemas.

If good projects are developed, they could be sent to your International Student Office.

D. Para un estudiante nuevo. *Escriban cinco frases que expresen sus consejos (advice) para un estudiante sin experiencia que va a estudiar un idioma extranjero. Usen frases introductorias como: valdría la pena que; sería bueno/mejor/conveniente que; te aconsejaría que, etc.*

EJEMPLO: **Sería conveniente que participaras mucho en clase.**

Option: group work.

E. Para un turista o estudiante de intercambio. *Usando lo que aprendieron sobre México en este capítulo, escriban cinco frases que expresen sus consejos para un turista que se prepara para viajar allí. Usen frases introductorias como las que aparecen en el ejercicio D.*

EJEMPLO: **Valdría la pena que visitaras las pirámides indias.**

Pronunciación

El sonido *s*

A. The Spanish s sound is very similar to the s sounds in

Sunday   case   ice   science

The sound–spelling correspondence, however, requires some study. In Hispanoamérica and southern Spain, s is pronounced when the following spellings appear: **s, ce, ci,** or **z.**

casa	celebrar	zapatos
salir	hacer	zoológico
deudas	cine	traduzcan
cosas	producían	feliz

Thus, you must refrain from making a **z** sound when the spelling **z** appears. You must also avoid producing a **z** sound when an **s** appears between vowels.

zorro	cabeza	conozcan	azul
rosa	mesa	museo	presidente
reserva	presente	peligroso	Isabel

Many speakers also use s when intervocalic x appears (éxamen), or when x is before a consonant (extraño).

B. The **z** sound is produced however, when a consonant like **l, m, n, ñ, b, d, g,** follows

desde   los gatos   cosmopolita   es de Nora

C. In the Caribbean and along the coasts of South America, the s sound is frequently omitted or aspirated like an English **h** sound.

¿Cuándo te vas? Nosotros no sabemos nada.

Ejercicio 1

*Repitan estas expresiones sin hacer el sonido **z**.*

1. El cielo es azul.
2. Nadie está en el Zócalo.
3. Visitamos Mazatlán el sábado.
4. Vamos al Museo Nacional.
5. Todas están en la zona.
6. Hay riqueza y pobreza.
7. Los aztecas eran muy avanzados.
8. Vamos a la Avenida Juárez.

✒ Ejercicio 2

*Lean estas expresiones y hagan el sonido **z** donde está indicado.*

1. El costo es muy alto.

2. La vi desde el autobús.

3. Son los altares más lindos.

4. Son los vehículos del estado.

5. Las estadísticas son importantes.

6. No quieren esos diamantes.

Vocabulario

NOMBRES

la artesanía   *crafts*
el barrio   *neighborhood*
el camión   el autobús
el campesino   trabajador del campo
la contaminación   *pollution*
el empleo   el trabajo
el encanto   *charm/attraction*
el estacionamiento   *parking lot*
el metro   *subway*/el «subte»
la ocupación, el empleo, el puesto
el petróleo   *oil*
la pobreza   *poverty*
la vivienda   *housing (general)*
             casa *(specific)*

ADJETIVOS

analfabeto   *illiterate*
peligroso   *dangerous*
viejo   *old*

VERBOS

compartir   *to share*
encontrar   *to find*
encontrarse   estar, quedar
sacar   *to bring up/take out*
valer la pena   *to be worth the trouble*

OTRAS EXPRESIONES

claro   por supuesto
como si   *as if/as though*
lo   *the (neuter)*

COGNADOS

el aire
el área
la burocracia
la capital
la categoría
la cerámica

la construcción
la delincuencia
las estadísticas
la industria (petroquímica)
la galería (de arte)
el museo

la población
el satélite
el transporte
el vehículo
la zona

claro
occidental
sofisticado
superior
urbano
explorar

19

Máquinas y maquinitas

Introducción

Con la música a todas partes

Es de estilo espacial°, pequeñito, poderoso°, atractivo, tranquilizante, eficiente como todo instrumento electrónico, un elemento indispensable para la vida de la gente joven. Por todas partes la gente se pregunta cómo pudieron los jóvenes sobrevivir° todos estos años antes que los norteamericanos descubrieran el invento y los japoneses lo fabricaran°. Van por la calle sonriendo en sueños°, bailando cuando habla el presidente, chasqueando° los dedos cuando el profesor explica trigonometría, ausentes° de los problemas de transporte y del ruido° de la gran ciudad. Felices. Sobre todo, felices. Y se les olvidan° los exámenes, se

°spatial/powerful

°survive
°hicieran
°dreams
°snapping
°absent/noise
°se olvidan de

les pierden los horarios, se les caen° las calculadoras, ya ni se quejan de — they drop
la incomprensión de los padres, ni de la intromisión° de los parientes. — meddling
Van por la calle sonriendo y de repente° preguntan que si estamos en — suddenly
verano o en invierno. Una generación feliz: nada de movimientos extremistas, ni violencia. ¿Será un fenómeno transitorio o será el naci-
miento° de una nueva asociación universal de jóvenes? ¿Qué pasará? — birth
Me han dicho que no me preocupe mucho porque, ¿me escucharían los
interesados? Además, si hubiera algún conflicto, las protestas serían
probablemente silenciosas°. Porque usted puede verlos, sonriendo fe- — silent
lices, con un pequeño magnetofón° de cassettes, el cable y sus audí- — *grabadora*
fonos°, felices por la vida, con su discoteca portátil°.[1] — headphones/portable

---

[1] Adaptado de un artículo de la revista *Algo* de España.

Comprensión de la lectura

Contesten las siguientes preguntas sobre la lectura. Encourage discussion.

1. ¿Cuál es la nueva moda entre los jóvenes?
2. ¿Les incomoda (molesta) esta moda a los adultos?
3. ¿Les molestan los problemas de la vida diaria a los jóvenes que tienen magnetofón estereofónico?
4. Si un joven presta atención sólo a la música, ¿qué le puede ocurrir?
5. ¿Vale la pena que se estudie esta nueva moda?
6. ¿Cuáles son las ventajas de tener un magnetofón portátil?
7. ¿Cuál es la intención del autor? ¿Escribir un artículo sarcástico, cómico, descriptivo o crítico?

Y ustedes, ¿también tienen aparatos electrónicos?

Digan ustedes qué equipos o aparatos electrónicos usan en sus estudios, su trabajo o para divertirse.

Yo no puedo vivir sin . . . .
Cuando escucho música se me . . . .
En la universidad ahora tenemos . . . .

Expresiones útiles

Para mí, necesito un nuevo equipo de video/un parlante°/un toca-discos° mejor/un tocacintas° para el auto/nuevos audífonos   speaker
record player/tape player
Tengo una calculadora con dos memorias/programable/con funciones
En el laboratorio los terminales tienen pantalla°/impresora°   screen/printing device
Se me olvidan/pierden/caen las cosas cuando veo la telenovela°   TV series

Nota de interés

El mundo es más pequeño ahora

Hasta aquí hemos presentado diferentes aspectos que caracterizan la cultura hispana. Ahora quisiéramos presentar un aspecto que es común a muchas culturas actualmente. Es el área de la tecnología y de los negocios internacionales. Tanto por la influencia de la propaganda (*publicity*) y del consumismo (*consumerism*), como por el constante intercambio de estudiantes, ejecutivos y expertos, la «cultura tecnológica» es cada vez más (*more and more*) universal y menos nacional. Sin embargo, es interesante ver que en los países menos desarrollados

modas como las de los equipos de vídeo, los laboratorios de lenguas y los magnetófonos portátiles tienen mayor impacto en la población, porque la gente las sigue no sólo por su eficiencia, sino también como una manera de adquirir o aumentar el prestigio social. Por esta misma razón es que la gente usa las palabras extranjeras para nombrar los productos, por ejemplo, las *«tapes»*, el *«wálkmán»*, un equipo *«hifi»*, etc.

Por o para

Contraste

Por and **para** present certain problems to speakers of English because sometimes the best equivalent for both of them is **for**.

A. Por and **para** contrast in the following cases:

POR	PARA
Time: approximate time, **period**	**deadline,** exact time

Me quedé **por** tres meses.
(*I stayed for three months.*)
Trabajan aquí **por** la mañana.
(*They work here in the morning.*)

Estaremos allí **para** el Año Nuevo.
(*We will be there for New Year's.*)
Quiero quedarme **para** la boda.
(*I want to stay for the wedding.*)

Place: indefinite, **imprecise location**

destination

Viven **por** (*around*) la calle Lincoln.
El metro pasa **por** (*through*) la
  Alameda.
Van **por** (*along*) la calle Trece.

Se van **para** Chicago en enero.
Ese autobús va **para** Monterrey.

Cause/result: reason, **cause**

result, purpose, goal

Por la crisis, no dieron la «extra».
(*Because of the crisis, they didn't
  give the "extra".*)
No viajaron **por** el frío.
(*They didn't travel because of the
  cold.*)

Estudia **para** (ser) ingeniero.
(*He studies to be an engineer.*)
Trajo los discos **para** la fiesta.
(*He brought the records for the
  party.*)

Transaction: to pay **in exchange for**

to give money **in order to buy**

Me dio $500 **por** el equipo estéreo.
(*He gave me $500 for the stereo.*)

Me dio $300 **para** (comprar) el
  equipo.
(*He gave me $300 to buy the stereo.*)

B. Many expressions that you have studied use **por:**

por favor	¿por qué?	por todas partes
por ejemplo	por . . .	por otro lado
por eso	por fin	por el contrario
por supuesto		por entonces

ELECTRONICA

CASSETTE SONY	$55
RADIOS CALIDAD	$155
RADIOS FM AM	$455
RADIO RELOJ DESPERTADOR	$995
GRABADORA CASSETTE FM-AM	$1.695
RADIO FM AM con Tocacassette AUTO	$2.395
PARLANTES STEREO	$195
MICROFONOS	$125
RADIO MONITOS	$255
RADIO Onda corta y larga a Pila y Corriente	$795
RADIO 4 BANDAS	$1.295
WALKY TALKY	$895
WALKY TALKY Con Radio	$1.495
PONG Para T.V.	$1.595
Juegos ATARI	$795
Juegos Electronicos	$995

Y MIL OFERTAS AL COSTO

Preparación

Contesten estas preguntas según los ejemplos:

EJEMPLOS: ¿Para dónde van ahora? (el centro de estudiantes) ⟶
  Van para el centro de estudiantes.

  ¿Por dónde anduvieron? (las residencias) ⟶
  Anduvieron por las residencias.

  ¿Por cuántos días vas? (quince días) ⟶ **Voy por quince días.**

1. ¿Adónde van este año? (Nueva Orléans) ⟶
2. ¿Por dónde anduviste ayer? (los laboratorios) ⟶
3. ¿Por cuánto tiempo vivirás allí? (seis meses) ⟶
4. ¿Por qué llegaste tarde? (la nieve) ⟶
5. ¿Adónde vas a ir ahora? (el centro comercial) ⟶
6. ¿Por dónde pasan los estudiantes? (la avenida) ⟶

Transición

Mensaje. *Susan Levy está trabajando de líder de un grupo de estudiantes venezolanos que están estudiando inglés aquí y necesita traducir este mensaje. Ayúdenle.*

Para todos los estudiantes de inglés:
For next Monday please prepare the exercises for Mrs. Evans and the reading for the lab. Of course, also study for exam three. Read Chapter 5 in the book by Dixon and the article by James Hendrickson. Because of the storm, the soccer game was changed for next week. But we will go to Toledo; we will meet around the library between 8 and 8:30. Thank you.

Susan Levy.

Options: a. sentences can be numbered.
b. assign for group work.

Comunicación

Preguntas. *Contesten las siguientes preguntas o úsenlas para conversar con un compañero. Escriban más preguntas si es necesario.*

1. ¿Para dónde vas a ir en las vacaciones?
2. ¿Por cuántos días te vas a quedar con tu familia?
3. ¿Por dónde piensas trabajar cuando termines tus estudios?
4. ¿Para quién has trabajado hasta ahora?
5. ¿Para qué piensas ahorrar un poco de plata ahora?
6. ¿Para cuándo piensas terminar tus estudios?

La voz pasiva

Frases impersonales

In passive constructions a form of *to be* is combined with a past participle.

INGENIERO ELECTRONICO
Para ser entrenado en Japón.

> Passive: That instrument *was designed* by Japanese engineers.
> Active: Japanese engineers designed that instrument.

Passive constructions are not as frequent in Spanish as in English and are generally used only in journalistic or formal writing. In spoken language, impersonal sentences with **se** (*introduced in Chapter 11*) are preferred. Compare:

> Muchos aparatos *son instalados* todos los días.
> *Se instalan* muchos aparatos todos los días.

Indicate that a phrase with *por* is needed when the agent is mentioned.

The passive voice is formed with a form of the verb **ser** and a **past participle**. The participle agrees in number and gender with the subject.

Estas calculadoras **son diseñadas** aquí.
Muchas partes **son hechas** de plástico.
Ya **han sido contratados** por la empresa.
El equipo ya **ha sido instalado.**
Ninguna ley **está siendo violada.**
Varias leyes **están siendo discutidas** por el senado.

Los microcircuitos **fueron inventados** en Japón.
El sistema **fue perfeccionado** aquí.
El metal **era importado** de África.
Antes todo **era traído** de Europa.
El problema **debe ser considerado** ahora.
El experimento **debe ser hecho** allá.

Muchos jóvenes sueñan con trabajar en la estación de televisión de San Juan, Puerto Rico.

Preparación

✳ **A.** *Cambien la expresión en itálica y hagan los cambios necesarios.*

1. *Los tocacintas* son fabricados allí.

   el radio/la calculadora/las cintas

2. *Este libro* fue escrito por Cortázar.

   estos guiones de películas/estos artículos/un capítulo

3. *El magnetofón* debe ser operado con cuidado.

   la cámara/el televisor/los computadores

4. Muchos *japoneses* son empleados por esa empresa.

   mexicanos/colombianas/argentinas

5. *Los horarios* han sido terminados ya.

   la grabación/los proyectos/el trabajo/las instalaciones

✳ **B.** *Transformen estas frases según los ejemplos.*

EJEMPLOS: Se consideraron otros planes. ⟶ **Otros planes fueron considerados.**

Ya se han pedido los discos nuevos. ⟶ **Los discos nuevos ya han sido pedidos.**

1. Se contrataron varios ingenieros. ⟶
2. Se importaron millones de autos. ⟶
3. Esta industria se construyó en 1970. ⟶
4. Este audífono se perfeccionó aquí. ⟶
5. Ya se ha diseñado otro equipo. ⟶
6. Ya se han estudiado los sistemas. ⟶
7. Ya se han instalado nuevos circuitos. ⟶
8. Ya se han producido varios modelos diferentes. ⟶

Options: written, oral, translation.

Transición

✳ **Titulares de periódicos.** *Un editor está escribiendo los titulares para cada una de las siguientes noticias. Ayúdenle.*

EJEMPLO: El gobierno elimina oficina de ayuda federal. ⟶ **Oficina de ayuda federal es eliminada por el gobierno.**

1. Extremistas secuestraron un avión. ⟶
2. Médicos catalanes descubren nueva droga. ⟶
3. Compañías suben precios de los aparatos electrónicos. ⟶
4. El rey nombró una comisión para los problemas de salud. ⟶
5. Aparatos japoneses invaden el mercado nacional. ⟶
6. Un terremoto destruye pequeño pueblo peruano. ⟶

Comunicación

Periodistas novatos. *Creen ustedes titulares para una publicación de los estudiantes de español de la universidad. Las noticias pueden ser reales o imaginarias, del pasado, presente o futuro. Usen las formas pasivas.*

EJEMPLOS: **Todas las clases fueron suspendidas hoy por ser viernes.**
Nuevo director de recreación fue nombrado hoy.

Las frases condicionales

Resultados improbables

In Chapter 16 you studied conditional sentences that have predictable or real results, e.g., *Si llueve, no vamos a ir*. To express a condition that is **unlikely** to happen in the future, the past subjunctive is used in the *if*-clause and the conditional in the result clause.

Past subjunctive is also possible in the result clause, but the conditional will be used in this text.

Si se te perdiera mi cinta, tendrías que darme otra. — *If you were to lose my tape, you would have to give me another one.*

Si quisiera escuchar mejor, subiría el volumen. — *If he wanted to hear better, he would increase the volume.*

Si estuviera ausente el lunes, ¿me prestarías tus apuntes? — *If I were absent on Monday, would you lend me your notes?*

Si hubiera problemas, sus quejas serían silenciosas. — *If there were problems, their complaints would be silent.*

Preparación

A. *Cambien el pronombre y hagan los cambios necesarios.*

1. Si *te* preocuparas más, conseguirías mejores empleos. — me/se/nos
2. Si *los parientes* no se metieran, no habría tantos problemas. — él/todos/tú/yo
3. No podrías escuchar, si *tú* perdieras los audífonos. — nosotras/ellas/usted
4. Bajaría el volumen, si *yo* quisiera escuchar mejor. — tú/él/ustedes

B. *Cambien estas frases de lo posible a lo improbable, según el ejemplo.*

EJEMPLO: Si me quiere, pondrá mi disco. ⟶ **Si me quisiera, pondría mi disco.**

1. Si ella puede, buscará otro tocadiscos. ⟶
2. Si no hay ruido, podemos estudiar allí. ⟶
3. Si hay buenos sistemas, se gasta menos energía. ⟶
4. No chasqueará los dedos, si pone atención. ⟶
5. La vida será más fácil, si fabrican aparatos electrónicos. ⟶
6. Van felices por la vida, si tienen su magnetofón. ⟶

Transición

Mal humor. *Mario está de mal humor hoy día y no quiere hacer nada. Digan qué le dice su amigo Hugo.*

EJEMPLO: **No quiero tener un magnetofón.** ⟶ **Si lo tuvieras, te gustaría.**

1. No quiero ver esa película. ⟶
2. No quiero ir a la fiesta. ⟶
3. No necesito comprar la cinta. ⟶
4. No me interesan los juegos de video. ⟶
5. No me gusta escuchar música por la calle. ⟶
6. No pienso estudiar computación. ⟶

Comunicación

Reacciones. *Digan cuáles son sus reacciones a las siguientes situaciones, usando una de las alternativas dadas o creando otra. Hagan los cambios necesarios en el verbo.*

Encourage original solutions.

EJEMPLO: **Si no pasara mi examen de química . . . /yo cambio mi especialidad/** ⟶ **. . . yo cambiaría mi especialidad.**

1. Si no hubiera electricidad . . .
   a. es terrible porque no puedo ver la tele
   b. estoy feliz, porque no hay ruido
   c. no puedo hacer nada porque todo es eléctrico
   d.   ?
2. Ahorraría más para mi viaje . . .
   a. si yo puedo ganar más dinero en el verano
   b. si yo no compro el equipo de video
   c. si yo no tengo que pagar el arancel de la universidad
   d.   ?

3. Estaría ausente todo el día . . .
   a. si yo escucho mi magnetofón portátil
   b. si me invitan a esquiar o nadar
   c. si no me interesa lo que ocurre
   d.   ?
4. Si no tuviéramos calculadoras . . .
   a. yo estoy totalmente loco
   b. yo no estudio cálculo ni estadística
   c. yo no sé sacar ni porcentajes
   d.   ?
5. Yo tendría un magnetofón portátil. . .
   a. si yo soy más joven
   b. si yo ya tengo mi equipo para grabar
   c. si me gusta
   d.   ?

Algunas expresiones idiomáticas: se me olvidó

In Spanish there is a group of very common expressions with verbs like **olvidar** (*to forget*), **perder** (*to lose*), **ocurrir** (*to have an idea*) **caer** (*to drop*), **romper** (*to break*). These expressions use the following pattern:

Depending on the amount of class time available, this section can be omitted or treated for recognition only.

		olvidó la cinta
	me	cayeron los discos
	te	rompió el carro
SE +	le(s) +	quedó el tocadiscos
	nos	pierden los aparatos
		ocurrió una idea

The use of this pattern expresses the general notion that certain things happen *on* people.

Se me perdió el horario.	*I lost the schedule.*
Se me cerró la puerta.	*The door locked on me.*
Se le olvidó el examen.	*He forgot about the exam.*
Se le ocurrió algo.	*An idea occurred to him.*
¿Se te rompió el altavoz?	*Did the speaker get broken (on you)?*
Se nos quedó el libro en casa.	*We left the book at home.*
Se me cayeron los anteojos.	*My glasses dropped on me.*

Note that the subject agrees with the verb as always and that the people being affected by the event are represented by indirect object pronouns (**me, te, le(s), nos**).

Indicate similarity with *gustar* pattern if you think it helps.

A Carmen se le cayeron *los discos.*

A Carmen se le cayeron los discos.

Preparación

Ⓜ **A.** *Cambien las expresiones en itálica y hagan los cambios necesarios.*

1. Se me olvidó *el número.*
2. Se le rompieron *los platos.*
3. ¿Se te cayó *el dinero?*
4. ¿Cuándo se le ocurrió *el plan?*
5. ¿Dónde se les quedó *todo?*

las palabras/estudiar/su nombre
los anteojos/el video/las cámaras
tus apuntes/el parlante/tus cintas
las ideas/los proyectos/salir
los cheques/la calculadora/los equipos

Ⓜ **B.** *Cambien las expresiones en itálica por las dadas y hagan los cambios necesarios.*

1. *A mí* se me perdió la calculadora.
2. Se le olvidan las cosas *a la abuela.*
3. Se nos rompió el auto (*a nosotros*).
4. *A ti,* ¿se te quedó la plata?
5. *A Nena* se le cayó la calculadora.

a usted/a nosotras/a ellos
a todos/a mí/a ti/a ellas
a mí/a ustedes/a él
a usted/a nosotros/a ellos
a ustedes/a Carlos/a ti

Ⓜ Transición

¡Qué mala suerte! *Alberto ha tenido una serie de problemas hoy y se está quejando. Digan qué dice él.*

EJEMPLO: Mi libro de sociología quedó en casa. ⟶ **Se me quedó el libro de sociología en casa.**

1. Yo rompí mi bicicleta. ⟶
2. Mamá olvidó darme el dinero. ⟶
3. Mi grabadora quedó en casa de Rosario. ⟶
4. Yo olvidé que teníamos examen a las ocho. ⟶
5. Nosotros perdimos los apuntes de clase. ⟶
6. Mis anteojos se cayeron. ⟶

Comunicación

Quejas. *Digan qué cosas les han ocurrido recientemente y quéjense usando las expresiones con* **se me.**

EJEMPLOS: **Se me terminó el tiempo para escribir mi composición.**
Se nos olvidó ir a la fiesta de español.

¿Prefieres trabajar en un terminal con pantalla o en un terminal con tarjetas?

Aplicación

¡Dígame!, aquí el futuro

Dígale adiós al «bic», a la máquina de escribir° eléctrica, a las cartas   typewriter
y a los sellos°, a la procesadora de textos°, a las secretarias cansadas,   stamps / word processor
al teléfono ocupado, a la fotocopiadora que no funciona, a los viajes
y las reservas de pasajes° y de hoteles, a las huelgas de correos y a   tickets
todo lo aburrido° y caro de los negocios, la administración del hogar,   boring
la educación y el gobierno. Realmente, todo lo que usted necesita
ahora es un videotex o un teletex, una conexión en su oficina o cuarto
y una pantalla° mágica y ¡listo°!   screen / ready!
    Por ejemplo, Miguel Hurtado está en su oficina de Madrid cuando
el teletex le anuncia desde Nueva York *The meeting will be at ten
o'clock.* Entonces, ¿qué hace Miguel?; ¿correr al aeropuerto? No, ya
no es necesario. Si la empresa no hubiera tenido° sistema de teleco-   hadn't had
municación, Miguel habría volado° y gastado mucho dinero y tiempo.   would have flown
Pero la tecnología le ofrece soluciones mucho más baratas. Así es
que° Miguel saca sus papeles, se sienta° frente a la pantalla y a las   so / sits down
diez «se reúne» con sus compañeros de París, Roma, Londres, Tokio
y Nueva York. Por unas 100.000 pesetas° conversan por una hora   around U$1,000
y, aunque Miguel todavía insiste en que era mejor cuando se reunían
personalmente, la empresa ha ahorrado tiempo, energía y dinero en
cantidades fantásticas. La telemática—ciencia de la información a

larga distancia—está empezando a ser una realidad en España. Se espera que para 1990 el país tenga una red° pública de información completísima°, además de las redes privadas de bancos, agencias de crédito, agencias de viajes y del gobierno. La red pública interconectaría los bancos de datos de las universidades y centros de investigación°. España podría entonces jugar un papel muy importante en el área hispanoamericana y en otros países de habla española, como Guinea Ecuatorial. Por ahora, el futuro ya está aquí en el videoteléfono del rey, en los sistemas de teletex de muchas corporaciones y en algunos hogares que tienen pequeñas computadoras o microprocesadoras. Y aunque a muchos ejecutivos les tome un tiempo acostumbrarse a las telereuniones, la revolución tecnológica pondrá al país al nivel de los otros países desarrollados y ampliará° los horizontes de la juventud° española.[1]

network
muy completa

research

will widen
los jóvenes

Comprensión de la lectura

Contesten las siguientes preguntas sobre la lectura.

1. ¿Qué cosas no se van a usar en el mundo del futuro?
2. ¿Qué habría hecho Miguel si su empresa no hubiera tenido teletex?
3. Durante la telereunión, ¿puede Miguel ver a sus compañeros? ¿Cómo sabe usted?
4. ¿Cuánto cree usted que habría gastado la empresa para reunir a sus ejecutivos de Europa, Japón y los Estados Unidos?
5. ¿Para cuándo estará España totalmente «telematizada»?
6. ¿A qué países puede mandarle información España?
7. ¿En qué lugares ya tienen equipos telematizados en España?
8. ¿Qué estudiantes tienen muchísimas posibilidades de conseguir buenos puestos en España ahora?

Nota de interés

España telematizada

Otros sistemas basados en teledatos que usted puede encontrar en España son el cajero automático (*automated teller*), las tarjetas de crédito (*Visa, Eurocard,* Unicuenta, Galerías Preciados, Club Meliá, *Sears,* etc.), el facsímil (servicio que permite la transmisión de imágenes de persona a persona por copiadoras conectadas a la red de

[1] Adaptado de un artículo de la revista *Cambio 16* de España.

¿Sabes usar un sistema telematizado como éste?

telecomunicaciones) y otros servicios educacionales y de transferencia electrónica de dinero para los negocios. El teletex es el sistema más común y es una combinación de procesadora de textos con un sistema de télex o telecomunicaciones.

Comunicación

A. Telenegocios. *Hagan una lista de las personas o empresas que usan sistemas telematizados en su ciudad o área. Escriban una descripción del sistema.*

EJEMPLO: **En la tienda «Jóvenes» usan un sistema telematizado para conseguir información sobre la capacidad de crédito del cliente.**

Hotel chains, airlines, travel agencies, banks, hospitals, credit card control centers, the FBI, data libraries have computerized data access.

B. Teletareas. *¿Qué cosas quisieran ustedes que les hiciera una computadora?*
Describan el trabajo.

EJEMPLO: **Quisiera que la computadora me buscara los datos para mi trabajo de sociología. Me gustaría leer los datos en una pantalla.**

C. Regalos electrónicos. *Hablen ustedes de los regalos que ustedes les harían a distintas personas si tuvieran dinero.*

Suggest that they use drawings on page 348.

EJEMPLO: **Si tuviera dinero, le compraría un microprocesador (ordenador) a mi padre y yo también lo usaría para aprender vocabulario.**

Entonación

☿ El acento de las palabras largas

Spanish words—however long they may be—have only one accent. In English, on the other hand, long words usually have a main or primary accent and a secondary or weaker accent. Compare:

teléfono	telephone	*Madrileño* and Mexican dialects do have secondary stress.
fotocopiadora	photocopier	
telecomunicaciones	telecommunications	

The only Spanish words that may have two primary accents are adverbs ending in -**mente**.

rápidamente	electrónicamente
recientemente	poderosamente

☿ Ejercicio 1

Repitan estas palabras poniendo el acento sólo en la sílaba marcada.

1. tele**da**tos
2. auto**má**tico
3. canti**da**des
4. telecomunica**cio**nes
5. silen**cio**samente
6. videote**lé**fono

☿ Ejercicio 2

Lean estas frases en voz alta. Respeten las marcas de acento y enlace.

1. **Tie**nen un sis**te**ma telemati**za**do.

2. Se comu**ni**can elec**tró**nica**men**te.

3. No **u**san el ca**je**ro auto**má**tico.

4. Tu**vi**mos una telereu**nión** ayer.

5. La tele**má**tica es una **nue**va **cien**cia de la informa**ción**.

Vocabulario

NOMBRES

los audífonos   *headphones*
la investigación   *research*
la juventud   *young people/youth*
el magnetofón   la grabadora
la máquina de escribir   *typewriter*
el microprocesador   la computadora de hogar
la pantalla   *screen*
el parlante   *speaker*
el pasaje   *ticket*
la procesadora de textos   *word processor*
el ruido   *noise*
los sueños   *dreams*
la telenovela   la serie
el tocacintas   *tape player*
el tocadiscos   *record player*

VERBOS

ampliar   *to broaden*
caérsele(y)   *to drop*
rompérsele   *to break*
sentarse(ie)   *to sit down*
volar   *to fly*

ADJETIVOS

aburrido   *boring*
portátil   *portable*
silencioso   *silent*

OTRAS EXPRESIONES

así es que   *so*
de repente   *suddenly*
¡listo!   *ready!*

se me olvidó   *I forgot*
se me perdió   *I lost*
se me cayó   *I dropped*
se me rompió   *I broke*

COGNADOS

el invento
la máquina
el video

ausente
electrónico
espacial

Fin de fiesta

Introducción

✺ Días de carnaval

En Barranquilla, Colombia, la palabra fiesta tiene un significado muy exacto: ¡carnaval! Estas son las impresiones de algunos jóvenes sobre esta gran fiesta popular de baile° y canciones°:[1]

dancing/songs

JORGE QUIÑONES GUTIÉRREZ: Pues sí, lo más lindo de las vacaciones de verano es el carnaval. ¡Y nadie como la gente de la costa[2] para organizar un carnaval! El entusiasmo es increíble y muchos de nosotros vamos de otras ciudades a Barranquilla, porque es el carnaval más famoso.

---

[1] Adaptado de una conversación con estudiantes colombianos.

[2] Colombia se divide en tres regiones: la costa, la llanura (*the plains*) y la sierra.

josé maría vega cordovez: Así es exactamente; la fiesta dura° cuatro   lasts
   días enteros. Y todo el mundo está en las calles y en los bailes: jóvenes
   y viejos, ricos y pobres, chicos° y grandes.   *niños*
adriana maría quiñones gutiérrez: Este año vamos a ir otra vez:
   me encanta bailar y ver los trajes de las reinas del carnaval y los
   disfraces° de toda la gente. Los mejores cantantes, orquestas y con-   costumes
   juntos° van al carnaval. Si usted supiera lo difícil que es conseguir   groups
   una habitación° en un hotel. El año pasado, cinco amigas estuvimos   *cuarto*
   en una habitación con dos camas°.   beds
josé maría: No te quejes, Adriana. Después de todo, nadie durmió
   casi nada.
adriana: Tienes toda la razón°, el carnaval no es para ir a dormir,   you are very right
   ¿no?

Comprensión de la lectura

Contesten las siguientes preguntas sobre la lectura.

1. ¿De dónde son estos jóvenes? ¿Son parientes?
2. ¿Por qué les gusta tanto el carnaval?
3. ¿Cuándo es el carnaval en Barranquilla?
4. ¿Qué se pone la gente cuando va al carnaval?
5. ¿Por qué es difícil conseguir una habitación?
6. ¿Por cuántos días está de fiesta la gente para el carnaval?

Y para usted, *¿qué significado tiene la palabra fiesta?*

*Conversen ustedes de sus fiestas preferidas o de alguna fiesta especial
en que lo hayan pasado muy bien.*

Sugerencias:
Si ustedes supieran lo fantástico (divino, interesante) que es . . .
Había tanta gente en el desfile (hotel, estadio) que . . .
El año pasado para el 4 de julio fuimos a . . .
Lo pasamos estupendo en . . .

Expresiones útiles

No quedaban habitaciones/camas/pasajes/disfraces/entradas°   tickets
Fuimos al *mardi gras* de Nueva Orléans/al desfile° de las rosas de   parade
   Pasadena/de las naranjas de Miami . . .
Hicimos un viaje/una fiesta/un picnic/un baile/una competencia°   contest

Notas de interés

El carnaval

El carnaval es una fiesta popular que se celebra en algunas ciudades de Bolivia, Colombia, Ecuador, Panamá, la República Dominicana, Perú, Paraguay y Venezuela. Por cuatro días antes del miércoles de ceniza (*Ash Wednesday, six weeks before Easter*), la gente baila y canta por las calles y en otros lugares de la ciudad.

Por meses antes del carnaval, la gente se prepara y ahorra dinero para viajar al carnaval, hacer carrozas (*floats*) y comprar disfraces novedosos (*original costumes*). Para muchos de ellos, el carnaval es la única y más importante fiesta del año.

En España es famoso el desfile de *fallas* (big cardboard statues) que se hace en Valencia el 18 de marzo. En Estados Unidos también se hace un carnaval en Nueva Orléans (*mardi gras*) y muchos desfiles en otras ocasiones. El carnaval más grande y espectacular, sin embargo, se hace en Río de Janeiro, Brasil.

La música popular

Gran parte de los ritmos «latinos» o caribeños que conocemos en los Estados Unidos están relacionados a la tradición de los hispanos negros que viven en el Caribe y a los carnavales. Las alegres *salsas, cumbias, rumbas, merengues* y *chachachás* expresan la alegría y euforia del carnaval o las fiestas, mientras que (*while*) los románticos *boleros* y *danzones* expresan el dolor de la separación y el fin de fiesta.

En una noche de carnaval, la gente baila por las calles de Asunción, Paraguay.

Estar + **participio**

Describiendo los lugares y las cosas

As you have already learned in Chapter 4, the verb **estar** is used to describe what things look like at any moment in time. Thus, to describe a condition that results from an action, Spanish uses a form of **estar** and a **past participle**. The participle functions as an adjective and agrees in number and gender with the subject.

Irregular past participles were introduced in Chapters 13 and 15.

Puertas y ventanas estaban abiertas por el calor.	*Doors and windows were open because of the heat.*
Todos los bancos estaban cerrados.	*All the banks were closed.*
Ni los negocios estaban abiertos.	*Not even the stores were open.*

Preparación

Cambien las palabras en itálica por las dadas y hagan los cambios necesarios.

1. La *ventana* está abierta.
2. Los *platos* ya estaban lavados.
3. Los *ejercicios* no están terminados.
4. Los *disfraces* ya están hechos.
5. Los *restaurantes* estaban cerrados.

negocio/bibliotecas/laboratorios
ropa/niño/autos/patios
capítulo/composición/proyectos

camas/planes/carrozas/reservaciones
banco/universidad/residencias

Transición

En el hotel. *Jorge Quiñones y José María Vega están muy enojados porque la habitación del hotel no es buena. Digan cómo se quejan al gerente del hotel.*

EJEMPLO: ¡No conectaron la televisión! ⟶ **¡La televisión no está conectada!**

1. ¡No ordenaron el cuarto! ⟶
2. ¡No hicieron las camas! ⟶
3. ¡No conectaron el aire acondicionado! ⟶
4. ¡No conectaron el teléfono! ⟶
5. ¡No cerraron las ventanas! ⟶

Comunicación

La universidad el día domingo. *Describan ustedes cómo se ve la universidad el día domingo cuando hay menos actividad.*

EJEMPLO: **El domingo todos los servicios están cerrados, pero el centro de estudiantes está abierto.**

El pasado perfecto

Hablando del pasado

In English and Spanish the past perfect tense is used to talk about an action or event that was completed prior to a subsequent event in the past.

> Ya habían pedido la
> habitación cuando yo llegué.

> *They had already asked for
> the room when I arrived.*

The past perfect is formed by using the imperfect tense of the auxiliary **haber** and a **past participle**.

El pasado perfecto

Empezar		
había empezado *I had begun*	habíamos empezado	
habías empezado	habíais empezado	
había empezado	habían empezado	

Pasado perfecto is used instead of *pluscuamperfecto* because it is easier for students to pronounce and comprehend.

—¿Habían recibido el telegrama?
—No, fíjate que no lo habían recibido todavía, pero ya habían hecho las reservaciones.

Preparación

✻ *Cambien los pronombres y hagan los cambios necesarios en el verbo.*

1. *¿Usted* había visto esa película?

   tú/ellos/nosotros/ella

2. *Nosotros* no habíamos dormido nada.

   yo/tú/ustedes/él

3. *Ella* había bailado y cantado.

   tú/ellos/yo/nosotras

4. *Yo* no había pensado en eso.

   él/tú/ustedes/nosotros

5. *Ellos* todavía no habían hecho reservas.

   ella/yo/tú/nosotros

Transición

A. Una carta para Sara. *Ed Beck le está escribiendo una carta a Sara Haydé Pérez de Bogotá para contarle de su viaje a un desfile. Ayúdenle a combinar sus frases.*

EJEMPLO: Mis primos discutieron los planes. Nosotros llamamos. ⟶ **Mis primos habían discutido los planes cuando nosotros llamamos.**

1. Mis tíos salieron. Yo llamé. ⟶
2. Pat no compró las entradas. Yo llegué. ⟶
3. El desfile empezó. Nosotros llegamos. ⟶
4. La competencia de baile terminó. Pat quiso bailar. ⟶
5. El conjunto nuevo no cantó. Nosotros pasamos por allí. ⟶
6. Ellos no vieron a las reinas todavía. Nosotros fuimos al desfile. ⟶

Sol, color y música en Barranquilla. ¿Te gustaría ir?

B. En Barranquilla. *En su primer carnaval, Jorge y Adriana van por la calle conversando sobre lo que ven. Creen frases que expresen sus comentarios.*

EJEMPLO: ¿Escuchaste ese bolero tan suave? ⟶ **¡Nunca había escuchado un bolero tan suave!**

1. ¡Conseguimos un cuarto tan bueno! ⟶
2. ¿Viste las carrozas tan lindas? ⟶
3. ¿Escuchaste las cumbias tan alegres? ⟶
4. ¿Viste esos disfraces tan elegantes? ⟶
5. ¿Pediste ese refresco tan bueno? ⟶
6. ¡Nos hemos divertido tanto! ⟶

Comunicación

Preguntas. *Contesten estas preguntas y úsenlas para conversar con otros estudiantes.*

1. ¿Habías estudiado español antes? (¿Por cuánto tiempo?)
2. ¿Habías estudiado otro idioma?
3. Antes de entrar en esta universidad, ¿habías recibido buena información?
4. Antes de entrar en tu programa, ¿qué informaciones habías conseguido?
5. ¿Habías hecho planes para ir a otra universidad?

Las frases condicionales

Resultados imposibles

In the previous chapter you studied conditional sentences that have an unlikely result (*Si consiguiera dinero, me iría al carnaval.*). To express a condition or event that no longer has any possibility of occurrence, the past perfect subjunctive is used in the if-clause and the conditional perfect in the result-clause. The past perfect subjunctive is formed with the past subjunctive of the verb *haber* and a past participle, and the conditional perfect is formed with the conditional of *haber* and a past participle. Study the following chart.

Resultados imposibles

Si + past perfect subjunctive	conditional perfect
Si yo hubiera sabido *If I had known*	(yo) no habría salido *I wouldn't have gone out*
Si tú hubieras sabido	(tú) no habrías salido
Si él/ella/usted hubiera sabido	(él/ella/usted) no habría salido
Si nosotros hubiéramos sabido	(nosotros) no habríamos salido
Si vosotros hubierais sabido	(vosotros) no habríais salido
Si ellos/ellas/ustedes hubieran sabido	(ellos/ellas/ustedes) no habrían salido

Si no me hubiera interesado, no habría terminado el curso.

Si usted hubiera llamado, le habríamos reservado habitaciones.

Si hubiéramos ido al carnaval, lo habríamos pasado mejor.

Si el hotel hubiera sido mejor, nos habríamos quedado más días.

Si hubieras traído tu tarjeta, no habríamos tenido problemas.

If it hadn't interested me, I wouldn't have finished the course.

If you had called, we would have made reservations for you.

If we had gone to the carnival, we would have had a better time.

If the hotel had been better, we would have stayed longer.

If you had brought your (credit) card, we wouldn't have had problems.

Preparación

Cambien el pronombre y hagan los cambios necesarios en el verbo.

1. Si *tú* hubieras querido, lo habríamos comprado allí.

   yo/él/usted

2. Si *yo* hubiera estado bien, habríamos viajado ayer.

   nosotros/ella/tú

3. *Él* la habría reservado, si nos hubieran dicho.

   yo/ustedes/tú

4. *Nosotros* nos habríamos quedado, si hubiéramos tenido entradas.

   ella/tú/usted/ellos

Transición

A. Para otra vez será. *Jorge Quiñones invitó a su amigo Al Rappa al carnaval, pero Al no estaba preparado para esa experiencia. Digan qué le dice Al a Jorge después del carnaval.*

EJEMPLO: **¡Haber llegado antes!** ⟶   **¡Ojalá hubiera llegado antes!**

1. ¡Haber sabido bailar! ⟶
2. ¡Haber podido cantar! ⟶
3. ¡Haber tenido más dinero! ⟶
4. ¡Haber conseguido una habitación más grande! ⟶
5. ¡Haber dormido menos! ⟶
6. ¡Haber tenido un disfraz novedoso! ⟶

Allow extra time; these sentences are difficult for beginners.
Option: translate sentences.

B. ¿Qué habrías hecho? *Tomás y Elvira hablan de una serie de dificultades que han tenido. ¿Qué dicen ellos?*

EJEMPLO: Si hubiéramos conseguido entradas, ¡voy a la competencia! ⟶ **Si hubiéramos conseguido entradas, habría ido a la competencia.**

1. Si hubiéramos sabido del terremoto, ¡no viajamos! ⟶
2. Si hubiera tenido más plata, ¡me voy la semana anterior! ⟶
3. Si hubiera llegado antes, ¡encuentro mejor hotel! ⟶
4. Si hubieran tenido mejores camas, ¡dormimos mejor! ⟶
5. Si hubiera llevado otra ropa, ¡voy al baile de gala! ⟶
6. Si hubiéramos discutido mejor los planes, ¡lo pasamos mejor! ⟶

Comunicación

Ahora que lo pienso. *Después que ya han ocurrido las cosas las podemos ver con mejor perspectiva. Digan ustedes qué cosas habrían hecho de diferente manera en el pasado, si hubieran tenido la experiencia que tienen ahora.*

Allow extra time; these sentences are difficult for beginners.

EJEMPLO: **Si hubiera sabido lo difícil que es escribir, habría tomado más cursos de inglés.**

la computación es tan importante/yo estudio más; ahorrar más dinero/ comprar un auto mejor o viajar; la importancia de las matemáticas/ tomar más cursos; tener más experiencia/buscar más trabajos interesantes;   ?   ?   ?

Picasso a los 80 años con
sus esculturas en su villa
de Cannes, Francia.

Aplicación

Fiesta de color y forma: el arte

*Estos tres hombres se consideran entre los más destacados artistas
plásticos contemporáneos.*

Pablo Ruiz Picasso (1881–1973)

Si no hubiera sido pintor°, le habría gustado ser torero. Sin duda;
era un malagueño° vigoroso y vital, a quien le fascinaba «la fiesta de
luces»°. Pero fue pintor, porque tenía magia en las manos y en los
ojos. Uno tras° otro produjo cuadros, cerámicas, modelos, collages
y affiches°. Tantas obras hizo que es un pintor sin obras maestras°.
Y creó tantos estilos° que sus cuadros parecen la obra de varios artistas: abstracto, surrealista, cubista. Su vida sentimental fue también
una constante exploración: seis mujeres lo acompañaron y fueron sus
grandes amores.

painter
de Málaga
las corridas
después de
posters / masterpieces
styles

Joan Miró (1893–)

Si no hubiera sido artista, habría sido hombre de negocios en Cataluña. Pero parece que la transparencia, el sol y la luz° del Mediterráneo lo influenciaron de tal manera que nunca ha podido dejar de° hacer arte. Y también produce hasta el día de hoy en su hermosa isla de Mallorca°. Si usted va a Nueva York, vea su escultura en la Plaza Brunswick y sus cuadros en el Museo de Arte Moderno. Si va a la universidad de Harvard, vea allí su mural de cerámica. Y si pasa por París, vea sus murales *El sol* y *La luna*° en el edificio de la Unesco. Si estudia arte, usted debiera ir a la Fundación Joan Miró de Barcelona, donde un estudiante puede explorar todas las artes plásticas.

light
stop

en las Baleares

moon

Luis Buñuel (1901–)

Si no hubiera sido creador de cine, nadie sabe qué habría sido. Buñuel es el más enigmático de los artistas españoles y nadie sabe mucho de su vida personal. Como los otros dos, vivió muchos años en Francia y también como ellos, revolucionó el arte de este siglo. Películas como *Viridiana, Belle de jour* (Bella de día), *Le chien andalou* (El perro andaluz) y *L'âge d'or* (La edad de oro) produjeron grandes escándalos en los festivales de cine. No sólo sus temas, sino su poderoso arte visual y su estilo surrealista lo hacen uno de los cineastas° más importantes de esta época.

creadores de cine

Comprensión de la lectura

Contesten ustedes las siguientes preguntas sobre la lectura.

1. En general, si considera que Picasso es más importante que Miró. ¿Por qué será?
2. ¿Qué hizo posible Picasso con su constante exploración del color y la forma?
3. ¿Cuántas compañeras tuvo Picasso en su vida?
4. ¿De dónde es Miró? ¿Cuántos idiomas hablará?
5. ¿Qué obras de Miró se encuentran en los Estados Unidos?
6. ¿A qué arte se dedicó Buñuel?
7. ¿En qué se diferencia Buñuel de Picasso y Miró?

Nota de interés

La tradición artística española

Pocos países tienen la riqueza plástica que tiene España. Picasso, Miró, Dalí, Gaudí, Buñuel, Saura son los continuadores de una larga tradición de maestros de las artes visuales iniciada en el pasado por Velázquez, Murillo, El Greco y Goya.

En Barcelona se pueden
ver los edificios de Gaudí,
arquitecto catalán.

La literatura también tiene en España a uno de sus más importantes maestros universales: Miguel de Cervantes, creador de *El Quijote*. Otros monumentales creadores son Calderón de la Barca, Francisco de Quevedo y Lope de Vega. Toda esta riqueza intelectual se expresa en este siglo en las obras de grandes escritores como los que obtuvieron el premio Nobel de literatura en 1904, José Echegaray; en 1922, Jacinto Benavente; en 1956, Juan Ramón Jiménez; en 1977, Vicente Aleixandre. Otros autores muy importantes son: Antonio Machado, Miguel de Unamuno, Federico García Lorca, Miguel Hernández, Pedro Salinas, Miguel Delibes, Francisco Ayala, Juan Goytisolo, Ana María Matute, Carmen Martín Gaite y tantos otros que sería muy largo enumerar.

Comunicación

A. Fiesta de color. *Hablen ustedes de la fiesta popular que más les guste y digan cuáles son las actividades más importantes ese día.*

EJEMPLO: **La fiesta que más me gusta es el 4 de julio. En la mañana tenemos un desfile con carrozas y . . . . Por la tarde hay entretenimientos y un gran picnic y por la noche hay un baile para la gente joven.**

Diversiones, is also used to mean entertainment, games and contests.

B. Artistas famosos. *Digan ustedes qué artistas les habría gustado ser.*

EJEMPLO: **Si hubiera tenido talento, me habría gustado ser artista de cine.**

Vocabulario útil: pianista, violinista, cantante, músico, bailarín(a), coreógrafo, diseñador, actor (actriz), director, cineasta, ceramista, pintor, escultor, escritor, poeta, ? .

C. El arte. *Hablen ustedes del arte que más les guste y de los artistas preferidos de su generación. Por ejemplo, hablen ustedes del cine, la fotografía, el teatro, la cerámica, los tejidos o textiles, la arquitectura o los grabados que les interesen.*

D. ¿Cuánto sabe usted de los artistas hispanos? *Contesten las siguientes preguntas o consulten las respuestas al final de la prueba.*

Introduce some of these according to your interests or the students'.

1. ¿Quién pintó el cuadro *Guernica?*
   a. Miró
   b. Picasso
   c. Dalí
2. Es un gran cantante de ópera:
   a. Plácido Domingo
   b. Miguel Bosé
   c. Raphael
3. Este escritor ganó el premio Nobel de literatura:
   a. Cervantes
   b. Juan Goytisolo
   c. Juan Ramón Jiménez
4. Es uno de los más grandes violoncelistas de todos los tiempos:
   a. Pablo Casals
   b. Manuel de Falla
   c. Victoria de los Ángeles
5. En México se distingue el muralista:
   a. Rivera
   b. Petorutti
   c. Botero
6. Este escritor argentino ha escrito guiones de películas:
   a. Alberti
   b. Cortázar
   c. Borges

7. Gabriela Mistral y Pablo Neruda son poetas que ganaron el premio Nobel de literatura en 1945 y 1971 respectivamente. Los dos son de:
   a. Chile
   b. España
   c. Colombia
8. Un escritor centroamericano ganó también el premio Nobel. Su nombre es:
   a. Rubén Darío
   b. Gabriel García Márquez
   c. Miguel Ángel Asturias

E. Las artes visuales o plásticas. *Comparen ustedes estos cuadros, digan qué representan y qué les impresiona en cada uno de ellos.*

a

b

c

¡Qué estilos tan diferentes!, ¿no?
a. Goya: Los fusilamientos del 3 de Mayo
b. Miró: The Farm
c. El Greco: La Anunciación

F. Poemas de estudiantes. Los poemas de esta sección fueron escritos por estudiantes norteamericanos en un curso de cuarto semestre de español. Léanlos y digan cuáles prefieren y por qué. Después, léanlos en voz alta y pongan atención al enlace y la pronunciación.

Nubes

Nubes,
nunca he visto
un lugar tan bonito:
blanco, limpio y libre.
Mandan la lluvia y la nieve;
son sonrisas de Dios.
¡Protéjannos!

Gina DeSantis

Amor

Amor,
tierno y dulce.
Crece, madura, florece.
Es como una flor,
tan delicado.

Kathleen M. Carlisle

Mar azul

Mar azul,
vasto;
poderoso remolino° fugaz°.   whirlpool/brief
Esencia de la vida:
tranquilo.

Richard S. Mroz

Niños

Niños,
inocentes, curiosos;
juegan con la vida
llenos° de amor puro.   full
¡Maravillosos!

Jennifer L. Gregory

La luz del día y los sueños°   dreams

A la amanecida°   dawn
se despeja el cielo
con los colores de la vida.

Se va mi sueño
con la gran esperanza°   hope
de un día bueno.

Puesta del sol°,   sunset
los colores brillan°   shine
pero se disuelven en el cielo.

En las horas de la tarde
estoy donde vive el sueño
en la sombra° de mi cerebro°.   shadow/brain

Janet Schneiderman

Vocabulario

NOMBRES

el baile *dance/dancing*
la cama *bed*
las canciones *songs*
la carroza *float*
el conjunto *group (ensemble)*
el desfile *parade*
el disfraz *costume*
la entrada *admission ticket*
el fin *end*
la habitación el cuarto
la luna *moon*
la luz *light*
el pintor *painter*

OTRAS EXPRESIONES

chicos y grandes *the young ones and the adults*
la fiesta de luces la corrida
sin duda *no doubt*
tener razón *to be right*
uno tras otro *one after the other*

ADJETIVOS

bello *hermoso*
divino *great, fantastic*
libre *free*
limpio *clean*
novedoso *original*

COGNADOS

el creador
el estilo

enigmático
sentimental

explorar

Appendices

El alfabeto

El alfabeto tiene 29 letras:

a	a		n	ene
b	be		ñ	eñe
c	ce		o	o
ch	che		p	pe
d	de		qu	cu
e	e		r	ere
f	efe		s	ese
g	ge		t	te
h	hache		u	u
i	i		v	ve, uvé
j	jota		w	doble ve
k	ka		x	equis
l	ele		y	i griega
ll	elle		z	zeta
m	eme			

Equivalencias

Longitud		
1 centímetro	0.393	*inch*
1 pulgada	2.54	*centimeters*
1 pie	30.48	*centimeters*
1 metro	39.37	*inches*
1 yarda	0.914	*meter*
1 kilómetro	0.621	*mile*
1 milla	1.609	*kilometers*

Capacidad		
1 litro	1.056	*quarts*
1 cuarto	0.946	*liter*
1 galón	3.785	*liters*

Peso		
1 gramo	0.035	*ounce*
1 onza	28.35	*grams*
1 kilogramo	2.204	*pounds*
1 libra	0.453	*kilogram*
1 tonelada	2,200	*pounds*

Temperaturas

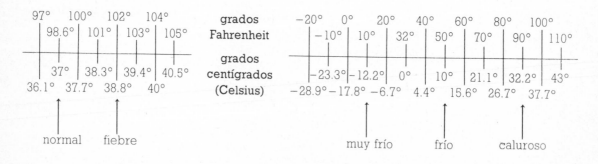

97°   100°   102°   104°
 98.6° 101° 103° 105°
 37° 38.3° 39.4° 40.5°
36.1° 37.7° 38.8° 40°

normal   fiebre

grados Fahrenheit
grados centígrados (Celsius)

−20°   0°   20°   40°   60°   80°   100°
 −10° 10° 32° 50° 70° 90° 110°
 −23.3° −12.2° 0° 10° 21.1° 32.2° 43°
−28.9° −17.8° −6.7° 4.4° 15.6° 26.7° 37.7°

muy frío   frío   caluroso

Glossary of Grammar Terms

As you learn Spanish, you may come across grammar terms in English with which you are not familiar. The following glossary is a reference list of grammar terms and definitions with examples. You will find that some of these terms are used in the grammar explanations of this and other textbooks. If the terms are unfamiliar to you, it will be helpful to refer to this list.

adjective   a word used to modify, qualify, define, or specify a noun or noun equivalent (*intricate* design, *volcanic* ash, *medical* examination)
demonstrative adjective designates or points out a specific item (*this* area)
descriptive adjective provides description (*narrow* street)
interrogative adjective asks or questions (*Which* page?)
possessive adjective indicates possession (*our* house)
In Spanish, the adjective form must agree with, or show the same gender and number as, the noun it modifies.

adverb   a word used to qualify or modify a verb, adjective, another adverb, or some other modifying phrase or clause (soared *gracefully, rapidly* approaching train)

agreement   the accordance of forms between subject and verb, in terms of person and number, or between tenses of verbs (The *bystander witnessed* the accident but *failed* to report it.)
In Spanish, the form of the adjective must conform in gender and number with the modified noun or noun equivalent.

article   one of several types of words used before a noun
definite article limits, defines, or specifies (*the* village)
indefinite article refers to a nonspecific member of a group or class (*a* village, *an* arrangement)
In Spanish, the article takes different forms to indicate the gender and number of a noun.

auxiliary   a verb or verb form used with other verbs to construct certain tenses, voices, or moods (He *is* leaving. She *has* arrived. You *must* listen.)

clause   a group of words consisting of a subject and a predicate and functioning as part of a complex or compound sentence rather than as a complete sentence
subordinate clause modifies and is dependent upon another clause (*Since the rain has stopped,* we can have a picnic.)
main clause is capable of standing independently as a complete sentence (If all goes well, *the plane will depart in twenty minutes.*)

cognate   a word resembling a word in another language (*university* and *universidad* in Spanish)

command   See **mood (imperative).**

comparative   level of comparison used to show an increase or decrease of quantity or quality or to compare or show inequality between two items (*higher* prices, the *more* beautiful of the two mirrors, *less* diligently, *better* than)

comparison   modification of the form of an adjective or adverb to show change in the quantity or quality of an item or to show the relation between items

conditional   a verb construction used in a contrary-to-fact statement consisting of a condition or an *if*-clause and a conclusion (If you had told me you were sick, *I would have offered* to help.)

conjugation   the set of forms a verb takes to indicate changes of person, number, tense, mood, and voice

conjunction   a word used to link or connect sentences or parts of sentences

contraction   an abbreviated or shortened form of a word or word group (*can't, we'll*)

gender   the classification of a word by sex. In English, almost all nouns are classified as masculine, feminine, or neuter according to the biological sex of the thing named; in Spanish, however, a word is classified as feminine or masculine (there is no neuter classification) primarily on the basis of its linguistic form.

idiom   an expression that is grammatically or semantically unique to a particular language (*I caught a cold. Happy birthday.*)

imperative   See **mood.**

indicative   See **mood.**

infinitive   the basic form of the verb, and the one listed in dictionaries, with no indication of person or number; it is often used in verb constructions and as a verbal noun, usually with "to" in English or with **-ar, -er,** or **-ir** in Spanish.

inversion See **word order (inverted)**.

mood the form and construction a verb assumes to express the manner in which the action or state takes place.
imperative mood used to express commands (*Walk* to the park with me.)
indicative mood the form most frequently used, usually expressive of certainty and fact (My neighbor *walks* to the park *every* afternoon.)
subjunctive mood used in expression of possibility, doubt, or hypothetical situations (I wish he *were* here.)

noun a word that names something and usually functions as a subject or an object (*lady, country, family*)

number the form a word or phrase assumes to indicate singular or plural (*light/lights, mouse/mice, he has/they have*)
cardinal number used in counting or expressing quantity (*1, 23, 6,825*)
ordinal number refers to sequence (*second, fifteenth, thirty-first*)

object a noun or noun equivalent
direct object receives the action of the verb (The boy caught a *fish.*)
indirect object affected by the action of the verb (Please do *me* a favor.)

participle a verb form used as an adjective or adverb and in forming tenses
past particple relates to the past or a perfect tense and takes the appropriate ending (*written* proof, the door has been *locked*)
present participle assumes the progressive "-ing" ending in English (*protesting* loudly; *seeing* them)
In Spanish, a participle used as an adjective or in an adjectival phrase must agree in gender and number with the modified noun or noun equivalent.

passive See **voice (passive)**.

person designated by the personal pronoun and/or by the verb form
first person the speaker or writer (*I, we*)
second person the person(s) addressed (*you*)
In Spanish, there are two forms of address: the familiar and the polite.
third person the person or thing spoken about (*she, he, it, they*)

phrase a word group that forms a unit of expression, often named after the part of speech it contains or forms

prefix a letter or letter group added at the beginning of a word to alter the meaning (*non*committal, *re*discover)

preposition   a connecting word used to indicate a spatial, temporal, causal, affective, directional, or some other relation between a noun or pronoun and the sentence or a portion of it (We waited *for* six hours. The article was written *by* a famous journalist.)

pronoun   a word used in place of a noun
demonstrative pronoun refers to something previously mentioned in context (If you need hiking boots, I recommend *these.*)
indefinite pronoun denotes a nonspecific class or item (*Nothing* has changed.)
interrogative pronoun asks about a person or thing (*Whose* is this?)
object pronoun functions as a direct, an indirect, or a prepositional object (Three persons saw *her.* Write *me* a letter. The flowers are for *you.*)
possessive pronoun indicates possession (The blue car is *ours.*)
reflexive pronoun refers back to the subject (They introduced *themselves*).
subject pronoun functions as the subject of a clause or sentence. (*He* departed a while ago.)

reflexive construction   See **pronoun (reflexive)** and **verb (reflexive)**.

sentence   a word group, or even a single word, that forms a meaningful complete expression
declarative sentence states something and is followed by a period (*The museum contains many fine examples of folk art.*)
exclamatory sentence exhibits force or passion and is followed by an exclamation point (*I want to be left alone!*)
interrogative sentence asks a question and is followed by a question mark (*Who are you?*)

stem   the main part of a word to which endings or affixes are added (*play* $\longrightarrow$ plays, playing; *bear* $\longrightarrow$ unbearable)

subject   a noun or noun equivalent acting as the agent of the action or the person, place, thing, or abstraction spoken about (*The fishermen* drew in their nets. *The nets* were filled with the day's catch.)

suffix   a letter or letter group added to the end of a word to alter the meaning or function (like*ness*, transport*ation*, joy*ous*, love*ly*)

superlative   level of comparison used to express the utmost or lowest level or to indicate the highest or lowest relation in comparing more than two terms (*highest* prices, the *most* beautiful, *least* diligently)

tense   the form a verb takes to express the time of the action, state, or condition in relation to the time of speaking or writing

imperfect relates a state or action that was going on in the past when something else took or was taking place (I *was* ten when we moved to Vermont. I *used to* go to Grandma's every Christmas. When she *was* younger, she *would do* that all the time.)

past perfect relates an action or event that was completed prior to a subsequent action in the past (They *had arrived* when we received the telegram.)

pluscuamperfecto See past perfect.

present relates to now, the time of speaking or writing, or to a general, timeless fact (It *works* like this. We *live* right here. She *is* a student.)

present perfect relates to something that happened in the past but continues to have relevance for the present (The chairman *has arrived.*)

pretérito relates to an action or event that took place prior to the time of speaking (He *died* when he was 85. They *bought* the land in 1942.)

progressive tense relates an action that is, was, or will be in progress or continuance (Last month they *were working* for the project, but now they *are collaborating* with him.)

verb a word that expresses action or a state or condition (walk, be, feel)

intransitive no receiver of the action is necessary (The light *shines.*)

reflexive the action goes back to the subject (He *shaves himself.*) In Spanish, the construction is also used in many other verbs that have idiomatic meanings. (*Se saca buenas notas.*) See **pronoun** (**reflexive**).

spelling-changing undergoes spelling changes to preserve its correct pronunciation (infinitive: *buscar;* past indicative: yo *busqué*) See verb tables.

stem-changing undergoes pronunciation changes in the stem (e ⟶ ie verbs: infinitive: *entender;* present indicative: yo *entiendo*) See verb tables. See **stem**.

transitive requires a receiver or an object to complete the predicate (He *kicks* the ball).

voice the form a verb takes to indicate the relation between the expressed action or state and the subject

active voice indicates that the subject is the agent of the action (The child *sleeps.* The professor *lectures.*)

passive voice indicates that the subject does not initiate the action but that the action is directed toward the subject (I *was contacted* by my attorney. The road *got slippery* from the rain.)

word order   the sequence of words in a clause or sentence
  inverted word order an element other than the subject appears
  first. (*If the weather permits,* we plan to vacation in the country.
  Please be on time. *Have* you met my parents?)

Verb Charts

Verbos regulares

Infinitivo	trabajar	comer	vivir
Participio *presente*	trabajando	comiendo	viviendo
Participio *pasado*	trabajado	comido	vivido
Imperativo	trabaja (no trabajes)	come (no comas)	vive (no vivas)
	trabaje	coma	viva
	trabajemos	comamos	vivamos
	trabajad (no trabajéis)	comed (no comáis)	vivid (no viváis)
	trabajen	coman	vivan
Indicativo *Presente*	trabajo	como	vivo
	trabajas	comes	vives
	trabaja	come	vive
	trabajamos	comemos	vivimos
	trabajáis	coméis	vivís
	trabajan	comen	viven
Pretérito	trabajé	comí	viví
	trabajaste	comiste	viviste
	trabajó	comió	vivió
	trabajamos	comimos	vivimos
	trabajasteis	comisteis	vivisteis
	trabajaron	comieron	vivieron
Imperfecto	trabajaba	comía	vivía
	trabajabas	comías	vivías
	trabajaba	comía	vivía
	trabajábamos	comíamos	vivíamos
	trabajabais	comíais	vivíais
	trabajaban	comían	vivían

389

Futuro	trabajaré	comeré	viviré
	trabajarás	comerás	vivirás
	trabajará	comerá	vivirá
	trabajaremos	comeremos	viviremos
	trabajarán	comerán	vivirán
Condicional	trabajaría	comería	viviría
	trabajarías	comerías	vivirías
	trabajaría	comería	viviría
	trabajaríamos	comeríamos	viviríamos
	trabajaríais	comeríais	viviríais
	trabajarían	comerían	vivirían
Presente perfecto	he trabajado	he comido	he vivido
	has trabajado	has comido	has vivido
	ha trabajado	ha comido	ha vivido
	hemos trabajado	hemos comido	hemos vivido
	habéis trabajado	habéis comido	habéis vivido
	han trabajado	han comido	han vivido
Pasado perfecto (Pluscuamperfecto)	había trabajado	había comido	había vivido
	habías trabajado	habías comido	habías vivido
	había trabajado	había comido	había vivido
	habíamos trabajado	habíamos comido	habíamos vivido
	habíais trabajado	habíais comido	habíais vivido
	habían trabajado	habían comido	habían vivido
Condicional perfecto	habría trabajado	habría comido	habría vivido
	habrías trabajado	habrías comido	habría vivido
	habría trabajado	habría comido	habría vivido
	habríamos trabajado	habríamos comido	habríamos vivido
	habríais trabajado	habríais comido	habríais vivido
	habrían trabajado	habrían comido	habrían vivido
Presente progresivo	estoy trabajando	estoy comiendo	estoy viviendo
	estás trabajando	estás comiendo	estás viviendo
	está trabajando	está comiendo	está viviendo
	estamos trabajando	estamos comiendo	estamos viviendo
	estáis trabajando	estáis comiendo	estáis viviendo
	están trabajando	están comiendo	están viviendo
Imperfecto progresivo	estaba trabajando	estaba comiendo	estaba viviendo
	estabas trabajando	estabas comiendo	estabas viviendo
	estaba trabajando	estaba comiendo	estaba viviendo
	estábamos trabajando	estábamos comiendo	estábamos viviendo
	estabais trabajando	estabais comiendo	estabais viviendo
	estaban trabajando	estaban comiendo	estaban viviendo

Subjuntivo

Presente

trabaje	coma	viva
trabajes	comas	vivas
trabaje	coma	viva
trabajemos	comamos	vivamos
trabajéis	comáis	viváis
trabajen	coman	vivan

Pasado

trabajara	comiera	viviera
trabajaras	comieras	vivieras
trabajara	comiera	viviera
trabajáramos	comiéramos	viviéramos
trabajarais	comierais	vivierais
trabajaran	comieran	vivieran

Presente perfecto

haya trabajado	haya comido	haya vivido
hayas trabajado	hayas comido	hayas vivido
haya trabajado	haya comido	haya vivido
hayamos trabajado	hayamos comido	hayamos vivido
hayáis trabajado	hayáis comido	hayáis vivido
hayan trabajado	hayan comido	hayan vivido

Pasado perfecto

hubiera trabajado	hubiera comido	hubiera vivido
hubieras trabajado	hubieras comido	hubieras vivido
hubiera trabajado	hubiera comido	hubiera vivido
hubiéramos trabajado	hubiéramos comido	hubiéramos vivido
hubierais trabajado	hubierais comido	hubierais vivido
hubieran trabajado	hubieran comido	hubieran vivido

Each verb in this list is conjugated like the model indicated by number. See the following verb tables for the models.

acordarse (de) 2	destruir 11	morir 2	producir 27
almorzar 2	detener 26	obtener 26	seguir 3, 13
andar, pret. 26	dormir 4	pagar 6	sentarse 1
buscar 7	encontrar(se con) 2	pedir 3	sentir(se) 5
cerrar 1	entender 1	pensar 1	sugerir 1
conocer 9	hay, había, haya 17	perder 1	tender a 1
conseguir 3, 13	irse, irle 19	poder 20	traducir 27
construir 11	leer 12	poner 21	vestir(se) 3
creer 12	llegar 6	posponer 21	volar 2
darse cuenta de 14	llover 2	preferir 1	volver 2

For irregular verbs see the corresponding tables.

Stem-changing verbs

	e ⟶ ie 1	o ⟶ ue 2
Infinitivo	entender	volver (Part. pasado: **vuelto**)
Indicativo *Presente*	**entiendo** **entiendes** **entiende** entendemos entendéis **entienden**	**vuelvo** **vuelves** **vuelve** volvemos volvéis **vuelven**
Subjuntivo *Presente*	**entienda** **entiendas** **entienda** entendamos entendáis **entiendan**	**vuelva** **vuelvas** **vuelva** volvamos volváis **vuelvan**
Imperativo	**entiende** (no **entiendas**) **entienda** entendamos entended (no entendáis) **entiendan**	**vuelve** (no vuelvas) **vuelva** volvamos volved (no volváis) **vuelvan**

	e ⟶ i 3	o ⟶ ue, u 4	e ⟶ ie, i 5
Infinitivo *Part. presente* *Part. pasado*	pedir **pidiendo** pedido	dormir **durmiendo** dormido	sentir **sintiendo** sentido
Indicativo *Presente*	**pido** **pides** **pide** pedimos pedís **piden**	**duermo** **duermes** **duerme** dorminos dormís **duermen**	**siento** **sientes** **siente** sentimos sentís **sienten**
Pretérito	pedí pediste **pidió** pedimos pedisteis **pidieron**	dormí dormiste **durmió** dormimos dormisteis **durmieron**	sentí sentiste **sintió** sentimos sentisteis **sintieron**

Subjuntivo			
Presente	pida	duerma	sienta
	pidas	duermas	sientas
	pida	duerma	sienta
	pidamos	durmamos	sintamos
	pidáis	durmáis	sintáis
	pidan	duerman	sientan
Pasado	pidiera	durmiera	sintiera
	pidieras	durmieras	sintieras
	pidiera	durmiera	sintiera
	pidiéramos	durmiéramos	sintiéramos
	pidierais	durmierais	sintierais
	pidieran	durmieran	sintieran
Imperativo	pide (no pidas)	duerme (no duermas)	siente (no sientas)
	pida	duerma	sienta
	pidamos	durmamos	sintamos
	pidan	duerman	sientan

Spelling-changing verbs

	g ⟶ gu 6	c ⟶ qu 7	z ⟶ c 8
Infinitivo	llegar	buscar	empezar
Imperativo	llega (no llegues)	busca (no busques)	empieza (no empieces)
	llegue	busque	empiece
	lleguemos	busquemos	empecemos
	lleguen	busquen	empiecen
Indicativo			
Pretérito	llegué	busqué	empecé
	llegaste	buscaste	empezaste
	llegó, etc.	buscó, etc.	empezó, etc.
Subjuntivo			
Presente	llegue	busque	empiece
	llegues	busques	empieces
	llegue	busque	empiece
	lleguemos	busquemos	empecemos
	lleguéis	busquéis	empecéis
	lleguen	busquen	empiecen

	c ⟶ zc 9	g ⟶ j 10
Infinitivo	conocer	elegir
Imperativo	conoce (no **conozcas**)	elige (no **elijas**)
	conozca	**elija**
	conozcamos	**elijamos**
	conoced (no **conozcáis**)	elegid (no **elijáis**)
	conozcan	**elijan**
Indicativo		
Presente	**conozco**	**elijo**
	conoces	eliges
	conoce, etc.	elige, etc.
Subjuntivo		
Presente	**conozca**	**elija**
	conozcas	**elijas**
	conozca	**elija**
	conozcamos	**elijamos**
	conozcáis	**elijáis**
	conozcan	**elijan**

	i ⟶ y 11	e ⟶ y 12	gu ⟶ g 13
Infinitivo	destruir	leer	seguir
Part. Presente	**destruyendo**	**leyendo**	siguiendo
Imperativo	**destruye** (no **destruyas**)	lee (no leas)	sigue (no **sigas**)
	destruya	lea	**siga**
	destruyamos	leamos	**sigamos**
	destruid (no **destruyáis**)	leed (no leáis)	seguid (no **sigáis**)
	destruyan	lean	**sigan**
Indicativo			
Presente	**destruyo**	leo	**sigo**
	destruyes	lees	sigues
	destruye	lee	sigue
	destruímos	leemos	seguimos
	destruís	leéis	seguís
	destruyen	leen	**siguen**
Pretérito	destruí	leí	seguí
	destruiste	leíste	seguiste
	destruyó	**leyó**	siguió
	destruimos	leímos	seguimos
	destruisteis	leísteis	seguisteis
	destruyeron	**leyeron**	siguieron

Subjuntivo

Presente	destruya	lea	siga
	destruyas	leas	sigas
	destruya	lea	siga
	destruyamos	leamos	sigamos
	destruyáis	leáis	sigáis
	destruyan	lean	sigan
Pasado	destruyera	leyera	siguiera
	destruyeras	leyeras	siguieras
	destruyera	leyera	siguiera
	destruyéramos	leyéramos	siguiéramos
	destruyerais	leyerais	siguierais
	destruyeran	leyeran	siguieran

Irregular verbs

Infinitivo	dar 14
Participios	dando/dado
Imperativo	da (no **des**), **dé, demos,** dad (no **déis**), **den**
Indicativo	
Presente	**doy,** das, da, damos, dáis, dan
Pretérito	**di, diste, dio, dimos, disteis, dieron**
Imperfecto	daba, dabas, daba, dábamos, dabais, daban
Futuro	daré, darás, dará, daremos, daréis, darán
Condicional	daría, darías, daría, daríamos, daríais, darían
Presente Perfecto	he dado, has dado, ha dado, hemos dado, habéis dado, han dado
Pasado Perfecto	había dado, habías dado, había dado, habíamos dado, etc.
Subjuntivo	
Presente	**dé, des, dé, demos, déis, den**
Pasado	**diera, dieras, diera, diéramos, dierais, dieran**

Infinitivo	decir 15
Participios	diciendo/**dicho**
Imperativo	**di** (no **digas**), **diga, digamos,** decid (no **digáis**), **digan**
Indicativo	
Presente	**digo, dices, dice,** decimos, decís, **dicen**
Pretérito	**dije, dijiste, dijo, dijimos, dijisteis, dijeron**
Imperfecto	decía, decías, decía, decíamos, decíais, decían
Futuro	diré, dirás, dirá, diremos, diréis, dirán
Condicional	diría, dirías, diría, diríamos, diríais, dirían
Presente Perfecto	he dicho, has dicho, ha dicho, hemos dicho, habéis dicho, etc.
Pasado Perfecto	había dicho, habías dicho, había dicho, habíamos dicho, etc.

Subjuntivo
Presente   **diga, digas, diga, digamos, digáis, digan**
Pasado   **dijera, dijeras, dijera, dijéramos, dijerais, dijeran**

Infinitivo   estar   16
Participios   estando/estado
Imperativo   **está** (no **estés**), **esté**, estemos, estad (no **estéis**), **estén**
Indicativo
Presente   **estoy, estás, está,** estamos, estáis, **están**
Pretérito   **estuve, estuviste, estuvo, estuvimos, estuvisteis, estuvieron**
Imperfecto   estaba, estabas, estaba, estábamos, estabais, estaban
Futuro   estaré, estarás, estará, estaremos, estaréis, estarán
Condicional   estaría, estarías, estaría, estaríamos, estaríais, estarían
Presente Perfecto he estado, has estado, ha estado, hemos estado, etc.
Pasado Perfecto   había estado, habías estado, había estado, habíamos estado, etc.
Subjuntivo
Presente   **esté, estés, esté,** estemos, estéis, **estén**
Pasado   **estuviera, estuvieras, estuviera, estuviéramos, estuvierais, estuvieran**

Infinitivo   haber (auxiliar)   17
Participios   habiendo/habido
Indicativo
Presente   **he, has, ha, hemos, habéis, han** [**hay**]
Pretérito   **hube, hubiste, hubo, hubimos, hubisteis, hubieron** [**hubo**]
Imperfecto   **había, habías, había, habíamos, habíais, habían** [**había**]
Futuro   **habré, habrás, habrá, habremos, habréis, habrán** [**habrá**]
Condicional   **habría, habrías, habría, habríamos, habríais, habrían** [**habría**]
Subjuntivo
Presente   **haya, hayas, haya, hayamos, hayáis, hayan** [**haya**]
Pasado   **hubiera, hubieras, hubiera, hubiéramos, hubierais, hubieran** [**habiera**]

Infinitivo   hacer   18
Participios   haciendo/**hecho**
Imperativo   **haz** (no **hagas**), **haga, hagamos,** haced (no **hagáis**), **hagan**
Indicativo
Presente   **hago,** haces, hace, hacemos, hacéis, hacen
Pretérito   **hice, hiciste, hizo, hicimos, hicisteis, hicieron**
Imperfecto   hacía, hacías, hacía, hacíamos, hacíais, hacían
Futuro   **haré, harás, hará, haremos, haréis, harán**
Condicional   **haría, harías, haría, haríamos, haríais, harían**
Presente Perfecto he hecho, has hecho, ha hecho, hemos hecho, etc.
Pasado Perfecto   había hecho, habías hecho, había hecho, habíamos hecho, etc.
Subjuntivo
Presente   **haga, hagas, haga, hagamos, hagáis, hagan**
Pasado   **hiciera, hicieras, hiciera, hiciéramos, hicierais, hicieran**

Infinitivo	ir 19
Participios	**yendo**/ido
Imperativo	**ve** (no **vayas**), **vaya**, vamos (**vayamos**), id (no **vayáis**), **vayan**
Indicativo	
Presente	**voy, vas, va, vamos, vais, van**
Pretérito	**fui, fuiste, fue, fuimos, fuisteis, fueron**
Imperfecto	**iba, ibas, iba, íbamos, ibais, iban**
Futuro	**iré, irás, irá, iremos, iréis, irán**
Condicional	**iría, irías, iría, iríamos, iríais, irían**
Presente Perfecto	he ido, has ido, ha ido, hemos ido, habéis ido, han ido
Pasado Perfecto	había ido, habías ido, había ido, habíamos ido, etc.
Subjuntivo	
Presente	**vaya, vayas, vaya, vayamos, vayáis, vayan**
Pasado	**fuera, fueras, fuera, fuéramos, fuerais, fueran**

Infinitivo	poder 20
Participios	**pudiendo**/podido
Indicativo	
Presente	**puedo, puedes, puede,** podemos, podéis, **pueden**
Pretérito	**pude, pudiste, pudo, pudimos, pudisteis, pudieron**
Imperfecto	podía, podías, podía, podíamos, podíais, podían
Futuro	**podré, podrás, podrá, podremos, podréis, podrán**
Condicional	**podría, podrías, podría, podríamos, podríais, podrían**
Presente Perfecto	he podido, has podido, ha podido, hemos podido, etc.
Pasado Perfecto	había podido, habías podido, había podido, etc.
Subjuntivo	
Presente	**pueda, puedas, pueda,** podamos, podáis, **puedan**
Pasado	**pudiera, pudieras, pudiera, pudiéramos, pudierais, pudieran**

Infinitivo	poner 21
Participios	**poniendo**/**puesto**
Imperativo	**pon** (no **pongas**), **ponga, pongamos,** poned (no **pongáis**), **pongan**
Indicativo	
Presente	**pongo,** pones, pone, ponemos, ponéis, ponen
Pretérito	**puse, pusisteis, puso, pusimos, pusisteis, pusieron**
Imperfecto	ponía, ponías, ponía, poníamos, poníais, ponían
Futuro	**pondré, pondrás, pondrá, pondremos, pondréis, pondrán**
Condicional	**pondría, pondrías, pondría, pondríamos, pondríais, pondrían**
Presente Perfecto	he puesto, has puesto, ha puesto, hemos puesto, etc.
Pasado Perfecto	había puesto, habías puesto, había puesto, habíamos puesto, etc.
Subjuntivo	
Presente	**ponga, pongas, ponga, pongamos, pongáis, pongan**
Pasado	**pusiera, pusieras, pusiera, pusiéramos, pusierais, pusieran**

Infinitivo	querer 22
Participios	queriendo/querido
Imperativo	**quiere** (no **quieras**), **quiera**, queramos, quered (no queráis) **quieran**
Indicativo	
Presente	**quiero, quieres, quiere,** queremos, queréis, **quieren**
Pretérito	**quise, quisiste, quiso, quisimos, quisisteis, quisieron**
Imperfecto	quería, querías, quería, queríamos, queríais, querían
Futuro	**querré, querrás, querrá, querremos, querréis, querrán**
Condicional	**querría, querrías, querría, querríamos, querríais, querrían**
Presente Perfecto	he querido, has querido, ha querido, hemos querido, etc.
Pasado Perfecto	había querido, habías querido, había querido, etc.
Subjuntivo	
Presente	**quiera, quieras, quiera,** queramos, queráis, **quieran**
Pasado	**quisiera, quisieras, quisiera, quisiéramos, quisierais,** etc.

Infinitivo	saber 23
Participios	sabiendo/sabido
Imperativo	sabe (no **sepas**), **sepa, sepamos,** sabed (no **sepáis**), **sepan**
Indicativo	
Presente	**sé,** sabes, sabe, sabemos, sabéis, saben
Pretérito	**supe, supiste, supo, supimos, supisteis, supieron**
Imperfecto	sabía, sabías, sabía, sabíamos, sabíais, sabían
Futuro	**sabré, sabrás, sabrás, sabremos, sabréis, sabrán**
Condicional	**sabría, sabrías, sabría, sabríamos, sabríais, sabrían**
Presente Perfecto	he sabido, has sabido, ha sabido, hemos sabido, etc.
Pasado Perfecto	había sabido, habías sabido, había sabido, etc.
Subjuntivo	
Presente	**sepa, sepas, sepa, sepamos, sepáis, sepan**
Pasado	**supiera, supieras, supiera, supiéramos, supierais, supieran**

Infinitivo	salir 24
Participios	saliendo/salido
Imperativo	**sal** (no **salgas**), **salga, salgamos,** salid (no **salgáis**), **salgan**
Indicativo	
Presente	**salgo,** sales, sale, salimos, salís, salen
Pretérito	salí, saliste, salió, salimos, salisteis, salieron
Imperfecto	salía, salías, salía, salíamos, salíais, salían
Futuro	**saldré, saldrás, saldrá, saldremos, saldréis, saldrán**
Condicional	**saldría, saldrías, saldría, saldríamos, saldríais, saldrían**
Presente Perfecto	he salido, has salido, ha salido, hemos salido, etc.
Pasado Perfecto	había salido, habías salido, había salido, etc.
Subjuntivo	
Presente	**salga, salgas, salga, salgamos, salgáis, salgan**
Pasado	saliera, salieras, saliera, saliéramos, salierais, salieran

Infinitivo	ser 25
Participios	**siendo**/sido
Imperativo	**sé** (no **seas**), **sea**, **seamos**, sed (no **seáis**), **sean**
Indicativo	
Presente	**soy, eres, es, somos, sóis, son**
Pretérito	**fui, fuiste, fue, fuimos, fuisteis, fueron**
Imperfecto	**era, eras, era, éramos, erais, eran**
Futuro	**seré, serás, será, seremos, seréis, serán**
Condicional	**sería, serías, sería, seríamos, seríais, serían**
Presente Perfecto	he sido, has sido, ha sido, hemos sido, habéis sido, han sido
Pasado Perfecto	había sido, habías sido, había sido, habíamos sido, etc.
Subjuntivo	
Presente	**sea, seas, sea, seamos, seáis, sean**
Pasado	**fuera, fueras, fuera, fuéramos, fuerais, fueran**

Infinitivo	tener 26
Participios	**teniendo**/tenido
Imperativo	ten (no **tengas**), **tenga, tengamos**, tened (no **tengáis**), **tengan**
Indicativo	
Presente	**tengo, tienes, tiene, tenemos, tenéis, tienen**
Pretérito	**tuve, tuviste, tuvo, tuvimos, tuvisteis, tuvieron**
Imperfecto	**tenía, tenías, tenía, teníamos, teníais, tenían**
Futuro	**tendré, tendrás, tendrá, tendremos, tendréis, tendrán**
Condicional	**tendría, tendrías, tendría, tendríamos, tendríais, tendrían**
Presente Perfecto	he tenido, has tenido, ha tenido, hemos tenido, etc.
Pasado Perfecto	había tenido, habías tenido, había tenido, etc.
Subjuntivo	
Presente	**tenga, tengas, tenga, tengamos, tengáis, tengan**
Pasado	**tuviera, tuvieras, tuviera, tuviéramos, tuvierais, tuvieran**

Infinitivo	traducir 27
Participios	traduciendo/traducido
Imperativo	traduce (no **traduzcas**), **traduzca, traduzcamos**, traducid (no **traduzcáis**), **traduzcan**
Indicativo	
Presente	**traduzco**, traduces, traduce, traducimos, traducís, traducen
Pretérito	**traduje, tradujiste, tradujo, tradujimos, tradujisteis, tradujeron**
Imperfecto	traducía, traducías, traducía, traducíamos, traducíais, traducían
Futuro	traduciré, traducirás, traducirá, traduciremos, traduciréis, etc.
Condicional	traduciría, traducirías, traduciría, traduciríamos, etc.
Presente Perfecto	he traducido, has traducido, ha traducido, etc.
Pasado Perfecto	había traducido, habías traducido, había traducido, etc.
Subjuntivo	
Presente	**traduzca, traduzcas, traduzca, traduzcamos, traduzcáis**, etc.
Pasado	**tradujera, tradujeras, tradujera, tradujéramos, tradujerais**, etc.

Infinitivo	traer 28
Participios	**trayendo**/**traído**
Imperativo	trae (no **traigas**), **traiga**, **traigamos**, traed (no **traigáis**), **traigan**
Indicativo	
Presente	**traigo,** traes, trae, traímos, traís, traen
Pretérito	**traje, trajiste, trajo, trajimos, trajisteis, trajeron**
Imperfecto	traía, traías, traía, traíamos, traíais, traían
Futuro	traeré, traerás, traerá, traeremos, traeréis, traerán
Condicional	traería, traerías, traería, traeríamos, traeríais, traerían
Presente Perfecto	he traído, has traído, ha traído, hemos traído, etc.
Pasado Perfecto	había traído, habías traído, había traído, etc.
Subjuntivo	
Presente	**traiga, traigas, traiga, traigamos, traigáis, traigan**
Pasado	**trajera, trajeras, trajera, trajéramos, trajerais, trajeran**

Infinitivo	venir 29
Participios	**viniendo**/venido
Imperativo	ven (no **vengas**), **venga**, **vengamos**, venid (no **vengáis**), **vengan**
Indicativo	
Presente	**vengo, vienes, viene,** venimos, venís, **vienen**
Pretérito	**vine, viniste, vino, vinimos, vinisteis, vinieron**
Futuro	**vendré, vendrás, vendrá, vendremos, vendréis, vendrán**
Condicional	**vendría, vendrías, vendría, vendríamos, vendríais, vendrían**
Presente Perfecto	he venido, has venido, ha venido, hemos venido, etc.
Pasado Perfecto	había venido, habías venido, había venido, etc.
Subjuntivo	
Presente	**venga, vengas, venga, vengamos, vengáis, vengan**
Pasado	**viniera, vinieras, viniera, viniéramos, vinierais, vinieran**

Infinitivo	ver 30
Participios	viendo/**visto**
Imperativo	ve (no **veas**), **vea**, **veamos**, ved (no **veáis**), **vean**
Indicativo	
Presente	**veo,** ves, ve, vemos, véis, ven
Pretérito	**vi,** viste, **vio,** vimos, visteis, vieron
Imperfecto	**veía, veías, veía, veíamos, veían**
Futuro	veré, verás, verá, veremos, veréis, verán
Condicional	vería, verías, vería, veríamos, veríais, verían
Presente Perfecto	he visto, has visto, ha visto, hemos visto, etc.
Pasado Perfecto	había visto, habías visto, había visto, habíamos visto, etc.
Subjuntivo	
Presente	**vea, veas, vea, veamos, veáis, vean**
Pasado	viera, vieras, viera, viéramos, vierais, vieran

Spanish-English Vocabulary

Numbers refer to number of chapter in which words first appear.

401

alegrarse (de) que to be glad that   19

alegre cheerful   5, 17

alemán *m* German language   1; German

algo something, anything

alguien somebody   9

algunos some   7

alimentación *f* food   17

alimentos *m* food   12

alma *f* soul   11

almorzar(ue) to have lunch   6

almuerzo *m* lunch   11

¡aló! hello!   2

alojarse to stay (overnight)   6

alpaca *f* alpaca (Andean animal)   12

alquiler *m* rent   17

alto tall   4; high   7, 12

alumno *m* student   6

allá over there   2

allí there

ama de casa *f* homemaker   15

amable helpful, nice   8

amanecida *f* dawn   20

amante *m, f* lover   12

amarillo yellow   9

ambos both   11

americanista *m, f* related to movement proposing non-European solutions to the problems of the American continent   13

amigo *m* friend   4

amor *m* love   14

ampliar to broaden   19

analfabeto illiterate   18

andaluz Andalucian   8

andar to walk   10; **— por** to be around   19

anoche last night   9

anteojos *mpl* eyeglasses   19

antes before 7; formerly   12; **—(de) que** before   17

antiguo old   8

antisísmico antiseismic   18

anual annual   7

anuncio *m* sign, announcement   14

año *m* year; **— pasado** last year   8

aparato *m* equipment   19

apellido *m* last name   4; **— de soltera** maiden name   15

apoyar to support   6

aprender to learn   15

apuesto handsome   17

apuntes *m* (class) notes   19

aquel *m;* **aquella** *f* that (beyond speakers)   6

aquí here   1

arancel *m* fee   7

arándanos *mpl* cranberry   11

argentino Argentinian   4

arma *f* weapon, arm   13

arquitecto *m* architect   4

arreglado dressed up   9

arreglarse to dress up   9

arriba long live, up   1, 14, 16

arroz *m* rice   11

arte *f* art; **—s plásticas** visual arts   20

artesanía *f* crafts   12, 18

asado *m* roast, roasted   11

así thus; this   8; **así . . . así** so . . . so; **— es que** so   19

asistente social *m, f* social worker   7

asistir to attend   6

asombrosamente astonishingly   17

astro *m* star   4

atletismo *m* track (racing)   10

audífonos *m* headphones   19

aun even   13

aún still

aunque although   8; even though 17; **— sea . . . however . . . it may be**   17

austriaco Austrian   17

auto(móvil) *m* car   6

autobús *m* bus   4

avenida *f* avenue   2

avión *m* plane   13; **— a chorro** jet plane   14

aviso *m* advertisement   1

ayer yesterday   8

ayuda *f* help, assistance   13

ayudar to help   1

azúcar *m* sugar   11

azul blue   5, 9

B

bachillerato *m* high-school diploma; B.A. degree (Chile)   7

bailar to dance   8

bailarín *m* dancer   20

baile *m* dance, dancing   20

bajar to go down   14

bajo short (height)   4

balneario *m* resort   6

bañarse to take a bath, shower   5

barato cheap   7, 9, 16, 19

barbacoa *f* barbecue   6

barrio *m* neighborhood   18

bastante enough   4; very   7; more than enough   12

bateo *m* batting   10

bebé *m, f* baby   2

beber to drink   3

bebida *f* beverage   11

bello beautiful   12, 20

besar to kiss   11

beso *m* kiss   3

biblioteca *f* library   1

bien fine, well   2, 20

bilingüe *m* bilingual   8; **bilingüismo** *m* bilingualism   8

biología *f* biology

blanco light (skin)   5; white   9, 11

boca *f* mouth   5

bocadillo *m* appetizer, snack   11

boda *f* wedding   8

boliviano Bolivian

bonito pretty

bosque *m* woods   14

botón *m* button   11

boxeo *m* boxing   10

brazo *m* arm   5

brillar to shine   20

brindis *m* toast (for wine)   11

buen(o) good   8, 12

buscar to look for   8

C

cabeza *f* head   5
cada each   2, 12; — vez más more and more   19
caérsele ⟨y⟩ to drop   19
cajero *m* teller   19
calabaza *f* pumpkin   11
calentar to warm up   11
caliente warm (not for weather)   12
calmarse to calm down   12
calor *m* heat   20; hace — it's warm   14
caluroso warm (weather)   2, 14
calle *f* street   2
cama *f* bed   20
camarero *m* waiter   11
cambiar to cash   2; to change   7
cambio change   12
camión *m* truck; bus (Mexico)   18
camisa *f* shirt   9
camiseta *f* tee shirt (T-shirt)   9
campeón *m* champion   10
campesino *m* peasant   18
campo *m* country(side)   6
canadiense Canadian   4
canción *f* song   4, 20
cancha *f* field   10
canoso grey(hair)   5
cansado tired   2
cantante *m, f* singer   4, 20
cantar to sing   4
capital *f* capital (city)   6
cara *f* face   5
caribeño Caribbean   11
cariños *mpl* love   3
cariñoso affectionate   9
carne *f* meat   11; — de res/ buey beef   11
carnicería *f* butcher shop   11
caro expensive   6, 19
carrera *f* career   5, 15; race   10
carro *m* car   6
carroza *f* float   20
carta *f* letter   3
casa *f* house, home   2

casado married   15
casarse to get married   14
castaño brown (hair)   5
catorce fourteen   2
cautivar to attract   5
cena *f* dinner   11
cenar to have dinner   11
centro *m* downtown   2; — commercial *m* shopping mall   2
cerca (de) near, close to   2
cerdo *m* pork   11
cerebro *m* brain   20
cerrado closed   20
cerrar(ie) to close   20
cerro *m* mount, hill   12
cerveza *f* beer   3
cesante *m, f* unemployed   16
cesantía *f* unemployment   16
ciclismo *m* bicycling   10
ciclista *m, f* cyclist   10
cielo *m* sky   12, 14, 20
cien(to) (one)hundred   4, 6, 7
ciencias *f* sciences   1
científico *m* scientist   12; scientific   13
cimiento *m* foundation   13
cinco five   2
cincuenta fifty   4
cine *m* cinema   4
cineasta *m, f* movie maker   20
cinta *f* tape   1
ciudad *f* city   2
¡claro! of course!   18
clase *f* class   1
clima *m* climate   14
cocina *f* cuisine   11, 12; kitchen
coche *m* car   6
col *f* cabbage   11
cola *f* line   7; hacer — to stand in line
colegio *m* high school   12
colombiano Colombian   4
Colón (Christopher) Columbus
comer to eat   3
comida *f* food   3; lunch (Spain, Mexico)   11
comidas *fpl* meals   11
como as   4; such as   5; since,

because   17, 18; — si as if, as though   18
¿cómo? how?   2, 3; — está(s)? how are you?   2; — te llamas? what's your name?; ¿— se dice . . . ?how do you say . . . ?
cómodo comfortable   9
compañero *m* classmate, colleague   19
compañía *f* company   1
compartir to share   18
competencia *f* competition   7, 9; contest   20
completísimo extremely complete   19
comprar to buy   5
computación *f* computer science   1
común ordinary   13
con with   1, 2; — tal (de) que provided that, as long as   17
confiar to trust   9
confundido confused   6
congelado frozen   14
congelador *m* freezer   14
conjunto group (musical)   4, 20
conmigo with me   15
conocer(zc) to be familiar with   9
conocimiento *m* knowledge   12
conquistador *m* conqueror   12
conseguir(i) to get, obtain   7
consejo *m* advice   11, 18
construir (y) to construct   14
consultorio *m* medical/dental office   13
consumismo *m* consumerism   19
contador *m* accountant   7
contar to count   7; to tell   12
contento glad   2
contestar to answer   8
contigo with you (informal)   15
copa *f* glass, goblet   11
cordero *m* lamb   17
cordillera *f* mountain range   12
correo *m* post office   2
correr to jog, run   9, 19
corrida de toros *f* bullfight   10

corriente migratoria *f* migratory movement   16
cortesía *f* politeness   7, 18
cosa *f* thing   9, 10
cosecha *f* harvest   16
cosechar to harvest   16
costa *m* coast   13, 14, 20
costar(ue) to be $ . . . , cost   7
costo *m* cost   7; — **de la vida** cost of living
costumbre *f* custom   12
crecer to grow   20
creer to think, believe   3
crema *f* soup   11; cream
creo que I believe that   5
criada *f* maid   5
criollo *m* creole   13
cuaderno *m* workbook/ notebook   1
cuadrado squared   18
cuadro *m* painting   9, 13, 20
¿cuál? which?   3
cualquiera anybody   17
cuando when, whenever   17; **¿cuándo?** when?   3
¿cuánto? how much?   3; **¿cuántos?** how many?   3
cuarenta forty   4
cuarto *m* fourth, quarter   4; **tres y —** a quarter after three   4; **tres menos —** a quarter of three   4; **un — de hora** a quarter of an hour
cuarto *m* room, quarters   8
cuatro four   2; **—cientos** four hundred
cubano Cuban   12
cubierto overcast   14
cubrirse to become overcast   14
cuello *m* neck   5
cuenta *f* bill   17
cuerpo *m* body   5
cuidado *m* care   9
cuidar to look after   15
cumpleaños *m* birthday   8
cumplir . . . años to have a birthday   16
cuñada *f* sister-in-law   15
cuñado *m* brother-in-law   15

cura *m* priest   8
curioso curious   4

CH

champú *m* shampoo   5
chaqueta *f* jacket   5, 15
chasquear to snap (fingers)   19
cheque de viajero(s) *m* traveler's check   2
chica *f* girl   1
chicano Mexican-American   8
chico *m* boy   1; **—s y grandes** *mpl* the young ones and the adults   20
chileno Chilean   2
chino *m* Chinese   16
chispeante sparkling   11
choclo *m* corn   12
chofer *m, f* driver   5
chubasco *m* downpour   14

D

dar *irr* to give   1; **— el pecho** to nurse   15; **— un examen** to take a test   6; **— una vuelta** to go for a walk, ride   3; **—se cuenta de** to realize   9, 15
datos *mpl* data   18
de of, from   1; **— alguna manera** one way or the other   18; **— compras** shopping   2; **— fiesta** partying   17; **— hecho** in fact   14; **de hoy** contemporary   15; **— paseo** walking around   2; **— repente** suddenly   19; **— vacaciones** on vacation   6; **— viaje** traveling
deber should, must   3
décimo tenth   10
decir *irr* to say, tell   6, 7; **es —** that is to say   6
dedo *m* finger, toe   5
dejar to leave   6, 16; allow   15; **— de** to stop . . . ing   20
demasiado too much   12

deportes *m* sports   5
deportivo athletic   4
derechista *m, f* rightist   13
derecho *m* right   8, 14; **escuela de —** law school   7; **— de matrícula** registration fee   7
desarrollo *m* development   1, 5; **en —** developing   13; **desarrollado** developed   13
desayuno *m* breakfast   11
descubrir to discover   5, 16
desde since (time)   8, 14
desear to want, wish   1
desfile *m* parade   20
desgraciadamente unfortunately   12
desnutrición *f* malnutrition   13
despejado clear   14
despejarse to clear up   14
desplazarse to come, displace   14
después (de) after(ward)   3; **— (de) que** after   17
destacarse to be notable, to stand out   15
destruir(y) to destroy   12
detalle *m* detail   7
detener(ie) to stop, detain   10
deuda *f* debt   17
día *m* day; **al —** a day   3; **¡buenos —s!** good morning!
diamante *m* diamond   17
diciembre *m* December   4
dictador *m* dictator   13
dictadura *f* dictatorship   13
diecinueve nineteen   2
dieciocho eighteen   2
dieciséis sixteen   2
diecisiete seventeen   2
dicho said   13
diente *m* tooth   5
diez ten   2
diferente different, various   12
difícil difficult   2
¡dígame! hello!   2, 19
digo I mean   13
dinero *m* money   1
dios *m* god; **¡Dios mío!** good heavens!

dirección *f* address   6

disco *m* record   7; frisbee   10

discoteca *f* discotheque   6

discutir to discuss   3

diseñador *m* designer   20

diseñar to design   19

disfraz *m* costume   20

disgusto *m* dislike, shock   12

distinto different   10

divertirse(ie) to have a good time   5

divino fantastic, great   20

doce twelve   2

dólar *m* dollar   7

dolor *m* ache, pain   5

dominar to dominate   13; to master   17

domingo *m* Sunday   3

dominio *m* control   14

don *m;* **doña** *f* used with first name for respect   6, 17

¿dónde? where?   2, 3

dormir(ue) to sleep   15

dos two   2

doscientos two hundred   2, 7

doy I give

dudar to doubt   15

dudoso doubtful   15; **es—** it is doubtful   15

durante during   14

durar to last   20

E

ecuatoriano Ecuadorian   12

edad *f* age   20

edificio *m* building   2

ejecutivo *m* executive   11, 19

el the *(masc)*   1

él he   1

elegir to elect   13

ella she   1; **ellas** they *(fem)*   1

ellos they *(masc)*   1; also denotes mixed group of males and females

embajada *f* embassy   16

emigrar to migrate   16

emperador *m* emperor   12

empezar to begin   5

empleada (de hogar) *f* maid   17

empleado *m* employee   4

emplear to employ   19

empleo *m* job   18

empresa *f* company   15, 19

en in, at, on   1

encantar(le) a to love (like a lot)   9

encanto *m* charm, attraction   18

encontrar(ue) to find   9, 18; **—se** to be located   18

encuesta *f* survey, poll   5

enemigo *m* enemy   9

enero *m* January   3

enfermarse to get sick   12

enfermería *f* nursing   1, 7; infirmary   8

enfermo sick   2

enojado angry   12

ensalada *f* salad   11

enseñar to teach   12; show

entender(ie) to understand   5; **—se (con)** to get along with   5

entonces then   6; therefore   13

entrometerse to meddle   15

entrada *f* admission ticket   20

entrar to enter   16

entre between, among   2

entremeses *mpl* appetizers   11

entrenamiento *m* training   1

entretenido *m* interesting, amusing   4, 6

entretenimientos *m* entertainment and games, contests   20

entusiasmarse to become enthusiastic   18

entusiasmado enthusiastic   2

época *f* period   8, 18, 20

equipo *m* team   10; equipment   18, 19

es conveniente que it is advisable that   15; **— dudoso que** it is doubtful that   15; **— mejor que** it is better that   15; **— preciso que** it is necessary that   15; **¿(—) verdad?** (is it) true?   8

esa that *(fem)*   6; **—s** those *(fem, pl)*   6

escapar to escape   16

escribir to write   3; **—se** to correspond   5

escrito written   11

escritor *m* writer   20

escuchar to listen to   1

escuela *f* school; **— secundaria** high school   8

escultor *m* sculptor   20

ese that *(masc)*   6; **esos** those *(masc, pl)*   6

espacial spatial   19

español *m* Spanish language   1; Spaniard   17

espárragos *mpl* asparagus   11

esperanza *f* hope   20

esperar to wait   18

esposa *f* wife   15

esquí *m* ski(ing)   7

esquiador *m* skier   10

esquiar to ski   7, 10

esquíes *mpl* skis   10

esta this *(fem)*   6

estación *f* season   3

estacionamiento *m* parking lot   18

estadio *m* stadium   10

estadista *m, f* statesman   12

estadística *f* statistics (science)   10

estadísticas *fpl* statistics, figures   8, 18

estado civil *m* marital status   15

Estados Unidos *mpl* United States   1

estadounidense American   4

estar *irr* to be (position, location, appearance)   2; **— loco por** to be crazy about   4

estas these *(fem, pl)*   6

estatura *f* height   5

este east   2

este this *(masc)*   6

estilo *m* style   20

estómago *m* stomach   5

estos these *(masc, pl)*   6

estoy I am

estudiante *m, f* student   1

estudiar to study   1

estupendo wonderful, great 8, 20

europeo European 17

evasiva *f* pretext 15

evitar to avoid 14

examen *m* test 2

exhausto tired 9

exilado *m* exile 16

éxito *m* success 10

explotación *f* exploitation 14

«extra» *f* extra salary, bonus 17

extraer to extract 14

extranjero foreign 4

extranjero *m* abroad, overseas, foreigner 13

F

fabricar to manufacture 19

facsímil *m* telecopier 19

falda *f* skirt 9

fascinar(le) a to fascinate (someone) 9

febrero *m* February 3

feliz happy 9

feo ugly 14

fiesta *f* party 3; — **de luces** *f* bullfight 20

¡fíjate! imagine! 8

fin *m* end; — **de semana** weekend 6, 14

finalmente finally 3

flan *m* custard 11

flor *f* flower 8

florecer to bloom 20

fonoaudiología *f* speech therapy 7

francés *m* French language 1; Frenchman

franquista related to Franco 17

frente a across from 2

fresco *m* cool air; chilly 14

frío cold 2, 14; **está/hace —** it's cold 14; **tener —** to be cold 13

frito fried 11

frisbi *m* Frisbee; also **disco** 10

fruta *f* fruit 11

fuerte high, strong 14

fuerza *f* force 13; — **de trabajo** work force 15

fugaz brief 20

fui I went, I was 8

funcionar to work; to be open 15

funcionario *m* official 17

fundación *f* foundation 20

fundar to find 8, 13

fútbol *m* soccer 1

G

ganar to earn, win 1; —**se la vida** to make a living 16

ganga *f* good buy 9; bargain

garaje *m* garage 6

garganta *f* throat 5

gastar to spend money 17

gasto *m* expense 7

gato *m* cat 6

gazpacho *m* cold Spanish soup 4, 11

generalmente usually 12

gente *f* people 2, 4

geólogo *m* geologist 14

gimnasio *m* gymnasium 7

gobernante *m, f* ruler, person in power 13

gobierno *m* government 10

golpe de estado *m* coup d'état 13

gozar de to enjoy 11

grabación *f* recording 18

grabado *m* engraving 20

grabadora *f* tape recorder 1, 19

grabar to record 19

grado *m* degree 14

graduarse to graduate 16

gran(de) great, big, tall 12

grande big 2

gratis free of charge 7

gris grey 9

gritar to yell 6

guacamole *m* Mexican dish 11

guapa *f* pretty 2; **guapo** *m* handsome 2

guardar to store, to keep 12

guardería (infantil) *f* day-care center 4, 15

guatemalteco Guatemalan 12

guerra *f* war 12

guía *m, f* guide 5

guión *m* script (for a movie) 20

guisantes *mpl* peas 11

gustar(le) a to like 9

gusto *m* taste 11; **sobre —s no hay nada escrito** each one with his own taste 11

H

haber *irr* to have (auxiliary only) 13, 15, 20

había (haber) there was, were 12

habitación *f* room 20

habitante *m* inhabitant 8

habla *f* language 19

hablar to talk, speak 1

hace frío/calor it's cold/warm 14

hace . . . ago 10; — **. . . días . . . days ago** 14

hacer *irr* to do, make 3; — **«camping»** to go camping 6; — **buen/mal tiempo** to be fine/bad weather 14; — **cola** to stand in line 7; — **de . . .** to play the part of . . . 17; — **deporte** to practice a sport 10; — **ejercicio** to exercise 10; — **una huelga** to go on strike 6; — **(le) falta a** to need 16

hambre *f* hunger 5; **tener —** to be hungry 13

hasta (que) until 3, 17; even 12; — **luego** see you later; — **mañana** see you tomorrow; — **la vista** see you soon

hay que it is necessary to 7, 16

hay (haber) there is, are 2

haya (haber) there is, are 14

hecho made 13, 20

helada *f* freeze 14; cold spell

heladería *f* ice-cream parlor 13

helados *mpl* ice cream 11

hermana *f* sister   9
hermoso beautiful   16
hielo *m* ice   10
hija *f* daugher   5; **hijo** *m*
    son   5; **hijos** *m, f* children   5
hipoteca *f* mortgage   17
hispánico related to Spanish-
    speaking cultures
hispano of Hispanic or Spanish
    origin; Spanish-speaking
    person   2
Hispanoamérica *f* group of
    Spanish-speaking countries in
    America   1
hogar *m* home   15
hombre   man   5
hondureño Honduran
hora *f* the time   4; ¿qué — es?
    what time is it?   4; ¿a qué —
    es? at what time is it?   4
horario *m* schedule   7, 19
horizonte *m* horizon   16, 19
horrorizado horrified   8
hospitalario hospitable   17
hoy today   2; nowadays
huelga *f* strike   6
huevo *m* egg   11
húmedo humid, wet   2
humo *m* smoke   9

I

idioma *m* language   3
iglesia *f* church   5
impaciente impatient   4
imponente impressive   12
imponer to impose   7
impresora *f* printing device   19
incomodar(le) a to bother   19
increíble incredible   8
indígena Indian   12
inesperado unexpected   6
inflamado sore, inflamed   5
influenza *f* flu   2
influir to influence   12
ingeniería *f* engineering   4
ingeniero *m* engineer   15
ingenioso witty   9
inglés *m* English language   1;
    Englishman

iniciar to initiate, to begin   4
inmigrante *m, f* immigrant   16
inscripción *f* registration   7
instalar to install   19
interesar(le) a to interest
    (someone)   9; **—se en** to be
    interested in   5
intérprete *m, f* interpreter   5
intromisión *f* meddling   19
inundación *f* flood   13
inversión *f* investment   13
investigación *f* research,
    investigation   13, 19
invierno *m* winter   3
ir(se) *irr* to go (away)   5, 6;
    — de compras to go shopping
    — de fiesta to go
    partying   17; **— (le) bien a**
    irr to do well, work out
    well   16
irlandés(a) Irish   16
irrespirable unbreathable   18
isla *f* island   9, 14, 20
italiano *m* Italian language   1;
    Italian
izquierdismo *m* leftism   6
izquierdista *m, f* leftist   13

J

jabón *m* soap   5
jamás never   10
jamón *m* ham   11
jardín de infancia *m*
    kindergarten   2
joven young   4; *m, f* young
    person   20
joyas *fpl* jewelry   8
jubilarse to retire   15
jubilación *f* pension   15
judío *m* Jew   16
juego *m* game; **— de video** video
    game   19
jueves *m* Thursday   3
jugador *m* player   10
jugar(ue) to play games   8
jugo *m* juice   11
julio *m* July   3
junio *m* June   3

junta *f* military group in power
    after a coup   13
juntarse (con) to get together   5
juventud *f* young people,
    youth   19

L

la the *(fem)*   1; her, you, it   7;
    las the *(fem, pl)*   1; them,
    you   7
labor *f* work   15
laboral related to work   8, 18
ladino *m* Judeo-Spanish   16
lado *m* side   2
lago *m* lake   6
lanzador *m* pitcher   10
lápiz *m* pencil   1
largo long   13
lástima *f* pity   19
lavar to wash   5
lavarse to wash oneself   5
le (for, to) him, her, you, it   8
leche *f* milk   11
lechuga *f* lettuce   11
leer(y) to read   3, 14
legado *m* legacy   13
legumbres *f* vegetables   11
lejos (de) far (from)   2
lengua *f* language   12
les (for) them, you   8
levantarse to get up   5
ley *f* law   15
leyenda *f* legend   12
liberar to liberate, release
    12, 13
libertad *f* liberty   15
libre free   20
librería *f* bookstore   2
libro *m* book   1
licenciatura *f* B.A. degree
    (Spain)   2
licores *mpl* liqueurs   11
líder *m, f* leader   5, 13
ligero light (scant)   14
limpiar to clean   11
limpio clean   20
lindo pretty   2, 5
línea *f* line   18
liquidación *f* sale   9

¡listo! ready! 19
liviano light (weight) 11
lo him you, it; the (*neuter*) 18;
  — **bueno/malo** the good/bad
  part 18; — **que** what 12;
  los the (*masc, pl*); them,
  you 7; — **primeros** . . .
  —**últimos** the former . . .
  the latter 10
loco crazy, fool 4
locutor *m* speaker,
  announcer 10
lucha *f* struggle 8, 13;
  wrestling 10
luego then, after 12, 13
lugar *m* place 10, 15, 18
luna *f* moon 20
lunes *m* Monday 3
luz *f* light (electrical) 11, 20

LL

llamar to call 5; — **por**
  teléfono to call by telephone;
  —**se** to be called 5; **¿cómo**
  te llamas? what's your name?
llanura *f* plains 20
llegar (**a**) to arrive (in) 8
lleno full 12, 20
llevar to carry 6; —**se una**
  sorpresa to have a surprise 8
llorar to cry 12
llover(ue) to rain 14
lluvia *f* rain 12
lluvioso rainy 14

M

machismo *m* male
  chauvinism 15
madre *f* mother 5
madrina *f* godmother 15
magia *f* magic 20
magnetofón *m* tape player 19
mal(o) bad 8, 12
malagueño from Malaga 20
maleta *f* suitcase 9
mamá *f* mom
mandar to send 8, 16

manifestación *f*
  demonstration 6
mano *f* hand 5
manzana *f* apple 11
mañana *f* morning 3; in the
  future; tomorrow 6; **por la**
  — in the morning
máquina de escribir *f*
  typewriter 19
mar *m* sea 14
maravilloso wonderful 8, 20
marido *m* husband 15
marrón brown 5
martes *m* Tuesday 3
marzo *m* March 3
más more; — **que** more than 8;
  — **o menos** more or less 18
matarse to kill oneself 8
matrícula *f* admission 7;
  registration 14
máximo maximum 14
mayo *m* May 3
mayonesa *f* mayonnaise 11
mayor (**que**) greater (than) 8
mayoría *f* majority 14, 15
mayúscula big 8; capital letter
me me 7; myself 5
media half(hour) 4
medianoche *f* midnight 4
médico *m* doctor 4
mediodía *m* noon 4
medio-oeste *m* Midwest 16
mejor better 2
mejorar to improve 15; —**se** to
  get better 16
menos (**que**) less (than) 8;
  ¡— mal! thank goodness! 13
mercado *m* market 2
merienda *f* snack, teatime,
  brunch 11
mes *m* month 3, 8; — **pasado**
  m last month 8
mesón *m* restaurant 2
mestizo of Hispanic and Indian
  origin 12
meter to put, introduce 19;
  —**se** to meddle 19
metro *m* subway 18
mezclar to mix 11

mi my 4
mí me 7, 8
microprocesador *m*
  microcomputer 19
mientras (**que**) while 20
miércoles Wednesday 3
mil (one)thousand 7, 12
milla *f* mile 7, 14
millón million 8
mínimo minimum 14
ministro de gobierno *m* head of
  a government department 15
minoría *f* minority 15
minúscula lower case letter,
  minute 8
mirar to look at, watch 1
misa *f* mass 16
mismo same 8, 12; itself 11,
  12
mitad *f* half 18
mito *m* myth 15
moda *f* fashion 8, 9; **a la** — up
  on fashion 9; **de** —
  fashionable 9; **la** — **no**
  incomoda people will wear
  whatever fashion brings 9
mole *m* Mexican food 18
molestar(le) **a** to bother
  (someone) 9
montaña *f* mountain 6
morado purple 9
moreno dark 4; of dark
  complexion, black 5
morir(ue) to die 13, 15
muchacho *m* boy, guy 6
mucho much 2, 12; —**s**
  many 1, 2, 12
mudanza *f* moving 14
mudarse to move 14
muela *f* molar (tooth) 5; **dolor**
  de —**s** toothache 5
muerte *f* death 13
muerto died (*p.p.*) 13; dead
mujer *f* woman 5; wife 15
mundo *m* world 4; —**del**
  espectáculo show business 4;
  todo el— everybody 2
museo *m* museum 18
muy very 2

have a good time   16; —se
en to spend one's time in   6
paseo walk, stroll, drive; **dar un
— to** go for a walk, drive; **de
— walking** around   2
patata *f* potato   11
patinador *m* skater   10
patinaje *m* roller skating   10
patinar to skate   9
pavo *m* turkey   11
pedir(i) to order, to ask for
7, 8, 9, 11
película *f* film   3
peligroso dangerous   18
pelo *m* hair   5
pelota *f* ball   10
pensar(ie) to think, to believe   8
pensión *f* guest house   7
peor worse   2
pequeño small   6, 19
perdedor *m* loser   10
perder(ie) to waste (time)   6; to
lose   10; **perdérsele (a)** to
lose   19
perfeccionar to improve   19
periódico *m* newspaper   1, 5, 7
periodismo *m* journalism   7
periodista *m, f* journalist   4, 10,
13, 17
permiso *m* leave   15; permission
permitir to allow   17
pero but   1
perro *m* dog   6
pertenecer to belong   15
peruano Peruvian   4
pescado *m* fish   11
peseta *f* Spanish currency   17
peso *m* weight   5; currency
petróleo *m* oil   14, 18
petrolero *m* tanker   14
petroquímica *f* petrochemical
industry   18
pie *m* foot   5
piel *f* skin   5
pierna *f* leg   5
pintar to paint   13
pintor *m* painter   9, 13, 20
piña *f* pineapple   11
piscina *f* swimming pool   6

piso *m* floor   10; apartment   17
pista *f* track   10; **— de patinaje**
rollerskating rink   2
planear to plan   17
plata *f* money, silver   16
plátano *m* banana   11
plato *m* dish, plate   11
playa *f* beach   6
plaza *f* square   2
población *f* population   8, 18
pobre poor   7; unfortunate   12
pobreza *f* poverty   5, 18
poco little, few   7, 12
poder *m* power   12, 13
poder(ue) *irr* to be able, may   6
poderoso powerful   19, 20
poesía *f* poetry   12, 20
poeta *m* poet   20
político *m* politician   13;
political   13
pollo *m* chicken   11
poner *irr* to put   7, 15; **—se** to
put on (clothes,
cosmetics)   5; **— nervioso** to
get nervous   5
por over, by   2; about   4;
por . . . because of   17;
through, along, in exchange
for, for   19; **— aquí** around
here   16; **— ciento**
percent   8; **— ejemplo** for
example   6; **— el contrario**
on the contrary   7; **—
entonces** at that time   12,
then 13; **— eso** that's
why   2, 4; **— favor**
please   2, 19; **— fin**
finally   3; **— otro lado** on
the other hand   12; **¿— qué?**
why?; **— supuesto** of
course   9
porcentaje *m* percentage   8, 19
porque because   1
portátil portable   19
portugués *m* Portuguese
language   1
posada *f* inn, hotel   12
posponer *irr* to postpone   16
postre *m* dessert   11

predecir(i) *irr* to predict   8
preferir(ie) to like better   5
pregunta *f* question   1; **hacer
—s** to ask questions
preguntar to ask questions   8, 9
premio *m* prize   10
preocupar(le) a to worry
(someone)   8; **—se de** to
concern oneself with   5
presentar to introduce   8
préstamo *m* loan   7, 17
prestar to lend, borrow   7
prestar atención to pay
attention   19
primavera *f* Spring   3
primer(o) first   10; **los —s** the
former   10
primo *m* cousin   15
princesa *f* princess   17
principal main   2
príncipe *m* prince   17
procesadora de textos *f* word
processor   19
producir(zc) to produce   14
programa *m* program, show   4
promedio *m* average   8
pronto soon   16
propaganda *f* publicity   19
proteger to protect   14, 20
próximo next, this
coming . . .   6; **— mes** next
month; **— semana** next
week   6; **— año** next
year   15
proyecto *m* project   1
prueba *f* test   20
pueblo *m* the people   6
puerco *m* pork   11
puerta *f* door   20
puerto *m* port   11
puertorriqueño Puerto Rican   4
puesto *m* position   15
puesto put   15
puntaje *m* score   10

Q

que that (for connecting clauses)
¿qué? what?   1, 3; **¡— bueno!**
that's good!; **¡— bueno**

que . . . ! how nice,
good! 20; **¡— descaro!** how
fresh! 9; **¡— espanto!** how
awful! 7; **¿— haces?** what
do you do? 1; **¿— hora es?**
what time is it? 4;
¡— lástima! what a pity! 20;
¡— lo pases bien! have a good
time! 16; **¿— tal?** how are
you? 9; **¡— te vaya bien!**
may everything work out well
for you! 16; **—** than 8
quedar to be located 16
quedar(le) to have left 14; **—se**
to stay 16; **quedársele (a)** to
leave behind 19
quejar(se) to complain 7
queque m cake 5
querer(ie) to want, love 5
querido dear 3
queso m cheese 11
¿quién? who? 3; **¿a —?** (to)
whom? 4
química f chemistry 4
químico m chemist 4
quince fifteen 2
quinceañera f a girl's fifteenth
birthday celebration 5
quinientos five hundred 7
quinto fifth 10
quisiera could you? (formal), I
need 18
quizás maybe 7; perhaps 15

R

rara vez seldom 4
rascacielo m skyscraper 18
rebelde m, f rebel 6
receta f recipe 11
recién just 16
reciente recent 8
recordar to remember
recursos mpl resources 14
red f network 19
reforzar to strengthen 17
refresco m soft drink 6, 11
regalar to give gifts 8
regalo m present 8
regla f rule 11

regular so-so 2
rehén m hostage 13
relajarse to relax 10
remolino m whirlpool 20
renovador renovating 13
representante m, f
representative 13, 15
reserva(ción) f reservation 20
residencia f dorm 7
respuesta f answer
restauración f reinstatement 13
retrato m portrait 4
reunir to reunite 13
reunirse to have a meeting 19
revelar to develop (photos) 12
revista f magazine 4
rey m king 17
Reyes Epiphany (January
6th) 17; **Reyes Magos** m
The Three Wise Men 17
río m river 12
riqueza f wealth 12
rojo red 9
rompérsele (a) to break 19
ropa f clothes 5
rosa(do) pink, rose 9, 11
roscón de Reyes m bread served
for Epiphany 17
roto broken 13
rubio blonde 4
ruido m noise 19
ruina f ruin 12

S

sábado m Saturday 3
saber irr to know 6
sacar to get, take out 8, 15,
19; to bring up 18; **—se una**
. . . to get a . . . (grade) 5
sacerdote m priest 5
sal f salt 11
salchichas f hot dogs, wieners 3
salir to go out 3
salud f health 10, 16; **¡salud!**
cheers! 11
salvadoreño from El Salvador
sangría f wine and fruit
punch 11
sé I know 6

se himself, herself, yourself,
yourselves, themselves 5;
replaces le(s) (se lo traje)
10; impersonal particle
(se habla español) 11;
— me cayó I dropped 19;
— me olvidó I forgot 19;
— me perdió I lost 19
seco dry 5, 11
secuestro m kidnapping,
hijacking 13
sefardita Sephardic (Jew) 16
seguir (i) to follow, go straight
ahead 7; continue 14
según according to
segundo second 10
seguro m insurance 7
seis six 2
seiscientos six hundred
sellos m stamps 19
semana f week 3; **fin de —**
weekend 6, 14; **— pasada**
last week 8; **próxima —**
next week 6
sentarse(ie) to sit down 19
sentido del humor m sense of
humor 9
sentir(ie) to feel 13; **— que** to
be sorry for 19
señor m Mr., gentleman
señora f madam, Mrs.; wife 17
señorita f Miss, young woman
septiembre m September 3
séptimo seventh 10
ser irr to be (inherent qualities:
origin, material,
occupation) 4
sesenta sixty 4
setecientos seven hundred
setenta seventy 4
sexto sixth 10
si if 7
sí yes
siempre always 3, 12
siete seven 2
siglo m century 8, 10
siguiente(s) following
silencioso silent 19
simpático nice 4

sin without   2; — **duda** no doubt   20; — **embargo** however   6

sino but (instead)   16; — **que también** but also   5

sitio *m* lot   16

soberano sovereign   13

sobre over   14

sobremesa *f* after-dinner conversation   4

sobrevivir to survive   19

sobrina *f* niece   15

sobrino *m* nephew   15

sol *m* sun   11, 14, 20; **puesta del** — sunset   20

soleado sunny   14

soledad solitude   9

sólo only   5

soltero single   15

sombra *f* shadow   20

sonreír(se) to smile   6

sonrisa *f* smile   20

sopa *f* soup   11

sorpresa *f* surprise   4

sótano *m* basement   2

soy I am

su his, her, your (formal), their, its   4

suave mild, soft   5

subir to mount, go up   14

suceder to occur, happen   13

Sudamérica *f* South America   1

suegra *f* mother-in-law   15

suegro *m* father-in-law   15

suelo *m* soil   14

sueño *m* dream   19, 20; **tener** — to be sleepy   13

suerte *f* luck; **tener** — to be lucky   16

suéter *m* sweater   3, 9, 13

sugerir(ie) to suggest   15

suizo Swiss   14

supermercado *m* supermarket   2

sur *m* south   2

suroeste *m* southwest   8

surtido *m* assortment   9

suyo(a) his, hers, yours, theirs   13

T

también also   1

tampoco neither   10

tanto so much   7, 12; —**s** (so) many   12; **tan(to)** . . . **como** as . . . as   8; — . . . **como** both . . . and   12; **¡— peor!** too bad !   8

tarde *f* evening   3; afternoon; **¡buenas —s!** good afternoon/ evening!

tarde late   17

tarea *f* homework   12

tarjeta *f* card   11, 16; — **de crédito** credit card   11, 17

te (for) you (informal)   7; yourself   5

té *m* tea   5

técnico *m* technician   4

tejido *m* weaving   20

telefonista *m*, *f* operator   17

telematizado teleautomated   19

telenovela *f* TV series   19

temblar to shake   12

temblor *m* tremor   12

tempestad *f* tempest   12

templado temperate   14

temprano early   13

tender a (ie) to tend to   9

tener(ie) *irr* to have, possess   5; — . . . **años** to be . . . years old   13; — **calor** to be warm   13; —**frío** to be cold   13; — **ganas de** to feel like   13; — **hambre** to be hungry   13; — **(la) razón** to be right   20; — **miedo** to be afraid   13; — **pena/ vergüenza** to be embarrassed   13; — **que** to have to   13; — **sed** to be thirsty   13; — **sueño** to be sleepy   13; — **suerte** to be lucky   16

tercer(o) third   10

tercio third (fraction)   11

ternera *f* veal   11

terremoto *m* earthquake   12

tesorero *m* bursar   7

tía *f* aunt   15

tiempo *m* time   5; weather   14; **hacer buen/mal** — to be good/bad weather   14

tienda *f* store   2, 11

tierno tender   20

tierra *f* land/earth   14; country   9, 16

tinto red (wine)   11

tío *m* uncle   15

tocacintas *m* tape player   19

tocadiscos *m* record player   19

todavía still   7

todo everything   12; — **el mundo** everybody   2

tomar to take   13

tomate *m* tomato   11

torero *m* bullfighter   4, 20

tormenta *f* storm   14

torta *f* cake   11

tortilla *f* omelette (Spain); tortilla (Mexican)   11

trabajador hard working   4; *m* worker

trabajar to work   1

trabajo *m* job, work   1; term paper   4

trabajo social *m* social work   1

traducción *f* translation   7

trago *m* (mixed) drink   11

traje *m* suit   9, 17; — **de baño** bathing suit   10

transporte *m* transportation   18

tratar de to try   7

travieso naughty   10

trece thirteen   2

treinta thirty   2

tren *m* train   18

tres three   2

triunfar to succeed   15

trono *m* throne   17

tu your (informal)   4

tú you (informal, singular)   1

turco Turkish   16

U

ubicación location   14

último last   10, 12; **los —s** the latter   10

un a (*masc*)   2
un(o) one   2; **— tras otro** one after the other   20
una a (*fem*)   2
unos(as) some   3; around   19
uruguayo Uruguayan
usar to use   8
usted you (formal, singular)   1; **ustedes** you (informal, plural, Hispanoamérica); (formal, plural, Spain)   1
útil useful
uvas *fpl* grapes   11

V

vacaciones *fpl* vacation   1
valenciano from Valencia   11
valer la pena to be worth the trouble   18
valor *m* value   7, 12
valle *m* valley   12
vaqueros *mpl* blue jeans   9
varios several   12
¡vaya con Dios! may things work out well for you! Go with God!   16
vehículo *m* vehicle   18
veinte twenty   2
veinticinco twenty-five   2
veinticuatro twenty-four   2
vientidós twenty-two   2
veintinueve twenty-nine   2

veintiocho twenty-eight   2
veintiséis twenty-six   2
veintisiete twenty-seven   2
veintitrés twenty-three   2
veintiuno twenty-one   2
vendedor *m* salesman   17
vender to sell   11
vendimia *f* grape harvest, vintage   11
venezolano Venezuelan   4
venir(ie) *irr* to come   5
ventaja *f* advantage   19
ventana *f* window   20
ventisca *f* blizzard   14
ventoso windy   14
ver to see   3
veranear "summer vacationing"   6
verano *m* summer   1, 3
¿verdad? right?   3
verde green   5, 9
vestido *m* dress   9
vestirse to dress, get dressed   7
vez (veces) *f* (time(s)) (frequency)   10; **una —** once   10; **dos —es** twice   10 **muchas veces** many times   10; **a —veces** sometimes   1; **rara —** rarely   4
viajar to travel   1
vida *f* life   1

viejo old   2; former   1, 18
viento *m* wind   14
viernes *m* Friday   3
vinagreta *f* vinegar sauce   11
vino *m* wine
viña *f* vineyard   11
violoncelista *m, f* cellist
virrey *m* viceroy   17
visto seen   13, 20
vivienda *f* housing (general); house (specific)   18
vivir to live   3
vocación *f* avocation   7
volar to fly   19
volver(ue) to come back   6, 15; **— a** to do something again   9
vosotros(as) you (informal, plural, Spain)
voy I go   6
vuestro (a) yours(s) (*informal, plural,* Spain)

Y

y and   1
ya already   6
yo I   1

Z

zapatos *m* shoes   9
zoológico *m* zoo   18

English-Spanish Vocabulary

Numbers refer to number of chapter in which words first appear.

appetizers bocadillos, entremeses *mpl* 11

apple manzana *f* 11

April abril *m* 3

architect arquitecto *m* 4

Argentinian argentino 4

arm brazo *m* 5; arma *f* 13

around unos 19; — here por aquí 16

arrive (in) *v* llegar (a) 8

art arte *f*

as como 4; — if / though como si 18; — long — con tal (de) que 17; — . . . — tan (to) . . . como 8

ask for *v* pedir(i) 7, 8

assistance ayuda *f* 13

assortment surtido *m* 9

astonishingly asombrosamente 17

at en 2; — that time por entonces 12; — the beginning (of) a principios (de) 7; — the end of the month a fin(es) de mes 8; — what time is it? *f* ¿a qué hora es? 4

athletic deportivo 4

attend *v* asistir 6

attraction encanto *m* 18

August agosto *m* 3

aunt tía 15

autumn otoño *m* 3

avenue avenida *f* 2

average promedio *m* 8

avocation vocación *f* 7

avoid *v* evitar 14

B

bad mal(o) 8, 12

baker panadero *m* 11

bakery panadería *f* 11

ball pelota *f* 10; bola *f* 5

banana plátano *m* 11

basement sótano *m* 2

bathing suit traje de baño *m* 10

be *v* ser (qualities, origin, possession, occupation) 4; be *v* estar (position, location,

state of being) 2; — able *v* poder(ue) ; — afraid *v* tener miedo 13; — around *v* andar por 19; — born *v* nacer 10, 14; — called *v* llamarse 5; — cold *v* tener frío 13; — crazy about *v* estar loco por 4; — embarrassed *v* tener pena, vergüenza 13; — familiar with *v* conocer(zc) 9; — fine / bad weather *v* hacer buen / mal tiempo 14; — glad that *v* alegrarse (de) que 19; — good (bad) weather hacer buen (mal) tiempo 14; — hungry *v* tener hambre 13; — interested in *v* interesarse en 5; — located *v* estar, quedar, encontrarse 16, 18; — lucky *v* tener suerte 16; — notable *v* destacarse 15; — open *v* funcionar 15; — right *v* tener (la) razón 20; — sleepy *v* tener sueño 13; — sorry for sentir(ie) que 19; — thirsty *v* tener sed 13; — warm *v* tener calor 13; — worth the trouble *v* valer la pena 18

be . . . years old *v* tener . . . años 13

beach playa *f* 6

beautiful hermoso 16; bello 12, 20

because porque 1; como 17, 18; — of por . . . 17

bed cama *f* 20

beer cerveza *f* 3

before antes; antes de que 17

begin *v* iniciar 4; empezar(ie) 5

believe *v* pensar(ie) 8; creer 3

belong *v* pertenecer 15

besides además 5

better mejor 2

between entre 2

beverage bebida *f* 11

big gran(de) 2; mayúscula 8

bilingual bilingüe *m* 8

bilingualism bilingüismo *m* 8

bill cuenta *f* 17

biology biología

birth nacimiento *m* 19

birthday cumpleaños *m* 8

black negro 5

blizzard ventisca *f* 14

blonde rubio 4

bloom *v* florecer 20

blue azul 5

blue jeans vaqueros *mpl* 9

body cuerpo *m* 5

book libro *m* 1

bookstore librería *f* 2

boring (also bored) aburrido 19

borrow *v* prestar 7

both ambos 11

both . . . and tanto . . . como 12

bother (someone) *v* molestar(le) a 9; incomodarle a 19

boxing boxeo *m* 10

boy muchacho, chico, niño *m* 1, 5

boyfriend novio, amigo *m* 5

brain cerebro *m* 20

bread pan *m* 11

break *v* rompérsele (a) 19

breakfast desayuno *m* 11

brief breve, fugaz 20

bring up *v* sacar 18

broaden *v* ampliar 19

broken roto 13

brother hermano 15

brown marrón 5

brown (hair) castaño 5

brunch merienda *f* 11

building edificio *m* 2

bullfight corrida de toros *f* 10; fiesta de luces *f* 20

bullfighter torero *m* 4, 20

bursar tesorero *m* 7

bus autobús *m* 4; camión (México) *m* 18

business negocio *m* 5, 15, 19

busy ocupado 2

but pero 1; — also sino también 5; — (instead) sino 16

butcher shop carnicería *f*   11
button botón *m*   11
buy *v* comprar   5
by por   2

C

cabbage repollo, col *f*   11
cake queque *m*   5; torta *f*   11
calculate *v* sacar la(s) cuenta(s)   2, 19
call *v* llamar   5; — **by telephone** *v* llamar por teléfono
calm down *v* calmarse   12
Canadian canadiense   4
capital letter mayúscula
capital (city) capital *f*   6
car auto(móvil), carro, coche *m*   6
card tarjeta *f*   11, 16
care cuidado *m*   9; **take —** cuidar   15
career carrera *f*   5, 15
Caribbean caribeño   11
carry *v* llevar   6
cash *v* cambiar   2
cat gato *m*   6
cellist violoncelista *mf*
century siglo *m*   8, 10
champion campeón *m*   10
change *v* cambiar   7; *m* cambio   12
charm encanto *m*   18
cheap barato   7, 9, 16, 19
cheerful alegre   5, 17
cheers! ¡salud! *f*   11
cheese queso *m*   11
chemist químico *m*   4
chemistry química *f*   4
chicken pollo *m*   11
children hijos *mf*   5
Chilean chileno *m*   2
chilly fresco *m*   14
Christmas Navidad *f*   9; — **Eve** Nochebuena *f*   17; — **season** Navidades *fpl*   9
church iglesia *f*   5
cinema cine *m*   4
city ciudad *f*   2
class clase *f*   1
classmate compañero *m*   19

clean *v* limpiar   11; limpio   20
clear despejado   14; — **up** *v* despejarse   14
climate clima *m*   14
close *v* cerrar(ie)   20; — **to** cerca (de)   2
closed cerrado   20
clothes ropa *f*   5
cloud nube *f*   12
cloudiness nubosidad *f*   14
cloudy nublado   2, 14
coast costa *m*   13, 14, 20
cold frío   2, 14
colleague compañero *m*   19
Colombian colombiano   4
Columbus Colón
come *v* venir(ie)   5
come back *v* volver(ue)   6, 15
comfortable cómodo   9
company compañía *f*   1; empresa *f*   15, 19
competition competencia *f*   7
complain *v* quejar(se)   7
computer computador *m*; — **science** computación *f*   1
concern oneself with *v* preocuparse de   5
confused confundido   6
conqueror conquistador *m*   12
construct *v* construir(y)   14
consumerism consumismo *m*   19
contemporary de hoy   15
contest competencia *f*   20
continue seguir(i)   14
control dominio *m*   14
cool air fresco *m*   14
corn choclo (maíz) *m*   12
correspond *v* escribirse   5
cost *v* costar(ue)   7; *m* costo   7
costume disfraz *m*   20
could you? ¿quisiera(s) . . . ?
count *v* contar   7
country país   4; tierra *f*   9, 16; — **side** campo *m*   6
coup d'état golpe de estado *m*   13; — **supporter** golpista *m*   13
couple pareja *f*   6, 15
cousin primo(a)   15
crafts artesanía *f*   12, 18

crazy loco   4
credit card tarjeta de crédito *f*   11, 17
creole criollo *m*   13
cry *v* llorar   12
cuisine cocina *f*   11, 12
custard flan *m*   11
custom costumbre *f*   12
cyclist ciclista *mf*   10

D

dad papá *m*
dance *v* bailar   8; baile *m*   20
dancer bailarín *m*   20
dangerous peligroso   18
dark moreno   4; — **color** oscuro   9
data datos *mpl*   18
daughter hija *f*   5
dawn amanecida *f*   20
day día *m*; **a —** al día   3; . . . —**ago** hace . . . días   14
day care guardería (infantil) *f*   4, 15
dead muerto
dear querido   3
death muerte *f*   13
debt deuda *f*   17
degree grado   14
demonstration manifestación *f*   6
design *v* diseñar   19
designer diseñador *m*   20
dessert postre *m*   11
destroy *v* destruir(y)   12
detail detalle *m*   7
develop (photos) *v* revelar   12; desarrollar
development desarrollo *m*   1, 5
diamond diamante *m*   17
dictator dictador *m*   13
dictatorship dictadura *f*   13
die *v* morir(ue)   13, 15
died muerto   13
different diferente; distinto . . .   10
difficult difícil   2
dinner cena *f*   11
discover *v* descubrir   5, 16
discuss *v* discutir   3

dislike disgusto *m* 12
do *v* hacer; —**something again** *v*
   volver a (ue) 9; — **well** *v*
   irle bien a 16
doctor médico *m* 4
dog perro *m* 6
dollar dólar *m* 7
dominate *v* dominar 13
door puerta *f* 20
dormitory residencia
   universitaria *f* 7
doubt *v* dudar 15
doubtful dudoso 15
downpour aguacero *m* 14
downtown centro *m* 2
dream sueño *m* 19, 20
dress vestido *m* 9; —**up** *v*
   arreglarse 9; —**ed up**
   arreglado 9
drink *v* beber 3
drive paseo *m*; vuelta *f* 3
driver chófer *mf* 5
drop *v* caérsele(y) 19
dry seco 5, 11
during durante 14

E

each cada 2, 12
ear oreja *f* 5
early temprano 13
earn *v* ganar
earthquake terremoto *m* 12
East este 2
eat *v* comer 3
egg huevo *m* 11
eight ocho 2
eighteen dieciocho 2
eighth octavo 10
eighty ochenta 4
elect *v* elegir 13
eleven once 2
embassy embajada *f* 16
emperor emperador *m* 12
employ *v* emplear 19
employee empleado *m* 4
end fin *m*
enemy enemigo *m* 9
engineer ingeniero *m* 15
engineering ingeniería *f* 4
enjoy *v* gozar de 11

enough bastante 4
entertainment (games)
   entretenimientos *m* 20
enthusiastic entusiasmado 2
Epiphany (January 6th) el día de
   los Reyes 17
equipment equipo 18;
   aparato 19
European europeo 17
even hasta 12; aun 13;
   — **though** aunque 17
evening tarde *f* 3
ever jamás 10
everybody todo el mundo *m* 2
everything todo 12
everywhere por todas partes
   f 8, 19
executive ejecutivo *m* 11, 19
exercise *v* hacer ejercicio 10
exile exilado *m* 16
expense gasto *m* 7
expensive caro 6, 19
extra salary «extra» *f* 17
extract *v* extraer 14
extremely complete
   completísimo 19
eyes ojos *m* 5

F

face cara *f* 5
fantastic divino 20
far (from) lejos (de) 2
fascinate (someone) *v* fascinar(le)
   a 9
fashion moda *f* 8, 9
father-in-law suegro *m* 15
February febrero *m* 3
fee arancel *m* 7
feel *v* sentir(ie) 13
feel like *v* tener ganas
   de . . . 13
few poco 12
fiancée novio(a)
field campo, cancha *f* 10
fifteen quince 2
fifth quinto 10
fifty cincuenta 4
figure *v* sacar la(s) cuenta(s) 2,
   19

figures estadísticas *fpl* 8, 18
film película *f* 3
finally finalmente, por fin 3
find *v* encontrar(ue) 9, 18
fine bien
finger dedo *m*
first primer(o) 10; — **name**
   nombre *m* 4
fish pescado *m* 11
five cinco 2
float carroza *f* 20
flood inundación *f* 13
floor piso *m* 10
flower flor *f* 8
flu influenza *f* 2
fly *v* volar 19
fog niebla *f* 14
follow *v* seguir(i) 7
following siguiente
food comida *f* 3; alimentos
   mpl 12
fool loco 4
foot pie *m* 5
for para 1, 2; por 19; —
   example por ejemplo 6
force fuerza *f* 13
foreign extranjero 4
foreigner extranjero *m* 13
forget *v* olvidarse 6;
   olvidársele 19
former viejo 1, 18
formerly antes 12
fortunately afortunadamente 7
forty cuarenta 4
found *v* fundar 8, 13
foundation fundación *f* 20
four cuatro 2
fourteen catorce 2
fourth cuarto *m*
free libre 20
free of charge gratis 7
freezer congelador *m* 14
French (language) francés *m* 1
Friday viernes *m* 3
fried frito 11
friend amigo *m* 4
from de 1
frozen congelado 14
fruit fruta *f* 11
full lleno 12, 20

G

game partido *m*   3; juego *m*
garage garaje *m*   6
gentleman señor *m*   preliminary chapter
geologist geólogo *m*   14
German (language) alemán *m*   1
get *v* conseguir(i); obtener   10; sacar   8, 15 **a . . . (grade)** *v* sacarse una . . .   5; **— along with** *v* entenderse (con) (ie)   5; **— better** *v* mejorarse   16; **— enthusiastic** *v* entusiasmarse   18; **— married** *v* casarse   14; **— nervous** *v* ponerse nervioso   5; **— overcast** *v* cubrirse   14; **— sick** *v* enfermarse   12; **— together** *v* juntarse (con)   5; **— up** *v* levantarse   5; **— used to** *v* acostumbrarse   16, 19
girl chica *f*   1; niña *f*   5
give *v* dar   1; **— gifts** *v* regalar   8
glad contento   2
glass vaso, copa *f*
glasses anteojos *mpl*   19
go (away) *v* ir(se)   5, 6; **— camping** *v* acampar hacer «camping»   6; **— down** *v* bajar   14; **— for a walk, drive** *v* dar una vuelta, dar un paseo   3; **— on strike** *v* hacer una huelga   6; **— out** *v* salir   3; **— shopping** ir(se) de compras; **— straight ahead** seguir(i)   7
goblet copa *f*   11
God Dios *m*
godfather padrino *m*   15
godmother madrina *f*   15
gold oro *m*   12
good buen(o)   8, 12; **— !** ¡qué bueno . . . !; **— afternoon (evening)!** ¡buenas tardes!; **— bye!** ¡adiós!; ¡hasta luego!; **— heavens!** ¡Dios mío!; **—**

morning! ¡buenos días!; **— night!** ¡buenas noches!
government gobierno *m*   10
grades notas   7
graduate *v* graduarse   16
grandfather abuelo *m*   15, 18
grandmother abuela *f*   6
grandson nieto *m*   17
grape harvest vendimia *f*
grapes uvas *f*   11
great gran(de)   2, 12
great estupendo   8; divino   20
greater (than) mayor (que)   8
green verde   5, 9
grey gris   9
grey (hair) canoso   5
group (musical) conjunto   4, 20
grow *v* crecer   20
guess *v* adivinar   13
guest house pensión *f*   7
guide guía *mf*   5
guy muchacho *m*   6
gymnasium gimnasio *m*   7

H

hair pelo *m*   5
half mitad *f*   18
half (hour) media   4
ham jamón *m*   11
hand mano *f*   5
handsome guapo   2; apuesto   17
happen *v* pasar   8; suceder   13
happy feliz   9
hard-working trabajador   4
have *v* tener(ie)   6; **have (auxiliary only)** *v* haber   13, 15, 20; **— a birthday** *v* cumplir . . . años   16; **— a good time** *v* divertirse(ie)   5; pasarlo bien   16; **— a good time!** ¡que lo pases bien!   16; **— a meeting** *v* reunirse   19; **— a surprise** *v* llevarse una sorpresa   8; **— an idea** *v* ocurrírsele(a)   19; **— dinner** *v* cenar   11; **— just (+ participle)** *v* acabar de   9; **— left** *v* quedar(le) a   14; **—**

lunch *v* almorzar(ue)   6; **— to** *v* tener que   13
he él   1
head cabeza *f*   5
headphones audífonos *m*   19
health salud *f*   10, 16
heat calor *m*   20
height estatura *f*   5
hello! ¡aló!, ¡dígame!   2, 19
help ayuda *f*; *v* ayudar   1
helpful amable
her la, le, su
here aquí   1
hers suya
herself se
hey! ¡oye!
high (as in wind) fuerte   14
high alto   7, 12
hijacking secuestro *m*   13
hill cerro *m*   12
him lo, le
himself se
his su, suyo(a)
home casa *f*   2; hogar   15
homemaker ama de casa *f*   15
homework tarea *f*   12
hope esperanza *f*   20
horrified horrorizado   8
hostage rehén *m*   13
hot dog salchicha *f*   3
hotel posada *f*   12
house casa *f*
housing vivienda *f*   16
how are you? ¿cómo está(s)?   2; ¿qué tal?
how awful! ¡qué espanto!   7
how many? ¿cuántos?   3
how much? ¿cuánto?   3
how nice! ¡qué bueno que . . . !
how? ¿cómo?   2, 3
however sin embargo   6
humid húmedo   2
(one) hundred cien(to) *m*   4, 6, 7
hunger hambre *f*   5
husband marido *m*   15

I

I yo   1; **— am** estoy   2; soy   4; **— believe that** creo que   5; **— give** doy; **— go**

voy 6; — **know** sé 6; — **mean** digo 13; — **need** quisiera 18; — **was** fui 8; — **went** fui; — **wish that** ojalá (que)
ice hielo *m* 10
ice cream helados *mpl* 11
if si 7
illiterate analfabeto 18
imagine! ¡fíjate! 8
impatient impaciente 4
impressive imponente 12
improve *v* mejorar 15; perfeccionar 19
in en 1; — **addition to** además de 8; — **exchange for** por 18; — **fact** de hecho 14; — **order that** para que 17; (**in order**) **to** para 19; — **spite of** a pesar de 9
incredible increíble 8
Indian indio, indígena 12
infirmary enfermería *f* 8
inflamed inflamado 5
influence *v* influir 12
inhabitant habitante *m* 8
initiate *v* iniciar
immigrant immigrante *mf* 16
inn posada *f* 12
installment pago *m* 17
insurance seguro *m* 7
interest (**someone**) *v* interesar(le) a 9
interesting interesante, entretenido 4, 6
interpreter intérprete *mf* 5
introduce *v* presentar 8; meter 19
investment inversión *f* 13
(**is it**) **true?** ¿(es) verdad? 8
island isla *f* 9, 14, 20
it la, lo, le 8; — **is advisable that** es conveniente que 15; — **is better that** es mejor que 15; — **is doubtful that** es dudoso que 15; — **is necessary that** es necesario que, es preciso que 15; hay

que 7, 16; — **seems that** parece que 5; —'**s not too bad!** ¡no es para tanto! 13; —'**s warm, cold** (está) hace calor, frío *m* 14
itself mismo 11, 12

J

jacket chaqueta *f* 5, 15
January enero *m* 3
jetplane avión a chorro *m* 14
jew judío *m* 16
jewelry joyas *fpl* 8
job trabajo *m*
jog *v* correr
journalism periodismo *m*
journalist periodista *mf* 4, 10, 13, 17
judgment juicio 18
juice jugo *m* 11
July julio *m* 3
June junio *m* 3
just recién 16

K

keep *v* guardar 12
kidnapping secuestro *m*
kindergarten jardín de infancia *m* 2
king rey *m* 17
kiss *v* besar 11; beso *m* 3
kitchen cocina *f*
know *v* saber 6
knowledge conocimiento *m* 12

L

lake lago *m* 6
lamb cordero *m* 17
land/earth tierra *f* 14
language idioma *m* 3; habla *f* 19
last *v* durar 20
last último 10, 12; — **month** mes pasado *m* 8; — **night** anoche 9; — **week** semana pasada *f* 8; — **year** año pasado *m* 8

late tarde 17
law ley *f* 15; — **school** escuela de derecho *m* 7
leader líder *mf* 5, 13
learn *v* aprender 15
leave *v* dejar 6, 16; permiso *m* 15
leave behind *v* quedársele (a) 19
leg pierna *f* 5
legacy legado *m* 13
legend leyenda *f* 12
lend *v* prestar
less (**than**) menos (que) 8
letter carta *f* 3
lettuce lechuga *f* 11
level nivel *m* 8, 18, 19
liberate *v* liberar
liberty libertad *f* 15
library biblioteca *f* 1
life vida *f* 1
light luz *f* 11, 20
light (**scant**) ligero 14
light (**skin**) blanco 5
light(**weight**) liviano 11
like *v* gustar(le) a 9; — **better** *v* preferir(ie) 5
line cola *f* 7; línea *f* 18
liqueurs licores *mpl* 11
listen *v* escuchar 1; — **!** ¡oye!
little poco 12
live *v* vivir 3
loan préstamo *m* 7, 17
location ubicación 14
long largo 13
look after *v* cuidar 15; — **at** *v* mirar; — **for** *v* buscar 8
lose *v* perdérsele (a) 19; perder(ie) 10
loser perdedor *m* 10
lot sitio *m* 16
love amor *m* 14; (**in closing a letter**) cariños *mpl* 3
lover amante *mf* 12
lower case letter minúscula
luck suerte *f*
lunch comida *f*; almuerzo *m* 11; comida *f* (Spain, Mexico)

M

mad enojado 12, furioso
madam señora *f* preliminary chapter
made hecho 13, 20
magazine revista *f* 4
maid criada *f* 5; empleada (de hogar) 17
main principal 2
majority mayoría *f* 14, 15
make *v* hacer 3
man hombre *m* 5
manufacture *v* fabricar 19
many muchos 1, 2, 12; — times muchas veces *f* 10
March marzo *m* 3
marital status estado civil *m* 15
market mercado *m* 2
married casado 15
mortgage hipoteca *f* 17
mass misa *f* 16
master *v* dominar 17
masterpiece obra maestra *f* 20
mate pareja *f* 8
maximum máximo 14
may poder(ue) 6
May mayo *m* 3
maybe quizás 7
mayonnaise mayonesa *f* 11
mayor alcalde *m* 8, 15
me me; yo 7, 8
meals comidas *fpl* 11
meat carne *f* 11
meddle *v* (entro)meterse 15, 19; —ing intromisión *f* 19
medical/dental office consultorio *m* 13
Merry Christmas! *f* ¡Feliz Navidad!
Mexican-American chicano 8
microcomputer microprocesador *m* 19
midnight medianoche *f* 4
Midwest medio-oeste *m* 16
migrate *v* emigrar 16
migration chain corriente migratoria *f* 16
mild suave
mile milla *f* 7, 14

milk leche *f* 11
million millón 8
minimum mínimo 14
minority minoría *f* 15
minute minúscula 8; minuto 4
miscarriage aborto *m* 5
miss señorita *f* preliminary chapter
mix *v* mezclar 11
mom mamá *f*
Monday lunes *m* 3
money plata *f*; dinero *m* 1
month mes *m* 3
moon luna *f* 20
more más; — and — cada vez más 19; — than más que 8; — than enough bastante 12
morning mañana *f* 3
mother madre *f* 5
mother-in-law suegra *f* 15
mount cerro *m* (**go up**) *v* subir 14
mountain montaña *f* 6
mouth boca *f* 5
move *v* mudarse 14
Mr. señor *m*
Mrs. señora *f*
much mucho 2, 12
museum museo *m* 18
my mi
myself yo; me 5
myth mito *m* 15

N

names nombres *m* 1
nature naturaleza *f* 12
near cerca (de) 2
neck cuello *m* 5
need *v* necesitar 1; hacer(le) falta 16
neighborhood barrio *m* 18
neither tampoco 10
nephew sobrino *m* 15
network red *f* 19
never nunca 8, 10
nevertheless no obstante 11
new nuevo 4

New Year's Eve Noche Vieja *f* 17
news noticias *f* 10
newspaper periódico *m* 1, 5, 7
next próximo; — month próximo mes; — to al lado de 2; — year próximo año 15
nice simpático 4; agradable 16; amable 8
niece sobrina *f* 15
night noche *f* 4
nine nueve 2
nineteen diecinueve 2
ninth noveno 10
ninety noventa 4
no ningún(o)
no doubt sin duda 20
nobody nadie 10
noise ruido *m* 19
none ningún(o)
noon mediodía *m* 4
nor ni 10
North norte *m* 2
Northamerican norteamericano 4
nose nariz *f* 5
not only . . . but also no sólo . . . , sino (que) también 5
notebook cuaderno
notes apuntes *m* 19
nothing nada 10
nouns nombres *m* 1
November noviembre *m* 3
novice novato *m* 11
now ahora 2
now(adays) actualmente 8, 10
nurse *v* dar el pecho 15
nursing enfermería *f* 1, 7

O

obtain *v* conseguir(i) 7
occur *v* suceder 13
October octubre *m* 3
of de
of course por supuesto 9; of course! ¡claro! 18
official funcionario *m* 17
often a menudo 4

oil petróleo (motor) *m* 14, 18;
  aceite (food) 11
old viejo 2; antiguo 8
omelette (Spain) tortilla *f*
on en 1; — **the contrary** por el
  contrario 7; — **the other**
  hand por otro lado 12; —
  vacation de vacaciones 6
once una vez *f* 10
one un(o) 2
one after the other uno tras
  otro 20
open *v* abrir; abierto 13, 20
operator telefonista *mf* 17
orange naranja *f* 11
order *v* pedir(i) 7, 8
ordinary común 13
origin origen *m* 16
original novedoso 20
our nuestro 4
ourselves nos 5
outer ear oreja *f* 5
over por, sobre 14; — **there**
  allá 2
overcast cubierto 14
overseas extranjero *m* 13

P

pain dolor *m* 5
paint *v* pintar 13
painter pintor *m* 9, 13, 20
painting cuadro *m* 9, 13, 20
Panamanian panameño 4
pants pantalones *m* 9
paper (term) trabajo 4
parade desfile *m* 20
parents padres *mf* 5
park parque *m*
parking lot estacionamiento
  m 18
part parte *f* 14, 18
party fiesta *f* 3; (**political**)
  partido *m* 13
passenger pasajero *m* 13
pay *v* pagar 1; — **attention** *v*
  prestar atención 19
peas guisantes *m* 11

peasant campesino *m* 18
pencil lápiz *m* 1
pension jubilación *f* 15
people gente *f* 2, 4
perhaps quizás 15
period época *f* 8, 18, 20
permission permiso *m*
Peruvian peruano 4
pink rosa(do) 9, 11
pitcher lanzador *m* 10
pity lástima *f* 19; **what a** — !
  ¡qué lástima! 19
place parte *f* 8; lugar *m* 10,
  15, 18
plains llanura *f* 20
plan *v* planear 17
plane avión *m* 13
plate plato *m* 11
play games *v* jugar(ue) 8
play the part of . . . *v* hacer
  de . . . 17
please por favor 19; —
  (**someone**) *v* agradar(le) 16
poet poeta *m* 20
poetry poesía *f* 12, 20
politeness cortesía *f* 7, 18
political político 13
politician político *m* 13
poll encuesta *f* 5
poor pobre 7
Pope Papa 5
population población *f* 8, 18
pork cerdo, puerco *m* 11
port puerto *m* 11
portrait retrato *m* 4
position puesto *m* 15
possess *v* tener(ie) 5
post office correo *m* 2
poster affiche *m* 20
potato papa, patata, *f* 11
poverty pobreza *f* 5
power poder 12
powerful poderoso 19, 20
practice a sport *v* hacer
  deporte 10
predict *v* predecir(i) 8
present regalo *m* 8
pretext evasiva *f* 15
pretty guapa 2; bonita

priest sacerdote *m* 5; cura
  m 8
private particular 11
produce *v* producir 14
project proyecto *m* 1
provided that con tal (de) que
publicity propaganda *f* 19
Puerto Rican puertorriqueño 4
pumpkin calabaza *f* 11
punctually puntualmente 11
purple morado 9
put *v* poner 7, 15; meter 19;
  — **on (clothes)** *v* ponerse
  (ropa) 5; — (*p.p.*) puesto
  (ropa)

Q

quarter cuarto (¼) *m* 4
quarters cuartos *m* 8
question pregunta *f* 1

R

race carrera *f* 10
rain lluvia *f* 12; *v*
  llover(ue) 14
rainy lluvioso 14
read *v* leer(y) 3, 14
ready! ¡listo! 19
realize *v* darse cuenta de 9, 15
rebel rebelde *mf* 6
recipe receta *f* 11
record *v* grabar 19; disco
  m 7; — **player** tocadiscos
  m 19
recording grabación *f* 18
red rojo 9
red (wine) tinto 11
refuse negar(ie) 10
registration inscripción *f* 7;
  matrícula *m* 14; — **fee**
  derecho de matrícula *m* 7
relatives parientes *mf* 6, 16, 20
relax *v* relajarse 10
release *v* liberar 12, 13
remember *v* acordarse de(ue) 6;
  recordar(ue)
rent alquiler *m* 17

representative representante *mf* 13, 15

research investigación *f* 13, 15

reservation reserva(ción) *f* 20

resort balneario *m* 6

resources recursos *mpl* 14

restaurant mesón *m* 2

retire *v* jubilarse 15

rice arroz *m* 11

ride vuelta *f* 3

right derecho *m* 8, 14; — ? ¿verdad? 3

rightist derechista 13

roast asado *m* 11

roasted asado 11

role papel *m* 5

roller skating patinaje 10

room cuarto, habitación *f* 20

rosé rosado 11

ruin ruina *f* 12

rule regla *f* 11

ruler gobernante *mf* 13

run *v* correr 9, 19

S

said (*p.p.*) dicho 13

salad ensalada *f* 11

sale liquidación *f* 9

salesman vendedor *m* 17

salt sal *f* 11

Saturday sábado *m* 3

save (**money**) *v* ahorrar 16, 19

say *v* decir(i) 6, 7; — **no** *v* negar(ie)

scenery paisaje *m* 14

schedule horario *m* 7, 19

school escuela *f*; **high** — colegio *m* 12

sciences ciencias *f* 1

scientific científico 13

scientist científico *m* 12

score puntaje *m* 10

screen pantalla *f* 19

script (**for a movie**) guión *m* 20

sculptor escultor *m* 20

sea mar *m* 14

season estación *f* 3

second segundo 10

see *v* ver 3

seem *v* parecerle a 4, 18

seen visto 13, 20

seldom rara vez 4

sell *v* vender 11

send *v* mandar 8, 16

sense of humor sentido del humor *m* 9

sephardic (**jew**) sefardita 16

September septiembre *m* 3

seven siete 2

seventeen diecisiete 2

seventh séptimo 10

seventy setenta 4

several varios 12

shadow sombra *f* 20

shake *v* temblar 12

share *v* compartir 18

shave oneself *v* afeitarse 5

she ella 1

shine *v* brillar 20

shirt camisa *f* 9; **tee** — camiseta *f* 9

shock disgusto *m* 12

shoes zapatos *m* 9

shopping de compras 2; — **mall** centro comercial *m* 2

short bajo 4

should deber 3

show programa *m* 4; — **business** mundo del espectáculo *m* 4

shower *v* bañarse 5

sick enfermo 2

side lado *m* 2

sign anuncio *m* 14

silent silencioso 19

silver plata *f* 16

since desde 8, 14; como

sing *v* cantar 4

singer cantante *mf* 4, 20

single soltero 15

sister hermana *f* 9

sister-in-law cuñada *f* 15

sit down *v* sentarse(ie) 19

six seis 2

sixteen dieciséis 2

sixth sexto 10

sixty sesenta 4

skate *v* patinar 9

skater patinador *m* 10

ski *v* esquiar 7, 10; esquí *m* 7

skier esquiador *m* 10

skin piel *f* 5

skirt falda *f* 9

sky cielo *m* 12, 14, 20

sleep *v* dormir(ue) 15

small pequeño 6, 19

smile sonrisa *f* 20; *v* sonreir(se) 6

smoke humo *m* 9

snack merienda *f* 11; bocadillo *m* 11

snap (**fingers**) *v* chasquear 19

snow nieve *f* 14; *v* nevar(ie) 14

so así es que 19; **so-so** regular 2; — **many** tantos 12; — **much** tanto 7, 12; — **that** para que 17

soap jabón *m* 5

soccer fútbol *m* 1

social work trabajo social *m* 1

soft suave 5

soft drink refresco *m* 6, 11

soil suelo *m* 14

solitude soledad 9

some unos 3; algunos 7

somebody alguien 9

something algo

sometimes a veces *f* 1

son hijo *m* 5

song canción *f* 4, 20

soon pronto 16

sore inflamado

soul alma *f* 11

soup sopa *f* 11

South sur *m* 2

South America Sudamérica *f* 1

Southwest suroeste *m* 8

sovereign soberano 13

Spaniard español 4

Spanish (**language**) español *m* 1

sparkling chispeante 11

spatial espacial 19

speak hablar 1

speaker locutor *m*   10; parlante *m*   19

spend money *v* gastar   17; — one's time in pasarse en   6; — time pasar   6, 12, 16

sports deportes *m*   5

Spring primavera *f*   3

square plaza *f*   2

squared cuadrado   18

stadium estadio *m*   10

stamps sellos *m*   19

stand in line *v* hacer cola   7

stand out *v* destacarse   15

star astro *m*   4

statesman estadista *mf*   12

statistics estadísticas *fpl*   8, 18; (science) estadística   10

stay (overnight) *v* alojarse   6; quedarse   16

still aún, todavía   7

stomach estómago *m*   5

stop *v* dejar de   20

store tienda *f*   2, 11; *v* guardar   12

storm tormenta *f*   14

street calle *f*   2

strengthen *v* reforzar   17

strike huelga *f*   6

stroll paseo

strong fuerte   14

struggle lucha *f*   8, 13

student estudiante *mf*   1; alumno *m*   6

study *v* estudiar   1

style estilo *m*   20

subway metro *m*   18

succeed *v* triunfar   15

success éxito *m*   10

such as como   5

suddenly de repente   19

sugar azúcar *m*   11

suggest *v* sugerir(ie)   15

suicide *v* matarse   8

suit traje *m*   9, 17

suitcase maleta *f*   9

summer verano *m*   1, 3

"summer vacationing" veranear   6

sun sol *m*   11, 14, 20

Sunday domingo *m*   3

sunny soleado   14

sunset puesta del sol   20

supermarket supermercado *m*   2

support *v* apoyar   6

surf board acuaplano *m*   6

surprise sorpresa *f*   4

survey encuesta *f*   5

survive *v* sobrevivir   19

sweater suéter *m*   9, 13

swim *v* nadar   10

swimmer nadador *m*   10

swimming natación *f*   10

swimming pool piscina *f*   6

T

take *v* tomar   13; — a bath *v* bañarse   5; — a test *v* dar un examen   6; — out *v* sacar   8, 15, 19

talk *v* hablar

tall alto   4; gran(de)   12

tanker petrolero *m*   14

tape cinta *f*   1

tape-player tocacintas *m*   19

tape-recorder grabadora *f*   1, 19

taste gusto *m*   11

tea té *m*   5; — time merienda *f*

teach *v* enseñar   12

team equipo *m*   10

tee-shirt camiseta *f*   9

teleautomated telematizado   19

tell *v* decir   6, 7; contar   12

teller cajero *m*   19

temperate templado   14

tempest tempestad *f*   12

ten diez   2

tend *v* tender a (ie)   9

tenth décimo   10

term paper trabajo *m*   4

test examen *m*   2; prueba *f*   20

thank goodness! ¡menos mal!   13

that ese, esa   6; (beyond speakers) aquel *m*   6; aquella *f*   6; — is to say es decir   6; —'s why por eso   2, 4

the el, la, los, las   1; lo (neuter)   18; — former . . .

—latter los primeros . . . los últimos   10; — people el pueblo   6; — Three Wise Men los Reyes Magos   17; — time la hora *f*   4

their su   4

theirs suyo(a)   13

them los, las, les   7, 8

themselves se   5

then entonces, luego   6; por entonces   13

there is, are hay (haber); haya (haber)

there was había (haber)

therefore entonces   13

these estos, estas   6

they ellos, ellas   1; se (impersonal sentences)   11

thing cosa *f*   10

think *v* creer   3; pensar(ie)   8

third tercer(o)   10

third (fraction) tercio   11

thirteen trece   2

thirty treinta   2

this este, esta   6; — coming . . . el próximo

those esos, esas   6

thousand mil; one — (un) mil   7, 12

three tres   2

throat garganta *f*   5

through por   19

Thursday jueves *m*   3

thus así   8

ticket pasaje *m*   19

time tiempo *m*   5

time(s) (frequency) vez(veces) *f*   10

tired cansado   2

to a   5

(to) whom? ¿a quién?   4

today hoy   2

toe dedo *m*   5

tomato tomate *m*   11

tomorrow mañana *f*   6

too bad! ¡tanto peor!   8

too much demasiado   12

tooth diente *m*   5; —ache dolor de muelas   5

tortilla (Mexican) tortilla *f*   11
towards a   2
track pista *f*, atletismo *m*   10
train tren *m*   18
training entrenamiento *m*   1
translation traducción *f*   7
transportation transporte *m*   18
travel *v* viajar   1
traveler's check cheque de
    viajeros *m*   2
traveling de viaje
tremor temblor *m*   12
truck camión *m*
trust *v* confiar   9
try *v* tratar de   7
Tuesday martes *m*   3
turkey pavo *m*   11
tv series telenovela *f*   19
twelve doce   2
twenty veinte   2
twice dos veces *f*   10
two dos   2
typewriter máquina de escribir
    f   19

U

ugly feo   14
unbreathable irrespirable   18
uncle tío   15
understand *v* entender(ie)   5
unemployed cesante *mf*   16
unexpected inesperado   6
unfortunate pobre   12
United States Estados Unidos
    mpl   1
unless a menos que   17
until hasta (que)   3, 17
upset nervioso   2
us nos   8
use *v* usar   8
useful útil   1
usually generalmente   12

V

vacation vacaciones *fpl*   1
valley valle *m*   12
value valor *m*   7, 12

various diferentes   12
veal ternera *f*   11
vegetables legumbres *f*   11
vehicle vehículo *m*   18
Venezuelan venezolano   4
very muy   2; bastante   7;
    — pretty lindo   2, 5
viceroy virrey *m*   17
video game juego de video
    m   19
vinegar sauce vinagreta *f*   11
vineyard viña *f*   11
vintage vendimia *f*   11
visual arts artes plásticas *f*   20

W

wait *v* esperar   18
waiter camarero *m*   11
walk *v* andar   10; paseo   3
    —ing around de paseo   2
want *v* desear; — love *v*
    querer(ie)   5
war guerra *f*   12
warm caliente   12; (weather)
    caluroso   2, 14; — up *v*
    calentar   11
wash *v* lavar   5; — oneself
    lavarse   5
waste (time) *v* perder(ie)   6
watch *v* mirar   1
water agua *m*   11
we nosotros   1
wealth riqueza *f*   12
weapon arma *f*   13
weather tiempo *m*   14
weaving tejido *m*   20
wedding boda *f*   8
Wednesday miércoles *m*   3
week semana *f*   3
weekend *f* fin de semana   6, 14
weight peso *m*   5
well bien   2, 20; — off
    acomodado   7
were había (haber)   12
West oeste *m*   2
wet húmedo   2
what lo que   12; — a pity! ¡qué
    lástima!   20; — do you do?
    ¿qué haces?   1; — time is it?

¿qué hora es?   4; —'s your
    name? ¿cómo te llamas?; —?
    ¿qué?   1, 3
when ¿cuándo?   3
whenever cuando   17
where (to)? ¿adónde?
where? ¿dónde?   2, 3
which? ¿cuál?   3
while mientras (que)   20
whirlpool remolino *m*   20
white blanco   9, 11
who? ¿quién?   3
why? ¿por qué?
wife esposa, mujer   15;
    señora   17
win ganar   1
wind viento *m*   14
window ventana *f*   20
windy ventoso   14
winter invierno *m*   3
wish desear   1
with con   1, 2
without sin   2
witty ingenioso   9
woman mujer   5
wonderful estupendo,
    maravilloso   8, 20
woods bosque *m*   14
word palabra *f*   4
work *v* trabajar   1; funcionar;
    trabajo *m*   1; (of art) obra *f*;
    — force fuerza de trabajo
    f   15; — out well irle
    bien   16
workbook cuaderno *m*   1
worker trabajador; obrero *m*   5,
    15
world mundo *m*   4
worry (someone) *v* preocupar(le)
    a   8
worse peor   2
wrestling lucha *f*   10
write *v* escribir   3
writer escritor *m*   20
written escrito   11

Y

year año *m*; last — año
    pasado   8

yell *v* gritar 6
yellow amarillo 9
yesterday ayer 8
you lo(s), la(s) 7; le(s) 8;
  vosotros(as) (*informal, plural,*
  Spain) 1; tú, usted,
  ustedes 1

young joven 4; — **people**
  juventud *f* 19; — **person**
  joven *mf* 20; — **woman**
  señorita *f*
your (*formal*) su 4; (*informal*)
  tu 4; —(s) vuestro
  (*informal, plural,* **Spain**) 4

yours suyo(a)
yourself te, se 5
youth juventud *f* 19

Z

zoo zoológico *m* 18

Index

427

Permissions

Peter Menzel: 1, 8, 9, 39, 40, 57, 69, 104, 105, 114, 116, 121, 144, 167, 182, 201, 212, 222, 258, 259, 270, 273, 274, 303 (*top left and right*), 309, 328, 331, 341, 342, 345, 351, 364. Katherine A. Lambert: 19, 81, 178, 303 (*bottom left*), 359. Beryl Goldberg: 15, 23, 25, 35, 44, 63, 143, 340, 373. Monkmeyer Press Photo Service: (Mimi Forsyth) 18, 152; (Paul S. Conklin) 137, 294; (Bernard Silberstein) 165; (Sheila Turner) 292. Dorka Raynor: 29, 46, 59, 99, 122, 161, 177, 318, 325. Gamma: 76, 371. UPI: 98, 156, 183, 191, 197, 252, 254 (*left*), 286, 321. EPA: (Andrew Sacks) 83, 203; (Carlos Hernandez) 185; (David H. Thompson) 267; 141, 171, 375 (*top left and right*). Peter Arnold: 231, 357. Culver Pictures, Inc.: 235. Photo Researchers, Inc.: (Carl Frank) 236, 362, 367. Bettman Archives, Inc.: 254 (*right*), 287. Wide World Photos: 242. HRW Photo Library: 244 Pablo Picasso. *Guernica.* 1937. Oil on canvas, 11′ 5½″ × 25′ 8¾″. Returned to Spain in 1982. Museo del Prado, Madrid.; 375 (*bottom left*) Joan Miró. *The Farm.* 1921–1922. Oil on canvas, 4′ ½″ × 4′ ¼″. On extended loan to the Museum of Modern Art, New York from the estate of Ernest Hemingway.

page 313: Don Memorio, tira cómica de Lukas, *El Mercurio*, diciembre 23, 1981. Madrid.

page 289: Betty, tira cómica de Romeu, *El Pais semanal*, numero 223, domingo 19 de julio de 1981. Año VI. Segunda epoca. Madrid.